이 책을 나의 삶에
신학에 대한 지향점을 심어주신
나의 은사 허혁선생님께 바친다.
그리고 그의 은사
요아킴 예레미아스와
루돌프 불트만에게.

도올의

도마복음한글역주 2

도올 김용옥 지음

통나무

Contents

도마복음 고대문명 제2차 탐방 보고서 · · · · · · · 13
예수의 기적과 참혹한 현대사 공존하는 땅,
인류문명 새 패러다임은 어디쯤 있는 걸까?

40. 도마기독교 · · · · · · · · · · · · · · · · · · 19
예수 생전에 예수를 초청한 에데사의 왕(王)

41. 마르코 폴로와 도마의 최후 · · · · · · · · · 25
기독교는 원래 서양종교가 아니다

42. 예수와 페니키아문명 · · · · · · · · · · · · · 31
두로와 시돈이 너희보다 견디기 쉬우리라

43. 예수 자신의 이방선교 · · · · · · · · · · · · 37
상 아래 개들도 부스러기를 먹나이다

44. 지브란과 견유(犬儒) 예수 · · · · · · · · · · 43
샌달과 속옷, 지팡이도 지니지 말라

45. 에데사의 도마행전 · · · · · · · · · · · · · · 49
예수가 편지를 쓰다

46. 콥트어와 성각문자 · · · · · · · · · · · · · · 55
인간의 언어는 문자라기보다는 소리의 체계

47. 도마복음서 해독 기초자료【서장】 · · · · · 61
프롤로그에 숨은 뜻은?

48. 영지주의와 도마복음 · · · · · · · · · · · · · 67
교회 밖에는 구원이 있을 수 없나?

49. 메시아니즘과 도마복음 · · · · · · · · · · · · 73
    교회는 종말론적 회중이었다

50. 화자와 기록자 · · · · · · · · · · · · · · · · · 79
    예수의 말을 예수의 쌍둥이가 기록하다

51. 메시아 비밀 · · · · · · · · · · · · · · · · · · 85
    내가 메시아라는 것을 아무에게도 이르지 말라

52. 슈바이처와 도마복음 · · · · · · · · · · · · · 91
    그대들은 내가 꿈꾸는 사람이라 말하겠지

53. 예수의 죽음 · · · · · · · · · · · · · · · · · · 97
    예수는 기묘한 과일이었다

54. 성서와 해석학 · · · · · · · · · · · · · · · · 103
    예수는 어느 나라 말을 했을까?

55. 은밀한 말씀과 나레이터 · · · · · · · · · · 109
    살아있는 독자들이여! 살아있는 예수를 만나라

56. 요한복음과 도마복음 【제1장】 · · · · · · · 115
    로고스기독론은 도마의 자각성에 대한 극단적 반동이다

57. 해석의 발견 · · · · · · · · · · · · · · · · · 121
    내가 곧 길이요 진리요 생명이다

58. 죽음의 해석 · · · · · · · · · · · · · · · · · 127
    죽음을 맛보지 아니하리라

59. 소승과 대승 【제2장】 · · · · · · · · · · · · 133
    구하라! 그러나 쉽게 얻을 것을 기대치 말라

Contents

60. 쉬움과 어려움 · · · · · · · · · · · · · 139
    찾았을 때 너는 고통스러우리라

61. 지혜와 왕(王) · · · · · · · · · · · · · 145
    구하는 자여! 그대 "몸의 왕국"의 왕이 되라

62. 주체의 혁명【제3장】 · · · · · · · · · · 151
    천국(나라)은 천당이 아니요, 주체의 개벽이다

63. 안과 밖 · · · · · · · · · · · · · · · · 157
    천국은 네 안에 있고, 네 밖에 있다

64. 소크라테스와 예수 · · · · · · · · · · · 163
    너 자신을 알라

65. 아가페와 그노시스 · · · · · · · · · · · 169
    네가 곧 하나님의 아들이다

66. 아니마와 아니무스【제4장】 · · · · · · · 175
    남자 속에 여자가 있고, 여자 속에 남자가 있다

67. 자웅동체의 시간관 · · · · · · · · · · · 181
    묵시를 완성치 말고 낙원을 회복하라

68. 어른과 아이 · · · · · · · · · · · · · · 187
    아기는 종일 울어도 목이 쉬질 않는다

69. 시간의 반역 · · · · · · · · · · · · · · 193
    봄비에 솟아오르는 연두잎 같은 노인이 되라

70. 첫째와 꼴찌 · · · · · · · · · · · · · · 199
    어린이는 도덕적 순결의 상징 아닌 웅혼한 원초성

71. 그노시스와 아포칼립스 【제5장】 · · · · · · · 205
    천당도 없고 지옥도 없다. 머리 위로 푸른 하늘만

72. 히포크리테스(위선자)의 경건 【제6장】 · · · · · 211
    골방에 들어가 문을 닫고 은밀하게 기도하라

73. 하늘과 알레테이아 · · · · · · · · · · · · 217
    숨겨진 것은 하늘 앞에 반드시 드러난다

74. 플라톤의 국가와 예수의 천국 【제7장】 · · · · · 223
    이 세계는 지배자가 철인이 될 때만 정의롭다

75. 이드와 사자 · · · · · · · · · · · · · · 229
    덮치는 사자를 먹어라!

76. 큰 고기와 작은 고기 【제8장】 · · · · · · · 235
    긁어모으는 자가 되지 말고 버리는 자가 되라

77. 마가복음과 도마복음 【제9장】 · · · · · · · 241
    예수의 비유가 과연 천국의 비밀일까?

78. 씨 뿌리는 자의 비유 · · · · · · · · · · · 247
    하나님의 나라는 이 땅에서 씨처럼 자라나고 있다

79. 불씨와 세상 【제10장】 · · · · · · · · · · 253
    불은 심판이 아니라 천국운동의 불씨였다

80. 죽은 자와 살아있는 자 【제11장】 · · · · · · 259
    저 하늘도, 그 위의 하늘도 사라지리라

Contents

81. 하나와 둘 · · · · · · · · · · · · · · 265
    구원을 얻었다고 하자! 과연 너는 무엇을 할 것인가?

82. 의로운 자 야고보 【제12장】 · · · · · · · 271
    예수의 말씀은 중간적 지도자를 필요로 하지 않는다

83. 가이사랴의 철학자 【제13장】 · · · · · · · 277
    사람들이 나를 누구라고 하느냐. 천사? 철학자?

84. 도마와 노자 · · · · · · · · · · · · · 283
    예수를 예수라 말하면 그것은 예수가 아니다

85. 기도와 구제 【제14장】 · · · · · · · · · 289
    금식하지 말라, 기도하지 말라, 구제하지 말라

86. 밥(食)과 말(言) · · · · · · · · · · · · 295
    더러운 것은 똥이 아니라 너의 마음이다

87. 태어난 자와 태어나지 않은 자 【제15장】 · · · · · · · 301
    나 예수는 여자가 낳았다

88. 평화와 충돌 【제16장】 · · · · · · · · · 307
    가정사에 집착 말고 홀로 서라

89. 보이는 것과 보이지 않는 것 【제17장】 · · · · · · · 313
    나 예수는 황홀한 경지를 선사하노라

90. 시작과 끝 【제18장】 · · · · · · · · · · 319
    종말은 끝에 있지 않고 시작에 있나니라

91. 페르시아적 사유와 초기기독교 · · · · · · · 325
　　　나 예수는 종말론의 종말을 선포하노라, 시작에 서라

92. 존재와 존재-전(前)-존재【제19장】 · · · · · · · 331
　　　돌이 떡이 되어 너를 섬길 때 진실로 너는 영적이 되리라

93. 겨자씨와 백향목【제20장】 · · · · · · · · · 337
　　　겨자는 풀, 그것이 어떻게 백향목 같이 거대한 나무가 될까?

94. 수평적 확산과 수직적 확대 · · · · · · · · · 343
　　　하늘의 나라여, 들판의 잡초처럼 퍼져라

95. 아해들과 주인들【제21장】 · · · · · · · · · 349
　　　옷을 벗어라! 과연 이것은 무슨 뜻일까?

96. 아기와 천국【제22장】 · · · · · · · · · · · 355
　　　네 속에서 남자와 여자가 하나될 때 너는 나라에 들리라

97. 천 명과 한 명【제23장】 · · · · · · · · · · 361
　　　천 명 중 하나뿐인 자여! 단독자로 서라

98. 빛과 어둠【제24장】 · · · · · · · · · · · · 367
　　　평범한 너 자신 속의 빛이야말로 길이요 진리요 생명이다

99. 형제와 이웃【제25장】 · · · · · · · · · · · 373
　　　네 이웃을 네 몸과 같이 사랑하라, 그 이웃은 누구일까?

100. 지로역정(地路歷程) · · · · · · · · · · · · 379
　　　한국의 교회여! 끊임없이 새롭게 울려퍼지는
　　　예수의 복음을 들으라!

찾아보기 · · · · · · · · · · · · · · · · · · · 385

바울과 베드로의 포교 지역이었으며 초기기독교의 요람 중 하나인 카파도키아 지역의 남근석군(男根石群). 이런 바위 속을 파서 수백 개의 동굴교회를 만들었다. 2008년 4월 20일 터키 러브밸리에서.

도마복음 고대문명 제2차 탐방 보고서

예수의 기적과 참혹한 현대사 공존하는 땅, 인류문명 새 패러다임은 어디쯤 있는 걸까?

나는 2008년 4월 10일, 인천공항을 떠나 28일 오후 다시 고국 땅을 밟을 때까지 근 스무 날동안 내 생애에서 두 번 다시 하기 어려운 버거운 여행을 했다. 무사히 귀국했다는 안도감과 함께 너무도 짙은 감회에 사로잡혀 붓을 옮기기 어렵다. "영적 소요 a spiritual journey"라 해야 할까, 일말의 오차도 허용치 않는 적진 속의 행군이었다고 할까, 사막의 모래바람 속의 신기루를 헤매는 인디아나 존스의 문명 탐험이었다고 해야 할까, 도무지 형언하기 어려운 인간 삶의 다양한 양태에 묻어 나는 태고의 영상들이 일천 척 폭포수의 비단결처럼 눈앞을 가린다.

4월 10일 두바이를 거쳐 나는 헤즈볼라가 장악하고 있는 레바논의 베이루트를 가서 아메리카대 박물관 큐레이터들의 안내를 받았다. 그리고 마가복음에서 언급된 예수의 활동지, 두로(Tyre)와 시돈(Sidon)을 갔다. 시돈에서 마리아가 아들 예수를 기다렸다는 막두쉐 언덕을 가본 것은 의외의 수확이었다. 두로에서 나는 예수시대 문명의 현주소를 확인했다. 지구상에서 건설된 최대 규모의 대전차경기장 (Roman Hippodrome, 5만 명 이상 수용), 예수가 물을 포도주로 만든 이적을 행한 가나 혼인 잔치의 현장과, 그 옆에 이스라엘의 폭격으로 한 가족 29명이 몰살당한 불행한 현대사의 잔상을 목격하고, 또 히람왕(Hiram, 두로의 왕, 다윗과 솔로몬과 동시대)의 무덤을 보았다.

그리고 레바논산맥과 안티레바논산맥 사이의 베카밸리(al-Biqā' Valley, or the Bekaa Valley), 옥타비아누스가 로마의 위용을 과시하기 위하여 설계한 헬리오폴리스 바알베크(Baalbek)의 웅장한 모습, 인류 문명의 발상지이며 바이블이라는 명사의 어원이 된 비블로스(Byblos or Jbail, 그발), 그리고 1세기부터 초대교인들의 혈거가 있는 카디샤계곡(the Qadisha Valley)의 영험스러운 모습을 보았다. 바로 이 카디샤계곡의 영성 속에서 칼릴 지브란(Kahlil Gibran, 1883~1931: 레바논의 철학자, 시인, 화가)의 예언자 함성의 메아리가 울려 퍼졌던 것이다.

트리폴리의 십자군 성채를 보고 시리아 국경을 넘어 쐐기문자의 대규모 도서관이 발견된 우가리트(Ugarit, Ras Shamra: 지중해 연안의 최고 문명중의 하나. 가나안문명의 원조. BC 2000~1800년대부터 번성하기 시작하여 BC 1450~1200년에 최전성기를 구가했다. BC 1200년경 황금기에 북방민족의 침입, 지진, 기근의 요소로 갑자기 소멸되었다)의 폐허를 감명 깊게 바라보았다. 로마시대의 변형을 거치지 않은 가나안·페니키아 문명의 원래 모습을 온전하게 볼 수 있어서 나에게 주는 감동은 특별했다. 삼손이 무너뜨렸다는 다곤 신전의 원형도 그곳에 있었다. 그리고 터키 국경을 넘었다.

문명의 여로는 오늘 우리 모습에 대한 끝없는 반문

크리스챤이라는 이름이 생겨난 바울의 선교활동의 중심지 안티옥(Antioch, Antakya, Hatay)의 다양한 모습, 헬레니즘 시대의 또 하나의 알렉산드리아인 이스켄데룬(Iskenderun: 『후한서』를 쓴 반고班固의 동생 반초班超가 여기까지 왔다), 알렉산더대왕이 다리우스 3세를 굴복시킨 잇수스전투(the Battle of Issus, BC 333)의 현장, 길리기아의 중심지 아다나(Adana)를 탐색하고, 바울의 생가가 있는 다소(Tarsus)에서 사도 바울의 체취를 더듬었다. 그리고 카파도키아(Cappadocia)로 가서 너무도 영적인 산하와 1세기부터 내려오는 동굴교회들의 지금도 생동하는

벽화를 보았다. 초대교인들이 핍박을 피해 판 데린쿠유의 거대한 지하도시는 베트콩이 판 구찌터널을 무색하게 했다. 카이세리를 거쳐 1000km에 달하는 고대 실크로드를 달려 도마기독교의 중추이며 에데사왕국의 수도이며, 아브라함의 생가로 추정되는 우르의 고장(이슬람 전승), 우르파(Urfa, Şanliurfa)로 갔다. 아브라함이 가족과 함께 유목 생활을 했던 하란 평야를 거쳐 알렙포(Aleppo)로 가서, 그 유명한 난공불락의 성채의 위용을 보았다. 그리고 예루살렘성전을 초라하게 만드는 거대한 바알신전의 웅혼한 모습이 온전하게 남아있는 팔미라의 고대도시를 샅샅이 훑고, 바울의 개종사건이 일어났던 다메섹(다마스쿠스)을 거쳐 요르단 국경을 넘었다.

데가볼리(Decapolis: 시리아 남쪽, 팔레스타인과 트랜스요르단 북쪽지역에 있었던 열개의 희랍 폴리스) 지방의 펠라, 제라시, 느보산, 마다바, 그리고 세례요한의 목이 잘린 마캐루스 성채, 아라비아 사막, 에돔 광야, 나바태안(나밭)왕국의 중심지 페트라(Petra)의 기암협곡과 거대석굴 무덤군을 충격 속에 바라보았다. 다윗왕에게 아내를 빼앗긴 충직한 장군 우리야의 원혼이 서린 암만의 암몬성(Amman)을 마지막 일정으로 하고 귀국길에 올랐다. 귀국 도중에 또 하나의 사막의 신기루, 두바이의 현주소를 점검했다.

나는 이 모든 일정에서 내가 본 광경들을 매일 일출에서 일몰까지 모조리 카메라에 담았다. 많은 충격적 영상들을 독자들은 지금부터 이 책에서 접하게 될 것이다. 나는 단순히 초기기독교에 대한 역사적 르포를 제공하지 않는다. 그리고 나의 역사적 예수의 탐색이 단순히 인간 예수의 삶의 현주소를 조명하고만 있는 것도 아니다. 나의 원시기독교의 정체성 탐구는 인류문명의 패러다임의 전환을 위한 다양한 질문이다. 김우중회장은 언젠가 세상은 넓고 할일은 많다고 했다. 한 문명의 가능성은 참으로 많고, 그 가능성에 대하여 우리 국민이 해야 할일은 너무도 많다. 우리 문명의 진로에 관하여 우리 국민은 스스로의 길을 선택해야 한다. 그 책임도 결국 국민들 스스로에게 돌아간다. 찬란했던 문명의 무덤 속에 나뒹구는 뼈다귀를 바라보면서 나는 우리가 선택하고 있는 길에 대하여 끊임없이 반문을 던질 수밖에 없었다.

『도마복음한글역주』를 가능케한 이 여행에는 하기의 안내자들이 있었다. 이집트 지역은 아랍어와 고대상형문자에 능통한 이종희선생, 콥틱크리스챤으로서 콥트문화전통에 관하여 많은 것을 가르켜준 현지가이드 알프레도, 이스라엘 지역은 히브리대학 구약학박사 정세호목사, 시리아·레바논·터키·요르단 지역은 이현주 실장, 터키의 현지가이드 오스만, 이 사람들은 안내자이자 나의 사상의 멘토(mentors)였다. 특히 광대한 지역을 위험을 무릅쓰고 헌신적으로 탐방하면서 나의 모든 어려운 요구들을 한 마디의 불평도 없이 수용해준, 요르단 암만에서 씩씩하게 살고 있는 이현주 실장님의 노고가 독자들의 행운이 되었음을 밝힌다.

도마복음서가 발견된 나그함마디 게벨 알 타리프 전경

갈릴리와 사마리아의 접경지에 있는 이 지중해 해변도시는 헤롯이 카이사르 아우구스투스(Caesar Augustus)에 의하여 유대왕으로 책봉되자, 이에 감읍하여 이 도시를 지어 아우구스투스에게 봉헌했기 때문에 카이사레아라고 불리게 된 것이다. BC 22년부터 짓기 시작한 이 찬란한 도시는 예수시대의 모습을 그대로 간직하고 있다. 이 도시가 예루살렘보다도 훨씬 더 당대 문명의 첨단 이기를 향유한 편리하고 아름다운 도시였기 때문에 로마총독의 관저가 여기 있었다. 예수를 재판한 빌라도 총독도 이곳에 상주하였고 유월절 같은 큰 명절에만 예루살렘을 잠깐씩 다녀갔다. 극장, 신전, 원형경기장, 2만 명 이상을 수용할 수 있는 대전차경기장, 고급 목욕탕, 총독관저, 수로시설 등이 지중해 해변을 따라 펼쳐지는데 예수시대의 삶을 이해하는 데 불가결의 정보를 제공해 준다. 이스라엘에 남아있는 예수시대 유적으로서 가장 리얼한 모습을 간직하고 있다. 꼭 가볼만한 곳이다. 베드로가 설교를 행한 곳이며, 바울이 구류된 곳이기도 하다. 교회사가 유세비우스(Eusebius of Caesarea, fl.4c.)는 이곳의 주교였다.

40. 도마기독교

예수 생전에 예수를 초청한 에데사의 왕(王)

> 터키 하란평야에 우르파라는 매력적 도시가 있다. 예수시대에 이 도시는 오스로외네왕국의 수도였으며 에데사라고 불렸다. 콘스탄티누스 대제 시대에 활약한 카이사레아의 주교 유세비우스는 최초의 기독교 교회사를 썼는데, 그 속에서 그는 에데사의 왕이 당대의 살아있었던 예수에게 편지를 보낸 사실을 말하고 있다. 에데사는 인류 역사상 최초의 기독교국가였다. 이 사실은 도마복음서와 어떻게 관련되는가?

지도를 펼쳐놓고 메소포타미아로 우리의 시선을 옮겨보자! 메소포타미아(Mesopotamia)라는 말은 희랍어로 "강 사이의 땅"이라는 뜻인데 그 두 강은 아시다시피 티그리스강(Tigris)과 유프라테스강(Euphrates)을 지칭한다. 바그다드는 이 두 강이 가장 가깝게 오는 지역에 위치하고 있다. 메포소타미아는 현재 이라크와 시리아 지역에 걸쳐 있다.

우리는 예수의 활동지인 갈릴리(Galilee)하면, 이상하게도 옛 강원도 "감자바위 동네"와 같은 인상을 지니기 쉽다. 왜냐하면 복음서는 후대 초기기독교의 기술이고, 그것은 어디까지나 예루살렘 중심의 가치관을 지닌 유대인들의 관념 속에서 만들어진 창작물이기 때문이다. 예수의 수난설화(Passion Narrative) 자체가 갈릴리 시골에서 놀던 촌사람 예수가 대도시 예루살렘을 향해 가는 어떤 직선적 시간라인을 그리고 있고, 예수복음의 핵심인 수난(Passion)이 예루살렘에 왔기 때문에 시작될 수밖에 없었다(요한복음은 이런 직선적 시간라인을 파괴한다).

그러나 예수의 생애를 보다 리얼하게 생각해보면 예수운동(The Jesus Movement)의 본거지는 갈릴리이지 결코 예루살렘이 아니다. 예루살렘은 오히려 그의 생애에서 매우 마이너한 사건일 수밖에 없다. 그의 죽음과 관련된 해프닝의 배경일 뿐이다. 예루살렘성전 중심으로 모든 것을 생각하면 갈릴리는 화려한 성전건물도 없는 초라한 시골이 되고 만다. 그러나 역사적으로 이 지역 문명의 발상지는 메소포타미아였다.

이스라엘 문명도 메소포타미아로부터 시작된 것이다. 아브라함도 최근 이라크전쟁의 집중 피폭지 중 하나였던 바스라 항구 근처의 갈대아 우르에서 태어나 유프라테스 상류지역인 하란(Haran)평야에서 살다가 세겜, 벧엘을 거쳐 이집트로 갔다가 브엘세바(Beer-sheba)에 정착한 인물이다. 예수는 갈릴리에서 태어났고, 갈릴리에서 문제의식을 가지고 장성하여 예수운동을 펼쳤다. 그 갈릴리는 남쪽의 유대와는 비교적 격절된 문명지였으며 그 아이덴티티는 역사적으로 메소포타미아, 앗시리아, 바빌론, 소아시아문명권과 더 밀착되어 있었다. 더구나 예수가 태어나기 3세기 전에는 알렉산더대제가 이 지역을 헬라화하면서 이 지역은 헬레니즘 문명을 과감하게 수용하였다. 갈릴리바다 주변에도 헬라식 폴리스도시가 건설되었으며 그것은 페니키아, 남부 시리아, 데카폴리스(Decapolis, 성서 이름은 "데가볼리"인데, 갈릴리바다 동남쪽으로 형성된 10개의 희랍식 폴리스도시를 말한다), 북부 팔레스타인 지중해 해안도시들과 연계를 이루고 있었다. 신전, 극장, 학교, 스타디움 경기장, 목욕탕, 주랑 있는 아고라(시장) 등등의 헬라화된 도시 풍경은 갈릴리 지역의 다반사였다. 복음서에는 예수가 극장을 가거나 목욕을 엔조이하거나 하는 장면이 안 나오기 때문에, 그가 비교적 토착적 하층민의 삶과 밀착되어 있는 사람이라는 것은 추측할 수 있지만, 예수가 산 문명의 환경과 지적 풍토는 당시 그레코·로만 사회에 있어서 최첨단의 개방적 분위기였다.

갈릴리는 우선 인종적으로 복잡했으며 언어도 유대지역과는 달랐다. 따라서 이방인 문화에 대해 개방적이었다. 북쪽의 소아시아, 시리아, 메소포타미아, 트랜스요르단, 다마스쿠스 지역과 남쪽의 사마리아, 유대지역의 완충지대였기에 예루살렘에 대한 예속감이 없었다. 갈릴리에는 수도도 없었고, 왕도 없었고, 성전도 없었으며, 제사장들의 하이어라키도 없었다. 어떤 초월신이나 왕에 대한 충성심이란 갈릴리사람들의 덕성이 아니었다. 갈릴리사람들은 로마에게도, 헤롯에게도, 예루살렘의 성전 이스태블리쉬먼트에게도 충성을 표해야 할 아무런 이유를 가지고 있지 않았다(Burton L. Mack, *The Lost Gospel* 62). 이런 배경 속에서 소피스트들과 같은 헬라화된 지식인들이 대중운동을 리드하고, 많은 코이노니아이(*koinoniai*) 소규모 친목단체들이 활약하고, 다양한 희랍철학 유파사상과 지중해 문명권의 모든 신화적 사상의 홍류가 휩쓰는 그러한 시대적 배경 속에서 예수라는 전혀 새로운 유형의 사상운동가가 태어났다는 사실을 우리는 새롭게 인식하지 않으면 안 된다.

그런데 재미있는 이야기가 하나 있다. 아브라함이 살았던 비옥한 하란평야 위로 유프라테스 상류지역, 지금은 터키에 속해 있지만 우르파(Urfa)라는 매력적인 도시가 있다. 이 도시는 예로부터 아나톨리아(Anatolia, 터키 지역)와 북 메소포타미아를 연결하는 교통요지로서, BC 14세기 히타이트에 멸망되기 이전에는 후리안왕조(a Hurrian state)의 수도로서 독자적인 고문명의 정체성이 있었다. 헬레니즘 시대에는 어느 정도 자치권을 지니는 오스로외네왕국(Osrhoëne)이 되었고 그 수도가 에데사(Edessa)였는데, 현재의 우르파가 바로 에데사인 것이다. 기원전 4년부터 기원후 50년까지 에데사를 다스린 왕이 아브가르 우카마(Abgar Ukkama)였는데, 그의 통치기간이 예수의 생애와 일치한다는 사실이 우리의 관심을 끈다. 아브가르왕과 예수의 관계에 대하여 최초의 기독교 교회사가인 비숍 유세비우스(Eusebius of Caesaria, 콘스탄티누스 대제 시대)는 그의 유명한 『교회사 The Ecclesiastical History』(AD 312~324 집필) 속에서 다음과 같은 이야기를 전해주고 있다.

예수의 기적을 듣게 된 아브가르왕은 예수에게 편지를 써 보내면서 예수의 신성을 고백하고 자신의 병을 고쳐달라고 간청하였다. 그에 대한 보상으로 왕은 예수에게 자신의 고향을 안전한 거처로 제공하겠다고 약속하였다. 이에 대하여 예수는, 직접 만나보지도 않고 자기를 간절히 소망한 아브가르왕의 믿음을 축복하였으나, 팔레스타인에서 자신의 사역을 계속적으로 수행하기 위해 하는 수 없이 왕의 초청을 거절하였다. 그러나 예수의 십자가 죽음과 부활이 후에, 아브가르왕은 다시 편지를 보낸다. 예수의 제자들 중에서 한 사람이 에

로마에서 직접 가져온 대리석으로 지은 카이사레아 목욕탕의 일부. 이 육각형 구조로 보아 후대의 작품이라면 대성당 부속의 세례당일 가능성도 있다. 요즈음의 감각으로 보아도 탁월한 건축물이다.

데사로 와서 자신과 자신의 백성들을 고쳐줄 것을 편지로 간청하였던 것이다. 이에 "도마라고 불리는 유다"가 72명의 제자들 가운데 한 사람인 다대오(Thaddaeus)를 에데사로 보내 아브가르왕과 많은 백성들을 고친 후, 모든 거주민들에게 예수의 생애와 사역을 전파하게 되었다고 한다(소기천, 『예수말씀복음서 Q개론』에도 이런 이야기가 실려 있다).

이런 이야기들이 역사적인 진실인가 아닌가 하는 것은 전혀 중요하지 않다. 이러한 이야기들로부터 우리는 역사적 정황을 어떻게 추론할 것인가 하는 것을 고민해야 하는 것이다. 유세비우스의 기록은 비록 픽션 같은 야사일지라도 그것은 충분히 가능한 역사적 사실을 전제로 하고 있기 때문이다. 그 역사적 사실이란 무엇인가? 그것은 바로 에데사야말로 인류사에서 최초로 등장한 기독교국가(the earliest Christian state)라는 사실이다. 2세기 말부터는 에데사의 왕들이 기독교 세례를 받았다는 사실이 확인되며, 에데사왕국이야말로 시리아어로 된 초기기독교 문헌의 생산지였던 것이다. 여기 유세비우스의 기록 중에 중요한 사실은 "도마라고 불리는 유다"가 등장하고 있다는 것이다. 로마 작가 아루노비우스가 저술한 『이방민족지 Adversus Gentes』에 의하면 도마는 직접 에데사로 갔다(정수일, 『고대문명교류사』 참고). 그가 바로 도마복음서의 저자였다는 추론도 가능하겠지만, 도마복음서의 저자문제에 관해서는 우리는 보다 폭넓은 시야를 확보해야 한다.

헤르몬산에 올라가는 골란고원 길목에서 마이달 샴스(Majdal Shams)라는 작은 마을을 지나게 된다. 원래 시리아 땅이었는데 1967년 6일전쟁 이후 이스라엘의 점령지가 되었다. 드루즈(Druze)족이 사는 곳인데 시장통 그들의 특별한 의상이 눈에 띈다. 메시아는 남자 가랑이에서 태어난다고 믿기 때문에 애가 풍 빠질 것을 염려하여 가랑이 밑에 포대가 형성되는 큰 바지를 입고 발목은 단단히 묶는다. 일설에 이들은 모세가 시내광야에서 만난 현명한 장인 미디안족장 이드로(Jethro)의 후예라고 한다. 이들은 불교, 기독교, 유대교, 그리스철학이 융합된 이슬람을 신봉하는데 유일신과 7명의 선지자를 믿는다. 그들의 세계관에는 네오플라톤주의의 유출설이 깔려있다.

41. 마르코 폴로와 도마의 최후

기독교는 원래 서양종교가 아니다

> 20세기 세계문화사가 서구중심으로 기술되었기 때문에 기독교를 맹목적으로 서양종교라고 생각하지만, 초기기독교운동은 서양과 관련이 없다. 우리는 기독교에 아시아적 사유를 회복시켜야 한다.

 기독교를 생각할 때 검토되지 않은 우리의 일반관념 중에서 가장 거대한 오류가 기독교를 그냥 맹목적으로 서양종교라고 생각하는 것이다. 양코배기 서양사람들에 의하여 만들어졌으며 그들에 의하여 팽창되었으며 그들에 의하여 최근에 동방에 전도되었다고 믿는 것이다. 아직도 우리나라 거개의 기독교인들은 예수는 서양사람이며, 기독교신학은 서양사람들이 만든 교리체계이며, 따라서 기독교에 관한 한 서양사람들이 기독교에 대하여 말하는 모든 것이 정통이고 우선이라고 생각한다. 그러나 이런 관념에서 가장 큰 문제가 되는 것은 이들이 생각하는 "서양 the West"이라는 것이 과연 무엇이냐 하는 것이다. 이들은 우선 이탈리아나 불란서, 스페인, 영국, 독일 등등을 떠올릴 것이다. 역사적으로 말하면 라틴 웨스트(Latin West), 즉 서유럽문화권을 두루뭉실 지칭하고 있는 것이다. 그러나 단언컨대, 초기기독교운동은 라틴 웨스트와 전혀 관련이 없다. 로마제국이 기독교를 공인함으로써 로마중심의 가톨릭 정통성을 확립한 이후의 기독교를 가지고

기독교를 말할 수는 없는 것이다.

예수는 팔레스타인 사람이며, 예루살렘에 특별한 예속감을 지니지 않았던 갈릴리지역의 사상가요 운동가였다. 나는 1972년 대만대학에 유학갔을 때, 철학과 대학원 석사과정 학생으로 입학한 동기생 중에 아주 특이한 인물이 있었다. 이름은 요아브 아리엘(Yoav Ariel)! 그는 히브리 바이블과 탈무드, 카발라 미스티시즘(Kabbala mysticism)에 정통한 학자였는데 텔아비브대학 철학과에서 그를 중국철학전공 교수로 키우기 위해 대만대학으로 파견했던 것이다. 그는 중국말이나 한문을 아직 습득하지 못했기에, 영어를 자유롭게 구사하는 나와 단짝이 될 수밖에 없었다.

나의 대만대학 유학생활이란 아이러니칼하게도 중국철학을 공동하는 본업보다 이 유대인 이방인에게 영어로 중국철학을 가르쳐주는 데 더 많은 시간을 할애했어야 했다. 그것은 심오한 사상투쟁의 과정이었다. 그가 유대교전통에 관하여 가지고 있는 모든 관념과 중국철학적 가치를 편견없이 습득한다고 하는 노력 사이에는 태양열보다 더 뜨거운 마찰이 있을 수밖에 없었다. 그와 나는 만나기만 하면 싸웠다. 유대인들은 성격이 한국인처럼 직선적이고 활달하고 다혈질이다. 그리고 말습관이 에두를 줄을 모른다. 우리들의 충돌은 가관이었다. 그러나 우리 둘 사이에 존속했던 첨예한 사상대결의 이면에는 진리를 향한 청춘의 열망이 불타고 있었다. 우리는 위대한 우정을 나누었다. 기실 오늘날 내가 이렇게 도마복음서 주해를 집필하게 되는 이면에는 이러한 20대의 치열한 사상역정이 뚜렷한 여로를 그리고 있다. 그런데 내가 이 친구를 처음 만났을 때 들은 놀라운 이야기가 있다. 난 그를 서양사람이라 생각했다. 그리고 왜 서양인인 당신이 중국철학을 공부하겠다고 대만까지 와서 날 괴롭히냐고 반문했을 때 그는 매우 명쾌하게 답변했다.

"I am an Asian. 나는 아시아사람이오."

예수는 아시아사람이다. 아시아대륙의 서단 갈릴리에서 태어나고 활동한 사람이다. 그리고 베드로가 활약한 지역도 코엘레 시리아(Coele Syria, 현 레바논의 알 비카[al Biqa]지역)이고, 바울이 초대교회를 개척한 곳도 소아시아지역이다. 그리고 기독교가 국가종교로서 최초의 공인을 얻은 곳도 서구의 어느 곳이 아닌 동방의 나라 에데사(Edessa)였다.

우리에게 친숙한 고전, 마르코 폴로(Marco Polo, 1254~1324)의 『동방견문록』에 바로 도마복음서의 저자이자 예수의 쌍둥이형제로 알려진 도마의 최후를 전하는 이야기가 실려있다. 그가 17년간의 중국체류를 끝내고 베니스로 돌아오는 길에 남인도 서해안 말라바르지방(the Malabar Coast)의 한 작은 마을에서 성 도마의 유해가 안치되어 있는 것을 목격한다. 그리고 그 지역에 내려오는 도마의 이적이야기를 듣게된다. 그리고 도마가 어떻게 죽었는가를 듣게된다. 폴로는 말한다: "기적에 관해서는 이상으로 충분히 말하였으므로 다음에는 성 도마가 살해된 광경을 그곳 사람들로부터 전승되어온 대로 이야기할까 한다."

도마는 어느날 숲 속에 있는 암자에서 밖으로 나와 하나님께 기도를 올리고 있었다. 그런데 이 지방은 공작새가 많이 사는 곳으로 세계적으로 유명했다. 그때도 도마 주변으로 공작새가 떼지어 날

정직, 충성, 효, 박애, 희생 그리고 유일신이 드루즈 삶의 원칙이다. 첩제도, 담배, 술, 돼지고기, 드루즈족 외혼을 금한다. 이들은 매우 점잖고 개방적이며 친절했다. 시리아문명의 깊이를 전해준다.

아다니고 있었다. 도마가 열중하여 기도를 드리고 있는데 가비족의 사냥꾼이 도마 주변으로 떼지어 날고있는 공작을 잡으려고 화살을 당겼다. 가비족 사람은 그곳에 도마가 기도하고 있다는 것을 알지 못했다. 화살이 공작에 맞았다고 생각했지만, 실상 그 화살은 도마의 오른쪽 겨드랑이를 관통했다. 화살을 맞고도 도마는 조용히 하나님께 기도를 드렸다. 그는 그런 가운데 평온히 잠들었다.

전해오는 바에 의하면, 도마는 오순절사건 이후 사도들이 세계각지로 책임선교를 맡아 떠나는데 인도로 배정되었다고 한다. 가는 길이 너무도 험난하여 병약을 구실로 이를 피하려 하자, 예수가 꿈에 나타나, "도마야! 두려워 말라. 나의 축복이 너를 지켜줄 것이다. 너는 인도에 가서 복음을 전해야 한다"하고 도마를 고무했다. 때마침 인도 서북부 아라코시아(Arachosia)와 인더스강 상류지역을 통치하고 있던 곤다포루스(Gondaphorus)왕이 건축공을 물색하기 위하여 파견한 상인 압바네스(Abbanes)를 예루살렘에서 만난다. 도마는 성령의 인도를 받아들여 상인 압바네스와 함께 인도로 가 왕의 부탁으로 궁전을 짓기로 한다. 그러나 도마는 받은 건축비로 궁전을 짓지 않고 불쌍한 과부와 고아를 구제하는 일에 다 써버린다. 왕이 대노 운운.

『이방민족지』에 의하면 도마는 예수승천 2년 후에 전도사명을 띠고 인도로 가던 중, 에데사와 파르티아(Parthia), 부카라(Bukhara), 박트리아(Bactria)에 들러 기독교를 전했다. 도마가 인도에 온 것은 AD 52년이며 그가 죽은 것은 AD 72년으로 사료되고 있다. 그러니까 도마가 에데사에서 기독교를 전파한 것은 AD 52년 이전의 사건이 된다. 에데사는 헬라문명권과 교류가 있었지만 시리아문화권의 센터였으며 시리아어문학의 전통을 유지했다.

에데사에 첫 동방교회가 건립되고 타티안(Tatian, 110~180), 바르데산(Bardesane, 154~222), 바루트(Barut) 등 탁월한 기독교 학자들이 나타나 초기

기독교 교리와 복음을 정리했다. 아브가르왕이 박해받고 있는 예수에게 안식처를 제공해주겠다고 한 약속은 결국 훗날 신앙적 박해를 받는 사람들이 에데사로 모여들어 기독교를 동방으로, 전 세계로 전하게 되는 구심점이 된 것이다.

에데사의 타티안이 바로 최초의 4복음서체제인 『디아테사론 Diatessaron』의 편집자이다. 바르데산은 타티안의 시리아어로 된 『디아테사론』을 후세에 전했다. 그리고 AD 144년, 구약의 하나님과의 단절을 선언하고 구약의 전면적 폐기를 주장했다는 이유로 로마교회에서 파문당한 마르시온(Marcion, ?~160)의 신봉자들이 세운 마르시온교회(Marcionism)의 활동무대가 바로 에데사였다. 그리고 에데사는 마니교(Manichaeism)의 주요한 활동지였다.

바울이 기독교를 소아시아와 희랍지역에 전파하였다는 이야기는 신빙성있게 들리지만, 동시대에 도마가 기독교를 에데사와 인도에 전파하였다는 이야기를 하나의 전설로 취급해버리는 우리의 사고방식의 저변에는 자료빈곤 이외로도 기독교는 서방종교라는 선입견이 짙게 깔려있다. 이제 우리는 기독교의 역사와 말씀 전승에 새롭게 아시아적 사유를 복원시켜야 하는 것이다. 기독교는 아시아대륙문화의 유기적 일부로서 재해석되어야 하는 것이다.

내가 바라보고 있는 저 평화로운 동산이 예수가 산상수훈을 행한 곳이다. "이제 우는 그대들이여 복이 있나니 너희가 웃을 것임이요 …." 그 동산 언덕 중턱에 산상수훈교회가 자리잡고 있다. 저 산 너머에 갈릴리바다가 있고 그 주변으로 가버나움, 벳새다, 고라신이 있다.

42. 예수와 페니키아문명

두로와 시돈이 너희보다 견디기 쉬우리라

> 서구문명을 우리는 기껏해야 그레코·로만문명 중심으로 생각하기 쉽다. 서구문명의 뿌리는 희랍문명에 선행하는 페니키아문명에 있다. 페니키아인들이 BC 15세기에 발명한 문자가 희랍문자의 모태가 되었고 오늘 영어 알파벳의 조형이 되었다. 예수는 율법에 쩔은 유대인들보다 개방적 페니키아(시리아)인들을 더 사랑했다. 에데사왕국은 시리아문명의 한 중심이었고, 예수의 제자들이 그곳에 갔을 가능성은 충분히 있다.

독자들은 누구든지 예수의 산상수훈(the Sermon on the Mount)을 기억할 것이다. 그 산은 갈릴리바다(호수) 북단에 있는 가버나움 부근 타브가(Tabga) 지역에 있다. 이 자그만 동산에서 예수는 "가난한 그대들이여! 복이 있나니, 하나님의 나라가 너희 것임이라"고 외쳤던 것이다. "주린 그대들, 부드러운 그대들, 자비를 베푸는 그대들, 마음이 깨끗한 그대들, 평화를 만드는 그대들, 나로 인하여 핍박받는 그대들이여! 그대들이야말로 천국의 지복(Beatitudes)을 누릴 자격이 있다"고 외쳤던 것이다. 굶주린 자가 배부름을 얻고, 우는 자가 기쁨으로 충만케 되리라는 예수의 말씀은 소외된 민중들에게 "기쁜 소식," 즉 복음(유앙겔리온)이 아니고 무엇이랴! 그런데 이 기쁜 소식을 들으러 온 군중들은 결코 갈릴리의 헐벗은 농민들만은 아니었다.

이 산상수훈의 핵심은 Q복음서에 들어가 있으므로 예수운동의 리얼한 정황을 반영한다고 말할 수 있다. 예수의 설교를 들으러 갈릴리바다 북단에 몰려든 사람들을 누가는 다음과 같이 기록하고 있다.

"제자의 허다한 무리와 또 예수의 말씀도 듣고 병고침을 얻으려고 유대 사방과 예루살렘과 및 두로와 시돈의 해안으로부터 온 많은 백성도 있더라."(눅 6:17).

여기 "제자의 허다한 무리 a great crowd of his disciples"라는 표현으로 알 수 있듯이 예수의 제자는 결코 12명에 국한되어 있지 않았다. 12명의 제자라는 것은 불트만이 주장하는 바 후대 초기교회의 종말론적 성격을 반영하는 것이다. 예수의 재림, 혹은 최후의 심판 이후 12제자가 이스라엘의 12지파를 다스리게 되리라는 유대화파 교인들(Judaizers)의 선민의식을 반영한 것이다(눅 22:30, 마 19:28).

문제는 그 다음의 군중에 대한 설명에 있다. "유대 사방과 예루살렘과 및 두로와 시돈의 해안으로부터 온"이라는 표현은 매우 상이한 두 문화권 사이에 예수의 갈릴리 선교지역이 완충지대로서 끼어 있었던 지정학적 사실을 웅변하고 있다. "유대 사방과 예루살렘"이란 갈릴리의 입장에서 보면 남방의 유대문명(Jewish civilization)을 가리킨다. 그러나 "두로Tyre와 시돈Sidon"은 갈릴리의 북방, 지중해 해안으로 펼쳐져 있는 페니키아문명(Phoenician civilization)을 가리킨다. 두로와 시돈이야말로, 비블로스(Byblos, Gebal, Jbail), 베이루트(Beirut, Berot, Berytos)와 함께 페니키아문명의 4대 중심도시였다.

우리는 팔레스타인문명을 생각할 때 이스라엘중심으로만 생각하는 경향에 젖어있다. 사실 그런 관념은 우리가 미국중심으로 세계를 바라보기 때문에 생겨난 편견일 수도 있다. 아니, 인류문명의 4대 발상지라는 메소포타미아를 생각할 때도 우리는 신·구약성서중심으로만 생각하는 것이다. 메소포타미아의 중심은 어디까지나 바빌론문명이다. 그리고 바빌론문명과 더불어 생각해야만 하는 문명이 페니키아문명이다. 그러니까 현재 국가개념으로 생각하면 이라크·시리아·레바논·팔레스타인을 연결하는 비옥한 초승달(Fertile Crescent: 초승달 모양으로 생긴 중동의 고문명요람지대. 미국 오리엔탈리스트 제임스 헨리 브레스티드James Henry Breasted가 명명)지대야말로 중동전체문명의 핵심적 주축이다.

재미있는 사실은 갈릴리는 그 아이덴티티가 남방의 예루살렘을 포함한 유대지역보다는 이 비옥한 초승달지대의 개방적 선진문명에 더 근접해 있었고 더 동화되어 있었다. 당시 두로와 시돈의 찬란한 역사에 예루살렘을 비교한다는 것은 우리의 상식적 관념의 코페르니쿠스적인 전환을 요구하는 것이다. 갈릴리인들의 입장에서 본다면 예루살렘은 변방의 촌락에 지나지 않았다. 성전 하나 댕그렁 있는 촌구석으로 비쳐졌을 가능성도 있다. 다음의 예수의 말씀(로기온자료)을 한번 되씹어보자!

"화 있을진저, 고라신아! 화 있을진저, 벳새다야! 너희에게서 행한 모든 권능을 두로와 시돈에서 행하였더라면, 저희가 벌써 베옷을 입고 재를 뒤집어쓰고 삶의 방식을 바꾸었으리라. 내가 너희에게 이르노니 심판 날에 두로와 시돈이 너희보다 견디기 쉬우리라."(마 11:21~22, 눅 10:13~14, Q31).

여기 예수의 저주의 언사 속에 나오는 고라신(Chorazin, Kirbet Keraze)과 벳새다(Bethsaida)는 예수가 활동한 가버나움 부근의 도시로서 갈릴리바다 북부의 부촌들이었다. 그러나 예수는 자기를 배척하는 이 동네들을 향하여 저주를 말하면서 상대적으로 두로와 시돈을 찬양하고 있는 것이다. 유대인의 관념에서 본다면 두로와 시돈은 저주스러운 이방도시요, 바알신앙의 본거지며, 역사적으로는 북이스라엘의 최전성기를 구가한 오므리왕조의 왕 아합(King Ahab)의 부인 이세벨 여왕(Queen Jezebel)의 고향이었다(왕상 16:31~33). 이세벨은 사마리아에 바알산 당을 짓고 바알제단을 세워 선지자 엘리야와 대결한다. 결국 엘리야는 바알의 예언자 450명을 기손 시내(the Kishon Valley)에서 도륙하는 참극을 벌인다.

"베옷을 입고 재를 뒤집어 쓴다"는 것은 낙타털로 짠 거친 옷을 맨살 위에 입고 재를 머리에 부어 누추한 모습을 만드는 유대인의 관습을 말하는데 이것은 참회를 상징하는 것이다(욘 3:5~6).

예수는 두로와 시돈의 사람들이야말로 자기가 선포하는 하나님의 나라를 훨씬 더 적극적으로 수용하고 참회하고 삶의 자세를 바꾸었을 것이라고 희망과 기대에 찬 언사를 발하고 있는 것이다. 그리고 말한다. 심판의 날에는 두로와 시돈이 오히려 유대인들의 도시보다 더 축복을 받을 가능성이 있다!

우리는 너무도 중요한 의미를 지니는, 이러한 성서구절들을 역사적 정황과 단절시켜 간과하고만 있는 것이다. 역사적 예수의 입장에서 이 도시들을 감지하는 느낌을 말한다면 주변의 고라신과 벳새다가 충청도의 작은 도시에 비유된다면 두로와 시돈은 뉴욕 맨해튼의 느낌이었다. 당시 지중해연안 최대의 도시였다. 지금도 두로에 가면 예수와 동시대의 히포드롬(Roman

산상수훈교회(Church of the Beatitudes)는 이탈리아의 건축가 안토니오 발루치의 설계로 1938년에 완공되었다. 8복설교를 상징하여 8각의 돔이 있다. 로마 가톨릭 프란시스칸 신부들이 이 교회를 주지하고 있다.

hippodrome, 대전차경기장)이 남아있는데 길이 500m에 달하는 세계최대의 규모이다.

 페니키아문명은 상업과 무역을 중심으로 발전하였기 때문에 도시국가들의 연합체형식을 견지했으며 따라서 제국문명의 건설에는 관심이 없었다. 그러기 때문에 오히려 오랫동안 서구문명의 중심지역할을 할 수 있었던 것이다. 이집트 기자의 대피라미드를 건립한 제4왕조(BC 2613~2494)시절부터 이미 왕성한 무역을 통하여 이집트문명을 흡수하였고, 아카디아, 힛타이트, 필리스틴, 앗시리아, 바빌로니아, 페르시아의 지배를 차례로 경험하면서 그들의 문명을 배합하였다. 알렉산더대왕의 정벌 때도 두로는 극렬하게 저항하였다. 알렉산더대왕 사후 프톨레미왕조에 속했다가 셀레우코스왕조에 병합되었다가 BC 64년에는 폼페이우스에 의하여 로마제국에 복속되어 시리아주로 편입된다. 그러나 두로와 시돈은 상인들에 의하여 왕권이 제약되는 형태의 자치왕국을 유지할 수 있었던 것이다.

 우리가 알아야 할 것은 페니키아문명은 희랍문명보다도 훨씬 오래된 고문명이며 BC 15세기에 이미 22글자의 알파벳을 발명하였고 그것이 희랍문자의 모체가 되었을 뿐 아니라 근세 서방 알파벳의 조형이 되었다는 사실이다. 그러니까 사실 서양문명의 시원을 거슬러 올라가면 희랍문명보다는 페니키아문명에 도달케 된다. 예수는 이 페니키아문명의 역사적 배경과 개방적 성격을 잘 이해하고 있었다. 예수가 말한 아람어(Aramaic)도 페니키아어에 속하는 것이다. "페니키아"라는 말 자체가 후대에 희랍인들이 명명한 것이며, 그들 자신은 가나안(Canaanites, 아카디아말로는 Kinahna)이라고 불렀다. "젖과 꿀이 흐르는 가나안 땅"이라고 동경했던 그 가나안이 페니키아의 별칭이었다. 그러니까 같은 페니키아 시리아문명에 속한 에데사왕국의 아브가르왕이 갈릴리의 예수를 초청했다는 이야기도 결코 허황된 이야기가 아니다. 예수의 쌍둥이 형제며 제자인 도마는 예수의 사후 에데사왕국으로 갔고 거기서 도마기독교를 정착시켰던 것이다.

두로는 원래 섬이었는데 난공불락의 요새였다. 그리고 페니키아함대(Phoenician fleet)가 정박해 있었다. 알렉산더대왕의 원정에 강력하게 반발하여 7개월을 저항한다. 그러나 알렉산더대왕은 육지에서 두로섬까지 방파제를 쌓아 두로를 함락시킨다. 두로가 함락되자 시돈은 저항 없이 알렉산더대왕의 통치를 환영한다. 그리고 페르시아지배에 놀아난 왕을 바꾸어 줄 것을 요청한다. 알렉산더대왕은 그의 친구 헤파이스티온(Hephaistion)에게 그 일을 위임한다. 헤파이스티온이 새로 세운 시돈의 왕이 아브달로니모스(Abdalonymos)이다. 위의 대리석 석관은 이 시돈의 왕 아브달로니모스를 위하여 BC 325~311 사이에 제작되었다. 그가 죽고나서 바로 이 석관은 완성되었다(BC 312). 이 석관은 시돈의 왕무덤에서 1887년에 발굴되었다. 현재 이스탄불 고고학박물관에 소장되어 있는데, 페니키아·시리아정복을 결정적으로 만든 잇수스전투(the battle of Issus, BC 333) 장면을 조각하고 있고 알렉산더대왕의 말 탄 모습(가장 왼쪽)을 생생하게 묘사하고 있기 때문에 알렉산더석관(Alexander Sarcophagus)이라고 불린다. 시돈의 고문명의 찬란함을 과시하는 헬레니즘예술의 희대의 걸작품이다. 이스탄불 고고학박물관(Istanbul Archaeology Museum)소장.

43. 예수 자신의 이방선교

상 아래 개들도 부스러기를 먹나이다

> 예수가 이방의 나라 페니키아에 직접 갔다는 사실을 마가복음이 보고하고 있다. 게네사렛에서 두로로 갔다가, 시돈을 거쳐 다시 골란고원을 넘어 데카폴리스로 에둘러 갈릴리바다 가버나움으로 되돌아오는 여정이 묘사되고 있는 것이다. 예수는 이미 이방선교를 몸소 실천한 국제적 사상가였다. 이방선교는 바울의 전유물이 아니었다.

예수는 페니키아문명권에 직접 갔는가? 두로(Tyre)와 시돈(Sidon)에 간 적이 있는가? 이러한 나의 질문, 그 자체를 많은 독자들이 낯설게 느낄 것이다. 그러나 이러한 질문에 대한 대답은 예수의 삶을 기록한 복음서에 명료하게 주어져 있다. 자아! 마가복음 제7장을 펼쳐보라. 개역한글판을 정정함이 없이 그대로 여기 인용하겠다.

예수께서 일어나사, 거기를 떠나 두로 지경으로 가서 한 집에 들어가 아무도 모르게 하시려 하나 숨길 수 없더라. 이에 더러운 귀신들린 어린 딸을 둔 한 여자가 예수의 소문을 듣고 곧 와서 그 발 아래 엎드리니, 그 여자는 헬라인이요, 수로보니게 족속이라. 자기 딸에게서 귀신을 쫓아주시기를 간구하거늘, 예수께서 이르시되, "자녀로 먼저 배불리 먹게 할지니 자녀의 떡을 취하여 개들에게 던짐이 마땅치 아니하니라." 여자가 대답하여 가로되, "주여! 옳소이다마는 상 아래 개들도 아이들의 먹던 부스러기를 먹나이다." 예수께서 가라사대, "이 말을 하였으니, 돌아가라. 귀신이 네 딸에게서 나갔느니라." 하시매, 여자가 집에 돌아가 본즉, 아이가 침상에 누웠고 귀신이 나갔더라. 예수께서 다시 두로 지경에서 나와, 시돈을 지나고, 데가볼리 지경을 통과하여, 갈릴리 호수에 이르시매, … (막 7:24~31).

지금 4복음서 중에서 가장 먼저 성립한 마가복음서의 저자가 예수의 행적에 관하여 기술하고 있는 지리적 표상은 그 스케일이 거대하다. 예수는 분명 맨발로 걸어다녔을 텐데, 그러기에는 한 큐에 움직이기 어려운 거대한 지역의 여정을 한순간에 지나치듯이 묘사하고 있는 것이다.

이 단화(短話)의 시작구인 "거기를 떠나"의 "거기"는 갈릴리호수 북단의 서쪽에 위치한 게네사렛(Gennesaret)이다. 가버나움에서 갈릴리 해변을 따라 서남쪽으로 15리 정도 떨어져 있다. 예수의 여정은 일단 이 게네사렛을 출발하여 서북쪽으로 약 200리 가량을 가면 나오는 지중해 해변의 항구도시 두로(Tyre)에 도착했다. 거기서 한 소녀의 치유사건이 일어나게 된다. 그리고 다시 지중해 해변을 따라 한 150리를 걸어 올라가 당시 지중해연안의 가장 중심적 역할을 했던 화려한 항구도시 시돈(Sidon)에 도착한다.

시돈은 페르시아제국의 함대가 있었던 도시였으며 세계에서 가장 선진의 유리제조업이 발달한 도시였다. 아마도 우리나라 경주 왕릉에서 출토되는 유리병의 족보도 이 시돈에까지 거슬러 올라갈 것이다. 예수는 다시 이 시돈에서 내륙지방으로 내려오면서 골란고원을 가로지르고 트랜스요르단지역의 데가볼리(데카폴리스, Decapolis)를 경유하여 다시 갈릴리바다를 서쪽으로 에워싸고 북단의 가버나움 지역으로 되돌아오고 있다.

우리나라 지형으로 말하자면 서울에서 출발하여 해주항으로 갔다가, 다시 해변 따라 평양 부근의 남포항까지 북상하였다가, 다시 내륙지방으로 태백산맥을 건너

금강산으로 가서 속초, 강릉, 삼척까지 내려갔다가, 강원도·경기도를 통과하여 서울로 돌아오는 여정의 느낌인 것이다. 지금의 국가개념으로 말해도 이스라엘 북부에서 레바논, 시리아, 요르단을 거쳐 다시 갈릴리 북단으로 돌아와야 한다.

불트만은 이 단화가 Q자료에 수록된 가버나움 백부장의 종을 치유하는 설화와 함께 원격치유(*Fernheilung*)를 주제로 하는 전형적 전기적 아포프테그마(Apophthegma: 간략한 맥락 속에서 전개되는 예수의 말씀들. 불트만은 아포프테그마를 논쟁 및 사제 대화conflict and didactic sayings와 전기적 아포프테그마biographical apophthegms 두 종류로 나누었다. 전자에 24개, 후자에 22개를 할당하였다.)에 속하는 문학장르이며, 아포프테그마에 있어서는 전혀 시간·공간을 나타내는 보도가 리얼한 상황에 기초할 필요가 없다고 본다. 따라서 예수의 "북방여행"은 추리된 공상(phantasy)이라고 단정한다(『공관복음서전승사』, 허혁 역, 75). 불트만의 이러한 주장에 일리가 있다고 하더라도, 마가의 기술은 당대의 어떤 구전에 일정한 기초가 있다고 보아야 할 것이다. 마가시대 사람들의 예수인식은 이미 예수의 활동영역이 갈릴리지역과 페니키아문명을 연결하는 광범위한 북부지역공동체를 전제하고 있었다는 사실을 입증하고 있다. 최근의 스칼라십은 예수운동이 당대에 이미 페니키아문명권에까지 전파되었다는 사실을 당연한 것으로 숙지한다.

"아무도 모르게 하시려다"라는 것은 예수가 자기를 잘 아는 갈릴리 가버나움 지역에서는 편하게 쉴 수가 없으므로, 조용히 지내고 싶을 때에는 타국의 대도시로 잠입하는 관행이 평소 있었을 수 있다는 것을 암시한다. 그러나 "숨길 수 없더라"라는 것은 이미 이방의 대도시에까지 예수의 명성이 자자했다는 현실적 상황이 반영되어 있다. 이에 두로에 나타난 여인은 누구였던가?

"그 여자는 헬라인이요, 수로보니게 족속이라." 그 여자는 문화적 소양으로는 국제적 감각의 헬라인이었으나, 핏줄로 말하면 "수로보니게" 사람이라는 것이다. 불행하게도 개역판의 발음표기 때문에 많은 사람들이 눈치를 못 채고 간과해버리지만, "수로보니게Syrophoenician"란 "시리아계열의 페니키아인"이란 뜻이다.

페니키아는 아프리카 북부 카르타고(Carthage) 지역에 식민지를 개척했다. 그러니까 제2차 포에니전쟁(BC 218~201)에서 코끼리부대까지 휘몰아 알프스산맥을 넘어 로마로 진군하여 로마를 공포의 도가니로 빠뜨린 한니발 장군(Hannibal, BC 247~c.181)이 바로 페니키아인이었다. 이 아프리카 북부지역의 페니키아사람들을 흔히 리비오페니키아인(the Libyo-Phoenicians)이라고 불렀는데, "수로보니게"란 이에 대하여 시리아계 페니키아인을 지칭한 것이다.

이 시리아페니키아 여인과 예수의 대화는 아람어로 이루어졌을 가능성도 있지만, 예수가 이 여인과 직접 희랍어로 소통했을 가능성도 배제되지 않는다. 예수는 이미 당시의 희랍문명에 깊은 조예가 있는 인물로서 재조명되고 있기 때문이다.

또 하나의 시돈의 석관. 이스탄불 고고학박물관 소장품. BC 4세기 중엽. 고인이 된 주인의 영면을 애통해하는 18명의 여인들이 석관 삥 둘러 조각되어 있는데, 석관 그 자체가 이오니아식 석주회랑의 그리스 신전 모습이다. 그 석주 사이사이로 여인들이 서서 우는데 그 표현이 우아하기 그지없다. 예수보다 4세기나 앞선 이 페니키아의 작품을 통해 우리는 그 문명의 찬란한 영화를 엿볼 수 있다. 바로 예수에게 나타난 "수로보니게" 여인이 이 중의 한 여인과도 같은 모습이었을 것이다.

그 여인은 예수에게 귀신들려 집 병상에 누워있는 딸의 치유를 호소한다. 그러나 예수의 대답은 냉혹하다: "자녀로 먼저 배불리 먹게 할지니, 자녀의 떡을 취하여 개들에게 던짐이 마땅치 아니하니라." 여기 "자녀"와 "개들"의 관계를 "유대인"과 "이방인"의 관계로 명료하게 규정해버리는 것은 문제가 있으나, 하여튼 예수는 인정머리 없게, 자기에게 구원의 손길을 요청하는 타국의 교양있는 여인을 "개새끼"로 규정하고 있는 것이다. 한정된 공동식사테이블이 전제되어 있고 그곳에서 사람들이 앉아 먹을 수 있는 음식의 양도 결정되어 있다. 이것을 집에서 키우는 개새끼들에게 던져 줄 수는 없다는 것이다. 여기 "개새끼"(kynarioi)는 들판의 야생 늑대가 아니라, 집에서 식탁 주변을 맴도는 강아지(puppies)를 지칭한다. 따라서 이 표현은 알레고리가 아닌 직유(Vergleich)이다.

이러한 냉혹한 예수의 답변에 이 교양있는 페니키아 여인은 예수의 논리를 이용하여 예수를 제압한다: "주여! 옳소이다마는 상 아래 개들도 아이들의 먹던 부스러기를 먹나이다." 페니키아 여인의 논리는 강렬한 자기주장을 나타내면서도 동시에 유머와 위트와 신념(faith)과 겸손(humility)을 은은하게 표현하고 있다. 예수의 말씀 속에도 "먼저 배불리 먹게 할지니"라는 표현은 이미 유대인의 구원의 특권에 대한 시간적 한정성을 암시하고 있다. "먼저" 먹게는 하겠지만, 그들이 먹기를 거부할 때는 그 구원의 밥상은 이방인에게 돌아간다는 것이다. 예수는 자신의 패배를 솔직히 시인한다: "이 말을 하였으니 돌아가라! 귀신이 네 딸에게서 나갔느니라."

예수는 기적적 치유의 행위를 하지 않았다. 오직 말씀으로 원격치유를 행한 것이다. 그것이 가능했던 것은 오직 페니키아 여인의 믿음이었다. 그 믿음이 좁은 예수운동의 동아리나 유대인의 민족의식에 갇혀있었던 것이 아니라, 이미 이방인에게 개방되어 있었다는 맥락에서 예수는 이미 세계인의 예수였다. 이방선교가 사도 바울의 전유물이 아니었던 것이다.

"거룩한 산" 헤르몬을 바라보다. 2814m. 만년설로 뒤덮인 이 산은 요단강의 시원을 이룬다. 장엄한 헤르몬산은 이스라엘 정복의 북쪽 경계였다(신 3:8). 안티레바논산맥의 꼭대기로 동북, 서남으로 30킬로 뻗어있다. 시돈 사람들은 이 헤르몬산을 시룐이라 불렀고, 아모리 사람들은 스닐이라 불렀다 (신 3:9). 이 산은 가나안의 신 바알(Baal), 희랍신 판(Pan)과도 관련있다. 많은 사람들이 예수가 변모한 "높은 산"(막 9:2)도 헤르몬산이라고 추정한다.

44. 지브란과 견유(犬儒) 예수

샌달과 속옷, 지팡이도 지니지 말라

> 20세기의 예언자로 불리는 칼릴 지브란은 수로보니게여인의 아들이었다. 페니키아 전통을 이은 그의 사유 속에는 헬라적, 히브리적, 아시아적 가치가 자유롭게 왕래한다. 헬레니즘의 바탕에 깔린 아시아적 사유를 깊게 이해하면 역사적 예수는 갈릴리지역의 견유학파적 실천운동가였다는 통찰에 도달하게 된다.

사랑은 소유하지도, 소유되어지지도 않는 것.

사랑은 다만 사랑으로 충분할 뿐.

사랑할 때 그대들은 이렇게 말해서는 안되리라, "신이 나의 마음속에 계시다."

차라리 이렇게 말하라. "나는 신의 마음속에 있노라."

서로 사랑하라. 그러나 사랑에 속박되지는 말라.

차라리 사랑하는 그대들 영혼의 기슭 사이에 출렁이는 바다를 놓아두라.

서로 가슴을 주라, 허나 간직하지는 말라.

오직 삶의 수고로움만이 그대들의 가슴을 간직할 수 있나니.

함께 서 있으라, 허나 너무 가까이 서있지 말라. 사원의 기둥들도 서로 떨어져 있거늘.

너는 진실로 자유로우리라.

너의 낮이 근심으로 가득차고, 너의 밤이 욕망과 슬픔으로 범벅이 되는 바로 그때에.

이런 것들이 너를 칭칭 감으나 네 스스로 발가벗고 사슬을 끊고,

이들 위로 솟아오를 그때에 너는 진실로 자유로우리.

너는 네 몸뚱이와 하나가 되었을 때 선하다.

그러나 네가 네 몸뚱이와 하나가 되어있지 않더라도 악한 것은 아니다.

내분(內分)된 집이라 하여 그것은 도둑의 소굴은 아니다. 오직 내분된 집일 뿐.

기도란 게 무엇이뇨? 생명의 하늘 속에 너 스스로를 활짝 펴는 것이 아니고 또 무엇이뇨?

허공 속에 너의 어둠을 쏟아 버리는 것이 너의 안락이라면,

너의 가슴속에 피어오르는 새벽빛을 쏟아버리는 것 또한 너의 기쁨이리라.

죽음의 비밀을 알고 싶어 하느뇨?

삶의 한 가운데서 죽음을 찾지 않는다면,

어떻게 그것을 찾아낼 수 있단 말가?

낮에는 멀고 밤에만 뜨는 올빼미는 결코 빛의 신비를 벗길 수 없나니,

그대 진실로 죽음의 혼을 보고자 한다면

생명의 몸을 향해 너의 가슴을 활짝 열라!

삶과 죽음은 한몸, 강과 바다가 하나이듯이.

희망과 욕망의 심연 속에 저 너머 세상의 고요한 깨달음이 조용히 출렁이도다.

알미트라는 말이 없었다. 안개 속으로 배가 사라질 때까지 응시하면서.

그리고 사람들 모두 흩어질 때까지, 그녀는 홀로 방파제 위에 서서,

그녀의 가슴속에 새겨진 그의 말들을 되새겼다.

"잠깐, 바람 위에 일순의 휴식이 오면 또 한 여인이 나를 낳으리라."

함석헌 선생께서 천안의 씨알농장에서 한 손에 호미를 들고 밭이랑에 웅크린 호기심어린 소년 도올에게 들려주시곤 했던 이 주옥같은 말들. 이 칼릴 지브란(Kahlil Gibran, 1883~1931)의 예언자적 외침을 회상할 때, 우리는 예수의 말같이도, 석가의 말같이도 들리는 이 언어들의 본류를 더듬지 않으면 안된다. 칼릴 지브란은 우리가 논의하고 있는 두로, 시돈 저 윗켠 만년설로 덮여있는 레바논산 기슭

의 아름다운 소읍, 브샤레(Bsharrī)에서 태어났다. 그야말로 "수로보니게 여인"(막 7:26)의 아들이었던 것이다. 지브란의 엄마는 레바논 마론파 신부의 딸이었다(마론파 기독교의 신부는, 초대교회의 전통을 이어, 결혼한다). 그는 뉴욕에 정착하여 레바논의 동포들과 문학동맹(The Pen League)을 결성하면서 『예언자』의 언어를 쏟아내었지만, 그의 내면적 초월의 자유와 저항의 세계 속에는 페니키아문명의 오랜 전통이 면면히 흐르고 있는 것이다.

지브란의 언어와 도마복음서의 언어 사이에서 어떤 공통된 흐름을 조망하는 우리의 시각 속에는, 역사적 예수의 실존을 지배하는 아시아적 사유의 진면목에 대한 직시가 있어야 한다. 헬라적 사유전통이 알렉산더대왕의 동정(東征)을 계기로, 우주론과 인식론에서 인간실존의 제문제를 탐색하는 인생론으로 사유패턴이 근원적으로 전환하는 그 이면에는, 제국문명의 정치적 분위기나 폴리스의 정체성 상실과 구성원의 자아상실의 허탈감을 운운하기 이전에, 아시아적 사유의 서점(西漸)이라는 역사적 사실이 전제되어 있는 것이다. 아리스토텔레스의 형이상학이 대변하는 고전시대(Hellenic Age)의 치열한 논리적 탐색이, 헬레니즘 시기(Hellenistic Age)로 들어서면서 스토아학파(Stoicism), 에피큐로스학파(Epicurianism), 견유학파(Cynicism), 회의학파(Skepticism) 등, 제사조가 추구하는 인생의 궁극적 행복이나 평정과도 같은 비근한 주제로 자리를 양보하는

헤르몬산 기슭의 드루즈족 주민. 샌달과 지팡이가 인상적이다.

문명의 전환, 바로 그 전환을 가능케 한 것이 아시아적 사유였다.

인도 마우리아왕조의 전륜성왕이라 불리는 아쇼카왕(King Ashoka, BC 265~238, 혹은 BC 273~232 재위)이 서방세계에 대규모의 불교 포교단을 파견한 사실도 전설로서만 치부해버릴 수는 없다. 다르마(Dharma, 佛法)에 의한 덕치주의를 표방한 아쇼카왕은 스리랑카와 미얀마, 시리아, 이집트, 마케도니아, 그리스, 북아프리카 등 유라시아와 아프리카의 세 대륙에 불교 포교단을 공식 파견하여 불교를 세계종교로 격상시켰던 것이다(정수일, 『고대문명교류사』 468).

서양철학사에서 알렉산더대왕 이전의 고대 우주론과 인식론에는 비중을 크게 두는 반면, 헬레니즘 시대의 인생철학적 신사조를 소략하게 다루는 경향성의 배면에는 아시아적 사유에 대한 편견이 자리잡고 있을 수도 있다. 헬레니즘 시대의 사람들이 공통적으로 추구한 것은 지식(Knowledge)이 아닌 지혜(Wisdom)였고, 우주의 원질에 대한 통찰이기보다는 인생의 아타락시아(ataraxia)의 체득이었다. "아타락시아"란 과도한 쾌락이나 고통 그 어느 것에 의하여도 흔들리지 않는 마음의 평정이었다. 그것은 도마복음에서 "안식Rest"이라고 부르는 것이다. 그것은 바로 인간의 욕망으로부터의 해탈(解脫, *mokṣa*)이었다.

이 해탈을 가장 철저하게 구현하려고 하였던 사람들이 견유학파였다. "견유犬儒"란 문자 그대로 "개처럼 사는 지식인"이라는 뜻이다. 영어로 "시닉cynic"이라고 부르는 것도 개를 뜻하는 희랍어 "퀴온*kuōn*"에서 유래된 것이다. 그들은 모든 전통과 문명을 거부했다. 기존의 종교와 도덕, 의복, 주거, 음식, 일상예절을 거부했던 것이다. 그들의 삶의 수단은 "걸식begging"이었고, 끊임없는 무소유의 방랑이었다.

알렉산더대왕은 절구통 속에서만 생활하던 견유학파의 대가 디오게네스

(Diogenes of Sinope, BC 412~323)를 방문했다. 알렉산더는 절구통 속의 그를 바라보며 말한다: "여기까지 당신을 찾아왔으니 내가 당신을 위하여 해줄 수 있는 일이 무엇이오?" 이에 디오게네스는 대답한다: "*나의 햇빛이나 가리지 마시오. Please stand out of my light.*" 이것은 권력에 대한 용감한 도전이나 무시만을 과시하는 사건은 아니다. 알렉산더대왕이 추구하는 거대한 제국건설의 영욕과 무관하게 햇빛만 있어도 평온하게 살 수 있다는 디오게네스의 항변은 기존의 모든 문명적 가치에 대한 사유의 전도를 요구하고 있는 것이다. 그는 자연으로 돌아갈 것을 인간에게 요구하면서 동시에 "나는 현존하는 모든 가치를 재주조한다. I recoin current values."고 외쳤던 것이다. 그는 천상에서 불을 훔쳐와 인간세를 인위화 시키고 복잡하게 만든 프로메테우스를 저주했다. 니체가 주장하는 가치의 전도는 디오게네스 철학의 현대적 표현에 불과할 수도 있다.

그러나 예수야말로 디오게네스의 제자였다는 역사적 아이러니 또한 우리는 기억해야 한다. 예수는 견유학파적 리얼리즘을 철저히 실천한 사람이었다. 예수는 그의 운동에 가담하는 제자들에게 돈을 담은 전대는 물론, 지팡이나 가죽샌달도, 그리고 속옷조차도 지니지 못하게 했다(마 10:9~10, 눅 9:3, 10:4). 지나치는 사람들과 문안인사조차 하지 말라고 당부했다. 견유학파의 덕목은 최소한의 질박한 삶(simplicity)이었고, 모든 세속적 가치에 대한 절제(self-control)였다. 예수가 비유를 잘 들기로 유명한데 견유학파의 사람들이야말로 비유의 천재들이었다. 역사적 예수를 가장 잘 조명한 신학자 크로쌍(John Dominic Crossan)은 예수를 다음과 같이 명료하게 규정한다: "역사적 예수는 갈릴리의 견유cynic였다."

히브리대학교정에서 예루살렘을 바라보는 희랍정교회 신부. 이 신부는 히브리대학에서 구약학 박사과정을 밟고 있었는데, 기독교의 대세를 아르메니아정교회, 희랍정교회, 가톨릭으로 삼분하였다. 왜 프로테스탄티즘은 포함시키지 않냐고 묻자, 그것은 어디까지나 가톨릭집안 내의 문제일 뿐이라고 일축하였다. 그리고 가톨릭은 후대의 이방문화전통이 마구 삽입된 비정통의 기독교집단이며, 초기 기독교 사도들의 전승을 제대로 지키고 있는 것은 아르메니아정교회와 희랍정교회일 뿐이라고 못 박았다. 여기 감람산에서 내려다 보이는 이 예루살렘에 야고보의 교회가 있었을까?

45. 에데사의 도마행전

예수가 편지를 쓰다

> 4세기 초의 기독교 교회사가 유세비우스는 에데사의 왕실문서 보존창고에서 아브가르왕과 예수 사이에서 오간 편지가 실려있는 시리아어 문헌을 찾아냈다고 떠벌인다. 그리고 그 둘 사이에서 오간 편지내용을 정확한 역사적 사실인 양 공개하고 있다. 이와 같이 4세기 초만 해도 초대교회사람들이 인식한 예수는 하나님의 아들이라 해도 왕과 편지를 주고받는 평범한 인간이었다. 예수가 마약이나 약초를 쓰지 않고 사람을 잘 고친다는 표현은 매우 재미있는 사가의 기술이다.

오스로외네왕국 에데사를 중심으로 일찍이 도마기독교(Thomas Christianity)의 전통이 성립했다는 사실에 관하여 많은 학자들의 견해가 일치하고 있다. 후대에 대중적 인기를 얻은 마태기독교나 베드로기독교와는 다른 또 하나의 전통인, 야고보기독교나 도마기독교의 전통이 에데사와 관련되어 보존되었다는 사실은 의심의 여지가 없다. 야고보나 도마는, 모두 예수의 친형제라는 가설의 진위를 떠나, 역사적 예수와 보다 밀착된 어떤 로기온전승을 지킨 그룹의 상징이었다. 흔히 이들은 예루살렘중심으로 활약했지만 어떠한 계기로 인하여 시리아 동북지역의 에데사로 그 거점을 옮기게 되었다.

재미있게도, 도마복음서 속에서는 야고보와 도마는 예수말씀의 정통적 지킴이로 등장한다. 그리고 살로메(Salome)와 마리아(Mary)는 진실한 제자를 대변하며, 바른 질문을 던진다. 그러나 베드로와 마태, 그리고 집단적인 용례로서의 "따르는 자들 the followers"(나의 번역에서는 "제자들 the disciples"이라는 표현을 삼가하였다)은 항상 어리석은 질문을 던지며, 이들은 방랑자의 래디칼리즘(Wanderradikalismus)을 유지하던 도마전승의 정통파사람들에게는 부정적으로 비쳐지는 예수그룹을 대표한다. 예루살렘을 중심으로 유대전쟁이 일어나면서 AD 70년 전후로 도마기독교사람들이 그들을 지원하는 안전한 북방의 에데사로 거점을 옮겼다는 가설은 쉽게 이해가 간다(그리고 "방랑하는 카리스마들 Wandering Charismatics"에게는 북방의 언어가 더 편리했다. 팔레스타인의 지역방언보다 "국제통용어 lingua franca"였던 희랍어가 더 편리했던 것이다. 그리고 예루살렘 주변의 예수운동가들은 점점 정착되어간 반면 북방은 방랑자 전통을 더 존중해 주었다). 그러나 4세기 초의 교회사가 유세비우스는 이미 예수 당대에 에데사의 왕 아브가르와 역사적 예수 본인 사이에 구체적 서한의 왕래가 있었다는 것을 입증하고 있는 것이다.

아브가르왕은 질병과 정신적 고통으로 시달리고 있었으며, 예수가 행하는 기적을 소문으로 익히 알고 그에게 구원의 손길을 뻗쳤던 것이다. 유세비우스는 에데사의 문서보존창고에서 아브가르왕과 예수 사이에 오간 편지를 기록한 시리아문서를 찾아내는 데 성공하였다고 자랑하면서, 그것을 시리아어로부터 다음과 같이 희랍어로 번역해놓았다. 전령(courier) 아나니아스(Ananias)를 통해 예수에게 보내어진 아브가르의 편지는 다음과 같다.

"나 아브가르 우카마, 에데사의 군주, 예루살렘지역에 나타난 훌륭한 구세주 예수에게 문안하오. 나는 당신과 당신의 치료에 관하여, 특별히, 마약(pharmakōn)이나 약초(botanōn)를 쓰지 않고 잘 고친다는 이야기를 들어왔소. 더욱이 장님에게 시력을 회복시키고, 절름발이가 걷도록 하며, 문둥이를 깨끗이 하고, 더러운 악령과 악마를 몰아내며, 고질병으로 고통받는 사람들을 고쳐주며, 심지어 죽은자를 다시 일으키는 경지에까지 이르렀다는 소식을 익히 들었소. 이 모든 이야기를 듣고 나는 당신에 관하여 다음 둘 중의 하나일 수밖에 없다는 판단에 이르렀소. 당신은 이런 일을 하기 위하여 세상으로 하강한 하나님(theos)이거나, 하나님의 아들(a Son of God)일 수밖에 없소. 이러한 이유로, 나는 당신이 빨리 나에게로 와서 나의 고통을 해방시켜주도록 탄원하는 편지를 보내는 바이외다. 더구나 유대인들이 당신을 조롱하고 박해한다고 들었소. 나는 작지만 오랜 전통을 지닌 훌륭한 도시를 소유하고 있소. 당신이 지내기에 이상적인 곳이라 생각되오."

이 편지를 받은 예수는 아나니아스를 통해 다음과 같은 답장을 보냈다.

"나를 보지도 않고 나를 믿는 그대여, 복이 있도다. 나에 관하여 이미 기록된 바, 나를 본 자는 나를 믿으려하지 않고 나를 보지 않은 자가 오히려 나를 믿고 생명을 얻는다 하였도다. 그대가 나에게 왕진을 요청하며 쓴 것에 관하여, 나는 먼저 이곳에서 내가 보내어진 사명을 완수해야만 한다는 것을 알리노라. 이곳에서 나의 임무가 완수되면, 나는 나를 보낸 그이에게로 다시 들리우리라. 내가 들리울 때에 나는 나의 제자 중 한 사람을 그대의 고통을 고치기 위해 파견하리라. 그는 그대와, 또 그대와 같이하는 모든 사람들에게 생명을 주리라."

그 편지 말미에 시리아어로 예수 사후에 실제로 벌어진 일들이 매우 상세하게 기술되어 있다고 한다. 도마(쌍둥이)인 유다는 아브가르왕에게 70제자 중의 한 사람인 다대오(Thaddaeus)를 보냈는데, 그는 에데사에서 토비아스(Tobias)의 아들, 토비아스의 집에 머물면서 이적을 행한다. 결국 다대오는 아브가르왕을 대면하기에 이른다. 다대오를 대면한 아브가르왕은 이와 같이 말한다: "나는 그대의 스승 예수에게 무한한 신념을 품었노라. 로마제국의 권세가 나를 방해하지 않았다면, 나는 그를 십자가에 못 박은 유대인들을 군대를 보내어 쳐부쉈을 것이다." 다대오는 말한다: "예수의 이름으로 그대 머리 위에 손을 얹노라." 그 순간 그가 가지고 있었던 모든 질병과 고통이 사라졌다. 마약과 약초를 쓰지않는 다대오의 치유와 선교는 계속된다. 드디어 전 국민과 왕이 모여드는 광장에서 그는 설교한다. 예수는 십자가에 못 박혔고, 지옥 하데스로 사흘간 내려가 있다가(descended into Hades), 모든 군중이 보는 자리에서 하나님 아버지께로 다시 올라간 사건을 선포한다. 이 일들은 340년에 일어났다. 에데사 기원 340년이란 AD 30년을 의미한다.

과연 독자들은 이러한 문서기록을 진실한 역사의 기술이라고 믿을 것인가? 우리는 4세기 초의 기독교인들이 인식하고 있었던 예수상의 일단을 파악할 수 있을 뿐이다. 쾨스터는 도마기독교가 에데사에 일찍 정착된 것은 역사적 사실이지만, 에데사 도마기독교(Edessene Thomas Christianity)가 2세기에 마르시온파를

히브리대학에서 박사학위공부를 하고 있는 폴란드인 희랍정교회 신부와 대화를 나누다.

포용하는 등, 로마정통기독교와 대항하는 세력으로 성장하자, 에데사를 견제하지 않으면 안되었고, 따라서 그 원조인 도마의 족보를 폄하하게 되었다고 말한다. 팔루트(Palut)가 에데사의 비숍으로 임명되면서 그는 에데사의 도마기독교를 서방정통교회(Western orthodoxy)로 전향시켰고, 그에 대한 반발로 도마기독교 신봉자들의 상당수가 마니교로 흡수되었다고 본다. 하여튼 이러한 서방화의 과정 속에서, 아브가르의 전설도 원래는 도마가 주인공이었으나, 도마가 탈락되고 다대오가 대치되었다고 본다.

많은 사람들이 AD 3세기 초에 에데사에서 성립한 것이 확실한 것으로 간주되는 문헌, 『도마행전 Acts of Thomas』과의 관련성 때문에 도마복음서가 에데사에서 성립한 문헌일 것이라고 추정한다. 『도마행전』의 첫머리에 "쌍둥이(디두모)라 불리는 유다 도마"가 명시되어 있기 때문이다. 그러나 바바라 알란드(Barbara Aland)는 세 가지 이유를 들어 에데사전승을 거부한다. 1)에데사는 시리아어 권역이며 희랍어를 사용하지 않았다. 도마복음서는 당초에 희랍어로 쓰여졌다. 2) "유다 도마"라는 이름은 동부시리아권의 전유물이 아니다. 3)『도마행전』의 저자가 도마복음서를 참고했다는 퓌에쉬(Peuch)의 분석은 문헌적 근거가 박약하다.

나 도올은 도마복음서가 에데사전승의 산물이라는 비정은 억측의 소산이라고 간주한다. 도마복음서는 예수운동의 가장 오리지날한 층대를 형성하는 것으로 팔레스타인에서 성립한 독자적인 문헌이라고 본다. 후대 도마기독교의 가설과 관련된 문제들은 모두 도마복음서 성립 이후의 발전양상들이다. 그러나 이러한 문제는 이제 도마복음서 본문에 즉(卽)하여 정교하게 논의되어야 한다.

아문신을 모신 룩소르 카르낙신전의 기둥들에 새겨진 성각문자들. 히에로글립스의 "히에로"는 성스럽다(sacred)는 의미이고, "글립스"는 글리페인(glyphein) 즉 각(刻)한다는 의미이다. 상형문자라는 의미는 전혀 내포되어 있지 않다. 그래서 "성각문자聖刻文字"라고 번역하는 것이 더 정당하다. 성각문자는 실제적으로 기념비적인 건물의 석벽이나 비문에 새겨진 것이며 특수한 지배계층에게만 통용된 것이다. 지식과 권위를 독점하려는 지배층들은 성각문자가 일반민중에게 해독되는 것조차 원치 않았다. 사제들이나 서기관들은 파피루스에 "사제문자Hieratic"를 썼다. 나중에는 대중적인 "민용문자Demotic"가 발전하기에 이른다.

46. 콥트어와 성각문자

인간의 언어는 문자라기보다는 소리의 체계

> 도마복음서는 콥트어로 쓰여졌다. 콥트어는 고대 이집트 언어 발달사의 최후단계에 해당되는데 희랍문자를 차용한 알파벳언어이다.

도마복음서 텍스트는 콥트어(Coptic)로 되어있다. 물론 도마복음서가 최초로 콥트어로 집필되었다고 간주되지는 않는다. 앞서 우리가 논의했듯이, 옥시린쿠스 사본(POxy)을 통하여 콥트어 텍스트에 선행하는 희랍어 텍스트의 존재가 입증되기 때문이다(『도올의 도마복음한글역주』1, 325~328). 그러나 희랍어 텍스트는 부분 편린만 남아있는 데 반하여 콥트어 텍스트는 온전한 형태로 남아있기 때문에 우리는 콥트어를 통하여 도마복음서의 전모를 파악할 수밖에 없다. 그런데 콥트어는 비록 외견상으로는 희랍어의 자모를 빌리고 있지만 어디까지나 이집트말이다. 즉 희랍어 자모를 이집트말에 대한 이두식표기로서 활용한 것이다. 희랍어 자모는 24개가 있는데, 24개만 가지고는 이집트말의 발음체계를 다 표현할 수가 없기 때문에 이전 단계의 민용(民用)문자인 디모틱문자(Demotic)에서 7개의 글자를 빌려왔다. 그 7개 글자의 음가만을 적으면 다음과 같다: Sch(Schei), F(Fei), Ch(Khei), H(Hori), Dsch(Djanjia), Sch(Shima), Ti(Ti).

콥트어는 함·셈어족(the Hamito-Semitic language family)에 속하는 고대

이집트언어의 발달사의 마지막 단계에 해당되는 말인데, 이집트 언어사에서 최초로 구어의 발음체계를 온전하게 표기하는 체계라는 의미에서 매우 특별한 의미를 지닌다. 그 이전의 이집트말 표기방식은 우리가 흔히 "상형문자"라고 알고 있는 것인데 그것으로는 이집트말의 발음체계를 온전히 알 수가 없다. 그러니까 고대 이집트문자의 발음체계로 진입하기 위해서는 콥트어라는 창문을 통하지 않을 수 없다.

1799년에 발견된 로제타 스톤(Rosetta Stone)의 해독을 놓고 영국의 의사이자 물리학자인 토마스 영(Thomas Young, 1773~1829)과 불란서의 언어학자 샹폴리옹(Jean-François Champollion, 1790~1832)이 경쟁을 벌였을 때 토마스 영의 연구가 샹폴리옹에 필적할 수 없었던 것도, 샹폴리옹이 콥트어에 달통한 데 반하여 영은 콥트어를 알지 못했다는 사실로부터 귀결된다.

콥트어는 1세기부터 사용되기 시작하여 7세기 이슬람이 이집트를 정복하기까지 거의 유일한 이집트의 공식언어였다. 그럴 수밖에 없는 것이 알파벳을 사용하여 구어를 표기하는 것이 너무도 편리했기 때문이다. 그러나 콥트어가 1세기부터 이미 이집트말의 표기방식으로 등장하기 시작했다는 사실은 단순히 언어발달사적 이유로 고찰되는 사태가 아니다. 그것은 일차적으로 종교적 이유다. 즉 콥트어의 등장은 이집트가 기독교국가로 변해버렸다는 거대한 역사적 사실을 입증하는 사태이다. 기독교를 수용하는 과정에서, 기독교와 관련된 모든 문헌이나 제식을 민중에게 전달하는 데는 전통적 상형문자는 불편하기 그지없었다. 뿐만 아니라 상형문자는 그 자체가 기독교와는 전혀 다른 종교적 신념을 표방하는 성스러운 세계였기 때문에 기독교와 융합되기가 어려웠다. 더구나 프톨레미왕조가 이집트를 지배하는 기간(BC 305~30) 동안에는 국제통용어인 희랍어가 상용어가 되어 있었던 것이다. 콥트어는 희랍어의 명사어휘를 대거 차용하였으며, 명사 이외로도 형용사, 동사, alla, gar, de, ē, men, hōs, hina와 같은 기능어도 차용하였다. 그리고 단어의 어근(語根)에도 변화가 일어났다.

콥트어 문학은 파코미우스를 계승한 수도원운동의 대부 셰누테(Shenute, c.360~c.450)의 저작활동에 이르러 정점에 이른다. 콥트어 자체가 기독교문화의 소산이기 때문에 이집트를 정복한 아랍인들은 콥트어를 좋아할 리가 없었다. 아랍인들은 997년 공식적으로 콥트어를 금지시켰다. 그렇지만 콥틱 기독교는 무슬림의 탄압 속에서도 줄기차게 살아남았고 오늘날 이집트 인구의 10%가 콥틱 정교회(Coptic Orthodox)에 속해 있다. 그렇지만 불행하게도 일상용어로서의 콥트어는 현실적으로 존재하지 않는다. 콥틱교회의 제식언어, 제식음악으로서만 명맥을 유지하고 있는 사어(死語)라 해야 할 것이다.

콥트어 이전의 이집트문자를 말할 때, 우리가 흔히 "상형문자"라고 부르는 것은 좀 어폐가 있다. 상형(象形)이란 문자 그대로 사물의 형태(形)를 본뜨는 것(象)이다. 우리가 아는 뫼 산(山) 자는 산의 모양을 본뜬 것이고, 내 천(川) 자는 시내의 모양을 본뜬 것이다. 그런데 중국문자이든 이집트문자이든 이런 상형자(象形字)는 지극히 제한된 것이다. "사랑"이나 "신"이나 "은총"이나 "구한다"와 같은 형체 없는 개념들을 상형의 방식으로 다 표현할 수는 없다. 이에 우리는 고대언어라 할

영국박물관에 진열된 로제타 스톤의 일부. 1799년 8월 알렉산드리아 부근의 로제타에서 나폴레옹 휘하의 불란서 장교가 발견했으나 불란서군이 패하자 영국 외교관이 전리품으로 압수했다. 그러나 프랑스 학자들은 빼앗기기 전에 복사본을 만들어 두었다. 샹폴리옹은 12살 때 이 복사본을 보고 해독을 결심했다. 프톨레미5세의 칙령(BC 196)인데 같은 내용이 성각문자와 민용문자와 희랍어로 병기되어, 쉽게 알 수 있는 희랍어로부터 이집트 고대문자의 수수께끼를 파헤쳐나갈 수 있었다. 이 현무암이 근대 이집트학의 출발이다.

지라도, 인간의 언어에 대한 아주 근원적이고도 원칙적인 이해를 해야한다. 인간의 언어는 표기되기에 앞서 소리로서 소통된 것이다. 그러니까 인간의 언어는 문자의 체계라기보다는 소리의 체계인 것이다. 따라서 소리의 체계와 무관한 표의문자(ideogram)와 표음문자(phonogram)를 이원적으로 대비시키는 것은 언어학의 상식에 어긋나는 것이다.

우리가 보통 표의문자라고 알고 있는 한자의 경우를 한번 살펴보자! 옛 고(古)라는 글자의 형태에서 "古"가 어떠한 이유에서 "옛"이라는 의미를 지니게 되었는지는 갑골문에 있어서도 상고할 길이 없다. 그런데 古와 관련된 글자를 보면, 估, 沽, 故, 姑, 固, 痼, 枯, 詁, 苦 등에서 알 수 있듯이 古라는 것은 단지 gu라는 소리를 나타내는 성부(聲符)일 뿐이며, "옛"이라는 의미와 하등의 관계가 없다. 그러니까 우리가 한자를 단순히 뜻글이라고 규정할 수가 없는 것이다. 소리글적인 요소를 단음절의 글자 내에 포함하고 있는 것이다. 이집트의 문자가 새 모양을 하고 있다고 해서 그것이 단순히 "새"를 의미하는 표의자라고 한다면 그런 방식으로는 도저히 인간의 말을 표현할 길이 없다. 새 모양의 글자라 할지라도 그것이 단순히 a라는 음가를 나타낸다면, 그것은 상형자나 표의자가 아니라, 좀 회화적으로 약속된 알파벳 한 글자에 지나지 않는다. 로제타 스톤에 1,419개의 싸인이 있었는데 겹치지 않는 모양은 66개밖엔 없었다. 이 66개를 상형문자라고 해버리면 복잡한 의미를 설명할 길이 없었다.

그래서 영국의 토마스 영은 이집트 문자가 표음적 성격이 있음을 암시했으나 샹폴리옹은 그러한 가능성을 배제하는 고집을 피웠다. 그러다가 어느날 불란서의 중국학 학자로부터 한자도 표음적 요소로써 풍요롭게 발전한 언어라는 사실을 듣고 충격에 휩싸인다. 그리고 생각을 바꾼다. 그리고 이집트 문자가 표음문자(phonogram)와 표어문자(表語文字, logogram)와 한정사(determinatives), 3요소의 혼합으로 이루어진 복잡한 체계라는 사실을 발견하기에 이른다. 그리고 표음문자에 해당되는 싸인은 24개의 알파벳으로 구성되었다는 것을 밝히고 그 음가를 정확히 재구성해내었다. 1822년 이집트의 고대사가 개벽되는 순간이었다. 고대이집트의 24개의 알파벳 시스템은 페니키아 알파벳에 영향을 주었고, 그것이 오늘날 서구문명의 알파벳의 시원이 된 것이다.

현대언어학에서는 표의문자(ideogram)라는 말보다는 표어문자(logogram)라는 말을 즐겨쓴다. 지아비 부(父) 자는 아버지라는 단어(語)의 로고(logo)라고 파악한다. 한자의 경우에는 일자일어(一字一語)의 원칙이 고수되지만 이집트 문자나 그 이전의 설형문자에서는 복합적 자형들이 동원된다.

이집트의 히에로글립스(hieroglyphs)를 상형문자라고 부르지 말자! 그것은 단어의 뜻 그대로 성각문자(聖刻文字)라고 불러야 한다. 보수적 성향의 성각문자는 BC 3200년경부터 AD 4세기까지 장례와 종교적 목적으로 줄기차게 쓰였다. 그리고 성각문자보다 한 5세기 늦게(제2왕조 말기, BC 2686년경) 사제문자(hieratic)가 발전한다. 그리고 제26왕조(BC 6·7세기) 때부터 행정·상업·문학용의 민용문자(demotic, 민중문자라고도 함)가 널리 쓰였다. 민용문자는 희랍어와 병행되다가 콥트어의 발전을 맞이하게 된 것이다. 이집트 문자의 변천사는 인간의 말의 표기체계가 표어적 성격에서 표음적 성격으로 변천해가는 하나의 보편적 양태를 반영한다고 말할 수 있다(우리말의 표기변천사도 비슷하다).

도마복음의 첫 마디는 다음과 같다:

"이는 살아있는 예수께서 말씀하시고 쌍둥이 유다 도마가 기록한 은밀한 말씀들이니라."
These are the secret sayings that the living Jesus spoke and Judas Thomas the Twin recorded.

나그함마디 문서는 그 문서를 둘러싼 인간들의 탐욕 때문에 기구한 운명을 겪어야 했다. 그러나 결국 세계인들의 양심의 호소와 협조에 따라 결국 제자리로 돌아왔다. 낫세르 대통령이 골동상의 소유물을 국유화시켰고, 심리학자 융이 소유했던 코우덱스도 결국 반환되었다. 현재 대부분의 코우덱스가 카이로의 콥틱 박물관에 소장되어 있다. 그 중 오직 도마복음서 첫 두 페이지가 전시되고 있는데 콥틱 박물관은 일체의 촬영을 불허했다. 나는 박물관 사무실을 찾아가 신분을 밝히고 도마복음서 하나만 촬영케 해달라고 통사정을 했으나 절대불가라는 방침만 되풀이했다. 유네스코의 관계자들의 이름까지 들먹였어도 이집트 문화재청 장관의 허락서를 직접 받아오라고 호통쳤다. 나는 이 사진을 찍기 위하여 만리길 여행을 했다. 하는 수 없이 작은 카메라를 숨겨 극적으로 보안장치를 통과하여 들어갔다. 어마어마한 무장경비원들이 여기저기 눈을 부라리고 있는 와중에 그들을 따돌리고 열 번째 홀의 진열장 속에 있는 도마복음서를 촬영하는 데 성공했다. 큰 글씨는 "The Apocryphon of John"으로 앞 책의 제목이고, 그 다음부터 도마복음서의 장엄한 글씨들이 시작되고 있다. 파피루스 한 페이지 크기가 28.2×14.8 cm.

47. 도마복음서 해독 기초자료

프롤로그에 숨은 뜻은?

> 우리나라 기독교나 신학계가 지식대중에게 참신한 메시지를 던지지 못하는 가장 큰 이유가 성서를 고착된 단 하나의 성령의 말씀으로 파악하기 때문이다. 성서는 문헌이다. 성서라는 문헌은 단 하나의 판본도 동일한 것이 없다. 2000여 년 동안 끊임없이 변해온 것이다. 우리나라에서도 1977년 공동번역의 등장은 성서의 언어에 대한 일반인들의 관념을 크게 변화시켰다. 성서는 고문헌학의 연구성과를 통해서만 우리에게 다가온다. 성서는 단순히 고문서일 뿐이다. "성경"이라는 것은 단지 성서를 바라보는 우리 마음자세의 문제일 뿐이다.

서장(序章, Prologue)

이는 살아있는 예수께서 이르시고 쌍둥이 유다 도마가 기록한 은밀한 말씀들이라.

These are the secret sayings that the living Jesus spoke and Judas Thomas the Twin recorded.

沃案 이제야 겨우 도마복음 본문을 주해하고 강론하는 자리에 설 수 있게 되었다. 여기 이 자리에 오기까지, 기나긴 역정을 회고하면서 회의와 고난과 희열로

가득찬 열정의 시간을 함께 해준 독자들에게 무한한 감사를 드린다. 그러나 지금 막상 본문을 대하는 나의 가슴은 말할 수 없는 감회와 두려움으로 회오리친다.

도마복음서는 114개의 로기온 파편으로 구성되어 있다. 나는 나의 새로운 저작물인 『큐복음서』(통나무刊, 2008) 속에서도 1개의 로기온 파편에 대해 장(章)이라는 개념을 부여했듯이, 도마복음서에 대해서도 장이라는 개념을 쓸 것이다. 우리 동양고전의 감각으로 보면 로기온 하나를 한 장으로 규정하는 것이 어색하지 않다. 『논어』, 『중용』, 『대학』이 그러한 용례를 따르고 있기 때문이다. 그러니까 도마복음서는 우리 고전감각으로 보면 "서장+114장+타이틀"로 구성되어 있는 것이다. 물론 도마복음서 원문은 희랍어텍스트나 콥트어텍스트를 막론하고 띄어쓰기도 없을 뿐 아니라 장의 구분 같은 것도 존재하지 않는다. 완벽하게 한덩어리로 연결된 모습으로 고대의 서기관들은 기록하였던 것이다. 장을 구분하고 번호를 매긴 것은 물론 20세기 학자들의 노력의 소산일 뿐이다. 114장의 구분방식은 로빈슨 교수가 편집한 최초의 나그함마디 문서의 영역전집, 『콥틱 그노스틱 라이브러리』 판본에 의거한 것이다. 그 중 도마복음서 부분의 서문은 쾨스터(Helmut Koester)가 썼고, 콥트어 원본은 레이톤(Bentley Layton)이 편집했으며, 영역은 램브딘(Thomas O. Lambdin)이 하였다. 서지 정보는 다음과 같다.

James M. Robinson, general editor. *The Coptic Gnostic Library*. 14 volumes. Leiden: Brill, 1975~95.

이 14권짜리 브릴판은 현재 구매가 어렵다. 그러나 2000년에, 5권으로 묶어 같은 회사에서 리프린트판으로 출간하였는데 현재 구입이 가능하다. 상당히 고가의 책이다. 그러나 이 내용을 한 권으로 축약시킨 책이 있다. 싼 값에 쉽게 구할 수 있다. 비록 콥트어 원문 텍스트는 생략되었지만 일반 독자들은 이 책 한 권으로도 14권짜리 분량의 내용을 충분히 숙지할 수 있다.

James M. Robinson, general editor. *The Nag Hammadi Library in English*.

Revised edition. New York: Harper & Row, 1988.

영역과 함께 보다 정교한 콥트어 텍스트 교정본이 실린 책으로 내가 참고한 단행본은 다음과 같다. 정확한 번역과 주석으로 정평이 나 있다.

Marvin Meyer. *The Gospel of Thomas: The Hidden Sayings of Jesus*. San Francisco: HarperSanFrancisco, 1992.

이 외로 내가 참고한 책은 수백 권에 달하지만, 영역을 위해 주로 활용한 저서를 몇 권 꼽으면 다음과 같다.

1. John S. Kloppenborg, Marvin Meyer, Stephen J. Patterson, Michael G. Steinhauser. *Q-Thomas Reader*. Sonoma, California: Polebridge Press, 1990.

2. John Dart & Ray Riegert. *Unearthing the Lost Words of Jesus: The Discovery and Text of The Gospel of Thomas*. Commentary by John Dominic Crossan. Berkeley, California: Seastone, 1998.

3. Stephen J. Patterson, James M. Robinson, Hans-Gebhard Bethge. *The Fifth Gospel: The Gospel of Thomas Comes of Age*. Harrisburg, Pennsylvania: Trinity Press International, 1998.

4. Richard Valantasis. *The Gospel of Thomas*. London and New York: Routledge, 1997.

5. Stevan Davies. *The Gospel of Thomas: Annotated & Explained*. Woodstock: Skylight Paths, 2006.

6. Bentley Layton. *The Gnostic Scriptures*. New York: Doubleday, 1995.

그리고 콥트어 사전으로는 다음의 두 권이 필수다.

1. W. E. Crum. *A Coptic Dictionary*. With a New Forward by James M. Robinson. Eugene, Oregon: Wipf and Stock Publishers, 2005(원본은 옥스퍼드대

학 출판사에서 1939년에 출간).

2. Jarislav Černy. *Coptic Etymological Dictionary*. Cambridge: Cambridge University Press, 1976.

크럼(W. E. Crum, 1865~1944)은 영국학술원(British Academy)의 회원이었으며 베를린대학에서 명예박사를 받은 콥트어의 전문가였다. 그는 제1차세계대전중에도 중단함이 없이, 적국 학자들과도 교류해가면서 24만 매 이상의 카드 작업을 통하여 30년의 노고 끝에 상기의 위대한 사전을 완성하였다. 1천 페이지에 달하는 이 방대한 사전(1)이 완성된 것은 1939년, 나그함마디 문서가 발견되기 이전의 사건이었다. 크럼은 나그함마디 문서를 보지 못하고 세상을 떴다. 그러나 이 사전이 있었기에 나그함마디의 방대한 문헌이 해독될 수 있었고, 초기기독교의 역사가 밝혀질 수 있었고, 신약성서의 원전자료들이 해석될 수 있었다. 이 사전은 20세기 콥톨로지(Coptology)의 원점이다. 나그함마디 문서의 총편집자인 로빈슨은 말한다: "크럼 이외의 대안은 없다. There is in fact no replacement for Crum."

체르니의 『콥트어 어원사전』(2)은 콥트어의 고대이집트어 어원을 밝힌 것이다. 20년 형설의 공을 쌓아 만든 이 사전도 크럼의 성과 위에서 이루어진 노작이

도마복음서가 발견된 게벨 알 타리프. 이곳에 AD 367년에 매장되었다가 1945년 12월에 우연히 발견되었다. 한국인으로서는 최초로 내가 62년만에 이 역사적 현장을 방문한 것이다.

다. 기재어가 2천 개 가량 되는데 고대이집트어 고유의 어휘로서 알려진 것의 3분의 2에 해당된다.

이제 우리는 서장을 이야기해야 한다. 여기 서장이라고 하는 것은 앞으로 전개될 114장을 관(冠)하는 장(章)이라는 뜻이다. 그러니까 114장의 가라사대파편 외로 114장을 총괄하는 어떤 메시지로서 그 위에 얹혀져 있는 것이다. 114장의 본체 외로, 앞에는 서장이 있고 맨 끝에는 제목에 해당되는 "도마복음서"(*Peuaggelion Pkata Thomas*, The Gospel According to Thomas)라는 아름다운 서체로써(칸을 띄고 큰 글씨로 썼다) 대미가 장식되고 있다고 할 때, 우리는 이 서물이 전체로서 어떤 의도된, 유기적 구성을 가지고 있다고 말하지 않을 수 없다.

그런데 재미있는 것은 그 내용을 이루는 114장의 순서에 특별히 주제별로 의도된 어떤 시스템이 엿보이지는 않는다는 것이다. 부분적으로 비슷한 성격의 로기온들이 모여있을 때도 있지만, 기본적으로 114개의 로기온은 무작위적인 컬렉션(random collection)인 것처럼 보인다. 스테반 데이비스(Stevan Davies)는 도마복음서가 2~37장, 38~58장, 59~91장, 92~113장의 4편으로 구성되어 있으며, 그 속에 어떤 스트럭쳐가 내장되어 있다고 말하지만 좀 더 치밀한 논의를 요한다. 도마복음서는 분명 어떤 컨스트럭션을 과시하고 있다. 그러나 그 컨스트럭션을 과시하는 방식이 디컨스트럭션의 양태를 지니고 있는 것이다. 이 컨스트럭션과 디컨스트럭션의 긴장감을 단적으로 드러낸 명구들이 바로 서장의 언어를 구성하고 있다. 이제 우리는 114개의 로기온 전체의 운명을 지배하는 서장의 언어를 세밀하게 분석해 들어가야 한다. 이 서장이야말로 도마복음서로 진입하는 열쇠이기 때문이다.

사막은 고독이다. 사막은 인간의 모든 욕망을 무화(無化)시키는 힘이 있다. 사막은 관계를 단절시킨다. 사막은 나(我)를 신(神)에게 가깝게 다가가게 만든다. 사막에서 우리는 하나님의 미세한 음성을 듣는다. 고독한 수행자 안토니와 폴의 고행처를 찾아가는 필자가 아라비아 사막을 헤매고 있다. 사막의 고독은 나에게 무한한 영감을, 사막의 열기는 강인한 생명의 활력을 느끼게 해주었다.

48. 영지주의와 도마복음

교회 밖에는 구원이 있을 수 없나?

> 초대교회사에서 교회라는 조직이나 정경의 권위를 인정하지 않는 모든 종교운동을 영지주의라고 부르는 경향성이 있었다. 영지주의는 선·악 이원론적 신관이나 우주관을 가지고 있는 것으로 규정하지만 실상 하나의 세계관으로 설명할 수 없는 다양한 조류였다. 궁극적으로 영지주의는 기독교에 대항하는 어떤 운동으로서 실체화될 수 없다. 기독교도 거시적으로 보면 영지주의적 세계관 속에서 진행된 하나의 특수한 운동형태였을 뿐이다.

서장(序章, Prologue)

이는 살아있는 예수께서 이르시고 쌍둥이 유다 도마가 기록한 은밀한 말씀들이라.

[沃案] 요즈음도 나 도올을 "길 잃은 양"처럼 쳐다보는 사람들이 있다. 그들은 나에게 "참된" 기독교신앙을 가질 것을 요구한다. 그리고 나에게 하나님의 계시를 전하는 것인 양 외친다: "이제 그만 돌아오라!" 도대체 무엇을 위하여 어디로 돌아오란 말인가? 참된 신앙을 말하는 대부분의 사람들이 요구하는 것은 매우 단순한(簡) 것이다. 그리고 매우 쉬운(易) 것이다. 그들이 "돌아오라"는 것은 매우 명료한

기준이 있다. 교회로 돌아오라는 것이다. 그들이 말하는 신앙기준은 다음과 같다. 1)매주 일요일마다 빠지지 말고 열심히 교회에 나올 것. 2)다니는 교회나 관련된 교회단체에 열심히 십일조나 그 이상의 연보돈을 낼 것. 다다익선. 은혜충만. 3)신약정경 27서의 유일한 권위를 인정하고, 열심히 읽고 그 말씀대로 실천할 것.

만약 내가 이 3조항을 엄격히 준수한다면 대한민국은 물론 지구상 어디에서도 나를 훌륭한 크리스챤이라 부를 것이다. 그리고 현재 우리나라의 대부분의 기독교인들이 이 3조항을 열심히 지키고 있다. 그리고 이 3조항은 참으로 어려울 것 같으면서도, 마음만 먹으면 너무도 쉽고 단순한 것이다. 쉬움과 단순함은 모든 대승(大乘)종교의 특질이다. 대승종교는 그 대중성(popularity) 때문에 항상 정통성(orthodoxy)을 쉽게 획득한다. 그리고 그토록 쉽고 단순한 조항을 지키려 들지 않는 사람들은, 그들의 입장에서 보면 아주 "나쁜 놈들"이다. 이 나쁜 놈들에 비하면, 교회에 열심히 나오고 교회공동체의 화목에 이바지하는 순진한 사람들은 물론 아주 "좋은 놈들"이다. 종교적 용어로는 좋은 놈들은 "정통"이라 부르고 나쁜 놈들은 "이단heretic"이라고 부른다.

대승이라는 말을 초기기독교 교회사에서는 "보편적"이라는 희랍어 카톨리코스(katholikos)를 취하여 가톨릭이라고 불렀다. 가톨릭의 신념은 이 한마디로 요약될 수 있다: "교회 밖에는 구원이 있을 수 없다. Outside the church there is no salvation." 이 명제 하나를 받아들이면 정통이 되고, 이 명제 하나를 거부하면 이단이 되는 것이다. 이것은 최근까지 기나긴 가톨릭교회사를 일관하는 정칙이다. 가톨릭에 대해 종교혁명을 일으킨 프로테스탄티즘의 모든 근대적 조류도 이 아우구스티누스적인 교회론의 대세를 본질적으로 어김없이 수용하였던 것이다.

교회라는 공동체의 조직에 복속되는 것이 신앙의 정도일까, 그렇지 않으면 그러한 공동체의 조직성을 무시하고 예수와 하나님을 나의 삶에서 무매개적으로,

다시 말해서 목사나 장로나 집사나 전도사 같은 중간 브로커가 없이 만나는 것이 정도일까, 하는 문제는 이미 예수의 사후 직후부터, 예수의 가르침을 사모하는 사람들 사이에서 크게 문제가 되었다.

인간의 라이프 스타일이나 성격 유형에 따라 어떤 사람은 조직을 좋아하는가 하면 어떤 사람은 조직을 거부하고 고독을 선호하기 십상이다. 이런 인간의 성향에 따라 다양한 종교운동의 방향성이 생겨나기 마련인데, 조직적 공동체운동을 선호하는 사람들은 뭉치게 마련이고, 고독을 선호하는 사람들은 흩어지게 마련이다.

조직을 좋아하는 사람들은 날로날로 세력이 강성해지게 마련이고 고독을 좋아하는 사람들은 날로날로 세력이 미약해지게 마련이다. 더구나 종교는 철학과 달리 도그마(dogma)의 체계다. 따라서 강성해지는 사람들이 정통이 되고, 미약해지는 사람들이 이단이 될 수밖에 없다.

그런데 초기기독교운동에서는 이 이단이라는 말을 부르는 묘한 용어가 있었다. 그것이 바로 그노스티시즘(Gnosticism), 즉 영지주의(靈知主義)라는 말이었다. 이 말은 이단이라는 말과 거의 동의어로 쓰였지만, 그 실내용인즉슨, "고독한 구원 solitary salvation"을 추구하는 사람들의 사상성향에서 비롯된 것이다. 이들은 조직에 대한 충성심의 강약으로 구원을 생

이 시대의 누가 과연 길 잃은 양인가? 콥틱 성지 아브메나로 가는 길에 양치는 목동과 함께.

각하지 않고, 오직 하나님에게로 다가가는 나의 고독한 실존 내면의 앎을 구원의 척도라고 생각했다. 그 특별한 앎을 그들은 그노시스(*gnosis*) 즉 영지라고 불렀던 것이다.

내가 이런 말을 하면 많은 학자들이 나 도올이 도마복음서라는 저작물을 영지주의의 소산으로 간주하고 있지 않나 하고 의구심을 품을 것이다. 도마복음서가 영지주의에 속하는 작품이 아니라는 것은 현재 신학계의 정설이다. 도마복음서를 영지주의 문서의 일환으로 간주하는 것은 매우 위험한 일이다. 더구나 내가 지금부터 다루려고 하는 문헌은 예수의 죽음을 AD 30년경으로 잡는다면 그의 사후 30년간, 즉 AD 30~60년 사이의 팔레스타인과 그 주변의 시대상을 역사적 배경으로 삼고 있다. 크로쌍(John Dominic Crossan)이 제1기층(The First Stratum)이라고 부르는 이 시기에는 아직 기독교(Christianity)라는 개념도 정립되지 않았고, 따라서 이단과 정통의 구분도 없었고, 더구나 성경이라는 것도 없었고, 교회라는 것도 없었고, 영지주의라는 것도 운동의 실체로서 윤곽이 드러나지 않았던 시대였다.

그러므로 도마복음서가 영지주의의 저작이냐 아니냐 하는 문제제기조차 무의미할 수도 있다. 그러나 도마복음서와 영지주의의 관련성은 영지주의를 우리가 어떻게 파악하느냐에 따라 엇갈리는 문제다. 하바드대학의 여류신학자 카렌 킹(Karen L. King) 교수가 요약하고 있듯이 전통적으로 영지주의에 대한 우리의 상념은 다음의 4 카테고리로 규정된다. (*What is Gnosticism?* 172).

1. 영지주의는 기독교의 한 이단적 발전이다(a Christian heresy).
2. 영지주의는 기독교의 다양한 측면 중의 하나이다(one variety of Christianity).
3. 영지주의는 기독교 이전의, 혹은 기독교의 모태적인 원형이다(a pre-Christian or proto-Christian religion).

4. 영지주의는 기독교와 병존한 또 하나의 독립된 전통이다(an independent tradition).

그러나 내가 생각키엔 영지주의를 바르게 파악하기 위해서는 이러한 기존의 4가지 규정 모두를 말끔하게 털어내어 버려야 한다. 기독교와 비교되는 그 무엇으로서 영지주의를 실체화하는 어떠한 작업도 궁극적으로 무의미한 것이다. 영지주의를 서구인들이 이해하지 못하는 가장 큰 이유는 바로 주의(-ism)로써 규정되는 편견이나 분별심의 장벽을 근원적으로 허물어 버릴 수 없기 때문이다. 2천 년 동안 정통주의라는 어떠한 "주의"적 기반 위에서만 기독교사의 모든 흐름을 설계하여왔기 때문이다. 영지주의라는 어떠한 이즘의 안경으로 도마복음을 엿봐서는 아니 된다. 모든 이즘의 규정이 파괴된 무전제의 편견 없는 시각으로 우리는 도마복음을 이해해야 한다. 그 진실 속에서 후대에 영지주의라고 잘못 규정된 어떤 사상적 경향성을 규탐할 수 있을 뿐이다.

도마복음이 우리에게 전하려는 그 첫마디는 무엇인가? "살아있는 예수 the living Jesus"라는 그 한 마디! 살아있는 예수란 무엇이뇨? 물론 "살아있는 예수"는 "죽은 예수"를 전제로 하는 말이다. 그렇다면 죽은 예수는 무엇이고, 살아있는 예수는 무엇인가?

이곳이 바로 가이사랴 빌립보(Caesarea Philippi)라는 곳이다. 복음서에 나오는 지명이다(마16:13, 막8:27). 이스라엘을 여행하다 보면 가나안땅에서 가장 아름다운 곳이라는 생각이 들 정도로 풍요로운 정취가 감돈다. 마가의 기술에 의하면 예수는 두로, 시돈, 데가볼리 지방을 거쳐 갈릴리호수로 돌아왔다가, 다시 벳새다를 거쳐 가이사랴 빌립보로 갔다. 이곳에서 예수는 제자들에게 "사람들이 나를 누구라고 하느냐"고 묻는다. 세례 요한, 엘리야, 예레미야, 선지자 중의 한 사람 등등의 대답이 나왔으나 베드로가 결정적인 대답을 한다: "주는 그리스도시니이다." 마태에는 "살아계신 하나님의 아들이시니이다"가 첨가되어 있다. 이미 이 대화는 기독론적으로 윤색되어 있는 것이다. 가이사랴 빌립보는 헤르몬산의 물이 지하암반으로 숨어들었다가 이곳에서 콸콸 솟아오르는데 청정하기 그지없다. 이 물길 자체가 예수의 부활을 상징했을 수도 있다. 그리고 이곳의 암반이 베드로라는 이름으로 상징되는 교회의 반석일 수도 있다. 현재 이 지역은 바니야스(Banyas, Banias)라고 불린다. 원래 이곳은 헤르메스의 아들이며 목동의 신인 판(Pan)신의 신전이 있었기 때문에 붙여진 이름이었다. 예수와 베드로의 대화는 아이러니칼하게도 판신전 앞에서 이루어진 것이다.

49. 메시아니즘과 도마복음

교회는 종말론적 회중이었다

> 바울은 죽은 예수를 만났다. 바울은 살아있는 예수를 만난 적이 없다. 죽은 예수를 만났기에 그가 만난 예수는 부활한 예수였다. 따라서 그의 선포의 주제는 예수가 말하는 생생한 하나님의 나라가 아니라 부활이었다. 예수의 부활을 우리의 다시 태어남의 한 모델로 생각했다. 그러니까 바울은 예수의 죽음과 부활을 해석했다. 그에게는 살아있는 예수의 말씀이 존재치 아니했다.

서장(序章, Prologue)

이는 살아있는 예수께서 이르시고 쌍둥이 유다 도마가 기록한 은밀한 말씀들이라.

沃案 도마복음서를 만든 사람들에게는 목사나 신부나, 사도신경이나, 신약정경 27서와도 같은 오늘날 교회조직이 강요하는 일체의 권위가 존재하지 않았다. 아니, 그러한 문제가 스트레스를 주는 실체로서 형상화되기 이전의 시대였다. 그러나 이미 예수 사후 직후부터 예수운동은 다양한 발전경로를 걷기 시작했다. 그중 가장 강력한 운동이 뭐니뭐니 해도 에클레시아(*ekklēsia*), 즉 교회운동이었다. 에클레시아란 뜻은 어원적으로 부름을 받은 자, 즉 선택받은 자들의 모임이란 뜻

이다. 이러한 회중이 선택받았다고 하는 특별한 의식(일종의 선민의식)을 강하게 갖기 위해서는 특별한 이론적 장치가 필요했다.

바울만 해도 그의 서신에서 교회는 그리스도의 몸이며, 그리스도는 교회의 머리라고 말했다(골 1:18, 24, 엡 1:22, 5:23). 여기서 우리가 주목해야 할 중요한 사실은 바울이 선택하고 있는 단어가 "예수"가 아니라 "그리스도"라는 것이다. 사실 바울은 그의 서한에서 예수를 거의 말하지 않는다. 그가 만난 것은 예수가 아니라 그리스도다. 그가 예수라는 말을 쓸 때에도 그것은 어디까지나 "예수 그리스도"의 축약형일 뿐이다. 예수는 이 땅 위에서 우리처럼 밥 먹고 똥 싸고 매일 매일 힘들게 살았던 한 인간이다. 그러나 그러한 예수를 가지고서는 교회운동을 일으키기 힘들었다. 더구나 그 당시 사람들은 유대인이든 헬라인이든 이집트인이든 동방제국의 사람이든지간에 모두 짙은 신화적 전통 속에서 살아온 사람들이다. 그들에게 신화는, 현대인에게 있어서의 과학(science)과 대비되는 신화(myth)가 아니

지금 다 헐려 사라졌지만 내가 쳐다보고 있는 감실이 판신전 내부의 신상이 모셔져 있던 곳이다.

라, 그냥 일상적 어휘였고 상식적 인식방법이었다. 따라서 교회운동을 하기 위하여서는 그들에게 어필될 수 있는 어떤 신화적, 아니면 그에 필적하는 어떤 새로운 개념이 필요했다.

이 개념이 바로 "그리스도"라는 것이다. 그리스도(*christos*)는 메시아(*māšîaḥ*)라는 히브리말의 헬라어 번역이며 그 뜻은 "기름 부음을 받은 자 the anointed"라는 뜻이다. 왕이 될 때, 그 머리 위에 기름을 붓는 대관례에서 비롯된 것인데, 기름 부음을 받는 동시에 "하나님의 아들 son of God"이라는 칭호를 얻었다(삼상 10:1, 16:1~13, 시 2:7, 89:26). 이 전통은 사울에게서 시작하여 다윗 때 확립된 것이다. 따라서 유대인들에게 "메시아 = 그리스도"라는 개념은 다윗처럼 이민족을 물리치고 이 팔레스타인 지상 위에 하나님의 영광을 드러내는 새로운 왕국을 건설하는 지도자를 의미했다. 이러한 개념은 예수시대가 마침 로마라는 이민족의 지배를 받는 식민지시대였기 때문에 당연히 로마군단을 다윗이 골리앗을 쓰러뜨리듯이 물리칠 수 있는, 현실적인 대로마항쟁의 투사적 왕(a belligerent King)을 의미할 수밖에 없었다. 그런데 과연 역사적 예수는 그러한 투사적 왕이었을까? 구약의 신화들을 철석같이 믿었던 유대인들에게는 야훼라면 로마군단 정도는 간단히 해치울 수 있어야 한다. 예수가 하나님의 아들이라면 어찌하여 그러한 하나님의 권능을 과시할 수 없단 말인가?

그러나 예수는 AD 30년경 맥아리 없이 죽고 말았다. 아무런 정치적 변화를 일으키지 못하고, 식민지 상태로부터 벗어나는 하등의 사회변화를 초래하지 못하고 시시하게 죽고만 것이다. 그러니까 예수운동을 하는 일부 사람들에게는 이런 문제가 매우 고민거리였다. 죽어버린 예수를 가지고서는 메시아운동이 성립하지 않는다. 메시아운동이란 사람들에게 정치적 해방의 기쁨이나 소망을 던져주어야 한다. 최소한 그러한 희망의 환상이라도 심어줄 수 있어야 한다. "정치적 해방"이란 결국 "삶의 해방"이다. 삶의 해방이란 정신적 자유를 획득하는 것이다. 결국 메시아니즘은 이런 모든 가치와 연계되어 있었다. 따라서 예수를 메시아로서, 그러니까 그리스도로 만드는 가장 현명한 방법은, 예수가 그의 삶의 소신에 따라 의리있게 죽었다는 바로 그 사실을 이용하는 것이다.

죽었기 때문에 부활할 수 있고, 부활했기에 승천할 수 있고, 승천했기에 다시 올 수 있는 것이다. 이 "다시 옴"을 재림 즉 파루시아(parousia)라고 불렀는데(마 24:3, 살전 4:15, 약 5:7 등에 이 단어의 용례가 있다), 에클레시아 즉 교회라는 것은 재림사상이 없이는 성립할 수 없는 회중이었다. 이 긴박한 재림사상(the imminent Second Coming)이야말로 그 시대 사람들의 신화적 상식과 미래에 대한 희망과 현실적 공동체의 결속력을 창출할 수 있는 최적의 옵션이었다. 불트만은 그의 대저『신약성서신학 Theology of the New Testament』에서 아주 간결하게 말한다: "초기교회는 종말론적 회중이었다. The earliest Church regarded itself as the Congregation of the end of days."

여기 종말론이라는 뜻은 재림의 다른 표현이다. 재림이란 그냥 단순히 "다시 옴"을 의미하는 것이 아니라, 그 다시 옴의 사건과 함께 인간세의 역사 즉 시간의 종말이 일어난다는 것이다. 즉 우리가 사는 이 더러운 세상을 싹 쓸어버린다는 것이다. 말끔히 자취없이 끝내버린다는 것이다. 오늘날의 상식으로 보면 "재림=종말"을 공포가 아닌 희망으로 삼는다는 것은 참 어색하고 아둔하기 그지없는 인간들의 소치로 느껴지지만, 그 당시의 현실적 절망감이 그것을 공포 아닌 희망으로 만들었다면 그러한 종말론적 역사적 상황이 이해될 만도 한 것이다. 교회가 선포하는 것은 예수가 아닌 그리스도였다. 선포하던 예수가 이제 선포되기에 이른 것이다(The proclaimer became the proclaimed). 교회는 예수를 메시아로 선포했다. 이러한 분위기는 이미 바울의 서한과 공관복음서에 충분히 반영되어 있다.

그러니까 바울은 산 예수를 만난 것이 아니라 죽은 예수를 만났다. 그가 다메섹으로 가는 도중에 홀연히 하늘에서 비추는 빛 속에서 들은 음성이, 그가 만난 예수의 전부였다. 바울은 죽은 예수를 만났기 때문에 바울이 교회운동에서 천착한 핵심적 테마는 "부활"일 수밖에 없었다. 그에게 현현한 예수는 육신으로 죽었다가 부활한 예수였던 것이다. 따라서 그 부활의 의미가 무엇인가를 그는 생각하고 또 생각했다. 그리고 예수 부활의 의미를 우리 삶 속에서 실천하는 것이야말로 그가 교회의 회중에게 선포하는 신앙의 내용이었던 것이다. 그러기 때문에 바울의 예수는 추상적이고 철학적인 그리스도일 수밖에 없었다.

그러나 여기 도마복음서는, 우리에게 오히려 익숙치 않은, 새로운 예수를 선포한다. 죽은 예수가 아니라, 살아있는 예수를 선포하는 것이다. "살아있는 예수"는 죽음의 전제조차 없는 예수다. 그의 말씀을 듣는 살아있는 회중 속에서 살아 움직이는 예수다. 이 살아있는 예수에게는 죽음의 전제가 없기 때문에 부활도 있을 수 없다. 부활을 운운할 필요가 없기 때문에 승천도 재림도 있을 필요가 없다. 일체의 신화적 장치가 사라지고 마는 것이다. 일체의 종말론적 전제나 개념이 없어지는 것이다. 그 대신 남는 것은 오로지 하나! 살아있는 예수의 말씀(로기온)인 것이다.

가이사랴 빌립보의 우거진 녹음, 암반에서 솟아나는 물길 따라 걷는 기분은 우리 조선땅 금수강산의 축복된 봄의 향연을 만끽하는 것과도 같은 감동이다. 로마가 제국문명을 확립하면서 유럽과 근동에 13개의 가이사랴 도시를 건설하였다. 그 중 두 개가 팔레스타인 땅에 있는데 하나는 지중해연안에 아우구스투스황제를 위하여 헤롯대왕이 건설한 것이고 또 하나가 그의 아들 빌립보(Philip)가 건설한 것이다. 여기에는 아우구스투스신전을 비롯, 판신전, 제우스신전, 네메시스재판소, 판과 님프의 광장, 그리고 판의 자연동굴 지성소가 있었다. 자연동굴에서 희생양을 바치는데 주변 샘들에서 피가 안 비치면 판신이 희생을 받으신 것이고, 피가 비치면 희생을 거절한 것으로 여겼다. 이곳에서 베드로가 예수를 그리스도로 고백했을 때 예수는 그 고백내용을 비밀로 간직할 것을 당부하였다. 왜 그랬을까? 이 예수의 당부는 20세기 초 "메시아비밀"이라는 신학논쟁을 유발시켰다. 다음 편의 주제다.

50. 화자와 기록자

예수의 말을 예수의 쌍둥이가 기록하다

> 화자와 기록자, 그리고 독자, 이 삼자의 해석학적 일체감은 도마복음서를 포함한 나그함마디 문서 전체를 일관하는 정조(情調)였다. 화자, 기록자, 독자가 모두 예수가 되어야 한다는 것은 초기 예수운동의 당연시되었던 모티프였다.

서장(序章, Prologue)

이는 살아있는 예수께서 이르시고 쌍둥이 유다 도마가 기록한 은밀한 말씀들이라.

沃案 이 서장은 콥트어 판본뿐만 아니라 옥시린쿠스사본(POxy) 654번에도 동일한 내용과 형식의 문장이 실려있다. 따라서 114개의 로기온자료를 관(冠)하는 것으로 정확한 의도를 가지고 편집된 총론(總論)임이 분명하다. 후대의 첨가가 아닌 것이다. 이 서장은 도마복음서 전체의 성격을 규탐케 만드는 창(窓)인 것이다.

우리는 지난 주까지 "살아있는 예수"가 과연 어떠한 함의를 지니는 지를 살펴보았다. 죽은 예수가 아닌 살아있는 예수, 죽음에 대한 특별한 의미부여나 종말론적 전제가 없이 살아움직이는 현존(現存, Da-Sein)의 예수! 이 예수가 한 일은 무엇이었나?

서장이 우리에게 말해주는 것은 매우 단순한 사실이다: "살아있는 예수는 말하였다. the living Jesus spoke." 다시 말해서 그는 "말했다"는 것이다. 만약 그가 말한 것이 아니라, 집필했다고 한다면 문제는 간단하다. 예수가 대 사상가였고 문장가였기에 아람어나 희랍어로 직접 글을 썼고, 그 쓴 글이 우리에게 전하여 내려온다고 한다면 기독교는 아주 단순한 문제가 되어버린다. 고민거리를 안겨줄 하등의 소지가 다 사라져버린다. 키케로(Marcus Tullius Cicero, BC 106~43)나 필로(Judaeus Philo, c.BC 10~AD 50)나 플루타르크(Plutarch, c.AD 46~119)와 같은 동시대인들의 저작을 생각할 때, 예수도 충분히 자신의 저작을 후대에 남기는 사상가였을 수도 있다. 그렇다면 기독교신학의 제문제는 예수저작물에 대한 서지학적 연구로 좁혀질 것이다. 그러나 예수는 쓰지 않았다. 말하였다.

살아있는 예수가 "말하였다"는 것은 무엇을 뜻하는가? 살아있는 예수가 말한다는 것은, 골방에서 혼자 명상하거나 독백하는 것이 아니라, 반드시 살아있는

이 화려한 코린트양식의 돌기둥이 가이사랴 빌립보 제우스신전의 전면 네 기둥 중의 하나이다.

사람들 속에서, 그들에 둘러싸여서 그들에게 어떤 메시지를 전한다는 것을 의미하는 것이다. 이때 예수의 메시지는 일차적으로 그의 말을 듣는 사람들에게 이해되는 것을 목표로 삼는다. 그리고 그 순간 말은 허공으로 사라지게 마련이다. 말은 순간 무화(無化)된다. 그러나 경청한 사람들에게 예수의 말이 이해되었다면 그 말은 그들의 마음속에 기억으로 남을 것이다. 오늘날 같이 보존력이 탁월한 디지털 녹음기가 있어서 예수의 말을 녹음해둘 수 있었다면 신학적 논쟁은 사라지고 말 것이다. 그러나 예수가 말하였다는 것은 그 말을 후세에 남기는 것을 목표로 했다는 뜻이 아니다. 예수는 단지 그 말을 듣는 당대의 사람들을 깨우치는 것만을 목표로 삼았을 뿐이다. 예수는 자기의 말이 후세에 남을지 안 남을지를 걱정한 쪼잔한 사람은 아니었을 것이다.

그런데 예수의 말이 너무도 좋았다. 따라서 타인에게도 이 말을 전하고 싶다. 또 후세의 사람들에게 영원히 전하고 싶다. 이러한 생각을 실천에 옮기는 사람은 예수 본인일 수가 없다. 반드시 타인이 개재되어야 한다. 그리고 인간세에서 말을 전하는 거의 유일한 수단이 문자에 의한 기록(recording by letters)이었다. 따라서 서장에 "말하였다"와 "기록하였다"가 짝을 이루어 등장하게 되는 것이다.

물론 말과 기록의 주체는 다르다. 말의 주체는 살아있는 예수였다. 그렇다면 기록의 주체는 누구였을까? 서장은 그 기록의 주체를 "디두모 유다 도마 Didymos Judas Thomas"라고 선언한다. 디두모 유다 도마에 관해서는 이미 제37편에서 논하였다(『도올의 도마복음한글역주』 1, 333~7). 디두모나 도마나 다 "쌍둥이"라는 뜻이고, 쌍둥이의 이름은 유다인데, 유다는 예수의 형제이다. 따라서 도마복음서를 집필한 도마는 "예수의 쌍둥이"라는 것이다. 과연 예수에게 쌍둥이형제가 있었나 없었나 하는 것은 크게 문제될 것이 없다. 예수에게 7남매 이상의 가족이 있었다는 것은 마가(6:3)가 밝혀놓고 있는 사실이고 그 이상의 정확한 내용은 알 수가 없다. 모든 것은 어차피 추론에 속하기 때문이다. 시리아전통은 예수에게 쌍둥이 형제가 있었다는 것을 당연한 사실로 받아들인다.

 그러나 여기서 예수의 쌍둥이 존재여부에 대한 논란은 전혀 의미가 없다. 중요한 것은 쌍둥이라는 심볼리즘(symbolism)이다. 그 쌍둥이가 예수의 쌍둥이든 타인의 쌍둥이든 별 문제가 되지 않는 것이다. 쌍둥이라는 심볼이 궁극적으로 노리는 것은 예수의 분신적 존재를 예수 말씀의 기록자로서 설정하고자 한다는 것이다.

 예수가 말하였다. 과연 뭘 말했을까? 개똥이나 쇠똥이나 다 알아들을 수 있는 시정 항간의 잡설이었을까? 예수가 말한 것은 "은밀한" 것이다. 우리의 깨우침을 유도하기 위한 것이며 천국의 비밀을 전하기 위한 것이다. 그러한 예수의 말씀은 고도의 상징성과 비유를 동원하기 마련이다. 결코 쉬운, 평범한, 누구나 알아들을 수 있는 이야기가 아닌 것이다.

 말한다는 것과 기록한다는 것 사이에는 항상 해석학적 갭이 있다. 도올이 강의를 해도 그 현장에서 도올의 강의를 들으면서 기록하는 학생들의 노트를 검색해보면 모두가 다르다. 어휘의 선택이 다를 뿐 아니라 어떤 때는 논리적 구조도 다르고, 전달되는 의미가 전혀 상반될 때도 있다. 귀로 듣는 행위와 손으로 기록하는 행위는 거의 동시적으로 이루어지는 것임에도 불구하고 그 간발의 시간 속에는 어마어마한 해석학적 과정(hermeneutical process)이 개재된다. 고막이 떨리는 순간, 청신경은 그 신호를 뇌로 전달하여 그것을 의미체계로 재구성시킨다. 그 재구성된 것을 다시 문자의 형상과 결합시켜 손의 근육이 움직이게 되기까지, 한없이 복잡하고 정교한 작업이 진행되는 것이다.

 이때 뇌 속의 재구성작업에 가장 중요한 것은 화자(speaker)의 언어가 의도하는 의미체계를 파악할 수 있는, 기록자(recorder) 자신의 개념적 인식체계이다. 이것은 기록자에게 이미 내재하고 있지 않으면 아니 된다. 이 과정을 엠파티(emphathy) 또는 심파티(sympathy), 혹은 개념과 감정을 총괄하는 교감(intercourse)이라고 부른다면, 이 교감을 담지하는 주체는 예수의 분신이 되지 않으면 안된다. 예수의 말을 기록하는 자는 예수와 동일한 수준의 지식과 감정과 선의와 경지를 보유하고 있지 않으면 곤란하다. 나의 강의를 노둔한 초등학생이 듣고 적었다면, 과연 그 기록을 가지고 나 도올이 세상에 선포하는 복음(福音)이라 말할 수 있겠는가?

이제 독자들에게 서장이 말하는 쌍둥이의 의미는 확연히 드러날 것이다. 초기 기독교문헌의 구성방식에 있어서는 누가 어떠한 의도에서 어떠한 심볼리즘을 동원하든지간에 그것은 그 문헌의 창출자의 자유에 속하는 문제였다. 오늘과 같이 정통·이단을 운운하는 교리적 속박이 전혀 없는, 백화노방(百花怒放)의 시대적 산물이었던 것이다.

예수의 말을 예수의 분신과도 같은 예수의 쌍둥이, 예수를 너무도 잘 알고 이해하는 쌍둥이가 기록했다고 하는 사실은 곧 그 기록을 읽는 우리 자신도 예수의 쌍둥이, 즉 예수의 분신, 보다 과감하게 말하면 예수와 동일한 경지의 인간, 아니, 예수 자신이 되어야 한다는 의미를 내포하고 있다. 화자와 기록자, 그리고 독자, 이 삼자의 해석학적 일체감은 도마복음서를 포함한 나그함마디 문서 전체를 일관하는 정조(情調)였다. 화자, 기록자, 독자가 모두 예수가 되어야 한다는 것은 초기 예수운동의 당연시되었던 모티프였다.

기독교 역사상, 최초의 수행승으로 꼽히는 사람은 테베의 세인트 폴(St. Paul of Thebes)이다. 폴에 관해서는 유명한 라틴 벌게이트 성서번역자 제롬(St. Jerome, 347~420)이 전기를 남겼다. 폴은 원래 알렉산드리아 부호의 아들이었는데 AD 250년 데시우스황제의 박해를 피하여 16살 때부터 사막에서 고독한 수행을 시작하였다. 나중에 그의 매형이 재산을 차지하려고 하자 세속을 멀리하고파 홍해 부근의 아라비아 사막 깊숙한 곳으로 수행처를 옮긴다. 종려나무가 있고 샘물이 흐르는 곳에 한 동굴을 발견한다. 그는 이곳에서 안식처를 찾았고 그 후 90년 이상을 홀로 조용히 기도만 하다가 113세에 세상을 떴다. 바로 그 동굴 위로 폴 수도원(Monastery of St. Paul)이 건립되었다. 나는 이 수도원을 방문했을 때 너무도 깊은 감명을 받았다. 조용하고 엄숙한 분위기가 감돌았지만 수도승들의 분위기가 한없이 순결했다. 개방적이었고 속인들에 대한 일체의 편견이 없었다. 다시 가보고 싶은 곳, 도마복음서 말씀의 분위기가 절로 느껴지는 아름다운 성소였다.

51. 메시아 비밀

내가 메시아라는 것을 아무에게도 이르지 말라

> 마가복음이 공관복음서 중에서 가장 오리지날한 성격의 문헌이라는 것은 20세기 성서학자는 거개가 다 인정한다. 그런데 마가복음의 기술 중에 아주 이상한 장면이 계속 반복해서 나타난다. 예수가 이적을 행하거나 귀신을 내쫓을 때나 변방을 다닐 때 항상 구차스럽게 자기본색을 감추게 해달라고 당부하는 것이다. 예수 자신의 이러한 메시아 감춤을 브레데는 '메시아 비밀'이라고 불렀다. 이 비밀을 캐는 브레데의 학구적 노력이 양식사학이라는 거대한 물줄기를 개척하였던 것이다.

서장(序章, Prologue)

이는 살아있는 예수께서 이르시고 쌍둥이 유다 도마가 기록한 은밀한 말씀들이라.

沃案 20세기 신학계에 여러 측면에서 가장 심원한 영향을 끼친 거목 불트만(Rudolf Karl Bultmann, 1884~1976)의 거대한 연구에 선행하여, 양식비평(form criticism, *Formgeschichte*)이나 편집비평(redaction criticism)의 선구적 작업이라고 말할 수 있는 획기적 업적을 남긴 신학자가 한 명 있었다. 브레데(William Wrede, 1859~1906)는 1859년 5월 10일 하노버의 뷔켄(Bücken)에서 태어났다.

목사생활(1887~89)을 하다가 괴팅겐대학에서 신약학 사강사(Privatdozent) 노릇을 했고 1893년에는 브레스라우(Breslau)대학에서 조교수가 되었다. 1896년에 정교수가 되었고, 교수직을 수행중에 47세의 젊은 나이로 세상을 떴다. 죽기 5년 전인 1901년, 그는 향후 신학계의 새로운 방향을 결정지우는(traend-setting) 걸작을 내었다.

William Wrede. *Das Messiasgeheimnis in den Evangelien: Zugleich ein Beitrag zum Verständnis des Markusevangeliums*. Göttingen: Vandenhoeck & Ruprecht, 1901.

1901년에 초판이 나왔고 1913년에 재판이 나왔으며 1963년에 제3판이 발행되었다. 그리고 1971년에 그라이크에 의하여 영역되었다(J. C. G. Greig tr. William Wrede. *The Messianic Secret*. Cambridge and London: James Clarke & Co., 1971).

1·2차세계대전중에 침묵을 지키다가 60년대에 다시 3판이 나오고, 또 70년대에 영역되는 출판의 역사만 보아도 이 책의 래디칼한 성격과 지속적인 영향력을 가늠케 한다. 꼭 1세기가 지난 지금 정독해 보아도 그 문체와 논리의 싱싱함이 꼭 최근에 나온 치열한 문헌비평서 같다는 충격을 던져준다. 브레데는 역사적 예수의 생애를 이해하는 데 있어서 요한복음서는 부차적 자료일 뿐이며, 공관복음서야말로 일차자료라고 본다. 그런데 공관복음서 중에서도 마가복음이야말로 예수생애의 원형을 제공한 최초의 전기(轉機)였다는 마가복음 우위설(Markan priority)을 받아들인다.

그러나 마가자료는 예수생애의 역사가 아니라, 초기교회공동체의 신학화(theologising)의 역사일 뿐이라는 가설을 과감하게 내세운다. 그의 예수의 생애 위에 건설된 예수의 갈릴리사역을 역사적으로 구성케 하는 자료로서의 마가의 객관성을 부정한다. 그리고 기독교의 연구는 예수의 역사를 재구성하는 실증사학이 아니라, 종교사학(Religionsgeschichte)의 일부일 뿐이라고 말한다. 타 종교를 분석하는 것과 똑같은 인문과학적 비판적 방법론에 의하여 초기공동체의 신학적 입장을 분석할 수 있을 뿐이라고 주장한다. 이러한 비판적 시각에서 그가 마가복음 자료에서 주목한 문헌적 특징이 바로 "메시아 비밀"이라는 것이다. 마가복음 초장부터 다음과 같은 이야기가 계속 반복되고 있다.

> "예수께서 각색 병든 많은 사람을 고치시며 많은 귀신을 내어 쫓으시되 귀신이 자기를 알므로 그 말하는 것을 허락지 아니하시니라."(1:34. cf. 1:23-25, 3:11-12, 5:2-19, 9:20).

무당이 무당을 제일 잘 알아보는 법이다. 예수가 메시아며 하나님의 아들이라는 것을 가장 민감하게 인지하는 것은 다름아닌 귀신들이다. 예수는 그 귀신들을 제압하고 내쫓으면서도 바로 그 귀신들에게 자신의 정체를 누설하지 말라고 당부까지 곁들이는 것이다.

> "문둥병이 그 사람에게서 떠나가고 깨끗하여진지라 … 가라사대 삼가 아무에게 아무 말도 하지말고,"(1:44)

예수는 이적을 행한 후에도 그 권능의 역사를 남에게 숨길 것을 강력히 당사자들에게 지시한다(1:43~45, 5:43, 7:36, 8:26). 뿐만 아니라, 가이사랴 빌

폴 수도원의 한 계단을 오르다.

립보에서 베드로가 예수를 "그리스도"로서 고백하자, 예수는 베드로에게 자기가 그리스도임을 아무에게도 말하지 말라고 경고한다(8:30). 그리고 변모산에서 변형(Transfiguration)하여 신적 현상을 드러냈을 때도(the revelation of Jesus' divine nature) 아무에게도 이르지 말라고 경고한다(9:9). 두로 지경을 갈 때에도 남에게 모르게 가려고 하며(7:26), 갈릴리를 지날 때도 아무에게도 알리지 않는다(9:30). 그리고 주변의 타인들이 예수의 비밀을 지키려고 야단칠 때도 있다(10:47~48). 그리고 예수가 비유로 말하는 것도 제자외의 사람들에게 비밀로 하기 위한 것이라고 말한다(4:10~13, 33~34).

우리가 성경(성스러운 문헌)이라는 편견을 떠나서 객관적으로 이러한 기술을 살펴볼 때, 예수의 언행은 참으로 유치하고 쪼잔하고 구질구질하게 보인다. 자기가 스스로 하나님의 아들이며 이 세상을 구원하는 구세주라고 한다면 정정당당히 권능을 행하고 떳떳하게 그것을 타인에게 밝힐 것이지, 뭘 그것을 구차스럽게 숨기려 한단 말인가?『중용』에도 이런 말이 있다. "행하지 않을 수는 있으니, 일단 행할진댄, 떳떳치 아니하면 놓지 말아야 할지니. 有弗行, 行之, 弗篤, 弗措也." 뭘 그렇게 자기가 메시아라는 것을 스스로 숨기려고 노력하면서 또 메시아의 권능을 행하고 다닌단 말인가?

브레데는 아무래도 이러한 마가의 기술은 예수의 생애에 관한 보고일 수가 없다고 단정한다. 그것은 AD 70년경 초기마가기독교공동체의 신학적 입장을 대변하는 모종의 비역사적(unhistorical) 신학적 장치일 수밖에 없다고 본다. 그런데 이 예수자신의 메시아숨김(the Self-Concealment of the Messiah)은 하나의 단서를 가지고 있다. 그것은 곧 "인자가 죽은자 가운데서 살아날 때까지는"(9:9)이라는 단서이다. 이 말 속에 전제되어 있는 것은 부활이 곧 메시아의 입증이므로, 부활이라는 사건 이후에는 예수의 메시아됨이 스스로 드러나게 된다는 것이다. 여기에 숨겨져 있는 신학적 입장은 예수의 메시아됨은 부활이라는 사건으로 결정적인 사태가 되었다고 하는 것이다. 브레데는 마가가 수집한 원자료에는 살아있는 예수 스스로 전혀 메시아라는 생각이 없었을 것이라고 추정한다. 살아있는 인간적 예수는 결코 메시아가 아니었다. 스스로 그러한 클레임을 배제한 사람이었던 것이다.

그런데 그리스도교단은 예수를 메시아로서 숭상했다. 불트만이 말한 대로 교회는 종말론적 회중(Eschatological Congregation)이었다. 그러나 교단도 최초의 형성시기에는, 예수가 생전에는 메시아가 아니었으며 부활로 인하여 메시아가 되었다고 믿었다. 그러나 메시아가 아니었던 사람이 갑자기 죽고나서 메시아가 된다는 사태는 여러모로 모순을 내포하게 된다. 그러기에 점차 메시아신앙은 생전의 예수에게로 투영되기에 이른다. 마침내 생전의 예수도 메시아로서 묘사되기에 이른 것이다. 마가라는 복음서 작가는 바로 이 메시아신앙의 두 단계의 과도기에 위치하고 있었다. 따라서 두 단계의 관념의 긴장관계가 병존할 수밖에 없었다. 바로 이 긴장관계를 해결하기 위하여 우리에게는 구차스럽게 보이는 "메시아비밀"의 표상을 제출했던 것이다. 예수는 이미 생전부터 메시아였지만, 사람들에 알려지는 것을 바라지 않고, 부활의 때까지는 그것을 비밀로 유지하려 했다는 것이다. 이 브레데의 놀라운 분석이 20세기의 양식사학이라는 새로운 거대 물줄기를 개벽했던 것이다. 이제 우리가 물어야 할 것은 도마복음의 서장이 말하고 있는 "비밀스러운 말씀들 the secret sayings"에 관한 것이다.

제51편 사진 설명에서 인류 최초의 기독교 수행승 폴의 이야기를 했지만, 폴은 항상 안토니(Anthony, 251~356)와 같이 언급된다. 폴은 안토니보다 약 20세 연상이다. 안토니 생애에 관해서는 아타나시우스가 전기를 썼다. 폴과 안토니는 같은 시기에 아라비아사막에서 고독한 수행을 하고 있었지만 서로를 알지 못했다. AD 343년 어느 날 안토니는 이미 90년 이상을 한 동굴에서 수행하던 폴의 비전을 보고 그를 찾아가게 된다. 두 사람이 만나 이야기를 나누고 있는데 까마귀가 빵 하나 전체를 물어다 놓았다. 폴은 말했다: "지난 60년 동안 하루도 안 빼놓고 까마귀가 빵 반 쪽을 가져다 놓았죠. 오늘은 당신이 오셨다고 주님께서 주님의 사도 두 사람 분량의 양식을 보내셨군요." 온전한 빵 한 개를 까마귀가 물고오는 이 장면은 콥틱기독교 성화의 가장 유명한 테마이다. 초기기독교에 관해 많은 것을 이야기해준다. 왼쪽이 안토니, 오른쪽이 폴이다. 안토니수도원 안토니지성소의 벽에 그려져 있다.

52. 슈바이처와 도마복음

그대들은 내가 꿈꾸는 사람이라 말하겠지

> 슈바이처를 우리는 노벨평화상을 받은 의사로서만 알고 있지만, 그는 의사가 되기 전에 이미 세계적인 신학자로서 명성을 휘날린 사람이었다. 그의 명저『역사적 예수의 탐구』는 서구신학사의 진보적 흐름을 총망라하여 일별하고 역사적 예수에 관한 논의를 종결지었다. 슈바이처는 역사적 예수 본인이 종말론적 의식 속에서 산 사람이었고, 또 그러한 신념에 따라 소신껏 십자가에 못 박혔다고 분석한다. 종말론에 관한 한 그는 불트만의 선구였다.

서장(序章, Prologue)

이는 살아있는 예수께서 이르시고 쌍둥이 유다 도마가 기록한 은밀한 말씀들이라.

沃案 브레데는 역사적 예수(Historical Jesus)가 결코 메시아라는 의식을 가진 인물일 수가 없다는 것을 "메시아비밀 the Messianic Secret"이라는 절묘한 마가복음서 기술상의 개념을 활용하여 입증한 셈이다. 따라서 복음서는 초기기독교 공동체의 신학적 입장을 대변하는 종교사적 변천의 고리들일 뿐, 예수의 생애에 관한 객관적 역사를 구성하는 자료일 수 없다. 이러한 브레데의 관점에 반기를 든 신학자가 바로 노벨평화상 수상자인 알베르트 슈바이처(Albert Schweitzer,

1875~1965)였다. 그를 일약 세기적 신학의 대가로 만든 획기적 저작『역사적 예수의 탐구 The Quest of the Historical Jesus』(1910년 영역)의 독일어 원판 제목이 『라이마루스로부터 브레데까지 Von Reimarus zu Wrede』(1906)라는 사실에서도, 그의 역사적 예수의 탐구가 브레데의 연구와 밀착되어 있다는 것을 감지할 수 있다.

슈바이처의 관심은 어디까지나 "역사적 예수"를 재구성하는 것이다. 예수를 역사적 사건으로 리얼하게 파악하려는 것이다. 따라서 예수의 생애에 관한 어떤 신화적·초자연적·이적적 기술을 받아들이지 않는다. 한 인간이 처한 역사적 상황에서 어떠한 의식을 가지고 자기 실존과 주변의 인간들의 문제를 고심하면서 대면했을까? 슈바이처의 접근은 매우 심리분석적이다. 그리고 복음서의 자료를 역사적 예수의 리얼리티의 단서로서 활용하는 데 주저하지 않는다. 브레데가 마가의 분석에 집중한 반면, 슈바이처는 마가자료를 뛰어넘어 마태자료의 역사성을 심각하게 받아들인다.

슈바이처는 "역사로서의 예수"와 "도그마로서의 그리스도"가 결국 하나의 인격체로서 통합되어야만 초기기독교 역사가 바르게 인식될 수 있다는 믿음을 가지고 있다. 그리고 초기기독교공동체가 종말론적 믿음을 가지게 된 연유에는 궁극적으로 그 뿌리가 예수의 생애 그 자체에 내재한다고 본다. 따라서 어떠한 경우에도 예수의 생애에서 메시아됨을 제거할 수는 없다는 것이다.

"예수의 생애 Life of Jesus로부터, 특히 수난의 내러티브로부터, 메시아성 the Messiahship을 제거하는 것은 매우 어렵다. 그리고 그 제거된 생애로부터 초기기독교 공동체의 신학으로 되돌아가는 것은 더욱 어렵다"(The Quest of the Historical Jesus 343).

예수의 생애에서 메시아를 제거하면 초기공동체 신학과의 연계성이 확보되지 않는다는 것이다. 부활이라는 사건은 어떻게 뒤늦게 갑자기 튀어나왔으며, 또 어떻게 부활이 예수의 메시아성을 돌연히 확보하는가?

"부활한 예수가 지상에 나타났다는 단순한 사실만으로 어떻게 예수의 메시아됨과 그들의 종말론의 근거를 확보할 수 있는가? 브레데는 이러한 것들을 설명치 못하고 있다. 그래서 브레데는 오히려 부활의 '사건'을 '역사적' 기적으로 만들어 놓고 있는 것이다. 실상 이 따위 기적은 초자연적 사건보다도 더 믿기 어려운 것이다"(p.343).

예수의 메시아됨의 종말론적 의미(the Messianic eschatological significance)는 오직 초기공동체 사람들의 심리적인 "부활체험 resurrection experience"일 수밖에 없으며, 그 체험은 역사적 예수의 삶의 메시아적·종말론적 측면에 뿌리를 박고 있지 않으면 안된다. 궁극적으로 예수의 삶을 의미있게 만드는 것은 부활이라는 환상이 아니라 십자가에 못박혔다고 하는 엄연한 사실이다. 예수는 천국을 지상 위에 선포했다. 이 선포는 이미 세례요한으로부터 시작된 것이다. 씨는 이미 뿌려졌다. 그렇다면 씨는 반드시 싹을 틔우고 결실의 수확을 기다린다. 따라서 예수는 그의 생애에서 이미 그 수확이 이루어지리라는 것을 견고히 믿은 사람이라는 것이다.

안토니지성소 전경. 오른쪽 벽면에 안토니와 폴의 성화가 그려져 있다. 너무도 성스러운 느낌이 드는 아름답고 깔끔한 곳이었다.

수확은 종말이다. 추수 때 천국은 온다. 종말은 반드시 선택된 소수의 선민의식이나 예정론과 결부되어 있다. 기독교 전체역사가 파루시아(천국의 도래)의 지연이라고 말할 수 있다면, 예수의 삶의 역사 가운데서도 역시 파루시아의 지연은 불가피했다. 예수의 생애는 두 단계로 나뉜다. 전기는 군중에 휩싸인 단계이고 후기는 소수의 12제자들만 데리고 다니는 단계이다. 군중이 그를 버린 것이다. 메시아비밀은 점차 후퇴해 버린다. 그는 죽음을 예비하기 시작하는 것이다.

예수의 종말론적 사유는 물론 유대교적 종말론전통과 깊은 관련을 맺고 있다. 그러나 여타 유대교적 종말론이 구체적인 역사적 상황과 관련을 맺고 있는 데 반하여, 예수의 종말론은 현실적 인간의 회개를 요구하는 윤리적 심화를 목표로 하고 있다. 다니엘묵시록이 안티오쿠스(Antiochus)의 종교탄압과 관련 있고, 솔로몬시편은 폼페이우스가 이끄는 로마군단의 출현과 예루살렘의 내분과 관련이 있고, 에스라4서와 바룩묵시록은 예루살렘성전 멸망과 관련이 있다. 그러나 예수의 종말론은 시대적 탄압의 결과가 아니다. 예수가 산 시대를 일별해보면 결코 종말론적 열망을 불지를 수 있는 어떤 결정적 사건을 발견하기 힘들다. 예수의 종말의식은 종말론적 시대분위기의 소산이 아니다. 오히려 살아있는 예수가 그러한 종말론적 분위기를 창출해내었던 것이다. 예수는 그가 산 시대를 그의 종말론적 신념으로 휘몰아가려고 했던 자이언트였다. 과연 역사는 예수의 신념대로 움직였을까?

"예수의 주변으로 침묵이 감돌았다. 갑자기 요단강에서 요한이 나타났다. 그리고 외친다. '회개하라, 천국이 가까왔느니!' 이어 예수가 등장한다. 그는 하나님의 아들이라는 자의식 속에서 이 세계의 굴레를 자기의 신념에 따라 굴리려 한다. 그 마지막 굴림이 모든 진부한 역사의 시간들을 종료로 이끌어 가리라는 확고한 신념에 따라. 그러나 역사는 굴러가기를 거부한다. 그러자 예수는 자기자신을 그 거대한 굴레 위로 던져버린다. 그러자 역사는 구르기 시작한다. 그를 갈기갈기 찢어버리면서. 종말론적 조건에 굴복한 것이 아니라 종말론적 조건 그 자체를 분쇄시켜버린 것이다. 그 거대한 역사의 수레바퀴는 아직도 굴러가고 있다. 그리고 우리의 상상을 초월하는 거대한 인간의 찢겨진 몸뚱아리가 아직도 그 수레 위에 걸려 있다. 그 자신을 인류의 영적 지도자로서 확신했고 또 그의 의도대로 인류역사의 물길을 틔울 수 있다고 생각할 정도로 강인했던 거인이 아직도 그 수레 위에 걸려 있는 것이다. 이것이야말로 예수 그 인간의 승리였고 하늘나라의 지배였다."(The Quest of the Historical Jesus 368~9).

예수는 동키호테였을까? 자신의 최면에 희생당한 미치광이였을까? 여기 나 도올은 존 레논의 노랫말 한 구절만 적고 싶다: "**그대들은 내가 꿈꾸는 사람이라 말하겠지, 그러나 이 꿈은 나 혼자 꾸는 것이 아니지. 언젠가 그대들도 내가 꾸는 꿈을 같이 꾸게 될 거야. 그러면 이 세계는 하나가 되겠지** You may say I'm a dreamer, but I'm not the only one. I hope someday you'll join us, and the world will be one."

슈바이처는 그가 발견한 역사적 예수의 모습을 실천하려고 노력했다. 그리고 신학자로서의 명성을 뒤로 하고 의과대학에 학부학생으로 진학한다. 그리고 의사면허를 획득한 후, 간호사 아내와 함께 아프리카로 떠났다.

인류 최초의 기독교 수행자 폴. 빵 반쪽을 물고 오는 까마귀와 무덤을 판 사자 두 마리가 인상적이다.

안토니가 폴을 찾아갔을 때 까마귀가 온전한 빵 한 개를 물고 온 이야기는 제52편에 실린 성화로 설명되었다. 두 사람이 빵을 다 먹고 났을 때, 폴이 말하였다: "이제 죽음의 때가 온 것 같소. 주님께서 나의 이 빈약한 몸뚱아리를 흙으로 덮으라고 당신을 보내신 것 같소. 당신의 수행처로 돌아가 아타나시우스가 당신에게 준 겉옷을 가져와서 나의 몸뚱아리를 감아주었으면 하오." 안토니는 침묵 속에서 하염없이 눈물을 흘리면서 폴의 눈과 손에 작별의 키스를 하였다. 그가 돌아왔을 때 폴은 무릎꿇고 기도하는 모습 그대로 싸늘하게 식어 있었다. AD 343년. 향년 113세. 몸을 아타나시우스의 겉옷으로 싼 후 묻으려 했으나 삽이 없어 시신을 묻을 수 있는 구덩이를 팔 길이 없었다. 이때 사막으로부터 두 사자가 나타나 발톱으로 한 사람이 누울 수 있는 정도의 구덩이를 파놓고 사라졌다. 안토니는 폴의 시신을 곱게 묻었다. 나 도올이 지금 경의를 표하고 있는 사람은 폴 수도원의 원장이다. 영어가 안 통해 대화를 나눌 길은 없었지만 위대한 인격이었다. 나를 안내한 폴 수도원의 신부 이름이 도마였다.

53. 예수의 죽음

예수는 기묘한 과일이었다

> 예수는 과연 어떻게 죽었을까? 그의 죽음에 관하여 우리가 알고있는 이야기는 모두 마가복음을 원형으로 하고 있다. 그러나 마태, 누가, 요한은 마가의 기술을 자기 나름대로 특색있게 각색하고 있다. 마가복음의 기술은 애초부터 예수의 생애에 관한 사실적 보고를 목적으로 하지 않았다. 그리스도됨의 선포가 목적이었기에, 예수의 죽음은 오직 부활을 정당화하기 위한 것이었다. 예수의 죽음은 현대신학에서는 불가지론의 영역에 속하는 것이다.

서장(序章, Prologue)

이는 살아있는 예수께서 이르시고 쌍둥이 유다 도마가 기록한 은밀한 말씀들이라.

沃案 앞 편에서 우리는 브레데와 슈바이처, 두 위대한 사상가의 역사적 예수의 삶에 관한 상반된 견해를 살펴보았다. 슈바이처의 논의는 매우 웅장하고 웅변적이다. 그리고 예수라는 실존했던 인간의 모습을 파악하는 데 매우 구체적인 단서를 제공한다. 그러나 그럼에도 불구하고 그의 논리 전체가 억지춘향이라는 인상을 지우기가 어렵다. 그에게는, 복음서를 구성하는 예수 전기자료 전체가 하나의 픽션이라는 생각을 할 수 있을 정도로 문헌비평의 성과가 성숙되어 있질 못했다.

그리고 나그함마디 문서와 같은 새로운 자료로 촉발된 다양한 관점이 수용될 수 있는 그러한 시대적 바탕이 그에게는 존재하지 않았다. 과연 역사적 예수는 종말론적 신념에 불타, 자신의 수난과 죽음을 예언하고 그 소신대로 죽음을 택한 사람이었을까?(슈바이처의 논의는 액면 그대로 다 받아들인다 해도 그것은 결국 심리적 묘사에 지나지 않는다. 예수는 십자가에서 환멸을 느끼면서 죽어 갔을지도 모르는 "종교적 광인 a religious fanatic"의 이미지에 머물러 버릴지도 모른다).

나그함마디 문서 발견으로 촉발된 초기 성서문헌의 연구성과는 예수의 죽음 직후부터 이미 놀랍게 다양한 예수운동들이 산발적으로 전개되었으며, 로마제국의 권력에 의하여 그 성격규정이 획일화되는 4세기초 이전까지는 방만하게 흩어져 있던 기독교도들의 가슴속에 그려진 예수의 심상은 매우 자유롭고 비권위주의적이었다는 것을 입증해준다. 때로는 하나님은 진리로서만 규정되며, 예수는 그 진리에 도달하기 위한 길동무일 뿐이다. 그는 제자 위에 군림하는 제왕적 존재가 아니다. 그는 진리의 방편(a provisional measure)일 뿐이다. 따라서 우리가 진리에 도달케 되면 예수라는 존재는 사라져버린다. 제자가 된다는 것은, 즉 예수의 권위를 받아들인다는 것은, 궁극적으로 스승을 뛰어넘기 위한 것이다(The purpose of accepting authority is to learn to outgrow it. Pagels, *The Gnostic Gospels* 138).

예수의 삶에는 묵시론적·종말론적 전제가 없었다. 그가 실제로 어떻게 죽었는지도 모른다. 2세기 교부 중에서 영지주의 이단을 격렬하게 배척한 최대의 로마정통파 사상가로 알려진 이레나에우스(Irenaeus, AD 180/90년경 활동)는 예수가 50이 넘어서 노년에 죽었다고 주장한다. 신약성서 중에서 쓰여진 연대가 가장 앞서는 문헌 중의 하나이며(AD 48~55 사이), 바울의 서한임이 거의 확실한 갈라디아서에서는 예수의 죽음을 십자가사건으로 보고하지 않는다. 예수를 그냥 "나무에 목 매달린 자"로 보고할 뿐이다(갈 3:13). 사도행전에도 베드로는 예수를 십자가에 못 박혔다고 보고하지 않는다. "너희들이 예수를 나무에 목매달아 죽였다"(행 5:30)고 말한다. 베드로가 욥바로부터 가이사랴로 와서 이탈리아군단의 백부장 고넬료의 집에서 기념비적인 강연을 행하였을 때도 이와 같이 말했다: "저희가 예수를 나무에 목매달아 죽였도다. They put him to death by hanging him on a tree."

우리는 여기서 백인들의 인종차별 속에서 비극적인 삶을 살아야했던 흑인 천재가수 빌리 할러데이(Billy Holiday, 1915~1959)가 담담하게 부른 노래, 「기묘한 과일 Strange Fruit」(1939)을 연상케 된다. 백인 인종차별주의자들에게 목숨을 잃고 나무에 매달려 있는 흑인을 "기묘한 과일"이라고 묘사했던 것이다. 예수는 갈릴리 어느 마을 동구 밖 느티나무에 걸려있는 "기묘한 과일"이었을 수도 있다. 유대인들은 돌로 쳐 죽인 사람의 시신을 다른 사람에 대한 경고표시로 나무에 매달아 놓는 습관이 있었다 (신명기 21:22). 십자가로 말한다면 오시리스도 디오니소스도 다 십자가에 못 박혀 죽었다.

현재 성서신학자들의 대세는 로마총독 빌라도의 재판 운운하는 거창한 장면들은 모두 마가의 드라마구성에서 연유

이곳이 바로 폴이 죽은 그 동굴이다. 폴이 바로 이 콥틱 크리스챤의 모습으로 세상을 떴을 것이다. 정면 밝은 곳에 폴의 석관이 있다. 천장에 달린 타조 알은 죽은 것 같지만 부화되기 때문에 예수의 부활을 상징한다고 한다. 천장에 그냥 구멍을 뚫어 채광하는데 1년 강우량이 5mm 이하이기 때문에 아무런 지장이 없다고 했다. 청량하기 그지없었다.

된 픽션으로 간주한다. 예수의 실제적 삶에 대한 보고로서 간주하지 않는다. 기묘한 과일처럼 죽어간 예수, 너무도 사랑스러웠고 위대했던 천국운동의 실천가 예수, 그는 젊은 나이에 한 무명인으로서 억울한 죽음을 당했을 것이다. 그러기에 더욱 그의 말씀을 듣고 따랐던 사람들에게는 사모의 염이 깊어갔고, 그의 진실을 알리고자 하는 운동은 눈덩이처럼 불어갔을 것이다. 그러나 소박한 진실은 그 시대가 요구하는 참으로 위대한 메시지를 던지고 있을 때 소박한 모습으로 남을 수가 없다. 진실은 곧 상징의 옷을 입고 신화의 치장을 하고 화려한 역사의 나들이를 떠난다. 진리는 오히려 발가벗지 않는다.

더구나 마가복음이 쓰여진 70년대는 이미 예루살렘성전이 무너진 후였다. 즉 복음서작가들의 붓길을 억압하는 모든 종교적·정치적·사회적 질곡이 붕괴된 후였다. 누가 어떤 "구라"를 쳐도 그 구라를 검증할 수 있는 권위가 부재했다. 이스라엘민족과 국가가 사라졌다. 그리고 최후의 정신적 상징인 성전, 야훼가 임재하는 지성소까지 여지없이 파괴되었다. 모든 종교적 권위가 힘을 잃었다. 누구나 마음대로 뻥 칠 수 있었다. 복음서기자들에게 주어진 사상적 자유는 완벽했다. 그러한 상황에서 대제사장과 장로들이 동원되고, 빌라도 총독까지 동원되는 화려한 픽션이 구성되는 것은 너무도 당연시된 복음서기자들의 책무였다. 그러나 마가복음 이전에 실존했던 도마복음서에는 이적도 없고, 구약적 예언의 성취도 없고, 세계질서를 파괴하는 묵시록적 천국도 없고, 타인의 죄를 대속하기 위해 누가 죽을 일도 없다. 오직 살아있는, 기묘한 과일의 전제조차 없는, 한 인간의 말씀만 있을 뿐이다.

브레데와 슈바이처의 대결을 운운한다면 도마복음서의 출현은 브레데에게 승리의 한 팔을 번쩍 치켜들게 만들었다. 21세기의 예수는 또 다시 묵시록적 사상가에서 지혜론적 스승으로 변해가고 있는 것이다(슈바이처는 예수가 제자들에게 순수한 "지혜로운 스승"의 이미지만 있었다면 후대 초대교회에서 갑자기 메시아사상이 솟아날 수 없다고 말했지만, 지혜로운 스승 예수와 메시아 예수 사이에는 논리적 필연성이 역사적으로 확보되어야 할 아무런 이유가 없다. 지혜로운 스승으로서의 예수의 역사적 실상과 무관하게 얼마든지 종말론적 메시아 사상은 솟아날 수 있다). 크로쌍은 말한다.

"우리의 결론은 이러하다. 역사적 예수는 희랍의 도시중심의 견유학파와는 다른 스타일의, 농촌중심의 유대인 견유학파의 한 사람(a peasant Jewish Cynic)이었다. 그가 사역의 대상으로 삼은 갈릴리 농촌마을들은 세포리스(Sepphoris)와 같은 그레코·로만 도시에 근접해 있었기에, 견유학파의 지식이나 그 방랑하는 카리스마들의 모습을 결코 낯설거나 이해할 수 없는 것으로 생각하지 않았다. 예수의 활동지는 주로 남부 갈릴리(Lower Galilee: 갈릴리는 북부Upper와 남부Lower로 나뉘는데 북부는 산악고원지대이고 남부는 평원지대이다)의 농촌과 마을에 집중해 있었다. 예수의 전략은 자신의 경우는 물론, 제자들에게 있어서는 더 명료하게, 공짜치료(free healing)와 공동식사(common eating)를 결합하는 것이었다. 이는 로마제국의 정치질서나 유대교의 종교적 위계나 후견질서를 총체적으로 거부하는 종교적, 경제적 평등주의(a religious and economic egalitarianism)를 실천하는 것이었다. 그는 새로운 하나님의 새로운 브로커가 되는 것을 원치 않았다. 그래서 나사렛이나 가버나움에 정착하지 않고 끊임없이 방랑했다. 그는 브로커도 아니고 중개자도 아니었다. 신성과 인성 사이에, 혹은 인성과 예수의 집단 사이에 무엇이 끼어드는 것을 원치 않았던, 매우 파라독시칼한 선포자였다. 이적과 비유, 병고침과 나누어먹음은 모두 참가자들 개개인이 하나님과 직접 매개없이 물리적으로, 심리적으로 소통하게 만들기 위한 장치일 뿐이었다. 그리고 또한 참가자들이 모두 서로 매개 없이 물리적으로 심리적으로 직접 소통하게 만들었다. 한마디로, 예수는 브로커 없는 하나님나라를 선포했던 것이다"(*The Historical Jesus* 421~2).

레바논의 시돈(Sidon)은 페니키아문명의 중심지였다. 기원전 2천년대부터 도시국가로 발전하여 기원전 1천년대 극히 번성하였다. 역사적으로 이집트, 앗시리아, 바빌로니아, 페르시아, 알렉산더, 셀레우코스, 프톨레마이오스, 로마의 지배를 받으면서도 독자적 도시국가의 아이덴티티를 유지하였다. 예수시대에는 헤롯대왕이 이 도시를 새롭게 건축하였고, 예수도 이 지역에서도 활발한 선교를 펼쳤다. 이 지역전승에 의하면 예수가 선교활동을 할 때, 엄마 마리아가 동행하였으며, 여자가 같이 다니면서 설치는 풍습이 아니었기 때문에 엄마는 이곳 동굴에 머물며 아들 예수가 오는 것을 애타게 기다렸다고 한다. 이곳 말로 만타라(mantara)의 언덕이라 하는데 만타라는 "기다림"이라는 뜻이다. 이 마리아의 동굴거소는 제1세기부터 초대교회가 되었다. 배경의 나무는 돌무화과 수종인데 그 밑에서 마리아가 아들을 기다렸다고 한다. 제55편에는 초대교회의 진실한 모습을 알리는 충격적인 영상이 나갈 것이다. 기다리는 엄마는 한국인에게도 리얼한 이미지로서 다가온다. 나는 항상 신촌의 안산 언덕에서 나를 기다리시던 엄마의 손을 잡는 심정으로 마리아의 손을 잡았다.

54. 성서와 해석학

예수는 어느 나라 말을 했을까?

> 도마복음의 서장은 우리에게 매우 중층적인 해석학적 함수들을 제시하고 있다. 성서는 고문헌이다. 해석학적 인식론의 반성을 거칠 때만 우리에게 료해될 수 있는 것이다. 신앙은 맹목과 맹종을 벗어날 때만이 신앙이다.

서장(序章, Prologue)
이는 살아있는 예수께서 이르시고 쌍둥이 유다 도마가 기록한 은밀한 말씀들이라.

沃案 이 서장의 언어로부터 읽어낼 수 있는 해석학적 함수로서 우리는 다음의 4기둥을 발견할 수 있다. 첫째는 화자(Speaker)인 예수가 있다. 둘째는 청자(Listener)인 예수의 청중이 있다. 셋째는 기록자(Recorder)인 도마가 있다. 물론 이 기록자가 당시의 청중의 한 사람일 수도 있지만, 상식적으로 이러한 사태는 거의 불가능하다고 사료된다. 예수가 장기간에 걸쳐 다른 상황에서 말한 말씀들을, 아무리 예수의 쌍둥이라 할지라도 도마라는 한 사람이 모두 따라다니면서 그 당장당장에 기록했다는 것은 논리적으로 좀 어폐가 있다. 자기가 직접 들은 이야기도 있을 수는 있겠지만, 다양한 전승을 후대에 종합·편집하여 기록하였다는 뜻일 것이다. 넷째로 독자(Reader)가 있다. 말은 청자를 대상으로 하는 것이지만, 기록은

독자를 대상으로 하는 것이다. 말은 순간적이지만, 기록은 보존만 잘 된다면 거의 영구적이다. 뿐만 아니라 로칼리티(locality)를 뛰어넘는 공간적 보편성이 있다. 그 언어를 매개로 하는 모든 문화권을 들락거릴 수 있다. 기록은 이와 같이 시간적 영구성과 공간적 초월성을 지니지만, 그래도 일차적으로는 구체적인 대상성을 확보해야 한다. 누가 읽는가? 그 독자의 요구가 없으면 기록이라는 행위는 일방적으로 일어나기는 어렵다. 아마도 도마의 기록은 도마공동체 사람들을 대상으로 했을 것이다. 우선 이 관계를 도식화하면 다음과 같다.

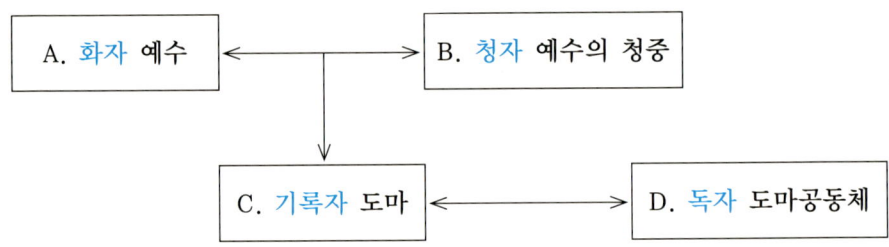

그런데 이 기록은 2000년의 성상을 견디어 내어 오늘 한국의 독자들에게 읽혀지고 있다. 이 행위는 도올 김용옥이라는 번역자를 매개로 해서만 가능한 것이다. 나 도올은 반드시 2개국어화자가 되어야만 한다. 번역은 한국의 독자의 인식체계 속에서 일어나는 것이 아니라, 도올의 머릿속에서 이루어지는 것이다. 따라서 콥트어 도마복음서의 의미체계를 인식하고 그것을 오늘의 한국대중들이 알아들을 수 있는 의미체계로 전환시키는 작업에는 고도의 해석학적 과정이 개입된다.

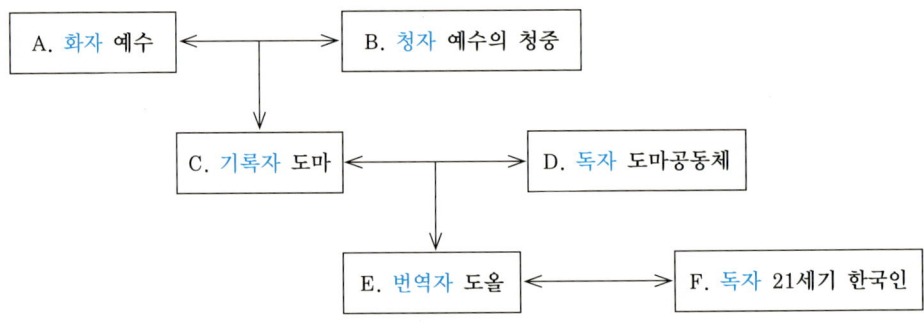

이렇게 따지면 함수가 매우 복잡해진다. 그러나 F독자에게 남는 최종적 사실은 매우 단순하다. 그들은 도올이라는 E번역자가 제시하는 21세기 한국어문장을 접할 뿐이다. 문자의 해독은 의미의 발생으로 가능해진다. 의미의 발생은 쌍방적 교감(交感)으로 이루어지는 것이다. 그런데 최종적인 F독자의 교감은 일차적으로 E번역자와의 사이에서 21세기 한국어를 매개로 하여 이루어지는 것이다. 그러나 21세기 한국어가 예수의 말일 수는 없다. 그것은 실상 알고보면, 오늘날 한국사회에서 통용되는 21세기 시공의 의미체계일 뿐이다. 이러한 교감으로 인하여 성립한 우리의 의미체계가 궁극적으로 노리고 있는 것은 A화자 예수와 B청자 예수의 청중 사이에서 일어난 교감과의 역동적 상응성(dynamic equivalence)을 확보하는 것이다. 여기 "역동적 상응성"이라는 개념이 매우 중요하다. 그것은 예수의 말을 사전적으로 번역한다고 하는 축어적 일치성(verbal consistency)이나 형식적 대응성(formal correspondence)을 의미하는 것이 아니라, A와 B 사이에서 일어난 의미의 반응체계와 E와 F 사이에서 일어나는 의미의 반응체계를 상응시킨다고 하는 것이다. 이 과정은, 평면적이고 일시적이고 고정적인 정답안이 있을 수 없기 때문에, 역동적일 수밖에 없다. 어차피 예수의 말 그 자체는 우리가 알 수가 없는 것이다. 우리가 알 수 있는 것은 예수의 말과 예수의 청중 사이에 오간 교감의 체계일 뿐이다. 그러나 그것도 어디까지나 추론의 대상일 뿐이다. 그리고 중요한 것은 C기록자 도마와 D독자 도마공동체 사이에서 성립한 교감을 통하여 추론할 수밖에 없다고 하는 사실이다. E·F의 교감은, C·D의 교감을 통하여 A·B의 교감으로 상응되기를 갈망하는 것이다.

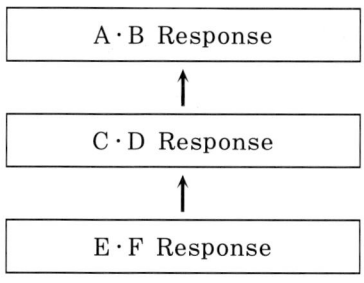

그런데 이 갈망은 실제로 끊임없는 노력일 뿐이다. 그 노력의 과정을 "역동적 상응성"이라고 나는 표현한 것이다. 그런데 이 과정에 개입된 언어의 문제만 생각해도 골치가 지끈지끈 아파진다. 예수가 과연 어떤 말을 했을까? 보통 갈릴리지역에서 통용되던 아람어(Aramaic)를 했다고 하지만 그것도 100% 확실하지는 않다. 우리는 아람어에 대한 지식이 없기 때문에 그것을 매우 특수한 토속언어로 규정하기 쉽지만, 실제로 아람어는 당시에 히브리말보다 훨씬 더 광범하게 쓰인 국제통용어(*lingua franca*)였다. 당대의 유대인들은 이미 구어로서 히브리말을 사용하지 않았다(James M. Robinson, *The Gospel of Jesus* 55). 아람어도 다양한 방언이 있기 때문에 예수가 정확하게 어떤 말을 했을지, 그것을 단정지을 길이 없다. 제1세기 갈릴리 아람어 사본은 남아있는 것이 없다. 그리고 과연 도마가 기록했다 할 때에도, 그것이 아람어로 기록된 것인지 희랍어로 기록된 것인지 확정지

기다림의 언덕 막두쉐(Maghdouche)에서 시돈항을 바라보다. 지중해연안에 위치한 항구 시돈은 연안에 비교적 큰 평원이 자리잡고 있으며 수량이 풍부해 풍요로운 농경이 가능했으며, 교역과 뮤렉스(murex) 자색염료와 유리공업의 중심지였다. 이 지역에서 발굴된 석관들의 정교한 아름다움은 시돈문명의 높은 수준을 입증한다. 지금도 트랜스아랍 송유관의 지중해 종착지이다.

을 길이 없다. 희랍어로 기록되었다면 그때 벌써 번역이라는 해석학적 과정이 개입되었다. 그리고 우리에게 전달된 사본은 희랍어를 이집트말인 콥트어로 번역한 것이다. 이렇게 본다면 우리의 해석작업에는 최소한 4개 국어의 번역과정을 통한 인식의 전환이 개입되어 있다는 것을 항상 염두에 둘 필요가 있다.

사람들이 왜 이렇게 도올은 시시콜콜 따지는 것이 많으냐고 반문할지 모르겠다. 그러나 내가 반문하고 싶은 것은 한국의 기독교인들이 성서라는 문헌을 대하는 놀라운 단순성과 무지에 관한 것이다. 성서는 고문헌이다. 고문헌은 고문헌학의 엄밀한 방법론을 통하여서만 우리에게 다가온다. 일반 신도들은 "내가 요구하는 것은 예수의 말씀일 뿐이다. 그 말씀을 통하여 신앙을 얻으면 그뿐이다"라고 말할지는 모르지만, 그러한 신앙은 맹목과 맹종을 초래할 뿐이다. 맹목은 융통을 거부하며, 변통을 기피한다. 그것은 독단과 배타를 생산할 뿐이다. 결국 독선(獨善)으로 귀결되고 마는 것이다. 한국의 신앙인들에게 만연된 독선의 질병이 우리 사회의 변화와 소통을 저해하고 있다면, 나는 우리민족이 성서라는 문헌에 대한 편협한 인식의 질곡에서 해방되는 것이 급선무라고 생각한다. 특히 우리민족의 미래를 짊어질 젊은이들은, 성서라는 문헌에 대한 기초적 수준의 상식조차도 지니지 못한 성직자나 허세에 절은 식자들의 권위주의적 강요에 굴종하면 안된다. F독자로부터 A화자까지 도달하는 길은 너무도 험난하다. F이든 A이든 고정된 실체가 아니다. F라는 오늘의 한국인도 역동적으로 변하는 존재이며 A라는 예수도 끊임없이 역동적으로 변하는 존재이다. 이 두 아이덴티티 사이의 교감은 궁극적으로 F의 실존적 체험의 문제이지만, 그 체험을 구성하는 요소는 무한히 다양하고 중층적인 인류의 체험을 포섭하는 것이다.

예수를 애타게 기다리면서 마리아가 은거했던 동굴은 오늘까지도 교회로 사용되고 있다. 예수 당시에 과연 이곳에서 마리아가 예수를 기다리고 있었을까? 역사적 사실의 여부는 중요한 문제가 아니다. 중요한 것은 이러한 설화전승을 통해 이미 1세기부터 이곳에 교회가 성립했다고 하는 사실을 추론할 수 있다는 것이다. AD 70년 예루살렘성전이 멸망하고 유대민족과 초기기독교공동체에 박해가 가해졌을 때 기독교인들이 피신할 수 있었던 가장 유력한 후보지가 바로 두로·시돈지역의 이러한 자연동굴이었다는 것은 더 말할 나위가 없다. 지금 우리가 생각하는 높은 아치형의 교회는 로마의 공회당인 바실리카가 변모한 것이며 초대교회와 관련이 없다. 초대교회는 모두 자연석굴 내지 인조석굴이었다. 나는 이곳을 들어갔을 때 직감적으로 어떤 영기를 느꼈다. 박해받은 사람들의 기나긴 소망과 희망과 대망이 축적된 어떤 영성을 느끼면서 조용히 묵상할 수밖에 없었다.

55. 은밀한 말씀과 나레이터

살아있는 독자들이여! 살아있는 예수를 만나라

> 기록자 도마는 1인칭이 아닌 3인칭으로 서술되고 있다. 다시 말해서 도마의 기록 그 자체를 연출하고 있는 내레이터가 숨겨져 있는 것이다. 도마복음서는 도마에 의한 복음서가 아니라 도마가 기록자로 등장하는 내레이터에 의한 복음서이다. 그 내레이터는 과연 누구일까? 그는 우리에게 어떤 메시지를 던지고 있는가?

서장(序章, Prologue)

이는 살아있는 예수께서 이르시고 쌍둥이 유다 도마가 기록한 은밀한 말씀들이라.

沃案 우리는 이미 이 서장의 언어에서 4개의 해석학적 함수를 끄집어 내었다.
1) 화자Speaker: 예수 2) 청자Listener: 예수의 청중 3) 기록자Recorder: 도마
4) 독자Reader: 도마공동체.

그러나 서장의 언어는 이 4개의 함수로써 완결되지 않는다. 우리는 이 4개의 함수를 모두 지배하는 가장 결정적인 함수를 망각하고 있었던 것이다. 살아있는 예수가 하신 말씀을 도마가 기록했고, 그 도마의 기록을 우리가 읽는다, 이런 식으로

이해하면 곤란하다. 한번 서장이 이렇게 기술되었다고 생각해보자: "이는 살아있는 예수께서 이르시고 나 예수의 쌍둥이 유다 도마가 기록한 은밀한 말씀들이라."

만약 이 기술 자체가 유다 도마의 1인칭서술로 되어있다면 상기의 4개 함수로서 서장의 메시지는 완료된다. 그러나 "유다 도마가 기록하였다"는 것은 3인칭 기술이다. 즉 3인칭 기술을 하고 있는 1인칭 나레이터(Narrator)가 4개의 함수 모두를 지배하는 연출자로서 가려져 있는 것이다. 살아있는 예수의 말씀을 도마가 기록하였다. 그러나 도마의 기록을 독자들에게 제시하는 것은 도마가 아니요, 어디까지나 나레이터의 몫인 것이다. 나레이터가 도마의 기록을 선택하고 편집하여서 독자가 읽을 수 있도록 제시한 것이다. 도마는 나레이터라는 연출자에 대하여 부속적 위치밖에 지니지 못하는 존재이다. 도마복음서는 도마에 의한 복음서가 아니요, 도마라는 캐릭터가 등장하는 나레이터에 의한 복음서일 뿐이다. 도마는 기록도 하지만 대화의 한 담당자로 등장하기도 한다.

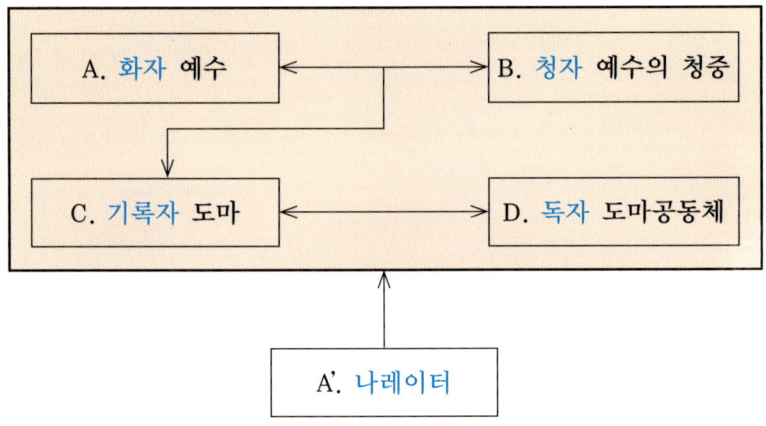

나레이터가 과연 누구일까? 물론 우리는 그 역사적 실체를 정확히 집어낼 수는 없다. 개인일 수도 있고 집단일 수도 있다. 그러나 그야말로 이 도마복음서를 창출한 본인이라는 것은 너무도 명약관화하다. 과연 그는 어떠한 목적으로 이 도마복음서를 만들었을까? 이러한 질문도 우리는 거창한 학문적, 역사지식적 배경을 동원하여 답변할 필요가 없다. 서장 그 자체 내에 그 해답이 주어져 있기 때문이다. 그 해답의 열쇠가 바로 "은밀한," "비밀스러운secret"이라는 이 한 마디이다. 희랍어로 "아포크리포스*apokryphos*"라는 이 말은 "숨겨진hidden"이란 뜻이다.

이 "은밀한 말씀들"이라는 표현 때문에 도마복음서를 아무 생각없이 곧바로 영지주의 문서로 간주하기 일쑤였다. "은밀한 말씀"은 곧 천국으로 가기 위한 비밀스러운 영지(*gnosis*)의 가르침이라는 것이다. 아주 선택된 소수에게 비밀스럽게 계시되는 말씀으로서 그냥 액면가 그대로 규정되어 버리는 것이다. 도마복음서를 영지주의 문헌이라고 한다 해도 나는 그러한 규정에 반기를 들 생각은 없다. 그러나 그렇게 규정해 버린다고 한다면 바울의 서한이나 4복음서 전체가 영지주의 문헌일 수밖에 없다. 영지주의적 요소는 바울에게나 복음서 기자들에게, 특히 제4복음서의 저자에게 매우 명백하게 드러나는 성향이다. 영지주의를 바르게 이해하기 위하여서는 우리는 영지주의라는 개념 그 자체를 파기해버려야 하는 것이다.

여기 "은밀한"이라는 형용사가 수식하고 있는 대상은 "말씀"이다. "말씀"이란 "살아있는 예수"가 "말한 것"이다. "말했다" 하는 것은 "어떤 논문을 저술했다" 함이 아니다. 저술은 시·공을 초월하여 대상성의 제약을 받지 않는다. 그러나 "말함"은 반드시 시·공의 제약을 받는다. 필연적으로 특정한 장소와 특정한 시간에 몇몇의 사람들에게 말하는 것이다. 더구나 이것은 죽은 예수가 말하는 것이 아니고 살아있는 예수가 말하는 것이다. 살아 움직이는 생명체의 말은 항상 생동적이며, 함축적이며, 상징적이며, 감동적이다. 따라서 신비로울 수밖에 없고 은밀할 수밖에 없다. 그것은 결코 쉽게 료해(了解)될 수 있는 사태가 아니다.

여기 "은밀하다"는 말은 크게 두 가지 뜻을 내포한다. 하나는 이해하기가 어렵다는 뜻이다. 수수께끼 같아서 좀 고민을 해야 한다는 뜻이다. 그냥 알아듣는 것이 아니라 풀어서 체득해야 한다는 뜻이다. 또 하나는 선택된 소수에게 조용히 말한다는 뜻이다. 아무에게나 함부로 떠벌일 필요가 없는 은밀한 말들인 것이다. 사실 이것은 모든 진리의 전제조건이다.

그런데 이 은밀한 말씀은 죽은 예수의 말이 아니라 "살아있는" 예수의 말이다. 그러나 한번 반문해보자! 이 도마복음서가 집필되었을 당시 예수가 살아있었나? 천만에! 예수는 이미 죽었다. 억울한 죽음을 당하고 이 세상에서 스러진 후였다. 이제 나레이터가 노리는 목적은 명백해진다. 독자의 의식 속에서 예수가 살아 움직이면서 이야기하듯이 도마의 기록을 연출하겠다는 뜻이다. 그 과정은 은밀할 수밖에 없는 것이다.

그것은 "메시아비밀"과도 같은 구차스러운 숨김이 아니다. 독자의 의식 속에서 예수가 살아 움직인다는 뜻은 곧 도마의 기술을 통하여 독자가 예수가 살아있을

오늘날에는 이 초대교회 동굴 위에 희랍가톨릭 교회가 건축되어 있다. 이탈리아에서 만든 정교한 모자이크로 내외벽이 장식되어 있다. The Sanctuary of Our Lady of Mantara, Maghdouche, Sidon, Lebanon.

때 은밀하게 주변의 사람들에게 말하여 감동을 주었던 바로 그 장면으로 이입하여 들어간다는 것을 의미하는 것이다. 이 이입이야말로 살아있는 예수에게로 들어가는 이니시에이션(initiation)이다. 이 이니시에이션은 선택된 소수의 특권이다. 그러나 이 특권은 누구에게든지 열려있다. 결코 비밀스러운 것이 아니다. 변통 없는 비밀만을 간직하려 했다면 이 책을 썼을 리가 만무하다.

서장의 언어가 노리고 있는 궁극적 메시지는 매우 단순하다. 살아있는 독자들이 살아있는 예수를 직접 만나야 한다는 것이다. 그 중간의 어떠한 장치도 결국 방편적 수단에 불과한 것이다.

항간에 나의 "도마복음한글역주"를 참을성 없이 재촉하는 사람들이 많다. 좀 진도가 빨리 나갔으면, 뭐가 그리 잔소리가 많노? 그러나 우리는 알아야 한다. 우리는 살아있는 예수를 만나야 하는 것이다. 2천 년 동안 정치권력이 선전해온 거짓 예수를 버리고 이제 진짜 살아있는 예수를 만나야 하는 것이다. 그 과정은 결코 쉽지 않다. 참을성 있게 기다려야 하고, 거짓된 장치나 치장을 다 벗어버려야 한다. 그 과정은 심히 어렵고, 복잡한 퍼즐을 풀어가는 것과도 같은, 스릴 있지만 난해한 과정이다. 그 과정을 나와 함께 할 수 있는 자들은 복된 사람들이다. 선택된 소수다. 그러기에 그들에게 던져지는 예수의 말씀들은 은밀한 것이다. 그 은밀한 말씀들을 통하여 독자들은 비로소 천국을 엿보게 되는 것이다. 다음 편부터 제1장이 강론된다.

* 2008년 5월 27일 오후 5시 서대문 감리교신학대학에서 본지의 내용을 주제로 하여 사회적 의의를 선포하는 이 땅의 신학자들과 청년 신학도들의 대토론회가 열립니다. 제목은 "Q복음서와 한국교회," 뜨거운 토론의 자리가 될 것입니다. 뜻있는 일반인들도 참석하실 수 있습니다(이 내용은 중앙SUNDAY 2008년 5월 18일자로 나갔다. 나의 저서 『큐복음서』를 신학자들이 검증하는 토론의 자리였는데 1천여명의 청중이 진지하게 경청하였다).

이곳이 바로 예수가 선교활동을 활발하게 펼친 두로(Tyre)이다. 두로는 지금 레바논에 속해있지만 예수시대에는 갈릴리영역권에서 그리 소외되어 있지 않은 페니키아 도시국가였다. BC 17세기부터 13세기에 걸쳐 매우 번성했으며 이집트18왕조의 지배를 받기도 하였다. 두로의 히람왕 1세는 다윗·솔로몬과 활발한 교역을 펼쳤으며(삼하 5:11, 왕상 5:1 등) 예루살렘성전 건축시 백향목과 건축기술자와 금을 제공하는 대신 갈릴리지역 20개 읍성을 통치하기도 하였다. 두로는 항구며 섬이며 도시국가였다. BC 332년 알렉산더대왕은 이 섬을 점령하기 위하여 육지에서 방파제를 쌓으며 공략해 들어갔다. 7개월을 완강하게 버틴 후에 함락되었는데, 6천 명이 도륙되었고 3만 명이 노예로 팔려나갔으며 2천 명의 정예로운 젊은이들이 해변의 십자가에 못박혔다. 내가 걷고있는 곳은, 예수도 걸었을 로마시대 두로항의 모습 그대로이다.

56. 요한복음과 도마복음

로고스기독론은 도마의 자각성에 대한 극단적 반동이다

> 4복음서 중에서 유독 요한복음에만 "쌍둥이라 불리는 도마"가 출현한다. 이 도마는 예수가 부활한 몸으로 처음 제자들에게 나타나는 바로 그 결정적인 시각에 제자들과 함께하지 못했다. 그리고 자기 손을 예수의 옆구리에 넣어보지 않고서는 믿을 수 없다고 말한다. 예수는 후에 나타나 도마에게 믿음 없는 자가 되지 말고 믿는 자가 되라고 말한다. 요한은 여기서 도마기독교인들의 자각적이고 실험적인 정신을 평범한 굴종의 믿음으로 변질시키고 있는 것이다.

제1장

¹그리고 그가 말하였다: "이 말씀들의 해석을 발견하는 자는 누구든지 죽음을 맛보지 아니하리라."

¹And he said, "Whoever discovers the interpretation of these sayings will not taste death."

沃案 굳게 닫혀 있었던 서장의 첫 관문을 어렵게 풀고 제1장에 들어왔을 때, 우리는 또다시 이집트 피라미드의 현묘한 밀실에라도 들어온 것과도 같은 느낌을 받는다. 죽음을 맛보지 않는다니, 이건 또 무슨 신비스러운 감언이냐? 뿐만 아니라 도마복음서의 래디칼한 성격에 대한 기대가 무너지는 듯한 느낌을 받을

수도 있다. 4복음서의 언어에 익숙한 독자는 금방 요한복음의 냄새를 맡을 수도 있을 것이다.

요한복음 8장에 간음하던 여자를 현장에서 붙들어와 돌로 치려 할 때 "너희 중에 죄없는 자가 있걸랑 먼저 저 여자를 돌로 치라"(8:7)하는 유명한 일화가 나오고, 이어 예수가 유대인들과 변론하는 긴 대화가 이어진다. 그때 예수는 "너희가 내 말에 거하면, 참 내 제자가 되고, 진리를 알지니, 진리가 너희를 자유케 하리라"(8:32)라는 명언을 던지고, 예수를 귀신들린 사람 같다고 계속 힐책하는 유대인들을 향하여 이와 같이 선포한다: "진실로 진실로 내가 너희에게 이르노니, 누구든지 내 말을 지키면 그는 죽음을 영원히 보지 아니하라"(he will never see death. 8:51). 그리고 다음 절에 유대인들이 예수 말을 재차 인용할 때는 "누구든지 내 말을 지키면 그는 죽음을 영원히 맛보지 아니하리라"(he will never taste death. 8:52)라고 말한다. 도마복음의 언어와 요한복음의 언어가 동일한 것이다.

따라서 많은 신학자들이 이러한 언어들 때문에 도마복음과 요한복음은 같은 영지주의 계열에 속하는 문헌일 수밖에 없다고 주장한다. 다시 말해서 은밀한 말씀들 즉 그노시스를 획득하면 영원히 죽지 않는 곳, 즉 천국의 열쇠를 획득하는 것이 된다. 영지와 영생은 도마복음과 요한복음의 핵심적 공통주제이다.

이미 논구한 바 있지만, 도마복음과 공관복음의 상관관계는 매우 명백하다. 특히 도마복음과 큐복음서는 35%나 내용이 겹치기 때문에, 양자가 전승을 공유하는 동시대의 작품이라는 가설을 성립시킨다. 그러나 놀라웁게도 도마복음서는 공관복음서보다 훨씬 뒤에 성립한 요한복음(AD 100년경 성립)과도 내면적인 특성을 공유하는 측면이 강하게 나타난다. 공관복음서와 요한복음서는 확연하게 그 성격을 달리하는 데 반하여 도마복음서는 공관복음서와도, 요한복음서와도 그 성격을 공유한다고 하면 도마복음서의 이해에는 매우 다양한 견해가 엇갈릴 수밖에 없다.

요한복음과 도마복음의 공통적 성격에 관하여 신학자들의 입장은 대체적으로 두 파로 갈린다. 하나의 입장은 요한복음을 도마복음적으로 이해하든지, 도마복음을 요한복음적으로 이해하든지간에 양자의 공통성을 강조하여 동일한 주제가 스타일을 달리하여 변조된 것으로 보는 것이다. 이러한 사람들은 아무래도 도마복음의 성립연대를 AD 100년경까지 밑으로 내려잡을 것이다.

요한은 마가복음이 정립해놓은 예수의 이미지가 오리지날한 예수운동의 모습을 왜곡했다는 전제하에서 마가의 유앙겔리온 전략을 새롭게 해석해야 할 필요를 느꼈다는 것이다. 더구나 마태와 누가는 마가의 전략을 증보하면서 더 권위주의적이고 폐쇄적인 모습으로 예수를 그려놓았다는 것이다. 그것은 본래적 예수의 배반이다. 따라서 보다 개방적이면서도 수수께끼와 같은, 살아있는 예수의 목소리가 보다 생생하게 들릴 수 있도록 복음서라는 문학장르를 혁명시킬 필요를 느낀 사상가가 요한이라는 것이다. 요한은 인간적으로 예수를 그린다. 권위화된 두목같은 모습이 없이 개방된 커뮤니티 속을 들락거린다. 요한이 복음서를 새롭게 쓰려는 목적은, 예수운동의 형성단계의 원래적 모습으로 돌아가려는 것이다. 도마복음서나 요한복음서나 기독교형성기의 영지주의적 성향을 충실히 대변하고 있다는 것이다. 과연 그럴까?

또 하나의 입장은 도마복음과 요한복음이 지금 우리가 영지주의라고 부르고 있는 어떤 성향을 공유한다 할지라도 도마복음의 입장과 요한복음의 입장은 상반된 것이며, 요한복음은 도마복음에 대한 반박 내지는 안티테제로서 이해해야 한다는 것이다. 요한은 너무도 명백하게 로고스기독론을, 그의 복음서 기술 전체를 통관하는 연역적 전제로서 내세우고 있다. 그리고 예수를 "하나님 아버지 God the Father"와 완전히 동격화시킨다. 예수는 말씀 그 자체며, 말씀은 궁극적으로 하나님 그 자체인 것이다. 예수를 믿는 것은 곧 하나님을 믿는 것이다. 예수가 구원의 유일한 통로이다. 그러나 도마가 그리는 예수는 어디까지나 지혜의 스승

(a teacher)일 뿐이다. 그는 자기가 스스로 하나님의 아들임을 선포하는 것을 주목적으로 삼는 존재가 아니라, 단지 모든 평범한 인간존재 내에 엄연히 내재하는 신성의 빛을 인간 개개인이 스스로 발견하도록 만드는 지혜로운 교사일 뿐이다.

요한은 예수야말로 유일한 지상의 빛이라고 선포하지만, 도마는 단지 독자들로 하여금 스스로 내재하는 영적인 자각의 계기를 얻도록 만들 뿐이다. 모든 인간 개개인 속에는 이미 빛이 있다. 그 빛은 전 우주를 밝힐 수 있도록 강력하고 강렬한 것이다. 그러나 빛이란 빛나지 않으면 어둠이 찾아온다. 우리 몸속에 내재하는 빛이 빛을 발하지 않도록 우리가 생활하면 우리 몸은 어둠으로 빠지고 마는 것이다. 이것은 곧 육신은 어둠이요, 예수만이 빛이라고 하는, 어둠(Darkness)과

레바논대학의 세계적인 고고학자, 핫산 바다위(Prof. Hassan Ramez Badawi)교수와 두로항 복원에 관해 이야기를 나누다. 배경에 거대한 로마 공동목욕탕의 폐허가 보인다. 핫산은 말한다: "예수가 역사적 인물이라면 이러한 문화적 배경에도 친숙한 사람이었을 것이다."

빛(Light)의 실체화된 이원론을 근원적으로 거부하는 것이다. 하늘과 땅(세계)의 넘을 수 없는 도랑을 메워버리는 것이다. 이러한 도마복음의 건강한 전통을 부정하고 나오는 것이 요한복음이라는 것이다.

따라서 요한복음 속에서는 살아있는 예수의 은밀한 말씀들을 기록한 위대한 도마가, 의심하는 도마로 바보스럽게, 해학적으로 격하되었다는 것이다. 만져보지 않으면 믿지 못하겠다는 도마의 실험적 정신을 불신앙으로 격하시키면서 굴종시키고 만다는 것이다. 요한의 선포는 명료하다. 예수에 대한 신앙만이 인간에게 구원을 제공한다는 것이다. 도마의 은밀한 말씀대신에 요한은 매우 명료한 공식을 제공한다. 그것은 예수의 삶과 죽음과 부활에 다 예시되어 있다: "하나님은 너를 사랑한다. 믿으라! 그리하면 구원을 얻으리라." 사실 요한복음은 도마복음의 내면적 자각에 대한 극단적 반동일 수도 있다. 프린스턴대학(Princeton University) 종교학과의 권위있는 석좌교수, 엘레인 페이겔즈(Elaine Pagels)의 이러한 관점은 우리에게는 보다 설득력 있는 제1세기 기독교발전경로의 그림을 그려주고 있다. (*Beyond Belief: the Secret Gospel of Jesus*, Ch.2).

그렇다면 과연 우리는 이 제1장의 수수께끼 같은 언어들을 어떻게 이해해야 할 것인가? 제일 먼저 우리가 물어야 할 것은 과연 본 장의 "그"가 누구인가, 하는 것이다.

성서에 나오는 지명 하나가 얼마나 거대한 의미체계인가 하는 것은 실제로 그곳을 방문해봐야 한다. 예수가 활동했던 두로(Tyre)가 얼마나 대단한 문명의 도시였는가 하는 것은 바로 이 지구상에서 건설된 가장 큰 규모의 대전차경기장(hippodrome)이 입증한다. 길이 500m, 폭 160m, 4·5만 명을 족히 수용할 수 있는 이 경기장은 이 지역 유지들의 재원에 의하여 건설되는 것이기에 두로 문명의 화려한 성격을 가늠케 하는 것이다. 이곳으로부터 항구까지 아름다운 포장도로가 뻗어 있었다. 영화「벤허」의 한 장면을 연상케 하는 전차경기는 로마인들을 열광시킨 스포츠종목이었다. 네로 황제는 직접 출전(AD 67, 제211회 올림픽)하여 우승을 하기도 했다. 기수단은 초록(Prassina), 빨강(Russata), 흰색(Albata), 파랑(Veneta)의 4개 조가 있었고 그 응원관중도 좌석영역이 정해져 있었다. 팀과 사회신분에 따라 입구가 달랐다. 끝나면 바자르에서 물건을 사고, 56편에 소개된 지중해 해변의 거대 공동목욕탕에서 목욕을 즐겼다. 예수의 산상수훈을 들으러 두로의 해안에서 많은 백성들이 왔다고 누가는 적고 있다(눅 6:17). 관중석에 앉아있는 나의 귓전에는, 지금도 천지를 뒤흔드는 수만 명의 함성이 메아리치는 듯했다.

57. 해석의 발견

내가 곧 길이요 진리요 생명이다

> 우리는 기독교를 공관복음이 되었든 요한복음이 되었든 신약 4복음서의 틀 속에서만 규정하려고 한다. 이것은 기독교 정통주의의 너무도 당연한 입장이기 때문에, 나는 그 정당성을 부정할 생각은 없다. 그러나 최소한 제1세기의 기독교형성사를 생각할 때 이러한 정통주의는 사소한 편견으로 전락해버리고 만다. 기독교는 4복음서 이외로도 수없는 복음서를 만들어내었다. 그리고 기독교운동은 우리가 상상하기 어려울 정도로 다양한 가치관의 스펙트럼 속에 있었다. 도마복음서는 그 다양한 물줄기의 주류를 형성하는 은밀한 연원이었다.

제1장

¹그리고 그가 말하였다: "이 말씀들의 해석을 발견하는 자는 누구든지 죽음을 맛보지 아니하리라."

¹And he said, "Whoever discovers the interpretation of these sayings will not taste death."

沃案 "그"는 누구일까? "죽음을 맛보지 아니하리라"는 말을 선포하는 주체인 "그"를 우리는 예수로 상정할 수도 있다. 도마복음 전체의 용례로 볼 때 그러한 상정은 조금도 어색하지 않다. 앞에 서장이 나오고 본편 제1장에서 예수의 말씀이 곧바로 도입되는 것은 너무도 당연하기 때문이다. 그러나 문법 구조와 단어 선택

을 잘 살펴보면 다른 방식으로 해석할 수 있는 가능성도 있다. 제일 먼저 나오는 말, "그리고And"는 제1장의 말이 그 앞 프롤로그의 언어와 연결되어 있는 부속적 코멘트라는 사실을 말할 수도 있기 때문이다.

"살아있는 예수의 말을 도마가 기록하였다. 그리고 그가 말하였다." 이때 "그"는 기록자인 쌍둥이 도마일 수도 있다. 이 제1장의 로기온은 예수가 자기의 말씀을 듣는 사람들에게 그 말씀을 들어야 하는 당위성을 제시하는 말일 수도 있고, 기록자 디두모 도마가 이 말씀을 기록하는 그의 목적을 설명하는 말일 수도 있다. 도마는 예수의 은밀한 말씀을 기록하였다. 도마는 물론 사람이다. 예수의 분신과도 같은 예수의 쌍둥이 사람이다. 그 사람이 기록한다는 행위를 했을 때는 반드시 그 행위의 목적이 있을 것이다. 도마는 도대체 왜 기록했는가? 기록이란 반드시 그 기록을 읽는 독자들을 전제로 한다. 그는 독자들에게 자기 기록의 목적을

전차경기장 스탠드 밑은 이와 같은 구조로 되어있어 바자르(시장)를 형성하는데, 하나의 석실 부스가 하나의 상점을 이룬다.

전달하고 싶은 것이다. 인용부호 안의 내용은 기록자 도마가 한 말로 볼 수도 있다. "그"라는 3인칭으로 되어있는 것을 보면 이 말은 나레이터가 연출한 것이 된다.

기록자 도마는 말한다. 그가 기록한 것은 살아있는 예수의 말씀이되, "은밀한" 것이다. 은밀하다고 하는 것은 쉽게 알아들을 수 없다는 것을 뜻한다. 다시 말해서 은밀한 말씀은 은밀하기 때문에 반드시 해석(interpretation)되어야 하는 것이다. 바로 해석 자체가 살아있는 예수의 말씀을 접하는 인간의 내면에서 이루어지는 과정이기 때문에 은밀한 것이다. "은밀"과 "해석"은 상통하는 것이다.

그런데 재미있는 것은, 오늘날의 정통기독교도라고 하는 사람들의 대부분은 도마가 권유하고 있는 "해석"을 거부한다. 그리고 말한다. 예수의 말씀을 해석하지 말고 곧바로 믿어라! 예수의 말씀 그 자체가 하나님의 말씀이기 때문에 해석할 필요가 없다. 곧바로 믿어라! 기록자 도마는 바로 이러한 태도를 거부하는 것이다. 영생을 얻을 수 있는 열쇠는 예수의 말씀을 해석하는 우리의 내면적 각성의 과정에서 주어진다는 것이다.

왜 오늘날의 기독교는 해석을 거부하는가? 그것은 바로 2천 년 동안 빵빠레를 울려온 요한복음기독교의 승리의 나팔 덕분이다. 로고스기독론에 의하면 예수는 말씀이며 빛이다. 그것은 태초로부터(요 1:1), 아브라함이 나기 이전부터 있었던 (요 8:58) 존재이다. 예수가 곧 말씀이라는 뜻은, 예수는 말씀을 매개로 하는 하나님 그 자체라는 뜻이다. 요한의 예수는 끊임없이 외친다. "내가 바로 그라는 것을 믿지 아니하면, 너희는 너희 죄 가운데서 죽으리라"(요 8:24, 8:28). "내가 바로 그라는 것"은, 예수의 자의식 속에서 이미 예수는 곧 하나님이라는 사실을 청중들에게 선포하고 있는 것이다. 그는 명료하게 다음과 같이 말한다: "나와 아버지는 하나이니라"(10:30).

이 말을 정면으로 해석하기를 공포스러워하는 대부분의 신학자들은, 이 예수의 선포는 예수와 하나님의 완벽한 일치(complete identity)를 주장하는 것이 아니라, 행위나 의지의 일치(oneness of will or action)를 주장할 뿐이라고 에둘러대지만, 실제로 요한이 강력하게 주장하고 싶은 것은 살아있는 예수에게 전적인 신성을 부여함으로써 예수를 바라보는 인간들에게 "해석"의 여지를 상실케 하는 것이다. 만약 예수가 곧 하나님이라고 한다면 예수는 신이 되고 만다. 그렇게 되면 예수는 오히려 헛도깨비가 되고 만다. 도케티스무스(Doketismus: "… 처럼 보인다"는 뜻의 "도케오 dokeō"라는 희랍어에서 유래된 말), 즉 가현설(假現說)에 빠지고 마는 것이다. 이 가현적 허구성을 방지하기 위하여 요한은 이미 1장에서 육화(肉化)라는 사상을 도입했다. 매우 절묘한 작전이다: "말씀이 육신이 되어 우리 가운데 거하시매,"(요 1:14).

요한복음을 도마기독교 흐름에 대한 안티테제로서 생각할 때, 요한복음 기술에 가장 뚜렷하게 나타나는 어법은 "나는 … 이다 *egō eimi*"라는 예수의 호언(豪言)이다. 이러한 어법은 타 공관복음서에서 두드러지지 않는다. "내가 곧 생명의 떡이다"(6:35). "나는 세상의 빛이다"(8:12). "나는 양의 문이다"(10:7, 9). "나는 선한 목자다"(10:11, 14). "나는 부활이요 생명이다"(11:25). "내가 곧 길이요 진리요 생명이다"(14:6). "내가 참 포도나무다"(15:1, 5).

이러한 표현은 매우 자랑스럽게 2천 년 동안 암송되어 왔지만, 불교의 상식으로 말하면 바라밀(*pāramitā*)의 열쇠인 무아(無我, *anātman*)의 대전제를 망각하는 망언이요, 아집과 독선과 배타를 구현하는 비어(鄙語)일 수밖에 없다. 물론 이러한 말은 듣는 사람에게 확신과 믿음과 소망을 준다. 그러나 회의나 모색이나 탐구의 기회를 앗아가 버린다.

나는 생명의 떡이다. 나는 하늘로부터 내려온 유일한 생명의 떡이다. 너희들은 아래로부터 왔고 나는 위로부터 왔다. 위로부터 온 나야말로 항상 아래로부터 온 너희들 위에 군림한다. 나는 너희들이 위로 올라갈 수 있는 유일한 통로이다. 나는 하나님의 유일한 아들이다. 너희들이 영생을 얻고자 한다면 나를 통하지 않고서는 딴 방법이 없다. 나를 믿고, 나를 따르고, 나에게 복종하고, 나를 하나님의 유일한 아들로서 고백하라, 그리하면 너희는 구원을 얻으리라. 예수는 인간의 구원을 독점한다. 이러한 요한의 프로그램은 기막힌 성공을 거두었다. 2세기부터는 서서히 모든 기독교운동은 요한의 프로그램에 따라 변질되고 획일화되기 시작한다. 사실 우리의 마태·마가·누가의 공관복음서 이해도 요한의 필터를 거치고 있다. 도마의 필터를 통하여 공관복음서를 바라보게 되면 기독교의 그림이 전혀 달라질 수 있다.

도마복음이 말하려는 진리는 예수라는 한 인간이 선포하는 말씀 그 자체의 진리가 아니다. 그 말씀을 해석함으로써 나의 내면에 있는 빛을 밝히는 은밀한 과정에 내재하는 진리라는 것이다.

그리고 말씀의 해석은 반드시 발견되어야 한다. 발견이란 앙가쥬망이다. 타인이 해석해놓은 것을 듣고 따라가는 것이 아니라, 자기 스스로 해석을 발견해가야 한다는 것이다. 발견이란 은밀함을 벗겨가는 과정이다. 발견이란 바로 나의 삶 속에서 이루어지는 말씀의 체험이다. 살아있는 예수의 말씀이 나의 삶의 체험 속으로 참여하게 만드는 과정이다. 그것은 예수의 말씀인 동시에 나의 삶의 발견인 것이다. 나의 삶 속에 내재하는 우주적 생명의 환희의 발견인 것이다. 그럴 때 비로소 인간은 죽음을 맛보지 않을 수 있게 된다는 것이다. 여기서 또다시 물어야 한다. "죽음을 맛보지 않는다"는 뜻은 무엇일까?

두로지역에는 도마가 이 지역에서 선교했다고 하는 구전의 전통이 강렬하게 남아있다. 지금 이 글에서 논의하고 있는 도마공동체의 영역이었을 가능성이 높다. 지금 내가 서있는 곳은 12세기 십자군이 지은 교회의 폐허이지만, 재미있는 것은 이 교회가 도마에게 봉헌되었다는 사실이다. 십자군이 지은 교회는 대부분 세례요한에게 봉헌되었다. 도마교회는 매우 희귀하다. 십자군이 교회로 변형시키기 전에 이곳은 헤라클레스 신전이었고, 헤라클레스 신전 이전에는 또 멜카르트 신전(the temple of Melkart)이었다. 역사의 아버지 헤로도토스는 배를 타고 직접 이곳 헤라클레스 신전을 방문하였고 그 사실을 『역사』속에 상세히 보도하고 있다. 요한복음에서 예수는 최후의 만찬을 베풀고 고별담론을 펼친다. 그리고 자기는 곧 어디론가 갈 것이라고 말한다. 도마는 뭔 말인지를 몰라 꼬집어 묻는다: "주여! 어디로 가시는지 우리가 알지 못하거늘, 그 길을 어찌 우리가 알겠삽나이까?" 이때 예수가 "내가 곧 길이요 진리요 생명이라"(요 14:5~6)고 대답하는 것이다. 도마는 그 길을 찾아 북방선교에 나섰고 인도에까지 갔던 것이다.

58. 죽음의 해석

죽음을 맛보지 아니하리라

> 인간은 죽는 순간까지 살아있을 뿐이다. 인간에게 죽음은 물리적으로 체험되는 사태는 아니다. "맛본다"는 것은 삶의 행위일 뿐이다. 그 맛보는 삶의 감각적 행위 속에 죽음이라는 메뉴가 들어있지 않다는 것은, 인간이 죽지 않는다는 사실판단의 명제는 아닌 것이다. 그것은 인간의 생명의 고귀함을 드러내기 위한 심볼리즘일 뿐이다. 그 심볼리즘은 예수가 선포하는 천국의 해석과 관련되어 있다. 도마복음은 영생(永生)을 신앙의 미끼로서 실체화하지 않는다.

제1장

¹그리고 그가 말하였다: "이 말씀들의 해석을 발견하는 자는 누구든지 죽음을 맛보지 아니하리라."

沃案 혹자는 "말씀들의 해석을 발견하는" 과정을 개인적이라기보다는 집단적인 과정으로 주해하기도 한다. 당시 문맹률이 95% 이상을 차지했던 사회에 있어서 문서기록을 해석할 수 있었던 사람은 극히 제한된 인구에 지나지 않았다. 그러나 예수운동은 궁극적으로 대중을 목표로 하고 있었다. 이러한 갈등, 즉 포퓰리즘과 엘리티즘의 괴리는 고대사회에 있어서는 심각한 문제였다. 그러나 예수가 살았던

그레코·로만의 1세기는 과거 어느 시대에 비교하여도 문자와 지식의 보편화가 일어났던 시기였다. 그렇다고는 해도 도마의 기록을 일반대중들이 직접 읽고 해석했다는 것은 당대의 현실상황에서는 어불성설이었다.

이미 내가 이러한 문제에 관하여서는 나의 저서 『기독교성서의 이해』(서울: 통나무, 2007)에서 설진(說盡)하였다. 제9장 "낭송문화와 복음서"를 참고하면 당대의 실제정황을 숙지할 수 있을 것이다. "도마가 기록하였다" 할 때, 그 기록은 주로 양피지(parchment) 위에 쓴 것인데(2~4세기 콥트어 코우덱스는 파피루스를 사용한 것이지만 1세기 팔레스타인에서 사용한 소재는 주로 양피지였다), 그것은 매우 고급소재였으며 가격이 높았다. 그래서 대중적인 의사소통의 수단은 아니었다. 게다가 읽을

두로에는 세계 최대규모의 화려한 네크로폴리스가 있다. 저 앞에 보이는 하드리아누스 개선문 안쪽으로 두로라는 메트로폴리스가 있고 그 밖에는 석관들이 즐비한 거대한 공동묘지가 있는 것이다. 로마인들에게는 죽은자들도 도시구성원의 일원이었다. 죽음은 삶과 항상 공존하는 것이었다.

수 있는 사람은 몇 명 되지 않는다. 따라서 "은밀한 말씀의 해석"은 실제로 집단적으로 이루어졌을 가능성이 높다.

다시 말해서 도마가 기록한 예수의 말씀들은 특정한 공동체의 리더에 의해 낭송된 것이다. 그 한 사람의 낭송을 동시에 많은 사람들이 듣고, 해석하게 되는 것이다. 혹은 낭송자가 해설까지 곁들여서 설교를 했다고도 추론할 수 있다. 따라서 이러한 도마복음서의 성립연원을 생각할 때, 그 정확한 명칭이 어떠하든지 간에, 도마공동체의 존재를 그 배후에 연상치 아니할 수가 없다. 이렇게 생각하면, "이 말씀들의 해석을 발견하는 자"라는 것은 도마공동체에로의 입단이라는 제도적 성격을 암시한다고도 말할 수 있다.

그러나 도마공동체는 쿰란공동체와 같이 엄격한 규율을 지키면서 집단생활을 했던 그러한 공동체라고 생각되지는 않는다. 예수의 말씀을 사모하는 사람들의 매우 느슨한 정신적 유대관계 내지는 무형의 조직, 혹은 시나고그와 같은 어떤 커뮤니티 센터를 활용한 연대 같은 것이었을 수도 있다. 이들의 신념은 예수의 말씀의 전파 그 자체에 있었으며, 예수의 말씀을 미끼로 해서 사람을 공동체의 울타리나 규율 속으로 묶어두는 것을 원치 않았다. 그들은 조직을 최소화시켰다. 도마기독교에 관해 깊은 연구를 한 패터슨 교수(Stephen J. Patterson)는 이와 같이 단언한다: "특별하게 도마공동체라고 집어 말할 수 있는 조직은 없었다. 그것은 차라리 느슨한 연대를 지닌 방랑자들의 운동이었다. There is no Thomas community *per se*, but rather a loosely structured movement of wanderers."(*The Gospel of Thomas and Jesus* 151).

따라서 나는 "해석의 발견"도 집단적으로 해석하기보다는, 어떤 방식으로 이 메시지를 접하든지 간에, 궁극적으로는 개인의 실존적 각성의 문제라고 생각한다. 살아있는 예수의 말씀은 살아있기에 은밀하고, 은밀하기 때문에 해석되어야 하고, 끊임없이 발견해 나가야 하는 것이다.

자기를 놓고 왈가왈부하는 제자들을 향해 예수는 이와 같이 외친다: "*이놈들아! 너희들은 너희 앞에서 살아 움직이는 나를 외면하고, 죽은 자만 이야기하는도다!*"(도마복음서 제52장. 略號 Th.52).

이 살아있는 예수를 만나는 대가(代價)는 무엇이냐? 기록을 읽고 해석한다는 것은 예나 지금이나 고통스러운 것이다. 기록자 도마는 독자들에게 자기 기록의 해석의 고통에 대한 보상이나 미끼를 던져야 한다. 진리도 알고보면 "판촉"의 대상이다. 프로모션이 잘돼야 널리 수용되고 오래가는 진리가 되는 것이다. 도마가 판촉의 미끼로 독자에게 던지는 상금은 정말 두둑하다: "죽음을 맛보지 아니하리라."

많은 주석가들이 제1장에서부터 은밀한 영지와 영생이라는 테마를 끄집어내서 도마복음이 영지주의 문헌임을 입증하려 한다. 그러나 고대사회에 있어서, 인간의 죽음이라는 문제는, 개인주의적 인권의식이 발달한 현대인들이 생각하는 것과 같은 문제가 아니었다. 그리고 오늘날 기독교인들에게 영생이라는 문제는 부활·재림·최후의 심판이라는 황당한 시간의 사건들과 연계되어 있다. 그리고 요상하게도 과학적 상식이 발달한 사회일수록 이런 말을 신봉하는 사람들은 반사적으로 더욱 신화적 사유에 매달린다. 기독교인들이 영생한다는 것은 살아 영생한다는 것이 아니라(물론 물리적 영생을 주장하는 광신 사교집단도 일시적으로 현대사회에 성행하기도 한다), 죽되 죽어서 천당에 가서 부활한 예수나 온전하신 하나님과 재결합한다는 뜻이다.

그런데 이러한 "사후 천상 재결합"사상은 구약에도, 즉 유대교전통에도 명시되어 있지 않은 사상이다. 사후의 미래적 삶과 천국의 결합은 아주 기독론적인 초대교회사상인데, 미안하게도 도마복음은 이러한 초대교회의 재림사상 이전의 기술이다. 다시 말해서 우리가 생각하는 영생의 개념으로는 도저히 접근해서는 안되는 문헌인 것이다. 도마복음의 예수는 이와 같이 말한다: "**아버지의 나라는 이 땅 위에 깔려있다. 단지 사람들이 그것을 보지 못할 뿐이니라**"(Th.113).

인간은 누구든지 물리적으로 죽음을 경험치는 아니한다. 죽는 순간까지 인간은 살아있을 뿐이다. 인간에게 죽음은 존재하지 않는다. 죽음은 인간의 의식 속에서 물리적으로 일어나는 사태는 아닌 것이다. 그것은 순수의식일 뿐이요, 관념일 뿐이다.

도마는 "죽음을 맛보지 아니한다"라고만 기술하였다. 맛본다는 인간의 행위는 삶의 행위이며 생명의 감각적 과정이다. 죽은 사람은 맛볼 수가 없다. 살아있는 자만이 맛볼 수 있는 것이다. 다시 말해서 죽음을 맛보지 아니한다는 것은 "죽지 않는다"는 황당한 이야기가 아니라, 맛보는 삶의 행위 속에 "죽음"이라는 메뉴나 광우병 쇠고기 반찬 같은 것이 들어있지 않다는 뜻이다. "죽음"을 먹으면 인간은 빨리 죽어갈 것이요, "생명"을 먹으면 인간은 삶의 희열을 느끼게 될 것이다. "죽음을 맛보지 아니한다"는 것은 죽음이라는 물리적 사태의 부정이 아니라 "삶의 환희"를 강조하는 상징적 표현인 것이다.

이러한 나의 주석은 결코 궤변이 아니다. 내 해석을 궤변으로 생각한다면 그것은 오늘날 기독교의 이해가 얼마나 교조화 되어 있고 얼마나 신화화 되어 있으며 얼마나 영생을 실체화 하고 있나 하는 것을 입증할 뿐이다.

도마복음서의 기술은 고도의 은밀한 심볼리즘으로 가득차 있다. 그것이 고대인들의 기술이라고 해서 오늘날 우리의 사유에 못미친다고 생각한다면 그것은 오히려 오늘날 우리들의 유치한 사유를 반증할 뿐이다. 어찌 고대인들이라고 사람이 죽는다는 이 단순한 사실 하나를 몰랐을 것인가?

예수가 혼인잔치에서 어머니 마리아의 요청으로 여섯 개의 돌항아리 물을 포도주로 만드는 이적을 행한 곳이 바로 가나(Cana)라는 곳인데, 이 이적설화는 요한복음에만 나온다. 혹자는 그 잔치가 예수 자신의 혼례장면이 변형된 것이라고 주장하기도 한다. 보통 이 가나를 나사렛에서 북쪽으로 고개 두 개 넘으면(7km) 있는 카프르 카나(Kafr Kana)로 알고 있지만 초기기독교사가 유세비우스도 가나는 레바논 두로 서남쪽에 있는 카나(Qana)라고 비정하였다. 카나를 가보면 지금도 초대교회 동굴이 남아있고 그 주변으로 13인물을 나타내는 경주 남산 마애불과도 같은 양식의 바위 부조, 그리고 혼인잔치를 상징하는 매우 질박한 조각들이 원시기독교의 리얼한 모습을 전하고 있다. 현재 우리가 생각하는 성화와 비교하면 얼마나 진실된 모습인가, 참으로 그 태고의 순결이 감동의 시선을 끌게 한다. 가운데 큰 부조가 예수상이고 그 주변에 우리의 도마도 있을 것이다. 최근 2006년 7월까지만 해도 이스라엘은 이 지역의 헤즈볼라를 소탕한다는 명분으로 집중포격을 하여 1,500명의 무고한 백성을 죽였다. 구약을 숭상하는 한국의 기독교인들은 이러한 폭력을 정당화시키는 것이 "율법"이라는 것을 깨달아야 한다. 쇠고기파동과 같은 사태에서도 우리는 강대국의 율법적 폭력을 감지할 수 있다. 나는 레바논의 카나에서 지금도 핍박받고 있는 예수의 십자가 보혈을 생생하게 목격할 수 있었다.

59. 소승과 대승

구하라! 그러나 쉽게 얻을 것을 기대치 말라

> 모든 종교는 소승에서 대승으로 발전경로를 거치게 마련이다. 작은 숫자의 사람들이 옹기종기 신봉을 하던 시대에서 거대 숫자의 사람들에게 보편적으로 신봉되는 시대로 확대되는 것이다. 이때 반드시 철학의 변화가 일어난다. 소승의 내면적이고 심오한 가르침은 보다 쉽고 보편적이고 즉각적인 성격으로 변화한다. 그 단적인 변화가 우리의 "구함"에 대한 도마의 기술과 마태의 기술에서 예시되고 있음을 본다.

제2장

¹예수께서 가라사대, "구하는 자는 찾을 때까지 구함을 그치지 말지어다. ²찾앗을 때 그는 고통스러우리라. ³고통스러울 때 그는 경이로우리라. ⁴그리하면 그는 모든 것을 다스리게 되리라."

¹Jesus said, "He who seeks should not stop seeking until he finds. ²When he finds, he will be troubled. ³When he is troubled, he will marvel, ⁴and he will reign over all."

沃案 우리는 서장에서 "살아있는 예수"의 "은밀한 말씀들"의 의미를 파악하였고, 그것을 예수의 분신인 쌍둥이 도마가 기록하였다는 것을 나레이터의 기술을 통하여 명료하게 인지하였다. 같은 나그함마디 라이브러리에 포함되어 있는 문서 중에, 도마가 주인공으로 출현하는 또 하나의 성서인 도마서(*The Book of*

Thomas the Contender)에는 이와 같이 적혀있다: "형제 도마여! 그대가 이 세계에 머물러 있는 동안에는 내 말에 귀를 기울여라. 내가 그대 마음속에서 고민하고 있는 것들을 그대에게 드러내 보이리라. 자아! 그대는 나의 쌍둥이요, 나의 진실한 반려로다. 그러기 때문에 그대는 그대 자신을 되돌아보고, 그대가 누구인지를 이해하고, 그대가 지금 어떻게 존재하고 있으며, 앞으로 어떻게 존재할 것인지를 깨달아야 할 것이다"(138, 4~10, *NHL* 201: *NHL*은 James M. Robinson, ed. *The Nag Hammadi Library in English*. Third, Completely Revised Edition. San Francisco: Harper & Row, 1988의 약자이다. 그 다음은 이 책의 페이지 표시. 그 앞의 숫자는 콥트어 원전 분류방식).

그 다음 제1장에서 우리는 기록자인 도마가 독자에게 이 은밀한 말씀을 대하는 우리 삶의 자세에 관하여 권유하는 것을 들었다. 그리고 그 진지한 노력의 보상이 무엇인지를 기록자인 도마의 말을 통하여 들었다. 그것은 은밀한 말씀이기 때문에 반드시 해석되어야 하고, 끊임없이 발견되어야 한다는 것이다. 그 대가로 우리는 죽음을 맛보지 않는 생명의 환희를 얻게 된다는 것이다. "끊임없는 발견"이란 "끊임없는 추구"를 의미한다. 상기의 도마서 인용에서 예수가 도마에게 하는 말을 상고하여 보면, 이 끊임없는 추구는 결국 도마 자신의 존재의 내면적 과정이기도 한 것이다. 과연 지금 나는 어떻게 존재하고 있으며, 앞으로 어떻게 존재해야 할 것인가?

이러한 도마의 권유에 뒤이어 나타나는 예수의 첫 마디는 "구하라! 구하는 자는 찾을 때까지 구함을 그치지 말라"라는 선포였다. 여기서 우리는 도마복음서의 놀라운 구성력을 발견하게 되는 것이다. 내가 앞서(제47편) "컨스트럭션과 디컨스트럭션의 긴장감"이라고 표현한 그 절묘한 연결고리를 엿보게 된다.

제1장에서는 "그리고 그가 말하였다."(And he said,)로 시작하였지만 제2장에

서는 "예수께서 가라사대,"(Jesus said,)로 시작하고 있다. 전자는 3인칭 지시대명사를 썼지만, 후자는 명료하게 화자 "예수"를 특칭하고 있는 것이다. 우리는 지금 예수에 관한 많은 정보를 가지고 있기 때문에 곧바로 "예수께서 가라사대"로 시작하는 이 복음서를 대수롭지 않게 생각할 수도 있다. 그러나 당대 1세기에 이 문헌을 접하는 사람들은 우리보다도 예수에 관하여, 그 삶의 역정에 관하여 정보가 없었다. 그리고 우리에게 부지불식간에 주어지고 있는 2천 년의 누적된 권위가 존재하지 않았다. 이렇게 전기적 정보나 권위가 없는 상태에서 곧바로 "예수께서 가라사대"로 직입(直入)하는 도마복음서의 구성력은 오히려 매우 강렬하고 파격적이며 더 체험적일 수 있다.

예수가 누구인지, 어떠한 권위를 가지고 있는 사람인지, 독자는 알 필요가 없다.

가나의 산하는 너무도 아름다웠다. 산들이 모두 잔잔하게 다듬어진 바위들로 덮여 있다. 이 지역이 원래 포도의 집산지이기도 했다. 그리고 이 가나는 예수의 시대에는 갈릴리지역에 포함되었다. 성지순례객들에게 이곳 "진실한" 레바논 가나를 꼭 한번 가볼 것을 권유한다. 이스라엘 가나의 교회건물과 즐비한 포도주상점 구경하는 것보다는 몇천만 배 소중한 살아있는 예수의 숨결을 느낄 수 있을 것이다.

그러한 허접스레한 내러티브가 없이 곧바로 예수를 등장시킨다는 것은, 예수라는 인간을 등장시키고 있는 것이 아니다. 진리의 열쇠로서, 진리의 도구로서, 진리의 방편으로서의 예수를 등장시키고 있는 것이다. 즉 예수라는 인간이 중요한 것이 아니라 예수가 말한 "은밀한 말씀들"이 중요한 것이다. 독자는 직접 그 말씀들과 맞부닥쳐야 하는 것이다.

이 "예수께서 가라사대"라는 부분은 물론 형식상 도마의 기록부분이 아니다. 그것은 나레이터의 도입이다. 예수의 말씀인 것을 독자들에게 상기시키고, 말씀과 말씀간의 인터벌을 줌으로써 텍스트를 구분시키는 효과를 내면서 동시에 독자들의 체험세계를 풍요롭게 만드는 휴식과 반성과 재고의 공간을 창출하고 있는 것이다.

예수는 갈릴리에서 밥 먹고 똥 싸고 민중들과 어울려 다니고 예루살렘에서 못박혀 죽은 인간이 아니다. 그 인간은 도마복음서의 대상이 아닐 뿐 아니라, 도마 기독교 공동체 사람들의 관심의 대상이 아니다. 예수는 오로지 말씀의 주체이며, 또 진리의 계시자(Revealer of Truth)일 뿐이다. 그러나 그는 죽은 자가 아니요 살아있는 자다. 그가 선포하는 진리는 단순하다. "천국" 그 하나인 것이다. 따라서 도마복음서를 이해하는 데 있어서 우리는 살아있는 예수의 선포의 핵심주제였던 "천국"이라는 문제를 항상 염두에 두어야 한다. 도마복음의 제1장에서 제시한 총론적 메시지는 이미 "천국의 은밀한 해석"이었고 "천국의 은밀한 발견"이었다 (후에 다시 이야기하겠지만 도마는 "천국"이라는 말을 거의 쓰지 않는다. "천국"은 그에게 토포스topos 개념이 아니었다. 그는 그냥 "나라"라고만 말한다. 그러나 나의 기술에 있어서는, 독자들에게 "천국"이라는 표현이 이미 익숙하므로 문맥에 따라 "천국"도 혼용한다).

발견은 끊임없는 추구의 과정이다. 그래서 예수 가라사대의 제1탄은 "구하라"로 시작된다. 그러나 예수가 가르치는 우리의 "구함"의 행위는 결코 단순한 한 시점의 행위일 수가 없다. 그것은 끊임없는 노력의 과정일 뿐이다. 그것은 발견될 때까지 끊임없이 지속되어야만 하는 추구의 과정이다. "구하는 자들이여! 찾을 때까지 구함을 그치지 말지어다!"

공자는 말한다: "묻지 않음이 있을지언정, 일단 물을진댄 확연히 알 때까지는 그것을 놓지 말지어다. 생각하지 않음이 있을지언정, 일단 생각할진댄 확연한 해답을 얻을 때까지는 그것을 놓지 말지어다. 有弗問, 問之, 弗知, 弗措也。有弗思, 思之, 弗得, 弗措也。"(『중용』 제20장).

그러나 이미 큐복음서에 속하는, 비교적 공관복음서에서 오리지날한 층대에 속한다고 하는 마태·누가의 파편 속에, 우리가 너무도 잘 알고 있는 이와 같은 예수의 로기온이 있다: "구하라, 그러면 너희에게 주실 것이요. 찾으라, 그러면 찾을 것이요. 문을 두드리라, 그러면 너희에게 열릴 것이다. 구하는 이마다 받을 것이요, 찾는 이마다 찾을 것이요, 두드리는 이에게 문은 열릴 것이다"(Q35, 마 7:7~8, 눅 11:9~10. 도올 역주 『큐복음서』 174).

큐에서는 인간의 구함과 찾음과 두드림에 대한 결론이 하나님으로부터 일방적으로 쉽게 무조건적으로 주어지고 있다. 그러나 도마복음서에서는 이러한 쉬운 방식은 허용되지 않는다. 아가페적 해방의 논리가 아닌, 고독한 개인의 실존적 내면의 고투가 그려지고 있는 것이다. 과연 "구함을, 찾을 때까지 그치지 말라"는 명제와 "구하기만 하면 쉽게 주어진다"는 명제 중에서 과연 어느 것이 더 원래적 예수의 말씀에 근접하는 것인지는 독자들 스스로 판단해야 할 것이다. 나 도올은 바로 여기서 소승기독교가 대승기독교로 확대되어가는 제1세기의 발전경로를 발견하고 있는 것이다.

시돈에 있는 십자군 성채. 히잡을 쓴 레바논의 젊은 여인들이 견학후 걸어나오는 모습을 망원으로 잡았다. 1228년에 지어졌는데 원래 페니키아의 헤라클레스에 해당되는 신인 멜카르트(Melkart)의 신전 위에 건설된 것이다. 페니키아 레방트(Levant: 불어로 "해가 뜬다"는 의미인데 지중해 동부해안을 가리킨다)해안을 따라 계속 건설된 십자군 성채는 유럽역사의 부정적 측면을 대변하는 적의와 불신과 야만의 잔재이다. 1095년부터 시작되어 1291년까지 지속된 8차의 십자군 원정은 무슬림이 예루살렘을 지배하게 됨에 따라 성 분묘교회(the Christian shrine of the Holy Sepulchre)를 탈환한다는 명분을 가지고 있었지만 실제는 왕권강화, 교황권강화, 봉토확장, 골치아픈 기사들의 처리문제, 베니치아 상인들의 농간 등등 복잡한 상황이 얽혀있었다. 이 성채는 이집트의 맘룩크왕조에 의하여 정복되었고, 후에 오스만제국이 확장하여 군요새와 모스크로 활용하였다. 십자군시대의 유럽은 문명수준이 낮은 야만국가들이었다. 오히려 이 지역의 고등한 문명이 역류되어 르네상스의 기초를 이룩하는 계기가 된 것이다.

60. 쉬움과 어려움

찾았을 때 너는 고통스러우리라

> 모든 종교가 지향하는 목표는 같다. 그 목표가 인간의 구원이라고 한다고 하면 제종교간에도 별 이의가 없을 것이다. 그러나 어떤 종교는 인간의 구원이 쉽게 얻어진다고 생각하는가 하면, 어떤 종교는 매우 어렵다고 판단한다. 한 종교 내에서도 쉬움(易)과 어려움(難)의 견해 차이는 종단이나 분파간에 다양한 교리를 형성시킨다. 대체로 대승은 쉬운 길을 택한다. 물론 쉬움의 위대성도 있다. 그러나 그러한 쉬움의 교리는 의타적 기만성을 조장할 수도 있다. 살아있는 예수는 우리에게 인간의 구원이 결코 쉬운 문제가 아니라는 것을 가르치고 있다.

제2장

¹예수께서 가라사대, "구하는 자는 찾을 때까지 구함을 그치지 말지어다. ²찾았을 때 그는 고통스러우리라. ³고통스러울 때 그는 경이로우리라. ⁴그리하면 그는 모든 것을 다스리게 되리라."

沃案 소승에서 대승에로의 발전이 모든 종교의 필연적 과정이라고만 생각할 수는 없다. 더구나 소승을 부정적인 것으로 보고 대승을 긍정적인 것으로 보는 가치판단에 우리는 동의할 수 없다. 하나의 종교, 그러니까 하나의 도그마를 신봉

하는 교단조직이 인간세에서 보편적인 지배력을 확보하는 과정에는 반드시 정치권력과 결탁하는 계기들이 개입된다. 대승기독교의 결정적 모우멘텀은 아마도 AD 312년 10월 27일 로마 근교 밀비우스다리(Milvian Bridge)에서 시작되었을지도 모른다.

콘스탄티누스는 현몽 속에 예수 그리스도로부터 특별한 계시를 받았고, 계시받은 문장을 병사들의 방패 위에 그려 그의 아내의 오빠인 막센티우스(Maxentius)의 군대를 무찌를 수 있었다. 그는 다리 밑 테베레강에 빠져 허우적거리다 익사한 자기 처남의 시체를 다시 참수하여 그 대가리를 창 끝에 꽂고 로마에 입성함으로써 6명의 황제가 1인의 황제로 통일되어가는 결정적 계기를 확보할 수 있었던 것이다. 그는 예수 그리스도 덕분에 불가침의 신성한 1인 절대권력의 꿈을 완성시킬 수 있었던 것이다. 이 모든 것이 예수 덕분이라고 그는 굳게 믿었다. 콘스탄티누스 본인이 이러한 신앙을 직접 교회사가 유세비우스(Eusebius of Caesarea)에게 고백하였던 것이다. 이러한 밀비우스다리의 무속적 계시가 313년 밀라노 칙령(the Edict of Milan)의 실제적 계기였다. 그리고 기독교는 공인되었다.

그러나 대승기독교의 이론적 틀은 이미 요한복음에서 완성되었다고 보아야 한다. 요한은 이미 바울신학에서 제시된 부활사상의 심오하게 철학적인 영지주의 측면과, 마가복음으로부터 시작된 내러티브 가스펠의 화려한 대중성과, 알렉산드리아의 유대인 사상가 필로(Philo Judaeus, c.BC 20~AD 40)가 유대교의 인격신 개념과 플라토니즘적 세계관을 결합시키면서 인간의 이성과 신적 사유의 매개체로서 설정한 로고스(logos), 그리고 당대에 네오플라토니즘의 유출설적 연속성과 낙관론이 단절된 상황에서 신의 자기구원(the self-saving of God)의 상징으로서 등장한 영지주의의 대속자신화(the Gnostic redeemer myth) 등등, 이 모든 당대의 조류를 창조적으로 결합하였다. 그것은 콘스탄티누스의 기독교공인에 이르기까지의, 모든 대승적 발전의 탄탄한 대로를 예비하였던 것이다.

그러나 나는 지금 도마복음서를 이러한 대승적 조류와 대비되는, 대승 이전의 소승적 조류로서 파악하고 있는 것은 아니다. 스리랑카의 소승불교도들이 자신을 소승불교도라고 인지하지는 않는다. 소승불교에서 대승불교가 발전되었다고 소승불교가 사라지는 것도 아니다. 우리는 팔리어장경에서 불교의 초기모습을 보다 리얼하게 파악할 뿐이다. 니까야(*nikāya*)를 소승이니 대승이니 하는 개념으로 접근할 수는 없는 것이다.

지금 우리가 물어야 할 것은 종교의 본질에 관한 것이다: "구하라! 그러면 너희에게 주실 것이요. 찾으라! 그러면 찾을 것이요. 문을 두드리라! 그러면 너희에게 열릴 것이다"라는 이야기가 길거리에서 돼지 멱따는 소리로 아무 생각없이 외치는 전도사의 고함이 되어서는 아니될 것이다. 그냥 무조건 교회에 나가 간구하기만 하면 3중, 5중, 천중, 만중의 현세적 축복이 쏟아질 것인가? 하나님께 기도만 하면 만사가 다 이루어진다는 사람이야말로 줏대없는 간교한 이기주의자요, 출세만을 지향하는 기회주의자일 수도 있다. 물론 교회의 문은 두드리기만 하면 열릴 것이다. 그러나 그것은 아주 단순한 이유일 수도 있다. 교단의 세력이 확장되고 연보돈이 늘기 때문이다.

그러나 도마가 만난 "살아있는" 예수의 첫 마디는 천국의 문은 아무리 두드리고 또 두드려도 쉽게 열리지 않는다고 하는 경고이다. 두드리고 또 두드려라! 열릴 때까지. 구하는 자는 찾을 때까지 구함을 그쳐서는 아니된다. 그것은 쉽게 즉각적으로 결론이 주어지는 과정이 아니다. 어렵고 지루한 추구의 과정이다. 보통사람 같으면 중도에 포기하고 말 그러한 과정이다. 그래서 예수는 중도에 포기하지 말 것을 강하게 권고하고 있는 것이다. 구함을 그치지 말지어다!

그토록 어렵게 구하고 또 구해서 드디어 찾았을 때, 우리에게 어떠한 상황이 벌어지는가? 살아있는 예수의 말씀은 무엇인가? "찾았을 때 너는 고통스러우리라!"

아니 이건 또 웬 말인가? 어찌하여 천국을 찾았는데, 구하려고 하는 소기의 목적을 달성했는데, 구한 것을 얻었는데, 왜 고통스럽단 말인가?

천국은 맘몬(Mammon)이 아니다(Q74, 마 6:24, 눅 16:13). 돈을 구해서 얻는 것과도 같은 기쁜 세속적 사건이 아니다. 하나님의 나라와 재물을 겸하여 섬길 수는 없는 것이다. 여기 "고통스럽다 will be troubled"는 것은 "당혹스럽다," "번민에 휩싸인다"는 뜻이다. 구하는 것을 얻었을 때 우리는 당혹스럽고 고통스럽게 된다. 왜냐? 천국에 들어간다고 하는 것은 바로 나라는 인격주체의 근원적인 변화(the transformation of one's subjectivity)를 요구하기 때문이다. 세속적인 자아의 몸으로서는 천국의 문을 통과할 수가 없다. 아이디 카드(identification card), 즉 자기동일성의 증표가 바뀌어야 하는 것이다. 아이디 카드를 새로 발급받아야 한다. 지금까지의 관습과 관행을 버리고 새로운 자아를 발견하는 것은 고통스러운 것이다. 고통스럽지 않다면 나의 구함은 진정한 구함이 아니었던 것이다. 그것은 옛 관습과 관행의 지속일 뿐이다.

새로운 자아의 건설(the construction of an alternative subjectivity)은 고통스럽다. 붓다는 일체개고(一切皆苦)를 말하지만, 살아있는 예수는 인간의 현존재를 고(苦, duḥkha)로 규정하

---

① 밀비우스 다리 전투 전날밤 콘스탄티누스 꿈에 나타난 방패문양. X와 P를 합친글씨. XP는 "키로"라고 읽는데 "그리스도"의 첫 두글자이다. 안티옥 부근의 성 시므온교회 외벽에서 찍었다.
② 필자가 소장하고 있는 콘스탄티누스 대제 시대의 대표적 주화. 콘스탄티누스의 얼굴이 새겨져 있다.
③ 그 뒷면에 "불패의 태양신"(soli invictus)이 새겨져 있다. 즉 콘스탄티누스 자신을 로마 전통의 태양신과 동일시한 것이다. 기독교공인의 의미가 이와 같이 처음에는 모든 종교와의 공존을 의미했다. 태양신 축제일이 일요일이었고 이것이 기독교 예배일이 되었다. 일요일은 성경에 나오는 유대교 안식일과는 전혀 다른 개념이다.

지는 않는다. 그는 창조적인 고통을 말할 뿐이다. 어둠에서 빛으로 나아갈 때, 죽음에서 생명으로 전환될 때 인간은 고통스럽다는 것이다. 그러나 그 고통의 순간 때문에 비로소 인간은 천국의 경이로움을 맛보게 되는 것이다: "고통스러울 때 너는 경이로우리라!"

경이는 타우마제인이다. 모든 참된 앎이란 아리스토텔레스가 갈파했듯이, 타우마(thauma, 놀람, 경이)로부터 출발하는 것이다. 천국이란 바로 일상적 자아가 고통스러운 주체의 변환(變換)을 통하여 얻는 경이(驚異)다. 그러나 경이는 경이로서 완료되지 않는다. 경이는 타 동·식물에게서 발견되지 않는 인간의 특권이지만 어디까지나 일시적인 것이다. 경이는 끊임없이 새로운 경이를 낳아야 하고, 경이는 다른 지속태로 변화하기 마련이다. 그 지속태란 무엇인가? 예수는 말한다: "경이를 체험하면 너는 모든 것을 다스리게 되리라." 여기 "다스림"이란 무엇인가?

시돈에 있는 십자군 성채

기독교박해에 열심이던 유대교도 사울이 다메섹(Damascus)으로 가는 도중에 특별한 계시를 받고 개종하게 된 사도행전 9장의 이야기는 우리나라 사람들이 잘 알고 있다. 그러나 바울자신은 그러한 사건을 보도하지 않는다. "하나님이 그의 아들을 나에게 드러내시기를 기뻐하셨다"라고만 고백한다(갈 1:16). 그리고 개종직후 그는 예루살렘으로 가지 않고 아라비아사막으로 갔다. 이 바울이 개종 후 최초로 간 아라비아가 바로 에돔땅 나바태안왕국(Nabataean Kingdom)이다. 또 고린도후서(11:32~33)에 보면 훗날에 아레타왕(King Aretas)의 방백이 나를 잡으려 했기에 도망쳤다는 기록이 나오는데, 이 아레타왕이 바로 나바태안왕국의 왕이었다. 그는 헤롯 안티파스의 장인이었다. 헤롯대왕도 본시 이 지역 이두메(에돔)출신이었다. 이 나바태안왕국의 실체가 오늘 페트라의 장관이었다는 것을 알게 된 것은 최근의 일이었다. 이 지역은 십자군이 잠깐 다녀간 적은 있으나 그 뒤로 완벽하게 망각의 세계로 사라졌고 베두인의 비밀스러운 성지로만 은폐되고 외부인들에게 전혀 노출되지 않았다. 아랍어를 노련하게 구사했던 스위스의 젊은 탐험가 버크하르트(J. L. Burckhardt)가 이 지역에 관한 소문을 듣고 무슬림성자로 가장하고 침투한 것이 1812년의 사건이었다. 아론의 무덤에 제사지낸다는 명목으로 이 검붉은 장밋빛 사암의 웅대한 협곡(The Siq, 1.2km)에 당도했을 때 그는 경악할 수밖에 없었다. 현재 요르단에 속한 페트라는 신(新)7대불가사의 실제적 1호로 세계인들의 사랑을 받고 있다.

61. 지혜와 왕(王)

구하는 자여! 그대 "몸의 왕국"의 왕이 되라

> 도마복음의 언어는 고도의 상징적 체계이다. 그 은밀함을 푸는 열쇠 중의 하나가 지혜문학전통이다. 그러나 그것만으로는 부족하다. 많은 신학도들이 암암리 기독교를 서양 종교로 규정하고 동양적 가치관으로 접근하는 것을 경계한다. 그러나 AD 1세기의 기독교는 동·서양이 완전히 융합된 가치관의 산물이었다.

제2장

^{1}예수께서 가라사대, "구하는 자는 찾을 때까지 구함을 그치지 말지어다. ^{2}찾았을 때 그는 고통스러우리라. ^{3}고통스러울 때 그는 경이로우리라. ^{4}그리하면 그는 모든 것을 다스리게 되리라."

沃案 상식인들이 보통 기독교를 생각할 때, 복음서에 나오는 이적이나 신화적 기술 때문에, 그것을 매우 유치한 종교로 생각하기가 쉽다. 실제적으로도 이적이나 부활 때문에 "예수장사"가 잘된다고 북 치고 장구 치는 "쟁이"들을 제외하고는, 세계의 상식인들에게 기독교는 유치하게 비친다. 대한민국은 유독 그러한 열렬한 쟁이들이 많은 나라이기 때문에 나의 상식적 언급을 오히려 터무니없다고 말할지는 모르겠으나, 지금 이 순간에도 북 치고 장구 치며 방언하고 앉아있는 방방곡곡 서낭당 휴거파들의 행태를 비상식적으로 바라보지 않을 정상인은 이 세계 어느 곳에도 없다.

그러나 기독교가 탄생된 그레코·로만의 1세기 팔레스타인의 지적 분위기는 그러한 뮈토스가 극복된 매우 성숙한 것이었다. 희랍고전철학의 고도의 논리적 탐구와 추상적 사유가 전달되어 있었으며, 알렉산더대제의 세계정복 이후에 전개된 헬레니즘의 다양한 삶의 철학사조가 꽃을 피웠다. 이미 폴리스(*polis*)의 시대는 지나가고 코스모폴리스(*cosmopolis*)의 시대가 도래한 것이다.

뿐만 아니라, 유대인들의 사유도 다양한 이방문명과의 접촉을 거치면서 거창한 신화적 영웅담을 탈피하여 보다 상식화되고 인간화되고 일상화되는 일련의 담론을 노출시킨다. 우리 동양인들의 입장에서 볼 때, 구약 중에서 욥기(Job)나 잠언(Proverbs)이나 전도서(Ecclesiasticus)와 같은 문학작품은 크게 부담을 주지 않는 주옥같은 금언으로 점철되어 있다. 소위 지혜문학(Wisdom Literature) 전통이라는 것인데, 이것은 BC 6세기로부터 싹을 틔우기 시작하여 예수의 시대에는 만개한 유대교의 중요한 흐름인 것이다. 히브리말로는 호크마(*hokmâ*), 희랍어로는 소피아(*sophia*)라고 부르는 이 지혜란 무엇인가?

아주 상식적으로 생각해보자! 원래 지혜란 본시 삶의 지혜인 것이다. 그것은 신적인 것이 아니다. 그것은 우리의 일상적 삶과 행동에 관련한 다양한 사태에 정의롭고 슬기롭게 대처하는 인간적 폭이나 능력 같은 것을 말하는 것이다. 그런데 셈족 언어에서는 이 지혜는 여성명사이기 때문에, 여성으로 의인화(personification)되는 경향을 보인다: "지혜를 네 신부로 삼고, 슬기를 네 애인이라 불러라"(잠 7:4, 공동번역).

따라서 지혜는 문학가들의 상상력과 더불어 아름다운 레토릭의 옷을 입으며 독자적인 우주적 인격체로서 발전해간다. 그러다가 결국 또다시 신적인 속성과 결합하게 된다. 인간의 자족적인 지혜는, 욥기문학이 항변하고 있듯이, 분명 한계가 쉽게 드러나기 때문이다.

바울은 그 자신 정통적 유대인으로서, 예수를 이러한 유대적 지혜전통 속에서 이해한 것이 분명하다. 그의 시대정신을 반영하는 것이다: "오직 부르심을 입은 자들에게는 유대인이나 헬라인이나 그리스도는 하나님의 능력이요 하나님의 지혜니라"(고전 1:24). 바울이 다메섹으로 가는 도중에 만난 예수는 "하나님의 지혜"의 화신이었던 것이다. 큐복음서에도 예수는 솔로몬의 지혜보다 더 큰 지혜의 화신이다(Q41, 마 12:42, 눅 11:31).

도마복음서를 많은 학자들이 이러한 지혜문학의 전통 속에서 이해하려고 한다. 나는 그러한 이해방식에 관하여 크게 토를 달 생각은 없지만 너무 지나치게 지혜문학이라는 사조의 틀을 실체화시킬 필요는 없다고 생각한다. 도마복음을 이해하는 하나의 레퍼런스로 생각하면 족하다. 그러나 내가 지혜를 말하는 뜻은 우리가 도마복음서를 지혜롭게 이해해야 한다는 것이다.

예수가 태어나기 직전에 성립한, 헬라화된 다이애스포라의 유대인들을 계몽하기 위하여 집필된 지혜문학서 솔로몬의 지혜서(*Wisdom of Solomon*)는 다음과 같이 노래한다.

> "*지혜는 빛을 발하며 시들지 않는다. 지혜는 그녀를 사랑하는 자들에게 쉽게 식별되고, 그녀를 구하는 자들에게 발견된다. 그녀는 그녀를 원하는 자들에게 자신을 드러낸다 … 그녀의 율법을 지키는 것이 그녀를 사랑하는 것이다. 그리하면 죽음을 맛보지 않는다. 죽음을 맛보지 않으면 하나님에게 더 가까이 간다. 지혜의 사랑은 우리를 왕국으로 이끈다*" (6:12~20).

독자들은 솔로몬의 지혜서와 도마복음서 사이에 공통되는 많은 언어를 발견할 수 있을 것이다. 우리의 관심은 "모든 것을 다스린다"는 도마복음서의 언급과 "우리를 왕국으로 이끈다"는 솔로몬의 지혜서의 언급의 상관관계에 관한 것이다.

옥시린쿠스사본 도마복음서에 사용된 "다스린다"에 해당되는 희랍어 단어는 "왕 노릇 한다βασιλεύω"는 뜻을 가지고 있다. 이것은 공관복음서에서 "하나님의 나라," "하늘의 나라"라고 할 때의 "나라," 즉 바실레이아(βασιλεία)와 같은 어원의 말인 것이다.

"경이를 체험한 너는 모든 것을 다스리게 되리라"는 표현은 결국 "왕이 된다"는 뜻이다. "천국에 들어간다"는 것은 천국의 꼬붕이 되는 것을 의미하지 않는다. 한 나라에서 "모든 것을 다스린다"는 것은 왕이 아니면 불가능하다. 경이를 체험하면 왕이 된다는 것은 무슨 뜻인가? 예수가 선포하는 천국은 권세와 폭력의 세속나라가 아니었다. 그것은 "지혜의 왕국"이었던 것이다. 지혜의 왕국이란 무엇

버크하르트의 충격이 보고되자 그 뒤를 이어 간 사람이 바로 유명한 화가이기도 했던 영국인 데이비드 로버트(David Roberts)였다. 1839년 3월 6일 그는 페트라에 도착했다. 이 그림은 다음날 그린 것인데 페트라의 왕들의 묘역을 리얼하게 묘사하고 있다. 로버트의 그림들이 석판으로 출판되자 그것은 모험심에 가득 찬 유럽인들의 환상을 불러일으켰다.

인가? 그것은 결국 나라는 존재의 왕국인 것이다. 결국 이 내 몸(Mom, Soma)이야말로 천국인 것이다. 이 천국에서 모든 것을 다스린다는 것은 무엇을 뜻하는가? 내 몸 속에 있는 신하들을 완벽하게 제압한다는 뜻이다. 내 몸의 천국 속에서 나는 왕이 되어야 한다. 이 세상의 모든 죄악은 호랑이나 느티나무가 만들지 않는다. 그것은 오직 인간이 만들 뿐이다. 왜? 인간이 자기 몸의 왕노릇을 할 수 없을 때, 내가 나의 사단(四端)과 칠정(七情)을 다스리지 못할 때, 끔찍한 우주의 모든 죄악이 파생하는 것이다. "나"라는 왕국의 왕이 된다는 것은 끊임없는 구함과 찾음과 고통과 경이의 과정을 거치지 않으면 절대로 불가능한 것이다.

옥시린쿠스사본은 콥트어사본과 달리 이 한마디를 첨가하고 있다: "모든 것을 다스리는 자만이 휴식할 수 있을 것이다." 히브리인복음서(*The Gospel of the Hebrews*)도 이와 같이 말하고 있다: "경이를 체험하는 자는 누구든지 다스릴 것이요, 다스리는 자는 누구든지 휴식할 것이다. Whoever marvels will rule and whoever rules will rest. 6a."

여기서 "휴식Rest"이란 매우 중대한 의미를 지니는 언어이다. 많은 주석가들이 "다스림"의 본 뜻과 그 의미맥락을 확연하게 파악하지 못하기 때문에, 편협한 기존 성서의 가치관에서만 도마복음서의 언어를 대하기 때문에, "휴식"의 의미조차 명료하게 파악치 못하는 것이다. "휴식"은 "열반적정涅槃寂靜, śāntaṃ nirvāṇam"의 "적정"이다. 그것은 고요함이요, 평온이요, 구극적으로는 해탈이다. 그것은 죽음이 아닌 생명의 원천이다. 인간은 내 몸의 왕이 될 때에만이 비로소 휴식할 수 있는 것이다. 살아있는 예수가 도마복음에서 우리에게 가르치는 첫 메시지는 추구와 발견과 번민과 경이와 제압과 해탈이다. 참으로 놀라운 도언(導言)이 아닐 수 없다.

페트라의 협곡은 시크(The Siq)라고 부르는데 그것은 인간의 상상을 초월하는 자연의 장관이다. 그것은 침식의 소산이 아니라, 지각변동으로 거대한 바위가 찢겨 틈을 낸 것이다. 양쪽 바위 높이 200m, 폭은 2~5m 정도, 길이 1.2km에 이르는 협곡, 그 바닥은 로마식으로 포장되어 있었다. 이 붉게 타오르는 사암의 미로 끝에 우리는 충격적인 건축물을 만난다. 카즈네트 알 파라운(Khaznet al-Faraoun, The Treasury of Pharaoh)! 이 성전은 이집트 파라오가 이스라엘 도망자들을 추격하다가 보물을 이곳에 숨겨두었다고 하는 전설 때문에 "파라오의 보물창고"라는 이름이 붙었다. 정면에 이집트 여신 이시스가, 양 옆에는 도끼든 여전사 아마조네스, 후면 감실에는 승리의 여신 니케, 아래층 양쪽에는 제우스의 말 탄 쌍둥이 아들 카스토르(Castor)와 폴룩스(Pollux), 꼭대기 지붕 처마 끝에는 나바태안왕국의 최고신 두샤라(Dushara)를 상징하는 독수리가 조각되어 있다. 중동문명권과 이집트문명이 혼합된 헬레니즘양식으로 아레타스왕 3세 때의 작품이다(BC 1세기). 사도 바울은 이곳에 와서 이 코린트양식의 찬란한 위용을 목격하였을 것이다. 사진은 갑자기 휘몰아치는 모래광풍 속의 신전을 잘 포착하고 있다. 태고의 정취가 서린다.

62. 주체의 혁명

천국(나라)은 천당이 아니요, 주체의 개벽이다

제3장

^{1}예수께서 가라사대, "너희를 이끈다 하는 자들이 너희에게 이르기를, '보라! 나라(천국)가 하늘에 있도다' 한다면, 하늘의 새들이 너희보다 먼저 나라에 이를 것이다. ^{2}그들이 또 너희에게 이르기를, '나라는 바다 속에 있도다' 한다면, 물고기들이 너희보다 먼저 나라에 이를 것이다. ^{3}진실로, 나라는 너희 안에 있고, 너희 밖에 있다.

^{4}너희가 너희 자신을 알 때, 비로소 너희는 알려질 수 있으리라. 그리하면 너희는 너희가 곧 살아있는 아버지의 아들이라는 것을 깨닫게 되리라. ^{5}그러나 너희가 너희 자신을 알지 못한다면, 너희는 빈곤 속에 살게 되리라. 그리하면 너희 존재는 빈곤 그 자체이니라."

^{1}Jesus said, "If those who lead you say to you, 'Look, the kingdom is in heaven,' then the birds of heaven will precede you. ^{2}If they say to you, 'It is in the sea,' then the fish will precede you. ^{3}Rather, the kingdom is inside you and it is outside you.

^{4}"When you know yourselves, then you will be known, and you will understand that you are children of the living father. ^{5}But if you do not know yourselves, then you dwell in poverty, and it is you who are that poverty."

沃案 도마복음서는 어디까지나 로기온의 무작위적 컬렉션(random collection)이라고 생각할 수도 있지만, 진실로 놀라운 구성력을 과시하고 있다. 제2장에서 천국은 인간의 주체성과 관련하여 간접적으로 암시되었지만 명료하게 그 언어가 드러나지는 않았다. 그러나 제3장에서는 "나라" 즉 "천국"이라는 표현이 과감하게 드러난다. 그러면서도 우리의 상식을 전도시키는, 화려한 상상력을 자극하는 메타포로서 드러나고 있는 것이다. 그리고 제3장에서 드러난 "나라"의 테마는 맨 마지막에서 두번째 장 113장에 다시 명료하게 나타난다. 그러니까 제3장은 전체 주제를 나타내는 장(topic chapter)이라고 말할 수 있다. 그러니까 제3장에서 제113장까지 일관되게 "나라"의 현실적 임재성이 보이지 않게 깔려있는 것이다.

제2장의 주제는 우리 "주체의 개벽"이었다. "개벽開闢"이란 말은 우리나라 동학(東學)에서 주된 가르침의 술어로서 활용되었지만, 실제로 그것은 한대(漢代)의 역학(易學)적 세계관에서 비롯된 말이었다. 그것은 새로운 천지, 즉 하늘(天)과 땅(地)의 새로운 열림(開闢)을 의미하는 것이었다. 1세기의 헬라화된 유대인들에게도 천국의 도래란, 새로운 천지의 개벽을 의미하는 것이었다. 그러나 이러한 주제는 지혜문학전통에 있어서는 정치적인 새 세상의 도래를 의미하는 것이 아니라, 철저히 인간실존의 주체적 성찰의 문제로서 내면화되었던 것이다. 이러한 내면화 과정의 심연에서 예수라는 역사적 인물, 그리고 그의 사상이 탄생되었던 것이다.

역사적 예수는 분명 지혜로운 스승이었다. 그의 지혜에 신적인 권위를 부여하든 말든, 그것은 초기교단의 정책에 속하는 문제이다. 도마복음서는 그러한 기독론적·종말론적 초대교회의 케리그마 이전의 사태이다. 본장은 첫머리에서부터 이미 그런 교단의 조직에 대한 강한 부정을 나타내고 있다. 이것을 교단조직에 대한 후대의 반발로 보아 이 문헌의 성립을 후대로 간주할 수도 있겠지만, 여기서 나타나는 "조직의 경계"는 조직이 형성되어 가려고 하는 매우 초기의 조짐에 대한 일갈인 것이다.

"너희를 인도한다고 하는 자들"은 교단의 조직을 장악하는 자들이다. 항상 타인을 인도한다고 자처하는 사람들이야말로 인간의 구원에 가장 방해를 주는 사람들이다. 집사이든 장로이든 목사이든 신부이든, 이들이야말로 조직을 유지하기 위하여 헌신해야 하는 사람들이요, 인간의 구원과는 아무런 관련이 없는 사람들일 수도 있다. 물론 예수의 시대에는 집사도 없었고 장로도 없었고 목사도 없었고 신부도 없었다. 따라서 여기 살아있는 예수의 말을 이러한 조직의 "꾼"들에 대한 이야기로서 해설할 수는 없다. 단지 예수운동의 시대에도 "남을 이끈다고 자처하는 자들"은 항상 타인을 그릇된 방향으로 이끌어갈 뿐이었던 것이다. 그들은 말한다: "보라! 나라가 하늘에 있도다."

민수기 20장에 보면 모세가 반석을 쳐서 물을 나오게 하는 장면이 있다. 그 생명수가 콸콸 쏟아지는 바위가 바로 이 근처에 지금도 있다(Ain Musa, 모세의 샘). 그 물이 옛날에는 이 협곡을 가득 메우고 흘렀다. 그래서 나바태안왕국의 사람들이 댐을 막고 물길을 돌려 이 협곡지역을 거주지로 만들었다. 대신 절벽을 파 수로를 만들어 식수를 공급하였다. 나바태안왕국 문명의 높은 수준을 말해준다.

우리나라의 대부분의 길거리 전도사들은 이렇게 외친다: "예수를 믿으시오! 그리하면 저 하늘에 있는 천당에 갈 수 있습니다."

그러나 천국은 천당(天堂)이 아니다. 천국은 저 푸른 하늘에 있는 공중누각의 당호(堂號)가 아니다. 천국은 "토포스topos"가 아니다. 다시 말해서 공간개념이 아니며, 지역개념이 아닌 것이다. 천국은 장소적 실체개념이 아닌 것이다. 예수는 천국을 말했을 뿐, 천당을 말한 적이 없다. 천국이란 하나님의 나라이다. "나라"는 "지배Reign"라는 추상적 질서를 뜻하며 공간적 왕국을 지시하지 않는다. 왕국(Kingdom)이나 나라라는 문자상의 개념은 우리의 상상력을 풍요롭게 만들기 위한 문학적 표현에 불과한 것이다. 여기 도마복음의 기술방식에 있어서 현저한 사실은 전혀 "하나님의 나라 the Kingdom of God"라는 표현을 쓰지 않는다는 것이다. 그리고 "하늘나라" "천국 the Kingdom of Heaven"이라는 말도 거의 쓰지 않는다. 도마의 예수에게 있어서는 "하늘"이니 "하나님"이니 하는 것들은 모두 2원론적 분별의 대상이며 부정적 함의를 지니는 것이다. 그래서 도마의 예수가 쓰는 표현은 "나라"이거나 "아버지의 나라 the Kingdom of the father"이다. 역사적 예수는 전통적 유대인의 관념속의 "하나님"을 거부했다. 그리고 그가 생각하는 하나님은 "아버지"였을 뿐이다. "아버지"는 "하늘"이나 "하나님" 처럼 나로부터 객화되지 않는다. "아버지"는 나로부터 객화되지 않는 일체(一體)이며 동시에 나의 현존을 뛰어넘는 그 무엇이다.

예수는 "나라"를 아버지의 질서가 지배하는 어떤 "상태"로서 해석했다. 그것은 제2장에서는 "주체의 개벽"으로 나타났다. 여기서 주체는 집단이 아니다. 어디까지나 개인(individual)이다. 나 개별적 존재의 주체의 개벽이다. 주체의 개벽이란 주체의 혁명이다. 그것은 정치적 전복과도 같은 일시적인 혁명이 아니라 영원한 의식의 혁명이다. 그래서 예수는 "끊임없는 추구"를 말했다. 도중에서 포기함이 없는 추구를 말했던 것이다. 추구와 발견, 번민과 경이, 지배와 휴식, 이 세 쌍의 과정이 주체의 개벽의 과정이었던 것이다. 이러한 심오한 개벽사상을 이해하지 못하고, 타인을 이끈다고 하는 자들, 타인을 구원하겠다고 떠벌이는 자들이 무어라 말하는가?

"보라! 나라가 저 푸른 하늘에 있도다!" 이에 예수는 무어라 대답하는가? "타인을 인도한다고 사기치지 말라! 함부로 구라치지 말라! 나라가 저 하늘에 있다고 한다면, 그 따위 천국일랑 저 하늘의 새가 그대들보다 더 먼저 도달할 것이니라."

다음 구절의 말씀은 공간적으로 하늘과 대비되어 "바다속"으로 되어있다. 옥시린쿠스파편은 하늘의 대척점으로 "땅 속에 under the earth"라는 표현을 쓰고 있다. 천국이 저 바다속에, 저 땅속에 있다고 한다면 바다의 물고기가 우리보다 먼저 나라에 이를 것이다. 그렇다면 과연 나라는 어디에 있는가? 궁금치 아니한가?

> 예수는 나라(천국)를 선포한 이 땅의 지혜였다. 예수가 선포한 나라를 우리로 하여금 보지 못하게 만드는 최대의 방해꾼들은 바로 우리를 바르게 인도한다고 말하는 자들이다. 예수는 모든 조직과 전도주의를 거부한다. 우리의 인도자들은 항상 말한다. 천국은 저 하늘에 있도다! 그렇게 말하는 모든 인도자들은 사기꾼이다. 이것이 바로 예수님 본인의 말씀이라는 것을 우리는 잊어서는 안된다.

부시정권이 지구상에서 "악의 축"으로서 규정된 두 나라가 있다. 시리아와 북한! 두 나라는 역사적으로 매우 친근하다. 30년 절대권력을 휘둔 아버지 하페즈 알 아사드를 계승한 바시르 알 아사드(Bashir al-Assad) 정권의 성격도 북한정권과 비슷하다. 시리아에서 "코리안"의 인기는 좋다. 물론 북한사람으로 생각하는 것이다. 남한에서 왔다고 하면 시리아 사람들은 나에게 이런 충고를 한다: "도대체 왜 남·북한이 갈라져 싸우는지 모르겠군. 대포동미사일을 쏠 줄 아는 북한의 깡다구와 남한의 경제력을 합치면 짱일텐데." 여기는 아브라함이 살았던 하란지역이다. 땡볕이 쏟아지는 척박한 사막에 토담집 몇 채씩 짓고 옹기종기 산다. 내가 동네를 지나는데 사람들이 날 불러 생명의 물을 주었다. 이들이야말로 천국이 "네 밖에도 있다"는 예수님의 말씀을 실천하고 있는 것이다. 외부인에게 적대적이라는 가이드의 경고와는 달리 이들은 너무 친절했고 개방적이었다. 우리가 시리아를 사랑할 수 있다면 당연히 북한을 사랑할 수 있어야 한다. 미국은 최근 북한에 대한 적성국가교역법을 종료시켰다. 그리고 테러지원국 명단에서 빼려고 하고 있다. 그런데 이명박정권은 의미없는 이데올로기 덫에 걸려 남북문제의 이니시어티브를 다 상실했다. 한국의 경제소생은 남북문제의 진전없이 생각할 수 없다는 것을 나는 이곳 아브라함의 고향에서 통감했다.

63. 안과 밖

천국은 네 안에 있고, 네 밖에 있다

> 도마복음서가 몇백 년 전에만 발견되었더라도 그것은 이단의 불경한 서물로 몰려 불태워졌을 것이다. 기독교 정통주의의 역사는 은폐의 역사였다. 그러나 양식사학으로부터, 나그함마디문서의 발견으로 촉발된 현대신학에 이르는 찬란한 20세기 신학의 성과는 기독교를 2천 년 동안 한 번도 경험할 수 없었던 본질적 해부의 시험대로 올라가지 않을 수 없게 만들었다. 기독교는 이미 되돌아갈 수 없는 다리를 건넜다.

제3장

³진실로, 나라는 너희 안에 있고, 너희 밖에 있다.
⁴너희가 너희 자신을 알 때, 비로소 너희는 알려질 수 있으리라. 그리하면 너희는 너희가 곧 살아있는 아버지의 아들이라는 것을 깨닫게 되리라. ⁵그러나 너희가 너희 자신을 알지 못한다면, 너희는 빈곤 속에 살게 되리라. 그리하면 너희 존재는 빈곤 그 자체이니라."

沃案 천국이 하늘에 있다 하면 새들이 우리보다 먼저 가고, 천국이 땅속에 있다 하면 물고기들이 우리보다 먼저 가리라 하는 이야기는 판에 박힌 기독교 교리만을 신봉하고 사는 사람들에게는 매우 충격적으로 들린다. 그러나 사실 이런 얘

기는 도마복음에만 있는 것이 아니라 4복음서에 이미 들어있다. 도마복음서는 생동하는 예수의 말을 생생하게 전했을 뿐이다. 누가복음 17장을 펼쳐보라!

> 바리새인들이 "하나님의 나라가 어느 때에 임하나이까?" 묻거늘, 예수께서 대답하여 가라사대, "하나님의 나라는 볼 수 있게 임하는 것이 아니요. 또 여기 있다 저기 있다고도 못하리니, 하나님의 나라는 오직 너희 안에 있느니라"(눅 17:20~21).

그리고 "하늘 위, 바다속" 운운하는 수사법도 성서에 이미 여기저기 나타나고 있다. 지혜문학인 욥기도 다음과 같이 기술하고 있다:

> "산들을 뿌리째 파헤쳐도 지혜를 찾을 길 없고, 물속의 용도 이 같이 외친다. '이 속에는 없다.' 바다도 부르짖는다. '나에게도 없다'"(욥 28:9~14).

하나님의 계명에 관해서도 모세의 말씀은 이러하다:

> "그것은 하늘에 있는 것이 아니다. '누가 하늘에 올라 가서 그 법을 내려다 주지 않으려나?'라고 말하지 말라. 바다 건너 저쪽에 있는 것도 아니다. '누가 이 바다를 건너 가서 그 법을 가져다 주지 않으려나?'라고 말하지도 말라. 그것은 너희와 아주 가까운 곳에 있다. 너희 입에 있고, 너희 마음에 있어서, 하려고만 하면 언제든지 할 수 있는 것이다"(신 30:11~14).

사도 바울도 믿음의 말씀에 관하여 우리에게 이와 같이 증언한다.

> "믿음을 통해서 얻는 하나님과의 올바른 관계에 대해서는 하나님께서 '누가 저 높은 하늘까지 올라갈까 하고 속으로 걱정하지 말라'고 말씀하십니다. 이 말씀은 그리스도를 모셔 내리기 위해서 하늘까지 올라갈 필요는 없다는 말씀입니다. 또 하느님께서 '누가 저 깊은 땅속까지 내려갈까 하고 걱정하지 말라' 하십니다. 이 말씀은 그리스도를 죽음의 세계

에서 모셔올리기 위하여 땅속까지 내려갈 필요는 없다는 말씀입니다"

(롬 10:6~7, 공동번역, 이후 "공역"으로 略. 비슷한 표현들이 바룩서 3:29~32, 35~37, 시라크서 1:1~3에도 있다).

신실하다 하는 많은 기독교인들이 도마복음서와 같은 정경 외의 성서들을 성서로 간주하지 않으려고 애를 쓰지만, 그들이 잘못 이해하고 있는 것은 소위 "외경"에 대한 편견이 아니다. "정경"에 대한 곡해요 왜곡이요 무지인 것이다. 도마복음서의 출현이 정경의 권위를 떨어뜨리는 것이 아니라, 우리가 정경이라고 믿고 있는 문헌들의 이해를 풍요롭게 만들고 맥락적으로 더 심오하게 만든다.

가장 결정적인 사태는 우리나라의 기독교인들이 신약성서 27서조차 제대로 읽지 않는다는 데 있다. 그리고 일요일날 교회에 나가 들은 성서와 무관한 목사들의 설교로써 자기들의 신앙의 기준을 삼으며, 외부로부터 잡다하게 주입된, 평범한 사람들의 생각과 말일 뿐인 그러한 가치관을 잣대로 하여 자기를 크리스챤으로 규정하면서, 비록 교회는 나가지 않지만 성서를 깊게 상고하는 경건한 수행자들을 보고 크리스챤이냐고 묻고 따지고 야단을 치는 것이다. 유대교에 안식일을 지키라는 말은 있으나, 신약에 주일을 지키라는 말씀은 없다. 큐자료가설로부터 시작하여 양식사학운동, 역사적 예수의 탐구, 나그함마디 성서와 쿰란 사해문서의 발견, 영지주의의 재해석, 예수세미나운동 등등 20세기 한 세기 동안의 찬란한 신학논쟁사는 2천 년 동안 한 번도 제대로 해부하지 못했던 금단의 영역에 걸쳐 있던 금줄을 낱낱이 끊어놓았다는 기적 같은 사실을 이제 우리 조선땅의 기독교인 사람들도 정확히 인지해야 한다.

이미 기독교는 20세기 현대신학의 탐구를 통하여 다시 넘을 수 없는 다리를 넘었다. 프린스턴대학 석좌교수 엘레인 페이겔즈는 다음과 같이 말한다:

"만약 도마복음서를 포함한 나그함마디 성서들이 1천 년 전에 발견되었다면 어떻게 되었을까? 물론 이 소중한 성문서들은 이단서로 몰려 확실하게 불태워졌을 것이다. 그러나 절묘하게도 이 문헌들은 땅속에서 잠자고 있다가 20세기 중엽에나 빛을 보았다. 바로 인간세의 문화적 진보가 이 문헌들이 제기하는 문제들에 관하여 참신한 시각을 제공할 수 있는 바로 그러한 시절에 발굴된 것이다. 오늘날 우리는 이 성서들을 다른 눈을 가지고 읽는다. 광기나 불경으로서 내치는 것이 아니라 1세기의 신실한 기독교도들이 경험한 방식대로 읽으려 하고 있는 것이다. 이것이야말로 우리가 여태까지 알고 있었던 정통기독교 전통에 대한 강력한 얼터너티브가 아닐 수 없다"(The Gnostic Gospels 154~5).

누가복음의 예수의 말씀, "하나님의 나라는 너희가 볼 수 있게 임하는 것이 아니요, 사람들이 '여기 있다.' '저기 있다.' 말 못하리니, 하나님의 나라는 오직 너희 안에 있느니라"는 이해가 쉽다. 즉 세속적 인도자들이 천국을 외재화시키는 데

기름 값이 치솟는 한국의 실정에서 시리아는 참 부러운 나라다. 휘발유 1리터 당 70원, 한국 휘발유 값의 27분의 1. 휘발유 값이 싸니까 주변 터키에서도 운전사들이 트럭을 끌고 와서 기름을 넣는다. 시설이 빈곤해서 드럼통으로 붓는다. 주유소는 만원일 수 밖에. 그런데도 코리안인 나에게 먼저 넣게 해주었다. 그리고 자기 집에 가서 밥 같이 먹자고 서로 끌었다. 못사는 것 같지만 풍요로운 삶을 이들은 즐기고 있다.

반하여 철저한 내재화, 내면화를 주장하고 있는 것이다. 천국은 "내 맘 속에 내 몸 속에" 있을 뿐이다.

그러나 도마복음은 우리의 이러한 상념을 여지없이 깨버리고 만다. "진실로, 천국은 네 안에 있고, 네 밖에 있다." 언뜻 이해하기가 어렵다. 외재화를 반대하여 내재화를 주장했는데 어찌하여 또다시 "네 밖에"를 동시에 말하는가? 천국은 내 밖에 있는가? 또다시 저 푸른 하늘 위에 있단 말인가?

도마복음을 이해하는 데 있어서 우리의 일상적 가치관은 또다시 전도된다. 그것은 우리 사고의 근원적 전환을 의미한다. 천국이 바로 내 안에 있다는 것을 깨달을 줄 안다면 동시에 천국이 바로 내 밖에 있다는 것도 깨달을 줄 알아야 한다. 이것을 우리 동방사상에서는 전관(全觀)이라고 부른다. 일면의 상대적 논리로서 파악하는 것이 아니라, 상대(相對)의 양단(兩端)을 동시에 긍정하는 것이다. 천국은 물론 내 안에 있다. 그러나 내 안에 있는 동시에 내 밖에 있는 것이다. 다시 말해서, 예수의 천국운동은 식탁교제운동이었고, 소외와 빈곤의 극복이었고, 나눔이었고, 율법의 구속으로부터의 해방이었다.

이것은 나 밖에서, 인간과 인간의 관계에서 이루어지는 천국인 것이다. 천국은 내 "안의" 관념이 아니라, 내 "밖의" 실천이기도 한 것이다. 천국은 네 안에 있고, 동시에 네 밖에 있지 않으면 아니되는 것이다. 나라는 존재는 근원적으로 안과 밖이 없다(Th.22). 안과 밖이 근원적 융합되는 곳에 하나된 자로서의 "나"라는 아이덴티티가 엄존하는 것이다.

나에게 생명의 물을 주는 하란의 사람들

유프라테스강과 지중해 사이에 있는 시리아사막을 하염없이 달리다 보면 사막 한가운데 거대한 오아시스 도시를 만나는데 석조건축들의 장관에 압도되고 만다. AD 2·3세기 때만 해도 4만 명의 거주민이 있었다니 참으로 놀랍다. 팔미라(Palmyra, Tadmor 고대 셈족 말)는 BC 2000년경부터 이집트와 메소포타미아를 연결하는 문명권의 요충지였다. 역사적으로 앗시리아, 페르시아의 지배를 받았고 셀레우코스 왕조가 이곳을 왕조의 한 중심지로 삼았다. 로마제국이 남쪽의 나바태안왕국을 멸망시키면서(AD 106년) 중국·인도와 유럽을 연결하는 카라반루트가 이곳 중심으로 개발되었고 따라서 상인들의 자치구가 형성되었다. 하드리아누스황제도 AD 130년 이곳을 방문하고 "자유도시"임을 선포했다. 3세기 중엽에는 이 지역의 귀족 오다이나트(Odainat)가 자신을 왕으로 선포하고 AD 256년에는 로마의 속국으로 인정받았다. 그러나 267년 그가 살해되자 그의 둘째 부인 제노비아(Zenobia)는 로마제국에 대항하여 독립을 선포하고, 자신에게 아우구스타의 칭호를 부여하고 로마군대와 끝까지 타협 없이 싸웠다. 오늘날 일본이 독도문제로 또다시 우리민족을 모독하고 있다. 제노비아의 주체적 응전을 생각해본다. 1954년 당시 변영태 외무부장관은 다음과 같이 말했다: "일본이 독도를 탈취하고자 하는 것은 한국에 대한 재침략을 의미하는 것이다."

64. 소크라테스와 예수

너 자신을 알라

> 예수와 그리스도는 별개의 관념이다. 그러나 초기기독교의 역사는 예수를 그리스도로서 당대의 민중들에게 설득시켜 간 과정이라 말할 수 있다. 예수를 그리스도로 만드는 과정에는 반드시 부활이라는 신화가 개입된다. 그 신화는 기독교공동체에 속한 사람들의 죄의 대속이라는 의미를 반드시 지녀야 했다. 이런 초기 그리스도 운동의 대표적인 리더가 바울이었다. 그러나 도마복음서는 동시대에 이미 그러한 그리스도운동과는 전혀 종류가 다른, 순결한 예수 운동이 있었다는 역사적 사실을 우리에게 웅변하고 있다.

제3장

³진실로, 나라는 너희 안에 있고, 너희 밖에 있다.
⁴너희가 너희 자신을 알 때, 비로소 너희는 알려질 수 있으리라. 그리하면 너희는 너희가 곧 살아있는 아버지의 아들이라는 것을 깨닫게 되리라. ⁵그러나 너희가 너희 자신을 알지 못한다면, 너희는 빈곤 속에 살게 되리라. 그리하면 너희 존재는 빈곤 그 자체이니라."

沃案 한자문명권의 대표적인 고전 중의 하나인 『노자도덕경老子道德經』의 첫 장을 펼치면 이와 같은 이야기가 있다: "무명無名은 천지의 시작이요, 유명有名은 만물의 어미다." 그리고 또 말한다: "무욕無欲하면 묘妙의 세계를 보고, 유욕有欲

하면 교(徼: 형체화되는 가장자리)의 세계를 본다." 그런데 그 다음에 이와 같은 이야기가 있다: "이 둘은 실상 같은 것이다此兩者同. 그 같은 것을 일컬어 현玄하다 한다." 이것은 과연 무슨 이야기일까?

유명과 무명은 분명 명(名: 이름, 분별)이 있음과 없음으로 구별되는 세계며, 유욕과 무욕은 분명 욕(欲: 욕심, 집착)이 있음과 없음으로 구별되는 세계이다. 그러나 노자는 이 양자를 완전히 분리해서 대립적으로 보는 것을 경계한다. 그것을 대립적으로 보는 우리의 인식세계가 더 큰 죄악을 낳는다는 것이다. 결국 무명과 유명이 동일한 하나의 세계에 대한 우리의 인식의 차이일 뿐이라고 생각한다.

이렇게 생각해보면 어떨까? 하늘과 땅, 천국과 속세, 하나님과 인간, 빛과 어둠, 결국 이것이 하나가 아닐까? 도마복음은 놀랍게도 살아있는 예수의 말씀이 이러한 같음(同)의 세계, 그래서 현묘한 현(玄)의 세계를 우리에게 가르치고 있다고 설파한다. 무욕(無欲)의 세계는 빛이다. 유욕(有欲)의 세계는 어둠이다. 그러나 빛과 어둠은 결국 다 우리 몸의 세계라는 것이다. 같음의 현묘한 세계를 전관(全觀)하라! 놀라웁게도 이것이 살아있는 예수가 하는 말이다.

"빛과 어둠이 따로 있는 것이 아니다. 빛이 사라지면 곧 어둠이니라"(도마복음 제24장). "나라는 존재가 온전한 무분별상태에 있으면 곧 빛으로 가득차고, 나라는 존재가 분별되고 분열되면 곧 어둠으로 가득차리라"(도마복음 제61장).

여기 요한복음의 로고스기독론적 2원론은 찾아볼 길이 없다. 천국에 대해서도 우리는 현묘한 전관의 시각을 잃지 말아야 한다. 천국은 네 안에 있고, 동시에 네 밖에 있다. 무욕(無欲)의 천국을 네 안에 이루었다면 동시에 너는 유욕(有欲)의 천국을 네 밖에 이루어야 한다. 예수의 천국운동은 주체의 변혁과 동시에 사회의 변혁이었다. 내면의 개벽인 동시에 인간관계의 개벽이었다.

그 전관(全觀)의 오메가 포인트는 무엇인가?: "너 자신을 알라!" 너 자신을 알 때만이 너는 천국을 네 안에, 네 밖에 성취하리라. 여기서 우리는 친숙한 언어를 접하게 된다. "너 자신을 알라!"(gnōthi seauton), 이것은 소크라테스의 좌우명이자, 델피 아폴로신전의 현관의 기둥에 새겨져 있는 희랍어 명문(銘文)이다. 소크라테스는 이 신탁의 명문을 인간의 자기탐구로 심화시켰다. 그것은 결국 "무지의 자각"이었다. 소크라테스의 모든 문답의 변증법이 도달하고자 했던 구극적 목표가 바로 이 무지의 자각이었다. 보리수 아래서 명상하던 싯달타의 연기적 사유의 궁극도 "무지의 자각"이었고, "무명無明, avidyā의 발견"이었다.

예수는 물론 헬레니즘의 보편주의적 문화권에서 살면서 소크라테스의 영향을 받은 사람이었다. 예수에게 발견되는 견유학파적 측면은 본시 소크라테스의 삶에서 시작되는 것이다. 소크라테스는 놀라운 자제력과 극기력의 소유자였다. 소크라테스는 평생을 맨발로 다녔으며 항상 홑겹의 낡은 누더기만 걸치고 살았다. 더위, 추위, 굶주림, 목마름에 무관심하였다. 그러면서도 그는 괴력을 발휘하였다. 그의 군복무 생활(펠레폰네소스 전쟁 종군)이 그의 친구의 입을 통해 『향연』에 자세히 묘사되고 있는데, 그는 행군할 때 혹독한 추위 속에서 맨발로 걸으면서도 군화를 신은 병정들보다 훨씬 앞장서서 씩씩하게 걸어갔다는 것이다. 병사들은 그가 자기들을 깔보는 것이 아닌가 오해하고 그를 쏘아보곤 했던 것이다. 소크라테스의 인내심과 집중력은 놀라운 것이었다. 동구 밖 느티나무에서 사색에 잠기면 몇 날 며칠을 부동자세로 서있었다. 강직증성 황홀경(cataleptic trances)에 빠지곤 했던 것이다. 그는 평소 술은 마시지 않았으나, 마시면 주량이 누구보다 많았고, 아무도 그가 취하는 것을 본 적이 없었다. 여자의 유혹에도 조금도 흔들림이 없었다. 그는 올페우스교의 완벽한 성자였던 것이다.

인간 예수의 모습과 인간 소크라테스의 모습은 많은 부분이 겹친다. 그러나 가장 결정적인 사실은 예수가 그리스도로 신화화되어가는 과정에서 당대의 헬라화된 모든 사람들에게 소크라테스의 이미지는 거의 완벽한 그리스도 모델을 제공했다고 하는 사실이다.

그리스도는 "기름 부음을 받은 자"라는 뜻이지만 헬라인들에게는 부엌의 콩기름을 뒤집어쓰는 것처럼만 생각되는, 전혀 그 함의가 와닿지 않는 생소한 말이었다. 그리고 예수의 천국운동은 전혀 "그리스도"라는 이미지를 필요로 하지 않았다. 도마복음에도 예수는 살아있을 뿐이며 죽을 필요가 없다. 죽지 않는다는 이야기가 아니라 죽어야만 하는 필연성이 없다는 것이다. 그러나 그리스도는 반드시 죽어야 한다. 왜 죽는가? 그는 "우리"의 죄를 대속하기 위하여 죽어야 한다. 여기서 "우리"란 누구인가? 최초의 크리스챤 회중이다. 이 회중은 예수의 사후에 형성

제노비아는 시리아 500파운드권 지폐에 새겨져 있고 시리아의 주체성의 상징이다.『로마제국쇠망사』를 쓴 기번은 제노비아를 이와 같이 기술하고 있다: "그녀의 아름다움은 클레오파트라를 연상시키지만 순결과 용기에 있어서는 클레오파트라를 한참 뛰어넘는다. 검은 피부에 이빨은 백진주 같았고 검은 눈은 정열의 불꽃이 유순한 매력과 함께 이글이글 타올랐다. 그녀의 남성다운 오성은 끊임없는 학구열로 세련된 것이다." 외교에 있어서는 주체적 자신감만이 우리에게 이득을 불러온다.

된 후대의 현상임에도 불구하고 예수는 이들을 위하여 죽어야 하는 것이다. 예수의 죽음 자체가 하나의 "구속사건 saving event"이 될 때만이 예수는 그리스도가 되는 것이다.

사실 이러한 대속의 희생은 이스라엘전통에는 없는 것이었다. 대속의 인간희생은 혐오의 대상이었다. 번제에 쓰려했던 이삭을 야훼가 구출해내었던 것이다. 그러나 희랍전통은 고귀한 죽음(noble death)을 찬양했다. 폴리스는 모든 문화와 교육이 전사(warrior)를 기르기 위한 것이었으며, 전사는 폴리스를 위하여, 그 법과 인민을 위하여 고귀한 영웅적 죽음을 맞이하는 것이 영예로운 일이었다. 소크라테스가 자기의 철학적 신념 때문에 자기를 우롱하고 저주하는 폴리스를 위하여 용감하게 죽음을 맞이했다는 사실은 그레코·로만시대에 있어서 도덕적 고귀함의 가장 전범이 되는 모형이었다. 예수의 죽음에 소크라테스의 이미지가 겹친 것은 너무도 당연한 일이었다.

그러나 소크라테스의 죽음에는 부활이라는 장치가 없었다. 그리고 그러한 부활의 관념은 당시 이성적 사유를 신봉하는 헬라인들의 감성에는 영 뜰뜨름한 것이었다. 그래서 예수를 그리스도로 만들기 위하여 필사적인 노력을 해야만 했던 복음서작가들은 그 부활의 신화적 논리를 당시의 묵시론적 성향을 보였던 유대교의 지혜문학전통에서 빌려왔던 것이다(Burton L. Mack, *The Lost Gospel* 216~7).

그러나 지금 우리의 도마복음은 이러한 그리스도 신화, 즉 후대의 케리그마와는 전혀 무관한 것이었다. 그리고 천국은 오로지 자아의 발견(Discovery of the Self)임을 선포하고 있는 것이다: **"너 자신을 알라."**

팔미라(Palmyra)의 메인로드(cardo maximus)를 걷다. 나는 단지 초라한 인간인가? 나는 예수인가? 나는 하나님인가?

65. 아가페와 그노시스

네가 곧 하나님의 아들이다

> 인간이 하나님인가 아닌가? 이러한 문제에 관한 대답은, 인간을 하나님과 동차원에서 바라볼 수 없는 비열한 존재로 파악하거나, 인간에게 부분적인 신성의 족보를 허락하거나, 인간에게 완벽한 신성을 부여하거나, 이 세 가지로 요약될 것이다. 과연 어느 것이 정답일까? 물론 정답은 없다. 시·공의 다양한 가치관에 따라 끊임없는 해석이 가능하다. 중요한 것은 그러한 논의를 끊임없이 개방시켜야 한다는 것이다.

제3장

⁴너희가 너희 자신을 알 때, 비로소 너희는 알려질 수 있으리라. 그리하면 너희는 너희가 곧 살아있는 아버지의 아들이라는 것을 깨닫게 되리라. ⁵그러나 너희가 너희 자신을 알지 못한다면, 너희는 빈곤 속에 살게 되리라. 그리하면 너희 존재는 빈곤 그 자체이니라."

沃案 도마복음서와 같은 코우덱스에 들어있는 도마서(*The Book of Thomas*)에는 예수가 그의 쌍둥이 도마에게 다음과 같이 말한다: "네가 나와 일상적으로 걷고 있을 때는 비록 깊은 이해를 결하고 있지만, 너는 이미 앎을 획득하였도다. 그래서 너는 진실로 "자기 자신을 아는 자"라 불릴 수 있을 것이다. 자기를 알지

못하는 자는 아무 것도 알지 못하며, 자기를 아는 자는 이미 우주의 심오한 진리를 획득하는도다"(138, 14~19).

도마복음서의 논리가 좀 더 번잡하게 발전한 모습을 엿볼 수 있다. 도마서는 변자도마서(The Book of Thomas the Contender)라고도 불리는데 예수와 쌍둥이 도마가 둘이서 변론하는 것을 마타이아스(사도 마태?)가 기록한 형식을 취하고 있다. 변자도마서도 도마복음서의 추구와 발견, 그리고 지배와 휴식의 주제를 발전시키고 있다. 도마복음서보다 후대의 작품이 분명하며 도마행전에는 선행한다. 도마복음서의 내용을 다양하게 편집하면서 발전시킨 흔적이 엿보이는데 이것은 초기기독교운동이 끊임없이 새로운 텍스트들을 요구했다는 것을 방증한다.

상기의 논리에서도 자기 자신에 대한 앎이 강조되었다. 자기에 대한 앎(Self-Knowledge)이야말로 지식의 전부이며, 그 앎이 곧 전 우주의 심오한 진리라는 것이다.

"네가 너 자신을 알 때, 비로소 너는 알려질 수 있으리라"는 좀 수수께끼 같은 구문이다. 그러나 "안다 – 알려진다"의 문장 패턴은 바울서한에서도 나타난다. 바울서한 중에서도 저작성이 가장 확실한 갈라디아서에 이와 같은 표현이 있다: "그러므로 네가 이후로는 종이 아니요 아들이니, 아들이면 하나님께서 세우신 상속자니라. 전에는 너희가 하나님을 알지 못하여, 본질상 하나님이 아닌 신들에게 종노릇 하였더니, 이제는 너희가 하나님을 알 뿐더러 하나님의 아신 바 되었거늘 … (now that you have come **to know** God, or rather **to be known** by God)"(갈 4:7~9).

고린도전서에도 이와 같이 쓰고 있다: "누구든지 하나님을 사랑하면 이 사람은 하나님의 아시는 바 되었느니라"(고전 8:3).

그 유명한 바울의 사랑장에도 이와 같은 표현이 있다: "이제는 내가 부분적으로 아나, 그때에는 주께서 나를 아신 것 같이 내가 온전히 알리라"(고전 13:12).

이러한 바울의 표현으로 미루어볼 때, 도마복음의 "알려진다"라는 표현은 "하나님께 알려진다"는 것을 뜻함이 분명해진다. 그러나 하나님께 알려지는 조건이 무엇인가? 바로 너 자신을 아는 것이다. 여기서 도마와 바울은 크게 갈린다.

바울은 하나님께 알려지는 유일한 길은 하나님을 사랑하는 것이며, 그의 아들인 예수의 대속적 죽음과 부활을 믿는 것이라고 주장한다. 여기서 사랑이란 암암리 지식, 즉 그노시스를 경계하는 의미를 함축하고 있다. "사랑은 언제까지든지

팔미라의 영웅, 기번이 이 지구상에 여성으로서 태어난 가장 영웅적이고 가장 아름다운 인간이라고 극찬한 제노비아는 용전(勇戰)을 거듭했으나 결국 로마로 잡혀가고 말았다(AD 272). 제노비아는 바로 예수가 썼던 아람어를 말한 여인이었다. 제노비아는 포로가 되기를 거부하고 곡기를 끊고 죽었다. 제노비아는 클레오파트라를 숭배했고, 죽음도 클레오파트라의 선례를 따른 것이다. 그녀의 영웅적 패배로부터 팔미라는 영화를 되찾지 못했다. 팔미라는 모래와 티끌 속에 묻혀 있었다가 1678년에나 알렙포에 살았던 두 영국 상인에 의하여 재발굴되기에 이른다.

그치지 아니하나, 예언도 폐하고 방언도 그치고 지식도 폐하리라"(고전 13:8). "지식은 교만하게 하며 사랑은 덕을 세우나니"(고전 8:1). 지식 즉 그노시스는 사람을 자고(自高)케 만든다는 것이다. 너무 인간이란 존재에게 본질적인 자만심을 부여한다는 것이다.

그러나 도마복음은 인간의 자기탐구에 대하여 한계를 지으려하지 않는다. 인간이 하나님에게 알려지는 진정한 길은 인격화된 하나님을 피상적으로 사랑하는 것이 아니라 오히려 자기를 철저히 탐구하는 것이다. 자기 자신을 아는 것이다. 인간은 진정으로 알 때만이 행동할 수 있는 것이다. 덕을 축적할 수 있는 것이다. 자기를 안다는 것은 결국 무엇인가? 자기를 제어한다는 뜻이다. 자기를 지배한다는 뜻이다. 내가 나에게 왕이 된다는 뜻이다.

"네가 너 자신을 알 때, 비로소 너는 알려질 수 있으리라. 그리하면 너는 네가 곧 살아있는 아버지의 아들이라는 것을 깨닫게 되리라." 여기서 논리적으로 전제되고 있는 것은 무엇일까? 나 자신을 안다는 것은 곧 나 자신이 하나님의 아들이라는 것을 깨닫는 것이다. 예수는 자기만이 하나님의 유일한 아들임을 선포하지 않는다. 모든 인간이 살아있는 하나님의 아들임을 선포하고 있는 것이다. 예수는 인간이 자신을 스스로 되돌아보게 유도함으로써 하나님의 아들임을 자각케 만드는 지혜로운 스승일 뿐이다.

갈라디아서에서도 바울은 이러한 문제에 관하여 매우 미묘한 입장을 취한다. "너희가 아들인고로 하나님이 그의 아들의 영을 우리 마음 가운데 보내사 아바 아버지라 부르게 하셨느니라"(갈 4:6).

평범한 인간도 모두 하나님의 종이 아닌, 하나님의 아들임에 분명하다. 그러나 우리 인간이 아들이 된 것은 오로지 예수 그리스도라는 사건을 통하여 이루어진 사태일 뿐이라는 것이다. 그러나 바울 자신도 예수가 하나님의 아들이라는 것, 그리고 우리 인간이 모두 하나님의 아들이라는 것, 이 두 사태가 근원적으로 차원을 달리한다고 생각하지 않았다. 내가 하나님을 알고 또 내가 하나님의 아신 바 된다는 것은 결국 나와 하나님의 궁극적 합일(合一)을 암시하는 것이다.

> "나는 선한 목자라. 내가 내 양을 알고, 양도 나를 아는 것이, 아버지께서 나를 아시고, 내가 아버지를 아는 것 같으니 … "(요 10:14~15).
> "그 날에는, 내가 아버지 안에, 너희가 내 안에, 내가 너희 안에 있는 것을 너희가 알리라"(요 14:20).

이러한 요한복음의 상호내재(mutual indwelling)의 언사도 결국 하나님과 예수와 인간이 하나로 합일된다는 것을 암시하고 있다. 그러나 그리스도 케리그마의 발전은 이러한 해석의 가능성을 허락하지 않았다. 바울도 유대화파나 영지주의적 온갖 분파와의 싸움에서, 확고한 자기의 헬라적 이념체계와 그것에 기초한 교회공동체조직에 모든 것을 복속시켜야 했기에, 평범한 인간에게 그리스도와 동등한 신성을 부여할 수는 없었다. 그리고 바울신학에 있어서는 "아버지와 아들"이라는 관계가 유대인의 민족적 체험의 배경을 크게 벗어나지 않는다. "아들"은 개인이 아닌 "이스라엘"이었고, 그 이스라엘을 이방인에게 확대시키기 위하여 부활사건을 도입한 것이다.

도마복음은 이와 같이 확언한다. "네가 네 스스로 살아있는 하나님의 아들임을 깨닫지 못한다면, 너는 빈곤 속에 살게 되리라. 아니 네 존재는 빈곤 그 자체가 되고 말 뿐이다!" 여기 "너you"가 단수라는 사실도 주목을 요한다.

인간이 부처가 될 수 있는가? 인간이 예수가 될 수 있는가? 인간이 하나님이 될 수 있는가? 이에 대한 너의 대답은 무엇이냐? AD 1세기의 초기기독교세계에서는 이러한 문제가 아무런 금기 없이 논의되고 있었던 것이다.

예수 생전에 이미 기독교를 수용한 에데사(오스로에네)왕국의 수도 우르파(Urfa), 도마는 예수 사후에 그 우르파로 갔다. 우르파는 현재 터키 동부 내륙, 유프라테스강 상류지역에 있다. 우르파는 도마기독교의 본산이며, 에데사왕국은 지구상에서 기독교를 최초로 국교로서 승인한 곳이다. 1637년 오스만제국이 이곳을 지배하면서부터 기독교의 자취는 사라지고, 아브라함의 고향인 우르가 바로 이곳 우르파라는 이슬람교도들의 신념 때문에, 이곳은 현재 아브라함의 탄생동굴이 보존되어 있는 이슬람성지가 되어있다. 나는 우르파박물관(Sanliurfa Museum)에서 아니마와 아니무스의 결합을 상징하는 조각을 발견했다. 초기기독교 왕국의 예술적 표현은 너무도 발랄한 것이었다.

66. 아니마와 아니무스

남자 속에 여자가 있고, 여자 속에 남자가 있다

> 도마복음은 상징적 언어로 가득차 있다. 이 상징체계를 푸는 데 가장 먼저 요구되는 것은 우리가 알고있는 기독교라는 가치체계의 상념의 탈을 여지없이 벗어버려야 한다는 것이다. 인간의 사고는 대중화되면 될수록 다면적인 데서 일면적으로, 포섭적인 데서 단선적으로 흐르기 쉽다. 오늘의 기독교는 그 원래의 원융적이고 자각적인 고차원의 세계관을 획일적이고 의타적인 세계관으로 저급화시킨 결과의 산물이다.

제4장

¹예수께서 가라사대, "나이 먹은 어른이 칠일 갓난 작은 아이에게 삶의 자리에 관해 묻는 것을 주저치 아니한다면, 그 사람은 생명의 길을 걸을 것이다.

²첫찌의 많은 자들이 꼴찌가 될 것이요,

³또 하나된 자가 될 것이니라."

¹Jesus said, "The man old in days will not hesitate to ask a small child seven days old about the place of life, and that person will live.

²For many of the first will be last,

³and will become a single one."

沃案 도마복음서를 파헤치고 들어가보면 볼수록 미궁에 빠짐과 동시에 엄청난 은유와 비유와 상징의 홍수 속에서 허우적거리게 된다. 그러다가 무엇인가를 깨닫게 되는 "발견의 희열"을 느끼게 된다. 도마복음서는 우리의 합리적 사유로 분석되는 정연한 논리체계가 아니요, 살아있는 예수와 직접 실존의 체험으로 맞부닥쳐야만 하는 추구와 발견의 과정이다. 그러나 도마복음서를 가득 메우고 있는 상징언어들을 이해하기 위하여서는 먼저 우리가 기독교나 서양철학이나 서양논리에 대하여 가지고 있는 모든 선입견을 벗어버려야 한다. 그리고 도마복음이 그 나름대로 가지고 있는 고유한 세계관, 그 가치관을 있는 그대로 왜곡 없이 이해하고 받아들여야 한다.

도마복음서를 읽으면서 우리가 새삼 확인하는 사실은, 그것은 결코 외경이 아니라는 것이다. 현재 정경화 되어있는 4복음서나, 4복음서의 더미 속에서 발견한 큐복음서보다도 확연히 더 오리지날한 느낌을 주는 웅혼한 작품이라는 것이다. 여기서 "오리지날"하다는 의미는 시대적으로도 앞선다는 의미를 내포할 뿐 아니라 사고의 정합성(整合性)을 가리키고 있는 것이다. 정합성이란 평면적 논리의 일관성이 아니다. 다면적·중층적·복합적 논리의 직관적 통일성이다. 그 통일성은 원융(圓融)한 혼돈(混沌)의 세계를 포섭하고 있다. 제3장의 주석에서 나는 이미 "전관全觀"의 방법을 갈파하였다. 제4장에서는 혼돈(混沌)과 융합(融合)이라는 근원적인 가치관이 설파되지 않으면, 본장을 구성하는 언어들이 이해될 길이 없다. 이러한 혼돈성과 융합성은 4장뿐 아니라 도마복음 전체를 일관하고 있다.

인간의 사유가 고차원적인 데서 저차원적인 데로, 다면적인 데서 일면적인 데로, 포섭적인 데서 단선적인 데로, 고매한 데서 유치한 데로, 자각의 권면에서 믿음의 강요로 흐르기는 쉽지만, 그 역방향은 시간이 오래 걸릴 뿐 아니라, 일반적인 엔트로피증가의 방향성에 비추어도 결코 쉽지 않은 것이다. 도마복음서와 큐복음서, 그리고 그에 기초한 내러티브 복음서들의 언어를 비교해보면 이러한 AD 1세기 초기기독교 역사의 진행방향이 명료하게 드러난다.

도마복음서를 포함한 나그함마디 성문서에 각별한 관심을 기울였고, 진리복음서가 들어있는 제1코우덱스를 소유하기까지 했던 20세기의 대표적 심리학자 융(C. G. Jung, 1875~1961)은 우리의 심층의식의 아키타입의 한 유형으로서 아니마(anima)와 아니무스(animus)라는 재미있는 개념을 제시한다(융의 아키타입이론은 이미 제18편~19편에서 상술). 그것은 이 장 마지막 절의 "하나된 자 a single one"의 해석과 관련된다.

아니마란 남자의 여자 이미지고, 아니무스란 여자의 남자 이미지다. 그러니까 아니마와 아니무스는 불가분의 관계로 서로 얽혀있다. 인간세상이 대체로 남성중심사회이기 때문에 아무래도 아니무스보다는 아니마가 더 많은 논의의 대상이 된다. 융도 남성이기 때문에 부지불식간에 아니마에 더 명료하게 초점을 맞춘다. 아니마가 아니무스보다는 더 쉽게 기술된다는 것이다. 아마도 유대교전통에서 "지혜"가 여성의 이미지를 지니는 것이나, 동양의 도가철학에서 말하는 도(道)가 음(陰)적인 이미지를 지니는 것도, 모두 남성중심사회에서 파생된 아니마적 아키타입이라고 말할 수 있다. 그런데 이 아니마와 아니무스는 모두 어떤 개인적 의식의 구체적 현상이 아니라, 어디까지나 집단적(collective)인 것이다. 한 인간의 체험의 세계에서 아니마는 엄마의 이미지로 출발할 것이고, 사춘기의 아니마는 한 남자의 에로틱한 충동이 형상화된 어떤 이미지일 것이다. 그러나 이러한 아니마도 시대에 따라, 문화권에 따라, 다른 아키타입적 이미지를 지닐 것이다.

그러나 더 근원적 사실은 아니마야말로 의식과 무의식을 연결하는 어떤 고리로서 묘사된다는 것이다. 융은 그것을 인간의 심층적 무의식의 인격화(a personification of the unconscious)로 간주하기도 한다. 인간의 섹스라는 것도 어떤 의미에서는 나 자신에 내재하는 아니마의 발견이라고도 볼 수 있다.

섹스라는 것은 인간의 성장과정에 있어서 매우 특수한 체험이다. 성교는 본시 동물의 세계에서는 종족번식의 수단으로 본능화 되어있는 것이다. 그러나 언어와 같은 고도의 상징적 의식이 발달한, 인간이라는 동물에게서는 성교는 종족번식의 수단을 넘어서는 특별한 의미를 갖는다. 인간에게 있어서 성교란 단순히 성기접촉의 쾌락을 의미하는 것이 아니다. 그 쾌락이 단순히 종족번식의 효율성을 유도하기 위한 몸의 장치만도 아니다. 인간은 에로틱한 체험을 통하여 에로틱한 충동을 넘어서는 심오한 느낌(Feeling)의 세계를 발견하는 것이다. 성을 통하여 성을 넘어서는 우주를 발견하는 것이다.

인간은 진정으로 성적 체험을 통하여 성장하며, 그것을 우주적 이해의 차원으로 승화시킨다. 성적인 체험을 결한 사람은 진정한 의미에서 인간의 파토스의 세

우르파박물관의 뜨락에서 초기 도마기독교 교회의 한 부분인 듯이 보이는 조각을 찾아냈다(AD 2세기). 현재 우르파에는 단위면적당 고색창연한 모스크가 제일 많다고 하는데 그것은 모두 기독교 교회를 리모델링한 것이다. 사자 머리 위로 십자가가 있고 돔 옆으로는 새끼양이 새겨져 있으며 기둥은 코린트양식이다. 세례성소의 조각이었던 것 같다.

계와 그와 결부된 가치의 세계로부터 격절되어 있다. 성적인 체험이 대부분의 사람에게 인생의 의미 그 자체와 결부되어 있는 것도 성이라는 복합적 열정이 너무도 많은 느낌의 세계에 대한 열쇠를 장악하고 있기 때문인 것이다.

그런데 재미있는 사실은 도마복음의 언어가 드러내고 있는 세계관은 궁극적으로 이 아니마와 아니무스의 합일(合一)을 지향하고 있다는 것이다. 융은 아니마와 아니무스를 방편적 개념으로 설정하고 그것이 실체화되어 나타날 때 인간에게 병리적 현상이 일어난다는 것을 설명하려 했다. 그러기 때문에 아니마와 아니무스는 결코 긍정적인 의미맥락을 지니지 않는다. 도마에는 그러한 부정적인 맥락이 전혀 없다. 그리고 도마가 말하는 합일은 아니마와 아니무스의 분별이 근원적으로 해소되는 것을 의미하고 있다.

아니마는 남성 속에 있는 여성성이며, 아니무스는 여성 속에 있는 남성성이다. 이것은 곧 나라는 존재 안에 아니마와 아니무스가 공재(共在)한다는 것을 의미한다. 나라는 존재는 궁극적으로 아니마와 아니무스의 결합에서만 가능해지는 "하나된 자"이기 때문이다. 아니마를 음(陰)이라 하고, 아니무스를 양(陽)이라 한다면, 결국 나라는 존재는 음양의 합일인 것이다. 남자 속에는 여자(아니마)가 들어있고, 여자 속에는 남자(아니무스)가 들어있다. 그래서 서로가 서로를 요구하게 되는 것이다. 성교란 결국 아니마와 아니무스가 합일되는 체험이라 말할 수 있다. 남성 속에도 아니마와 아니무스가 있으며 여성 속에도 아니마와 아니무스가 있다. 이성지합이란 서로가 서로의 아니마와 아니무스를 발견하는 것이다. 밀교에서는 오르가즘의 극치에서 체험되는 신비경을 합체불(合體佛)이라 표현했고, 『주역』은 이것을 우주적 차원에서 "일음일양지위도一陰一陽之謂道"라 표현한 것이다. 도마는 무소유 방랑자의 원초적 고독속에서 성적 체험을 뛰어넘는 아니마와 아니무스의 합일을 말하고 있는 것이다.

이곳은 에데사왕국의 수도였던 우르파이다. 우르파의 왕 아브가르 우카마(Abgar Ukkama)는 피부병으로 심하게 고생을 하고 있었는데 팔레스타인을 들락거리는 상인들로부터 이적을 행하는 예수의 소식을 듣는다. 그리고 예수를 초청한다. 예수는 팔레스타인의 사역을 포기할 수 없어 가지는 못하겠으나, 자기를 보지도 않고 믿고 초청하는 에데사의 왕을 축복하는 편지를 보낸다. 그 예수가 직접 쓴 편지가 유세비우스의 『교회사』에 발굴된 골동문서로서 실려있다. 예수는 편지와 함께 자기의 얼굴이 그려진 손수건에 땀을 닦아 보낸다. 그 손수건으로 상처를 어루만지니 병이 씻은 듯이 나았다. 또 이곳 우르파는 아브라함이 탄생한 곳이다. 바빌로니아의 왕 니므롯(Nimrod)이 아브라함이 태어날 때 유일신을 퍼뜨릴 아이가 탄생하리라는 현몽의 예언을 듣고 아기 밴 여자와 아기를 다 죽이게 한다. 아브라함의 엄마는 임신을 숨겼고 몰래 동굴에서 아브라함을 낳았다. 헤롯 영아살해의 옛 버전이라 할 수 있다. 아브라함이 장성하여 니므롯이 숭배하는 우상들을 파괴한다. 그러자 니므롯이 아브라함을 우르파 성에서 체포하여 성벽 밑에 타오르는 거대한 불구덩이로 그를 던진다. 이때 하나님이 불구덩이를 연못으로 변하게 했고 장작들을 잉어로 변하게 했다. 더 멋있는 버전에 의하면 아브라함을 사모하는 니므롯의 딸이 자기 몸을 성벽에서 던졌다고 한다.

67. 자웅동체의 시간관

묵시를 완성치 말고 낙원을 회복하라

> 도마복음서의 상징체계는 난해하다. 그러나 그 상징체계가 소기하고 있는 가치관을 이해하면 쉽게 풀려나간다. 놀라웁게도 그 상징언어들은 하나로 다 연결되어 있는 것이다. 인간이 자웅동체일 수는 없다. 그러나 도마복음서는 자웅동체라는 상징을 인간이 지향해야 할 웅혼한 이상으로서 계속 제시한다. 그 상징성은 우리의 통념적 시간관을 역전시킬 때만이 료해된다. 그것은 기묘한 신화가 아니라 우리 삶에 전혀 새로운 세계관을 제시하는 것이다.

제4장

¹예수께서 가라사대, "나이 먹은 어른이 칠일 갓난 작은 아이에게 삶의 자리에 관해 묻는 것을 주저치 아니한다면, 그 사람은 생명의 길을 걸을 것이다.
²첫찌의 많은 자들이 꼴찌가 될 것이요,
³또 하나된 자가 될 것이니라."

沃案 성교는 아니마와 아니무스의 합일이요, 합일의 오르가즘을 통해 남성성과 여성성이 모두 사라지는 합체불(合體佛)의 체험이며, 음(陰)과 양(陽)이 끊임없이 왕래하고 소통되는 도(道)의 경지다. 도는 음만으로, 또는 양만으로 이루어

질 수 없는 것이다. 끊임없이 음이 되었다가(一陰), 양이 되곤(一陽) 하는 것이다. 고대인들에게 성교가 단지 생산성의 컬트일 뿐 아니라, 죽음과 부활, 그리고 모든 성스러운 제식의 심볼리즘으로 나타나는 것은 성교가 개인적 욕망의 분출이라기보다는 어떤 코스믹한 차원의 의미체계를 상징하기 때문이다. 후대의 기독교가 성교라는 행위를 단순히 인간 몸의 욕망의 어두운 그림자로 보고, 사망의 죄악의 주체로 파악한 것과는 전혀 다른 기독교의 모습이 도마복음서에는 펼쳐지고 있는 것이다. 그렇다고 도마복음이 성교행위나 그와 관련된 컬트를 장려하는 것은 전혀 아니다. 여기서 논의하는 것은 단순히 상징적 표현에 관한 것이다. 도마복음은 종말론적 기독론(eschatological Christology)이 지배하기 이전의 원시기독교(proto-Christianity)의 다양한 운동의 실상을 생생하게 우리에게 전달해주고 있다. 나는 "원시기독교"라는 말을 "초대기독교primitive Christianity" 이전의, 예수 사후 다양하게 발전한 예수운동들을 총괄하여 지칭하는 개념으로 사용한다.

이것이 바로 그 연못이고 아직도 잉어가 우글거린다. 이 잉어들은 성물이라서 잡을 수 없다. 아마도 이곳은 에데사왕국 시절에는 도마기독교의 본산이었을 수도 있다. 이곳 우르파와 도마복음서는 불가분의 관계에 있다.

우리는 사춘기 때, 주로 남성에게서 이러한 에로틱 판타지가 나타나겠지만, 자기 몸이 자웅동체(androgyne)였으면 하는 상상을 해보기도 한다. 성욕은 분출되고 메이팅의 짝은 구해지지 않고 …. 그러나 이러한 에로틱 판타지는 신화의 세계에서는 코스믹 아키타입의 다양한 형태로 나타난다. 창세기로 돌아가보자! 사실 창세기는 유대민족의 역사 이야기가 아니다. 그것은 바빌로니아로부터 페니키아에 이르는 비옥한 초승달지역의 신화적 세계관의 한 전형일 뿐이다.

그런데 야훼 하나님은 천지를 창조한 후에 진흙으로 사람의 형상을 빚어 만들고 코에 입김을 불어넣어 사람이라는 생명체를 만들었다(창 2:7). 그 사람이 곧 진흙을 의미하는 히브리어 "아담아"('adamah)에서 유래된 아담이다. 원래 아담이란 히브리어로 "사람"이라는 일반명사이며, 특정한 개체를 가리키는 고유명사가 아니었다. 그런데 이 아담, 즉 사람은 자웅동체였다는 사실을 우리는 기억하지 않으면 안된다.

야훼 하나님은 본시 자웅동체인 사람 즉 아담을 만들었다. 그런데 자웅동체인 아담이 혼자 있는 것이 심심해 보이므로(창 2:18), 그의 갈빗대 하나를 뽑아서 여자를 만든 것이다(창 2:21~22). 그러니까 여자는 독자적인 존재로서 태초부터 있었던 것이 아니라 아담으로부터 분화된 것이다. 즉 아담(사람)에 내재하는 여성성이 객화된 것이다. 그리고 **아담과 여자의 분화야말로 인간의 모든 비극의 시작이었고 역사의 시원이었다.**

동양적 세계관에서는 남자와 여자는 태극의 양면으로서 태초로부터 동등하게 존재하였다. 남(男)은 밭(田)과 보습(力)의 상형자를 합친 회의자(會意字)로서, 쟁기로 밭을 가는 힘센 일꾼의 이미지를 가지고 있다. 그야말로 남성성인 아니무스의 모든 속성을 구현하고 있는 것이다. 여(女)는 하늘하늘 굽이굽이 날씬한 이미지를 형상화한 글자라 하기도 하고, 무릎 꿇고 애기 낳는 생산의 모습의 상형이라고도 풀이된다. 여(女)라는 글자에 젖을 강조하면 두 젖꼭지가 나타나는 모(母)라는 글자가 된다. 하여튼 이것도 인류의 아니마 관념을 상징하는 총체적인 한 아키타입을 잘 나타내고 있는 것이다.

그런데 서양말을 보면, 창세기적 세계관이 영어에도 그대로 반영되어 있는 것을 볼 수 있다. "사람"과 "남자"는 동일한 단어를 사용한다. "맨man"이란 단어가 바로 그것이다. 그러니까 사람(man)은 곧 남자(man)이고, 남자는 곧 사람인 것이다. 이에 비하면 여자는 "우맨woman"일 뿐이다. "우맨"이란, 여(女)와 남(男)이 독자적인 음·양의 구현체로서 엄존하는 것과는 달리, "맨"에 종속되는 개념이다. "우맨woman"은 "위프맨wīfman"이라는 고대영어(OE)에서 왔는데, 위프(wīf)와 맨(man)의 합성어이다. "우맨"은 맨의 배우자로서, 즉 성교의 짝으로서 분화된 종속적 존재인 것이다. 다시 말해서, 우맨은 맨의 불완전한 형태일 뿐이다. 아리스토텔레스는 말한다: "여성은 어떠한 속성의 결여이며, 그 결여 덕택에 여성은 여성이 될 뿐이다." 이러한 문제의식은 사도 바울에게도 명료하게 나타나고 있다:

> "남자의 머리는 그리스도요, 여자의 머리는 남자요, 그리스도의 머리는 하나님이시라. 남자는 머리에 베일을 덮을 필요가 없다. 왜냐하면 남자는 하나님의 모습이며, 하나님의 영광의 거울이기 때문이다. 그런데 반하여 여자는 남자의 영광을 드러낼 뿐이므로 머리를 가려야 한다. 남자는 원래 여자로부터 나온 것이 아니며, 여자가 바로 남자로부터 만들어진 것이다. 또한 남자는 여자를 위하여 창조된 것이 아니며 여자야말로 남자를 위하여 창조된 것이다"(고전 11:3~9).

오늘날 인권운동가나 여성운동가가 접하면 격분해야 할 이러한 바울의 메일 쇼비니즘(male chauvinism)은 사실 유대인 남자의 평범한 상식을 대변하고 있을 뿐이다. 초기기독교운동은 과연 이러한 쇼비니스틱한 바울의 수준에서 전개된 부활

신화운동이었을까?

그러나 놀라웁게도 도마복음서는 우리에게 원시기독교의 사상이 결코 이렇게 유치한, 메일 쇼비니즘의 권위주의를 표방한 운동이 아니었다는 것을 입증해준다. 도마공동체 사람들은 남자 속에 하나님의 아니마와 아니무스가 공재한다면 여자 속에도 똑같이 하나님의 아니마와 아니무스가 공재한다고 믿었다. 맨에서 우맨이 분화된 것은 불완전한 상태이므로 다시 원래의 아담, 원래의 맨, 원래의 사람으로 회복될 때만이 우리 인간의 몸은 온전하게 된다고 믿었다. 이 온전한 자웅동체, 즉 합체불, 즉 고양된 인간의 의식 속에서 나의 아니마와 아니무스가 합일되는 엑스타시야말로 온전한 하나님의 모습이라고 믿었다. 도마복음서 제22장은 이렇게 말한다:

"여성과 남성을 하나된 자(a single one)로 만들어라. 그리하여 남성이 남성이 되지 않고, 여성이 여성이 되지 않게 할지어다."

여기 22장에서 말하는 "하나된 자"와 본장 즉 4장 3절의 "하나된 자"는 동일한 어휘를 사용한 동일한 표현이다. 바로 이 "하나된 자"라는 말을 바르게 해석할 때만이 제4장의 수수께끼들이 술술 풀려나가게 되는 것이다.

크로쌍은 말한다: "마태와 누가복음에 이미 들어있는 텍스트인 큐복음서만 해도 종말을 바라보고 있다. 모든 것이 종료된 이후의 완벽한 세계를 미래에 투사시켜 상상하고 있는 것이다. 그러나 도마복음서는 그 반대의 길을 선택하고 있다. 도마는 온전한 시작(a perfect beginning)으로 되돌아가고 있는 것이다. 묵시를 완성시키는 것이 아니라, 원초적 낙원을 회복시키려는 것이다. 이 현재 세계의 정상적 틀 속에서 창조의 여명으로(the dawn of creation) 되돌아 가는 길을 제시하고 있는 것이다"(Unearthing the Lost Words of Jesus 96). 적확한 지적이 아닐 수 없다.

도마기독교의 성지 우르파의 전경. 에데사(Edessa)라는 이름은 알렉산더대왕이 자기 고향 마케도니아에 있는 지명의 이름을 따라 명명한 것이다. 내가 서있는 곳은 아브라함이 살해될 뻔한 니므롯성채인데, 니므롯왕의 전설은 창세기 10:8~12에도 나온다. 니므롯왕이 이 두 기둥 사이에서 대관식을 했다는 전설이 내려온다. 현존하는 성채는 그 규모가 어마어마한데 오랜 시간의 누적을 거쳐 만들어진 것으로 사료된다. 기둥은 코린트양식. 예수를 초청한 아브가르 우카마왕도 이곳에서 우리의 주인공 도마를 접견했다.

68. 어른과 아이

아기는 종일 울어도 목이 쉬질 않는다

> 하나님은 엿새 동안 천지를 창조하였다. 그리고 이렛날에는 모든 일에서 손을 떼고 쉬었다. 여기 "칠일 갓난 작은 아이"는 안식일의 아이다. 그 아이는 창조된 천지의 모든 것을 구유한 생명이지만 어른의 탐욕과 권세와 강성에 물들지 않은 순결한 원초성이다. "어른"과 "아이"는 객관화되는 개체들이 아니라 우리 자신(Self)에 내재하는 일종의 아키타입이다. 우리는 우리의 삶의 자리를 어른쪽으로 가져가면 안된다. 항상 아이쪽으로 가져가야 한다. 그래야 생명의 길을 걸을 수 있게 되는 것이다.

제4장

¹예수께서 가라사대, "나이 먹은 어른이 칠일 갓난 작은 아이에게 삶의 자리에 관해 묻는 것을 주저치 아니한다면, 그 사람은 생명의 길을 걸을 것이다.
²첫찌의 많은 자들이 꼴찌가 될 것이요,
³또 하나된 자가 될 것이니라."

沃案 제3절의 "하나된 자"에 관한 올바른 해석을 내리게 되면, 우리는 이제 4장의 전체적 의미를 해독하는 결정적 열쇠를 손에 쥐게 된다. 많은 주석가들이 영지주의니 무슨 주의니 하는 틀에 따라 타출전과의 상관관계를 밝히고 세부적

으로 구문들을 분류하고 분석하는 경향을 보이지만, 고전의 해석이란 어디까지나 보편적 인간(Universal Man)을 전제로 해야 하는 것이다. 그것이 어떤 시대적 가치관이나 특수한 상징성의 산물이라 할지라도, 그것이 궁극적으로 소기하고 있는 보편적 인간의 삶의 의미를 우리는 끊임없이 캐물어야 한다. 그들은 도대체 왜 이러한 언어를 구성하여 타인에게, 후대에게 전달하려 했을까? 여기 먼저 눈에 띄는 것은 "나이 먹은 어른 the man old in days"과 "칠일 갓난 작은 아이 a small child seven days old"의 대비이다.

나이 먹은 어른이란 많은 날을 산 사람이다(old in days). 우리 통념의 세계에서는 나이 먹은 어른이란 지혜롭고, 인생의 길에 관하여 어린이보다 더 경험이 풍부하고 통찰력이 있다고 전제된다. 그리하여 어른과 어린이의 관계란, 어린이는 어른에 의하여 인도되어야 하며, 어린이는 어른에게 인생의 지혜에 관하여 가르침을 얻어야 하며, 묻기만 하고 함부로 말대꾸를 해서는 아니 된다. 어린이는 어른에게 복종하고 잘 따르기만 하면 착하다 칭함을 얻는 것이다. 도마복음서의 위대성이란 바로 이러한 우리의 통념적 가치관을 전도(Inversion)시키는 데 있는 것이다. 전도가 없으면 발견은 일어나지 않는다. 추구와 발견의 대상은 천국(나라)이다.

천국이란 바로 우리의 일상적 가치를 전도시키는 데서 등장하는 신천지인 것이다. 『노자』 제55장을 한번 펼쳐보자! 놀라웁게도 우리는 도마복음 제4장의 다른 버전을 발견하는 듯한 충격에 휩싸이게 된다.

> *덕을 머금음이 도타운 것은 갓난아기에 비유될 수 있다*
> *벌이나 뱀도 그를 쏘지 않고*
> *맹수도 그에게 덤비지 않고*
> *날새도 그를 채지 않는다.*
> *(含德之厚, 比於赤子。蜂蠆虺蛇不螫, 猛獸不據, 攫鳥不搏。)*

뼈가 여리고 근이 하늘한데도
꼭 움켜쥐면 빼기 어려우며,
암수의 교합을 알 까닭이 없는데도
하늘 무서운 줄 모르고 오로지게 꼴린다.
정기의 지극함이 아니고 무엇이겠는가?
매일 하루가 다 하도록 울어 제키는데
그 목이 쉬질 않는다.
조화의 지극함이 아니고 무엇이겠는가?
(骨弱筋柔而握固, 未知牝牡之合而全作, 精之至也。終日號而不嗄, 和之至也。)

조화로움을 아는 것을 항상성이라 하고,
항상성을 아는 것을 밝음이라고 한다.
삶에 늙음을 덧붙이는 것을 요상함이라고 한다.
마음이 몸의 기를 부리는 것을 강하다 한다.
사물은 강장하면 곧 늙어버리는 것이니,
이를 일컬어 도(道)답지 않다고 한다.
도답지 않으면 일찍 사라질 뿐이다.
(知和曰常, 知常曰明, 益生曰祥, 心使氣曰强, 物壯則老, 謂之不道。不道早已。)

 여기 "칠일 갓난 작은 아이"라는 표현은 그냥 "갓난 애기"라는 사실적 사태가 아니다. 카를 융이 아니마와 아니무스를 내 몸속에 내재하는 아키타입으로서 말했듯이, 여기 "어른"과 "아이" 또한 내 몸속에 내재하는 이러한 아키타입을 지칭하는 것이다. 도마복음의 모든 언어는 상징체계인 것이다. 유대인들은 생후 제8일에 할례를 받는다(창 17:12). 따라서 칠일 갓난 아이는 할례라는 문명관습체계에 편입되기 이전의 순결한 혼돈상태를 상징할 수도 있다. 그러나 이것은 그러한 유대인의 습관 속에서 나온 이미지는 아닐 것이라고 나는 판단한다.

야훼 하나님은 6일 동안 하늘과 땅과 그 가운데 있는 모든 것을 다 창조하였다. 그리고 이렛날에는 모든 일에서 손을 떼고 쉬었다. 창조가 6일만에 완성된 것이다. 여기 "칠일 갓난 작은 아이"라는 것은 안식일의 아이(a child of the sabbath)다. 즉 천지의 온전한 모습이 다 구유된, 다 완성된 아이인 것이다. 노자가 말하는 정기의 지극함(精之至)과 조화의 지극함(和之至)이 구유된 존재인 것이다. 나는 의과대학에서 소아과학(pediatrics)을 공부할 때 교과서 첫 페이지를 펴보고 거기에 쓰여져 있는 첫 문장에 충격을 받았다: "어린 아이는 어른의 작은 형태가 아니다. A child is not a small adult."

도마복음의 살아있는 예수 말씀의 가장 신랄한 메시지는 나이 먹은 어른이 칠일 갓난 작은 아이에게 삶의 자리(the place of life)에 관하여 묻는 것을 주저치 말아야 한다는 것이다. 여기 "삶의 자리"가 과연 무엇을 의미하는지는 동일한 표

니므롯성채에 앉아있는 쌍둥이(디두모). 아버지는 산리우르파의 청년 메흐메트 알리(Mehmet Alli), 아이티산업에 종사한다고 했다. 나보고 자기집에 가서 식사를 같이 하자고 조른다. 그들은 아직도 이토록 풍요로운 인심 속에서 살고있는 것이다.

현이 도마복음서 내에도, 또 다른 출전에도 나오지 않기 때문에, 그 정확한 판단을 내리기 어렵다. 그러나 맥락상 그 의미는 절로 명백해진다.

　도마복음 제58장에 이런 예수의 말씀이 있다: "수고하는 자는 복되도다! 그는 삶을 발견했기 때문이로다." 여기 "수고함"이란, "추구하고 발견하는" 고통스러운 과정을 말한다. 실제로 육체적 노동을 의미할 수도 있다. 우리는 노력을 해야만 비로소 삶의 길, 즉 생명의 길을 발견할 수 있다. 노력 없이 생명은 얻어지지 않는다.

　"삶의 자리"란 곧 삶이 이루어지는 마당이다. 그러나 그 마당은 항상 끊임없이 변하기 마련이다. 우리의 인생의 역정이란 삶의 자리를 찾아나서는 과정이다. 우리가 어디를 간다는 것도 결국 자리를 찾아가는 것이다.

　그런데 예수가 우리에게 권고하는 것은 삶의 자리를 어른스럽게 만들어서는 안 된다는 것이다. 삶의 자리를 칠일 갓난 작은 아이에게 물어봐야 한다는 것이다. 다시 말해서 삶의 자리 그 자체를 항상 어린이다웁게 만들어 가야 한다는 것이다. 노자는 말했다. 삶에 늙음을 덧붙이는 것은 요상함이다. 마음이 몸의 기를 부리는 것은 강함이다. 그러나 사물은 강하면 곧 늙어버리는 것이니, 이를 일컬어 도답지 않다고 한다. 도답지 않다, 즉 부도(不道)란 예수에게 있어서는, 천국의 도래를 거부하는 인간의 어리석음을 지칭하는 말이다. 공자(孔子)도 항상 제자 안회(顔回)가 자기를 계발시킨다고 기뻐했다. 공자도 삶의 자리를 항상 어린이다웁게 만들어 간 사람이었던 것이다.

2008년 7월 29일부터 8월 31일까지 새문안길에 있는 서울역사박물관에서 좋은 전시가 열렸다. 유구한 역사를 자랑하는 고도 서안(西安) 비림(碑林)의 장대한 비석(탁본)들이 전시되었다. 돌처럼 정확하게 역사를 전하는 문화매체는 없다. 우리의 관심을 끄는 것은 중앙에 있는 대진경교유행중국비(大秦景教流行中國碑)이다. "대진"이란 로마제국이다. "경교"란 기독교를 가리킨다. 로마제국의 기독교가 중국에 유행한 것을 기념하는 비라는 뜻인데 당나라 건중 2년(781)에 세워진 것이다. 그러니까 기독교는 이미 우리나라 통일신라 불국사가 완성되었을 즈음 중원에서 유행하고 있었고 비의 내용으로 보아 당나라 때 신약성서 27서가 이미 한문으로 번역되었음을 알 수 있다. "경교"는 431년 에베소 공회에서 파문당한 네스토리우스(Nestorius)일파의 기독교인데 그는 예수의 인성을 100% 인정해야 한다는 생각 때문에 아리우스의 부활로서 오인된 것이다. 경교는 도마복음서의 전통을 보지(保持)하고 있던 에데사왕국에서 보호를 받고 페르시아를 거쳐 실크로드를 따라 중국에 온 것이다. 당태종은 황당한 기적이나 십자가 죽음이나 부활을 말하지 않는 기독교를 현묘무위(玄妙無爲)하고 제물리인(濟物利人)하므로 천하에 행하여질 만하다고 하였다. 한국사람이라면 이런 전시를 더 선호해야 하지 않을까? 시원찮은 루브르박물관 부스러기보다는 우리에게 더 의미있는 전시가 아닐까? 오른쪽 탁본은 당현종 친필 『효경』비, 왼쪽은 왕필 주 『주역』 개성석경. 사진 속 관람 어린이, 지윤과 재찬.

69. 시간의 반역

봄비에 솟아오르는 연두잎 같은 노인이 되라

> 어른과 아이는 객체화된 개체들의 모습이 아니라 나라는 존재(Self)의 측면들이다. 나 속에 내재하는 아키타입들인 것이다. 어른이란 노자가 말하는 죽음의 무리며 화이트헤드가 말하는 하향(下向)이다. 아이란 삶의 무리며 상향(上向)이다. 아이가 어른을 따를수록 죽음의 무리는 죽음을 향해 질주하며, 어른이 아이를 따를수록 삶의 무리가 생명을 향해 상향의 길을 더듬는다. 천국이란 아이가 어른으로 성장하는 길에서 나타나는 것이 아니라, 어른이 아이로 역행하는 과정에서 나타나는 새로운 세계다. 천국은 가치의 전도이며 시간의 반역이다.

제4장

¹예수께서 가라사대, "나이 먹은 어른이 칠일 갓난 작은 아이에게 삶의 자리에 관해 묻는 것을 주저치 아니한다면, 그 사람은 생명의 길을 걸을 것이다.
²첫찌의 많은 자들이 꼴찌가 될 것이요,
³또 하나된 자가 될 것이니라."

沃案 20세기 철학자 중에서 거의 유일하게 형이상학적 우주론의 체계를 구축한 화이트헤드(A. N. Whitehead, 1861~1947)가 쓴 명저, 『이성의 기능 The Function of Reason』을 펼치면 그 서장에 다음과 같은 이야기가 나온다: "역사는 사건의 과정 속에서 두 개의 주간(主幹)이 되는 경향을 노출시킨다. 그 한 경향은 물질적 성질을 가진 것들의 매우 완만한 해체 속에서 구현되고 있다. 눈에 뜨이지 않는 필연성 속에서 그 물리적인 것들에게는 에너지의 저하현상이 있다. 그 활동의 근원들이 역사의 흐름 속에서 아래로 아래로 하향(下向, downward)하고 있다. 그들의 물질 자체가 소모되어가고 있는 것이다. 또 하나의 다른 경향은 매년 봄마다 반복되고 있는 자연의 싹틈에서 구현되고 있다. 다시 말해서 생물학적 진화의 상향(上向, upward)적 과정에서 예증되고 있다."

화이트헤드가 말하는 하향(下向)은 도마복음서에서 말하는 "어른"이다. 그리고 상향(上向)은 "아이"이다. 나의 몸속에서도 물리적 소모와 부패와 해체의 경향과, 생명적 합성과 쇄신과 구성의 경향은 공존한다. 전자를 엔트로피의 증가라 하고 후자를 엔트로피의 감소라 규정하여도 별 문제가 없을 것이다. 사람이 늙는다는 것은 죽음을 향하여 가는 과정이다. 그러나 죽음을 향한 길에도, 그 길의 역방향인 생명의 상향(上向)이 있다. 도마복음이 "자웅동체"를 이야기하고 "칠일 갓난 작은 아이"를 이야기하는 것은 모두 이 상향(上向)과 관련이 있다.

사람이 늙는다고 하는 것은 시간의 추이와 더불어 제일적(齊一的)으로 늙는 것이 아니요, 항상 하향과 상향이 길항관계에 있으면서 늙어가는 것이다. 하향과 상향의 긴장 속에서, 결국 하향이 상향보다 더 진행되는 만큼 인간은 노화(Aging)하는 것이다. 아이와 어른은 내 몸속에 공존하는 긴장관계이다. 아이가 어른이 되는 길은 죽음을 재촉하는 길이요, 하향이다. 어른이 아이가 되면 될수록 생명적 상향의 가능성이 확대된다.

나이 먹은 어른이 칠일 갓난 작은 아이에게 삶의 자리에 관해 묻는다는 것은,

아이를 객체로 하여 질문을 던진다는 이야기가 아니라, 바로 어른이 아이가 되는 상향(上向), 즉 엔트로피의 증가에 역행하는 "생명의 반역"을 성취한다는 것을 의미하고 있다. 이 반역의 역전, 일상적 가치의 전도가 곧 "천국," 곧 "나라"인 것이다.

그러기 때문에 "아이에게 삶의 자리에 관해 묻는 것을 주저치 아니한다면"이라는 조건절에 대하여 "그 사람은 생명의 길을 걸을 것이다"라는 주절이 이어지고 있는 것이다. 사실 콥트어 본문은 "그 사람은 살 것이다 that person will live"로 되어있다. 그 의미맥락을 살려 여기 "그 사람은 생명의 길을 걸을 것이다"로 의역한 것이다. "그 사람은 살 것이다"는 물론 "그 사람은 죽을 것이다"와 대구를 이루는 표현이다. 갓난 아이에게 삶의 자리에 관해 묻는 것을 주저치 아니하는 사람, 그 사람은 죽지않고 산다는 것이다. 죽음의 길을 걷지 않고 삶의 길을 걷게 된다는 것이다.

『노자도덕경』 제76장에도 유사한 언급이 있다:

"사람의 생명은 부드럽고 약하며, 사람의 죽음은 단단하고 강하다. 만물 초목의 경우에도 살아있을 때는 부드럽고 연한데, 죽으면 마르고 딱딱해진다. 그러므로 말하노라. 딱딱하고 강한 것은 죽음의 무리요, 부드럽고 약한 것은 삶의 무리다. 人之生也柔弱, 其死也堅強。萬物草木之生也柔脆, 其死也枯槁。故堅強者, 死之徒; 柔弱者, 生之徒。"

여기서 말하는 "죽음의 무리死之徒"는 화이트헤드가 말하는 "하향"이요, "삶의 무리生之徒"는 "상향"이다. 도마복음에서 "생명의 길을 걷는다"는 것은 곧 "삶의 무리"에 속하게 된다는 것이다. 늙으면 지혜로울 것 같지만, 부드러움을 잃고 딱딱하게 될 뿐이요, 약함을 잃고 강하게 될 뿐이다. 변혁과 신생(新生)을 거부하고, 기득의 지위와 권세와 명예와 부화(富華)에 집착한다. 늙으면 한결같이 정치적으로도 보수가 되고, "빨갱이"를 몰아내야 한다고만 외친다. 자신이 곧, 빨갱이라고 규정되는 가치관의 산물이라는 것을 자각하거나 반성할 추호의 기미도 없다. 그 냥 자신의 잣대로 타인을 응징해야 한다고만 외친다. 노자가 말하는 대로 마르고 딱딱해져만 가는 것이다. 고정된 관념의 노예가 되고 마는 것이다. 자신의 일시적 체험 하나로, 그 체험의 전후 역사적 맥락을 전혀 반추하지 않은 채, 그 체험을 하나의 고정된 관념으로 만들고 전설로 만들어 모든 궐후(厥後)의 자기 주변상황에 일관되게 적용하는 것이다. 우리나라 기독교인들의 일상적 가치관에서 가장 염려되는 것은, 이러한 고집불통이요, 자기들이 주관적으로 구성한 일관된 관념의 횡포를 하나님(예수님)의 명령이라고 착각하는 것이다. 예수는 그따위 일관된 관념을 인간에게 강요한 적이 없다. 예수는 우리로 하여금 스스로 추구하고 스스로 발견하도록 촉매 역할만 했을 뿐이다.

여기서 말하는 어른과 아이의 주제는 현재 우리사회의 제문제를 고려해볼 때 너무도 중요한 과제상황을 제기한다. "아이"와 "어른"이란 나이의 문제가 아니라, 시간을 초월하는 나의 존재의 측면들이다. 아이가 어른을 따를수록 죽음의 무리들이 죽음을 향하여 질주하고, 어른이 아이를 따를수록 삶의 무리들이 생명을 향하여 어려운 상향의 길을 더듬는다. 어린 아이 속에도 고착된 늙은이가 들어앉아 있을 수 있고, 늙은이 속에도 유연한 청춘의 열기가 가득차 있을 수 있다. 바울은 말한다: "**내가 어렸을 때에는 말하는 것이 어린 아이와 같고 깨닫는 것이 어린 아이와 같고 생각하는 것이 어린 아이와 같다가, 장성한 사람이 되어서는 어린 아이의 일을 버렸노라**"(고전 13:11). 바울은 여기서 어린 아이를 유치한 사유를 대변하는 부정적인 가치의 상징으로 예시하고 있다.

물론 바울의 논의가 근본적으로 맥락을 달리하고 있기 때문에, 바울과 도마 양자를 곧바로 대비하여 포폄의 대상으로 삼을 수는 없다. 그러나 바울의 발상과 도마의 발상은 다르다. 바울은 보다 권위주의적 기독교를 만드는 데 더 기여한 것이다. 내가 오직 바라는 것은 우리 사회에, 촉촉한 봄비에 솟아오르는 연두잎 새싹 같이 부드러운 노인들의 모습이 많이 눈에 뜨이기를 …. 예수는 당대 율법의 규율 속에 쩔어버린 노인 랍비나 서기관, 제사장, 장로들의 견강(堅强)함에 신물이 난 사람이었을 것이다.

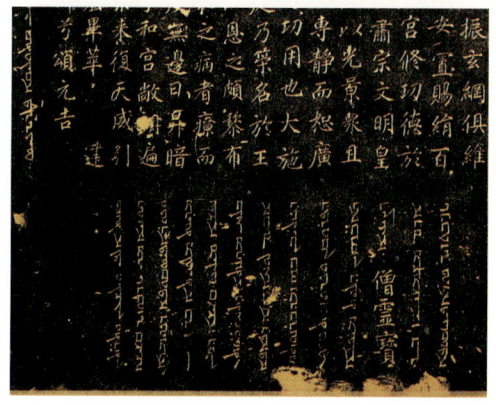

(위)경교비의 최상단 부분에 십자가가 새겨져 있다.
(아래)경교비의 하단 부분에는 예수가 썼던 아랍어계통의 시리아어가 쓰여져 있다. 이 시리아문자는 나중에 몽고 파스파문자의 생성까지 자극시켰다. 그리고 그것이 한글을 만드는 집현전 학자들의 중요한 참고 문자가 되었다.

예수가 무덤 사이에서 나온 사람들의 귀신을 쫓아내어 돼지로 들여보내니, 돼지떼가 비탈로 내리달아 바다로 처박혀 몰사하는 장면이 있다(마 8:28~34). 나는 어려서부터 성경 속의 그곳이 어떻게 생긴 곳일까 궁금해 했다. 마태에는 "가다라지방," 누가·마가에는 "갈릴리 맞은편 거라사인의 땅"(눅 8:26)으로 나온다. 나는 지금 감격 속에 바로 그곳을 걷고 있는 것이다. 내 앞에 보이는 언덕 비탈길이 바로 돼지떼가 우루루 내리달은 곳이다. 희미하게 갈릴리바다 최남단이 보이고 내 뒤쪽으로 희미하게 솟은 땅이 골란고원이다. 현재 이곳은 요르단에 속해있으며 움 케이스(Umm Qais, 古名 Gadara)로 불리운다. 이곳은 참으로 아름다운 희랍·로마도시의 전형을 과시하고 있는데 데카폴리스(데가볼리) 중의 하나였다.

70. 첫째와 꼴찌

어린이는 도덕적 순결의 상징 아닌 웅혼한 원초성

> 큐복음서나 공관복음서의 공통자료들은 이미 기독론이나 종말론의 필터를 거치지 않은 것이 거의 없다. 큐에서 도마로 거슬러 올라가 볼 때만이 우리는 비로소 거대하고 웅혼한 역사적 예수의 실상을 접하게 된다. 그것은 동·서가 회통된 원초적 혼돈이었다.

제4장

^{1}예수께서 가라사대, "나이 먹은 어른이 칠일 갓난 작은 아이에게 삶의 자리에 관해 묻는 것을 주저치 아니한다면, 그 사람은 생명의 길을 걸을 것이다.
^{2}첫째의 많은 자들이 꼴찌가 될 것이요,
^{3}또 하나된 자가 될 것이니라."

沃案 누가복음 10장에는 어린 아이에 관한 이야기가 다른 맥락에서 전개되고 있다. 큐복음서에 속하는데, 마태보다는 누가 텍스트가 더 오리지날에 가깝다.

이때에 예수께서 성령으로 기뻐하사 가라사대, "천지의 주재이신 아버지여! 이것을 지혜롭고 슬기 있는 자들에게는 숨기시고, 어린 아이들에게는 나타내심을 감사하나이다. 옳소이다! 이렇게 된 것이 아버지의 뜻이니이다. 내 아버지께서 모든 것을 내게 주셨으니 아버지 외에는 아들이 누군지 아는 자가 없고, 아들과 또 아들의 소원대로 계시를 받은 자 외에는 아버지가 누군지 아는 자가 없나이다" 하시더라(눅 10:21~22, Q32).

여기서 이미 우리는 도마복음자료가 큐복음서자료로 변형되어간 과정을 엿볼 수 있다. 도마에서는, 어린 아이가 자각적 추구의 대상이며 나의 존재의 측면으로서 나타난다. 추구(seeking)와 발견(finding)의 실존적 결단의 과정에서 나타나는 것이다. 어린 아이는 존재의 웅혼한 원초성의 기저이다.

큐복음서는 바울이 어린이를 무지함과 유치함과 분열된 어두운 상태로 비하하는 것(고전 3:1, 13:11~12)과는 달리, 도마의 갓난 아이의 긍정적 이미지를 계승하였다. 어린 아이를 "지혜와 슬기"보다도 상위의 개념으로 파악한 것이다. 그러나 어린이가 언급된 맥락은 이미 하나님의 일방적 계시의 대상일 뿐이다. 하나님의 일방적 계시를 수용할 수 있는 "순결함" 정도의 의미맥락인 것이다. 이러한 큐복음서의 맥락은 22절의 "아버지가 아들을 안다," 그리고 "아들과 아들이 선택하여 계시를 받은 자들만이 아버지를 안다"고 하는 "호상적 앎"으로 연결되고 있다. 어린이의 순결함이 결국 초월적 아버지에 대한 앎의 바탕이 되고 있는 것이다. 여기 이미 초대교회의 가치를 대변하는 기독론적 변형이 일어났다는 것을 간과할 수 있다. 그러나 여기서 "안다"(기노스케이, *ginōskei*)라고 하는 것은 그노시스, 즉 영지주의의 영향이라는 것 또한 간과할 수 없다.

마가자료에 속하는 또 하나의 파편을 살펴보자! 마가를 변형시킨 마태의 텍스트를 인용하겠다.

그때에 제자들이 예수께 나아와 가로되, "천국에서는 누가 크니이까?"

> 예수께서 한 어린 아이를 불러 저희 가운데 세우시고 가라사대, "진실로 너희에게 이르노니 너희가 돌이켜 어린 아이들과 같이 되지 아니하면 결단코 천국에 들어가지 못하리라. 그러므로 누구든지 이 어린 아이와 같이 자기를 낮추는 그이가 천국에서 큰 자니라. 또 누구든지 내 이름으로 이런 어린 아이 하나를 영접하면 곧 나를 영접함이라"(마태 18:1~5, cf. 막 9:33~37, 눅 9:46~48).

"너희가 돌이켜 어린 아이들과 같이 되지 아니하면"이라는 표현 속에서 우리는 도마의 원형의 자취를 읽을 수 있다. "돌이킨다"는 표현 속에 어떤 원초성으로의 복귀, 상향이라는 역방향이 암시되어 있다. 그러나 마가(누가)에서는 제자들끼리 누가 더 위대하냐 식의 유치한 분별심의 경쟁을 하는 전체 맥락이 전제되어 있다. 그리고 마태에서는 천국입장이라는 초대교회의 종말론 · 재림사상의 맥락이 명백하게 드러나고 있다. 그리고 어린 아이의 이미지가 "자기를 낮춤"이라는 겸손과 복종의 도덕적 가치로 전락되었다. 지금도 대부분의 신학도들이 이 구절을 천국에 들어가기 위한 이상적인 어린이의 덕성의 맥락에서만 해석하고 있다. 순결(innocence), 무구(purity), 무조건적 신앙(unconditioned faith), 겸손(humility), 사회적 지위에 대한 무관심(unconcern for social status) … 이러한 도덕적 개념이 어린이의 이미지와 결부되어 있는 것이다. 도마의 내면적, 원초적, 본질적 웅혼함의 맥락은 사라지고 그 자리를 자잘한 도덕관념들이 메우고 있는 것이다. 어린 아이를 영접함이 곧 나를 영접함이라는 예수의 메시지는 교조화된 기독론의 전제가 없이는 생겨날 수 없는 말이다. 그리고 "어린 아이"가 너무 외재화되어 있다.

도마복음의 본장은 1절의 "갓난 아이," "삶의 자리," "생명의 길"이라는 메시지를 대전제로 깔면서 2절의 "첫찌"와 "꼴찌"의 논의를 통하여 3절의 "하나된 자"에서 클라이막스에 오르는 장쾌한 논리적 구조를 과시하고 있다. 그런데 첫째와 꼴찌의 논의는 큐복음서에도 이미 언급되어 있다.

지금 꼴찌된 자들이 첫째가 되고, 지금 첫째 된 자들이 꼴찌가 되리라
(Q65, 마 20:16, 눅 13:30).

그런데 여기서는 분명 꼴찌가 나쁜 것이고 첫째가 좋은 것이라는 가치판단이 전제되어 있다. 현세에서는 별볼일없는, 꼴찌된 자가 천국에서는 첫째가 될 수 있고, 현세에서 잘나가고 부귀권세를 누리는, 첫째된 자가 천국에서는 오히려 꼴찌가 될 수 있다는 것이다. 그러나 이러한 메시지가 현세적 가치의 전도와 천국의 실존적 의미를 결합시키는 메타포로서 사용될 때는 탁월한 표현이 되지만, 예수의 재림이나 최후의 심판이라는 역사적 시점을 기준으로 하여 전후상황을 말한 것으로 해석하면 치졸하기 그지없는 메시지가 되어버리고 만다. 최후의 심판 전까지는 별볼일없는 꼴찌로 살아도, 예수만 잘 믿으면 최후의 심판 후에는 첫째가 될 수 있다는 종말론적 신앙이 이 구절을 해석하는 기준이 될 수는 없는 것이다.

그러나 도마복음에서는 맥락상 "첫째"라고 하는 것이 죽음을 향해 달려가는 어른의 무리요, 죽음의 무리요, 하향의 무리다. 오히려 "꼴찌"가 되는 것이 갓난 아이쪽으로 가깝게 가는 것이요, 생명의 무리요, 상향의 무리다. 첫째의 모두(all of the first)가 꼴찌가 되는 것이 아니요, 첫째의 일부만 선택되어 꼴찌가 되는 것이다. 따라서 "첫째의 많은 자들 many of the first"이라는 표현에 우리는 특별한 주의를 기울여야 한다. 그런데 이것과 동일한 표현이 그 의미맥락은 같지 않지만, 마태 19:30과 마가 10:31에도 나타나고 있다. 그리고 꼴찌를 가치적으로 긍정하는 맥락이 마가 9:35에도 나타나고 있다: "**아무든지 첫째가 되고자 하면 뭇사람의 꼴찌가 되어야 하며** …"

도마복음 콥트어 텍스트에는 첫째가 꼴찌가 된다는 말만 있고, 꼴찌가 첫째가 된다는 말은 없다. 그러나 옥시린쿠스사본에는 후자가 병기되어 있다: "**첫째의 많은 자들이 꼴찌가 될 것이요, 꼴찌가 첫째가 될 것이다. 그리고 결국 같은 하나가**

될 것이다. For many of the first will be last, and the last first and will become one and the same." 희랍어 텍스트는, 첫째가 꼴찌가 되고, 꼴찌가 첫째가 된다는 것이, 결국은 첫째와 꼴찌가 하나로 융합되는 것임을 말해준다. 모든 분별이 사라져버린 웅혼한 원초성을 지칭하는 것이다.

콥트어 사본의 "하나된 자 a single one"나 희랍어 사본의 "같은 하나 one and the same"는 결국 어른과 아이, 죽음과 생명, 첫째와 꼴찌의 융합을 말하고 있다. 그것은 자웅동체의 원초성(androgynous primordiality)을 지칭하고 있는 것이다. 인간은 결국 상향의 동경을 가지고 하향의 길을 걸어간다. 아이에게 물어가면서 어른이 되어가고 있는 것이다. 생명의 발랄함을 지니고 죽음을 맞이하는 것이다. 상향과 하향, 아이와 어른, 생명과 죽음이 결국 하나의 혼돈(Chaos)이라는 것을 도마복음의 예수는 우리에게 가르치고 있다.

가다라(Gadara)는 알렉산더대왕 사후 프톨레미왕조 군사기지로 개발되어 셀레우코스왕조 지배하에 번성하였다. BC 30년 옥타비아누스는 이곳을 헤롯대왕에게 귀속시켰다. 예수시대에는 로마제국 시리아령에 속한 자치폴리스였다. 내가 걷고 있는 길을 예수가 걸었다. 예수는 갈릴리 시골사람이 아니라 이러한 최첨단 문명을 흡수한 방랑하는 카리스마(wandering charismatics)였다.

예수시대를 알 수 있는 자료가 신약성서 밖에 없을까? 20세기 신학의 놀라운 발전은 신약성서 이외로 성서의 배경을 알 수 있는 많은 역사자료와 고고학자료와 새로운 문헌자료를 발견하고 해석했다는데 있다. 그 중에서 가장 뛰어난 역사서가 예수와 동시대를 산 요세푸스(Flavius Josephus, AD 37~c.100)의 저술들이다. 요세푸스는 예루살렘멸망이전의 갈릴리전투를 이끈 유대인 장수였는데 투항하여 로마황제의 비호를 받았다. 로마에서 로마인으로 살면서 유대인의 당대사를 썼다. 이 요세푸스의 역사서에는 예수라는 역사적 캐릭터는 실제적으로 등장하지 않는다. 그러나 세례요한은 리얼한 역사적 인물로서 중후하게 취급되고 있다. 내가 지금 서있는 곳은 바로 세례요한이 처형된 마캐루스 성채의 헤롯궁전이다. 사해의 동편에 있다. BC 100년에 지어졌는데 BC 30년에 헤롯대왕이 증축했다. 바로 이 자리에서 살로메는 요염한 춤을 춘 것이다. 이 마캐루스 성채의 동쪽 절벽기슭에 세례요한이 갇혀있었던 동굴감옥도 스산한 모습 그대로 남아 있다. 석양에 성채를 오르는데 강풍이 휘몰아 쳤다. 리차드 스트라우스의 오페라 「살로메」중의 "일곱 망사의 춤"의 선율이 내 귓전에 흐른다. 동굴감옥을 들여다 보는 순간 2천년 세월의 동록에 숨겨진 섬뜩한 그 무엇이 나를 엄습한다. 그리고 쟁반에 올려진 세례요한의 머리가 퍼뜩 떠오른다. 이 인류의 광포(狂暴)한 역사가 과연 우리 실존에 무엇을 말하려는가? 숙고하고 또 숙고해보지 않을 수 없었다.

71. 그노시스와 아포칼립스

천당도 없고 지옥도 없다. 머리 위로 푸른 하늘만

제5장

¹예수께서 가라사대, "네 눈앞에 있는 것을 먼저 알라. 그리하면 너로부터 감추어져 있는 것이 다 너에게 드러나리라. ²감추인 것은 나타나지 않을 것이 없기 때문이니라."

¹Jesus said, "Know what is in your(sg.) sight, and what is hidden from you(sg.) will be disclosed to you(sg.). ²For there is nothing hidden that will not be revealed."

沃案 우리는 종교를 생각할 때, 항상 비의적이고 밀교적이고 신비적인 그 무엇이 있어야만 종교가 된다고 생각한다. 하나님이라는 것도 항상 신비적이고 초월적이며 인간의 예지를 넘어서는 그 무엇이 아니면 안된다고 생각하는 것이다. 뿐만 아니라 인간들은 자기의 가치를 높이기 위한 수단으로 항상 자기에게 남이 료해할 수 없는 그 무엇이 감추어져 있다고 선전하며, 자기만 알고있는 우주의 비밀이 있다고 뽐낸다. 한의학이 서양의학에 뒤질 수밖에 없는 것도, 항상 한의학을 한다하는 사람들 중 상당수가 비방(秘方)이라는 것을 꼬불치기 때문이다. 수량화, 계량화되기에 어려운 측면이 있고, 일상적 언어로 쉽게 다 설명이 되기 어렵다 하더라도 궁극적으로 그것이 비방으로 감추어져 있어야 할 이유는 없다. 비방일수록 공개되어야만 인류의 보편적 자산이 될 수 있고 인류 건강의 증진을 위하여 �

일 수 있는 것이다. 인류문명의 발전이란 명백한 소통을 통하여 이루어져 온 것이다.

도마복음 5장의 메시지는 현행 사복음서의 정신과 크게 어긋남이 없다. 예수는 이렇게 일갈한다: "누구든지 등불을 켜서 움 속에 숨기거나 됫박으로 덮어두는 자는 없나니라. 누구나 등경 위에 얹어 두나니, 이는 방 안에 들어오는 자로 그 빛을 보게하려 함이니라"(Q42, 마 5:15, 눅 11:33). 참으로 통쾌한 일언이 아닐 수 없다. 예수의 천국운동은 명명백백한 운동이었다. 숨김이나 꼬불침이 없는, 밀교(密敎) 아닌 현교(顯敎)였다. 예수는 솔직담백한 사람이었다.

그런데 여기 도마복음서 제5장의 내용은 공관복음서에도 반복적으로 나타나고 있는 것이다.

1. 감추어 둔 것은 드러나게 마련이고, 비밀은 밝혀지게 마련이다 (막 4:22, 공역).
2. 숨은 것이 장차 드러나지 아니할 것이 없고, 감추인 것이 장차 알려지고 나타나지 않을 것이 없느니라(눅 8:17).
3. 그런즉 저희를 두려워하지 말라. 감추인 것이 드러나지 않을 것이 없고, 숨은 것이 알려지지 않을 것이 없느니라(마 10:26, Q45).
4. 감추인 것이 드러나지 않을 것이 없고, 숨은 것이 알려지지 않을 것이 없나니(눅 12:2, Q45).

1과 2는 "씨 뿌리는 자의 비유"에 연이어 등장하고 있으며, 앞서 말한 등경 위의 등불의 비유로서 그 의미가 강화되고 있다. 한편으로는 브레데가 지적한 "메시아비밀"과도 관련되며 예수의 영광이 지금은 감추어져 있지만 언젠간 명명백백하게 드러나게 되리라는 뉘앙스를 내포하고 있다. 그것은 물론 기독론적·종말론적 맥락을 가지고 있다. 또 한편으로는 씨 뿌리는 자의 비유는 천국의 선포를 전제하고 있다. 그 천국의 성격이 궁극적으로 비의적인 것이 아니며 결국 모든 사람에게 전파되고 알려질 것이라는 확신이 표방되고 있는 것이다.

3은 천국운동을 하는 제자들에게, 그들에게 가해질 박해의 공포를 대면케 하기 위하여 진리의 현현(the emergence of truth)의 필연성을 선포하는 맥락에서 쓰여지고 있다. 따라서 "두려워하지 말라"로 시작하고 있는 것이다. 4는 당대의 바리새인과 같은 지식인들의 외식 곧 위선(hypocrisy)를 경계하는 맥락에서 쓰여지고 있다.

우리는 이러한 공관복음서의 다양한 맥락들의 원형을 도마복음에서 발견하게 되는 것이다. 텍스트비평을 하는 대부분의 학자들이 이 4개의 언급보다 도마복음 본장 2절의 "감추인 것은 나타나지 않을 것이 없다"라는 단순한 명제가 역사적 예수의 입에서 나온 말의 형태에 가까울 것이라고 시인한다. 예수의 단순한 언급

멀리 바라보이는 것이 현재 요르단에 속해있는 마캐루스 성채의 전경이다. 목동 머리 바로 앞 부분에 꺼먼 점이 보이는데 그 부분이 바로 세례요한이 갇혔던 지하 동굴감옥이다. 저 산 너머로 옥빛의 사해가 전개되고, 또 사해 건너편 유대광야엔 마사다요새가 있다.

이 사람들의 기억을 통하여 전달될 때, 또 식자들의 필사를 통하여 전달될 때 변형되어가는 모습, 그리고 그 말이 사용되는 맥락에 따라 다양하게 기술되는 양식적 변화의 한 모델을 여기서 발견할 수 있다. 그러나 더 중요한 사실은 도마복음서가 이러한 예수의 언급이 파생하게 된 가장 근원적인 맥락의 남상을 제시하고 있다는 것이다. 이제 우리는 2절에서 1절로 거슬러 올라가야 한다.

2절은 1절의 후반부의 반복에 불과하다. 2절이 일반론의 형태로 다듬어져 있다면, 1절의 후반부는 2인칭단수를 대상으로 보다 구체적으로 언급되고 있다는 것만 다르다. "너로부터 감추어져 있는 것이 다 너에게 드러나리라." "감추어져 있는 것"이 "드러난다"는 것은 계시(啓示, revelation)를 의미한다. 심오한 모든 것들, 신비롭게 감추어져 있던 것들이 모두 명명백백하게 계시된다는 것이다. "계시"란 열어(啓) 보여진다(示)는 뜻이다. 그런데 어떻게 이 모든 것들이 나에게 계시될 수 있는가? 예수님의 말씀만 따라다니면서 열심히 믿으면 되는가? 열심히 천정이 높은 교회당에 나가 성직자의 설교를 듣거나 미사에 참여하기만 하면 되는가?

이러한 질문에 대한 예수님 본인의 최종적 대답은 이러하다: **"네 눈앞에 있는 것을 보라! 바로 네 눈앞에, 네 면전에 있는 것을 알라!"** "알라"라는 동사에 쓰인 희랍어는 "그노티 gnōthi," 델피의 아폴로신전에 쓰인 "너 자신을 알라"의 "알라"와 같은 단어이며, 또 그노시스와 같은 어원이다. 다시 말해서 앎(그노시스)이 계시(아포칼리피스)에 선행한다는 것이다. 다시 말해서 계시는 앎으로 말미암아 생긴다는 것이다.

앎이란 어떤 앎인가? 신비로운, 초자연적인, 미래에 계시될, 태고에 숨어있는 그러한 어마어마한 것들이 아니라, 네 눈앞에 보이는 것! 네 면전에 펼쳐져 있는 것! 풀 한 포기, 조약돌 한 줌, 뒷산의 진달래, 창공의 제비! 바로 이런 것들을 알라! 여기 화이트헤드가 절규한 말을 우리는 생각해봐야 한다. 원자폭탄을 만들어내는 현대물리학이 살아있는 풀 한 포기를 설명하지 못한다는 그 한마디를. 우리 눈앞에 깔린 것이 신비요, 계시의 대상이 아닌가?

존 레논의 「이매진Imagine」의 첫 줄은 이러하다: "천당이 없다고 상상해봐! 상상하긴 너무도 쉽잖아. 우리가 밟고 있는 땅 아래는 지옥도 없고, 머리 위로 푸른 하늘만 펼쳐지고 있잖아. 상상해봐! 이 땅의 모든 사람들이 단지 오늘만을 위해 살고 있다고 (living for today)."

천국은 태고의 어제에 있는 것도 아니요, 계시될 내일에 있는 것도 아니요, 저 하늘에 있는 것도 아니요, 저 땅속에 있는 것도 아니다. 그것은 네 눈앞에, "지금 여기" 있는 것이다. 지금 여기 있는 것을 먼저 알라! 그리하면 모든 우주의 신비가 너에게 계시되리라!

> 도마복음 속의 살아있는 예수는 천국을 철저히 현재화시킨다. 그리고 천국에 대한 모든 신비나 초월이나 은폐를 거부한다. 천국은 명명백백해야 한다. 그렇지 않으면 천국은 사기술이다. 예수는 명료히 말한다. 신비의 계시보다 네 눈앞에 보이는 명명백백한 사실들의 앎이 더 본질적인 것이다. 예수는 오직 "지금 여기"를 말한다.

"외식하는 자"의 희랍어 단어는 "히포크리테스"인데 그 어원은 "배우"라는 말에서 왔다. 배우가 표현하는 세계는 실재(리얼리티)의 세계가 아니다. 그것은 진리의 모방의 모방일 뿐이라고 플라톤은 말한다. 그리고 드라마는 너무 많은 악역을 등장시킨다. 그리고 악역은 사람들에게 나쁜 영향을 준다. 그래서 플라톤은 그의 이상국가로부터 드라마를 추방시킨다. 그렇지만 희랍사회에서 드라마의 인기는 플라톤철학보다 훨씬 높았다.

저 밑에 세 사람이 서있는 곳에서 이야기를 하면 전체 5000명 관객석에 거의 동일한 음향으로 울려 퍼진다. 당시는 야외라도 소음 데시벨 수준이 낮았던 데다가 좌석 밑이 공명 튜브 역할을 하여 놀라운 음향효과를 낸다. 저 밑의 둥근 바닥을 오케스트라(*orkhestra*)라고 하는데 그곳이야말로 코러스와 춤 공연이 이루어지는 주무대였다. 우리가 아는 무대는 프로스케니온(*proskenion*)이라고 부르는데 무대장치가 주로 그곳에 설치되었다. 그러다가 점차 현대적 개념의 무대로도 사용되었다. 이곳은 예수가 다녔던 데가볼리 10개 도시 중의 하나 제라시(Jerash), 놀랍게 화려한 폴리스이다. 야곱이 이스라엘이라는 명칭을 얻는 얍복강 위로 있다. 제라시에 관해서는 다음 편에 다시 해설된다.

72. 히포크리테스(위선자)의 경건

골방에 들어가 문을 닫고 은밀하게 기도하라

제6장

^{1}그의 따르는 자들이 그에게 여쭈어 가로되, "우리가 금식하기를 원하시나이까? 우리가 어떻게 기도하오리이까? 구제는 해야 하오리이까? 음식 금기는 무엇을 지켜야 하오리이까?" ^{2}예수께서 가라사대, "마음에도 없는 거짓말을 하지말라. ^{3}그리고 너희가 싫어하는 것을 하지말라. ^{4}모든 것은 하늘 앞에 드러나 있기 때문이다. ^{5}감추인 것은 나타나지 않을 것이 없고, ^{6}덮힌 것은 벗겨지지 않을 것이 없나니라."

^{1}His followers questioned him and said to him, "Do you want us to fast? How should we pray? Should we give to charity? What diet should we observe? ^{2}Jesus said, "Do not lie, ^{3}and do not do what you hate, ^{4}because all things are disclosed before heaven. ^{5}For there is nothing hidden that will not be revealed, ^{6}and there is nothing covered that will remain undisclosed."

沃案 본 장의 내용 역시 공관복음서에서 발견되는 예수의 모습과 전혀 상치되지 않는다. 오히려 공관복음서의 원래적 맥락에 관한 새로운 통찰을 우리에게 더해 준다. 본 장의 내용은 반드시 마태복음 6장 1절부터 18절까지의 내용과 같이 읽어야 한다. 마태복음 6장의 이 부분은 매우 조직적으로 기술되어 있다. 제1절에

총론적인 언급이 있고, 그 나머지 부분에 전통적인 유대교 경건주의의 대표적인 표상인, 3가지 행위양식에 관한 구체적인 경고가 포함되어 있다. 그 3가지란 1)구제Alms 2)기도Prayer 3)단식Fasting이다.

마태 6장 1절의 내용은 우리가 한번 새겨볼 만한 소중한 말씀이다. 요즈음 같은 세태에서는 우리 가슴에 더욱 신랄한 경종의 외침으로 파고든다. "**사람에게 보이려고, 그들 앞에서 너희 의(義)로움의 행동을 하지 않도록 조심하라. 보이려고 행한다면 너는 하늘에 계신 너희 아버지께 상을 얻지 못하리라.** Be careful not to do your 'acts of righteousness' before men, to be seen by them. If you do, you will have no reward from your Father in heaven"(*NIV*).

종교란 본시 "의로움의 행동 acts of righteousness"이다. 그러나 예수를 따르는 자들의 새로운 의로움은 낡은 의로움과는 질적으로 다른 그 무엇이다. 마태 5장 20절에,

"내가 너희에게 이르노니, 너희 의로움이 바리새인이나 율법의 교사들의 의로움을 뛰어넘지 못한다면 결단코 너희는 천국에 들어가지 못하리라."

무엇이 다른가? 외면에서 나타나는 것이 아니요, 내면에서 끊임없이 심화된다는 것이 다른 것이다. 그것은 끊임없는 "추구와 발견"이다.

나의 의로움은 행동으로 나타난다. 그런데 대부분의 종교적인 사람들이 그 의로운 행동을 겉으로 사람들에게 내보이기 위하여 드러낸다는 것이다. 왜 드러내는가? 그들이 의로운 행동을 하는 궁극적 목적이 사람들의 상찬(賞讚)을 얻고자 함에 있고, 하나님의 상완(賞玩)하심을 얻고자 함에 있지 않기 때문이라는 것이다.

정치인이나 사회적으로 공적 활동을 하는 사람들이 공적인 매체를 통하여 하나님께 기도하는 모습을 내비치는 것을 삼갈 필요가 있다. 대한민국은 하나의 전일한 종교가 국체를 지배하고 있는 나라가 아니다. 그리고 운동선수들이 승리의 순간에 천진난만한 환호의 기쁨을 발하는 것은 아름답게 봐줄 수 있지만, 유별나게 하나님께 기도하는 모습을 과시하는 것은 삼가하도록 감독이나 코치들이 지도할 필요가 있다. 나의 기쁨의 순간에 똑같은 하나님의 자녀인 상대방이 슬픔을 맛보고 있다는 것도 생각할 줄 알아야 한다. 경기에 있어서의 승리란 나를 지원하는 이 땅의 사람들과 그 기쁨을 나누어가질 사안이지 매순간 하나님께 기도를 드려야 할 사안은 아니다. 이러한 문제에 관하여 예수님 본인은 다음과 같이 말씀하신다.

"너희가 기도할 때에 외식하는 자와 같이 되지 말라. 저희는 사람에게 보이려고 회당과 큰 거리 어귀에 서서 기도하기를 좋아하느니라. 내가 진실로 너희에게 이르노니 저희는 자기 받을 상을 이미 받았느니라. 너는 기도할 때에 네 골방에 들어가 문을 닫고 은밀한 중에 계신 네 아버지께 기도하라. 은밀한 중에 보시는 네 아버지께서 갚으시리라.
또 기도할 때에 이방인과 같이 중언부언하지 말라. 저희는 말을 많이 하여야 들으실 줄 생각하느니라. 그러므로 저희를 본받지 말라. 너희가 구하기 전에 이미 너희에게 있어야 할 것을 하나님 너희 아버지께서 아시느니라"(마 6:5~8).

여기 개역한글판 번역인 "외식하는 자"의 "외식外飾"이라는 뜻은, 겉으로만 장식한다는 뜻이다. 그 희랍어 원어는 지금 우리가 영어로 위선자(hypocrite)라는 뜻으로 쓰는 "히포크리테스 hypokritēs"인데, 그 원래의 뜻은 "배우"이다. "위선"이란 고대 희랍어에서 "무대 위에서 역할을 행한다"는 뜻이다. 그것은 플라톤의 지적에 의하면 진리 그 자체를 행하는 것이 아니요, 진리인 척 쇼를 하는 것을 말한다. 위선에도 여러 가지 형태가 있다. 첫째, 선을 가장하지만 실제로 악한 행동을 하는 자들이 있다. 이 부류는 자기의 악랄함을 인식하고 있다. 둘째, 자신의 가장적 행동을 통해 자기자신을 기만하는 자들이 있다. 이들은 경건한 사람들이며 자신의 기만성을 자각하지 못한다. 셋째, 자신의 가장하는 행동이 하나님과 대중을 위한 최선의 방도라고 믿으며 대중을 의도적으로 기만한다. 궁핍한 자들을 위해 많은 선행을 행하지만 선행을 하면 할수록 궁핍한 자들의 상찬을 더 얻으면서, 더욱더 자기기만으로 빠져들어 간다.

예수가 증오한 것은 위선이었다. 예수는 인간세의 상찬과는 관계없는, 내면의 은밀한, 나 실존의 하나님과의 소통만을 생각했다. 그에게 있어서 하나님은 초월적 존재가 아니라, 은밀한 가운데 계시며, 은밀한 가운데 보시며, 은밀한 가운데 갚으시는 친근한 아버지와 같은 존재였다.

예수는 과연 그를 따르는 자들이 "종교적이기 being religious"를 바랬을까? 그는 유대민족의 모든 종교적 행동 패턴에 신물이 난 사람이었다. 과연 예수가, 역사적 예수가 오늘과 같은 또 하나의 종교를 만드려고 노력한 사람이었을까? 당시 종교적이 되기 위해서는, 반드시 구제와 기도와 단식을 해야만 했다. 나팔 불면서 구제하고(마 6:2), 남 잘 보이는 큰 거리 어귀에 "서서"

극장의 객석 밑에는 이렇게 어마어마한 통로들이 있다. 얼마나 대단한 규모인지 상상이 갈 것이다. 이런 데서 사람들이 만나 노닥거리다가 자기 자리를 찾아갔을 것이다. 그리고 주변에는 행상들이 자리를 펴놓고 앉아 있었다.

중언부언 큰소리로 기도하고(마 6:5~7), 온갖 흉한 얼굴로 슬픈 기색을 내보이며 단식하는(마 6:16) 모습이야말로 당대 경건한 종교인들의 표상이었다. 예수는 그를 따르는 사람들이 종교적으로 되는 것을 원치 않았다. 예수운동은 근원적으로 제도적 종교로부터 벗어나려는 운동이었다. 오늘날과 같이 교회를 크게 만들려는 운동이 아니었다. 그것을 도마복음서가 증언하고 있는 것이다: "마음에도 없는 외식으로 꾸미려하지 말라. 그것은 하나님께서 원하시는 바가 아닐지니."

> 예수는 매우 솔직한 사람이었다. 그가 일상적으로 가장 혐오했던 것은 종교인들의 위선이었다. 예수는 자기를 따르는 사람들이 종교적이 되는 것을 가장 혐오했다. 종교는 본시 사람들의 의로운 행위로 구성되는 것인데, 그 의로움이란 오직 은밀한 중에 계시고, 보시고, 갚으시는 하나님과의 은밀한 소통에서만 성립하는 것이다. 인간세의 상찬과 무관한 것이다. 구제할 때에도, 오른손이 하는 것을 왼손이 모르게 해야 한다. 예수는 인류역사에 고매한 도덕기준을 제시했다.

이탈리아 로마의 바티칸 베드로성당 앞에 있는 광장(Piazza San Pietro)에는 "로마와 전세계에 *Urbi et orbi*"라는 거창하고 장엄한 교황의 축복을 받으러 전 세계인들이 모여든다. 바로크시대의 가장 위대한 조각가 베르니니(Gian Lorenzo Bernini, 1599~1680)가 설계한 이 성 베드로광장은 타원형으로 된 두 개의 회랑으로 둘러싸여 있고, 그 회랑의 한 쪽 끝은 베드로성당에 연결되어 있다. 이 광장의 원래 모델을 바로 여기 요르단의 제라시(Jerash)에서 볼 수 있다. 제라시는 로마시대에는 거라사(Gerasa)라는 이름으로 불린 데가볼리(Decapolis) 중의 하나였는데, 그 장엄한 모습은 직접 가보지 않으면 감을 잡기가 어렵다. 알렉산더대왕이 이 지역을 평정하면서(BC 333) 헬레니즘의 주요거점으로 등장하였고, 폼페이우스가 점령하면서(BC 64) 시리아속주의 중심도시의 하나가 되었다. 그리고 페트라를 창조한 나바태안왕국과 교역하면서 부를 축적했다. 로마제국은 제국의 위용을 이 지역에 과시하기 위하여 거라사에 거대한 도시플랜을 구현시켰다. 둥근 회랑과 거기서 쭉 뻗어 내려간 카르도 막시무스(중심대로)의 위용은 로마를 제외하고는 다른 곳에서 찾아보기 어렵다. 지금 내가 서있는 곳은 원형극장 꼭대기이지만 발아래 돌부스러기 유적은 거대한 제우스신전의 마당(*temenos*)이다. 바티칸에는 제우스신전 대신 베드로성당이 자리잡고 있는 것이다. 예수가 이곳을 왔었는지는 정확히 알 수가 없지만 예수의 활동영역 속에 이곳이 들어있었다.

73. 하늘과 알레테이아

숨겨진 것은 하늘 앞에 반드시 드러난다

> 도마복음의 언어는 매우 진솔하고 직설적이다. 종교적 경건을 표방하는 많은 사람들이 마음에도 없는 금식, 기도, 구제, 금기를 행하는 외식적 행위들을 예수는 가증스러운 위선으로 규정하고 일말의 가치도 부여하지 않는다. 그리고 말한다: "너희가 싫어하는 것을 하지말라."

제6장

¹그의 따르는 자들이 그에게 여쭈어 가로되, "우리가 금식하기를 원하시나이까? 우리가 어떻게 기도하오리이까? 구제는 해야 하오리이까? 음식 금기는 무엇을 지켜야 하오리이까?" ²예수께서 가라사대, "마음에도 없는 거짓말을 하지말라. ³그리고 너희가 싫어하는 것을 하지말라. ⁴모든 것은 하늘 앞에 드러나 있기 때문이다. ⁵감추인 것은 나타나지 않을 것이 없고, ⁶덮힌 것은 벗겨지지 않을 것이 없나니라."

沃案 본 장은 마태복음 6:1~18의 내용과 상조(相照)해가면서 읽어야 한다는 것을 앞 편에서 설파하였다. 그런데 마태복음 6장의 내용 중에는 그 유명한 "주기도문 The Lord's Prayer"이 들어가 있다. 거짓된 공중기도(ostentatious prayer)와 중언부언하는 기도(repetitious prayer)를 혹평한 후에 모범적인 기도(model prayer)로서 주기도문이 제시된 것이다. 그런데 이 주기도문은 누가에도 들어가 있다. 누가에서는 예수의 제자 중 한 사람이 세례요한이 자기 제자들에게 기도를 가르친 것과 같이 우리에게도 기도를 하나 가르쳐달라고 예수에게 요청한다. 그 응답이 기록되어 있는 것이다. 누가의 기술이 큐복음서의 원형을 보존하고 있다.

마태복음 6:1~18의 내용 중에서 큐복음서에 속하는 주기도문 자료를 제외하면, 구제와 기도와 금식에 관한 예수의 경고는 공관복음에 나오지 않는 매우 유니크한 마태 자료로 간주되었으며, 아람어로 재구성이 가능한 매우 오리지날한 로기온파편으로 그 가치가 높게 평가되어왔다. 그런데 요번 도마복음의 발견으로 그 문제의식의 한 원형을 엿볼 수 있게 된 것이다. 도마에는 1)금식Fasting 2)기도Prayer 3)구제Alms의 순서로 되어있고, 4)음식금기Diet가 첨가되었다.

음식금기를 유대민족들은 코셔(Kosher)라고 부르는데 이것은 히브리어 카셰르(kāshēr)에서 온 말이다. "제식에 합당하다"(ritually fit, proper)는 뜻이다. 음식의 경우 합당하지 않은 것은 "테레파"(ṭerefa, forbidden), 음식 이외의 것은 "파술"(pasul, unfit)이라고 한다. 음식금기의 리스트는 레위기 11장과 신명기 14장에 상세히 나와있다. 굽이 두 쪽으로 갈라지고 동시에 새김질하는 짐승은 먹을 수 있지만, 그렇지 않으면 먹을 수 없다. 따라서 소는 먹을 수 있지만, 낙타나 토끼는 새김질하지만 굽이 갈라지지 않아 먹을 수 없다. 돼지는 굽이 갈라졌지만 새김질을 하지 않기 때문에 부정하여 먹을 수 없다. 물에 사는 것 가운데 지느러미와 비늘이 없는 것은 부정하여 먹을 수 없다. 독수리, 소리개, 타조, 올빼미, 갈매기, 박쥐 등등은 먹을 수 없다. 네 발로 걸으며 날개 돋힌 곤충은 다 더러운 것이라 먹을 수 없지만, 땅에서 뛰어오를 수 있는 메뚜기, 방아깨비, 귀뚜라미는 먹을 수 있다. 이 외로도 복잡한 금기사항이 있지만 가장 중요한 것은 1)도살이 쉐히타(sheḥiṭa)라고 부르는 엄밀한 제식적 방법에 의하여 이루어져야 하며 2)하나님에게 속하는 생명의 자리인 피가 모두 제거되어야 하며 3)고기와 밀크(유제품)가 함께 요리되어서는 안된다는 것이다(출애굽기 23:19, 신명기 14:21: 너희는 염소새끼를 제 어미의 젖으로 삶지 말라). 이러한 코셔 음식규정은 예수를 따르는 유대인들 사이에서도 어디까지 엄격하게 지켜져야 할지 논란의 대상이 되었던 것이다.

단식의 문제만 해도 그것은 원래 유대인의 큰 절기인 속죄일(the Day of Atonement)에만 한정되었던 것인데(레위기 16:29~31, 23:27~32, 민수기 29:7), 나중에는 온갖 명목으로 단식을 수시로 행하였다. 예수시대에 바리새인들은 일주일에 두 번씩 단식했고, 『디다케』(사도의 가르침. 초대교회문헌) 제8장에 보면 초대기독교인들도 수·금으로 주2회 단식한 것으로 보여진다. 그러나 이미 이사야 58장에 보면 단식의 허위성에 관한 통렬한 비판이 쏟아지고 있다.

> "당신께서 보아 주시지 않는데 단식은 무엇 때문에 해야 합니까? … 그러면서 단식일만 되면 돈벌이에 눈을 밝히고 일꾼들에게 마구 일을 시키는구나. 그렇다! 단식한다는 것들이 시비나 일삼고 싸움이나 하고 가지지 못한 자를 주먹으로 치다니, 될 말이냐? 오늘 이 따위 단식은 집어치워라. 너희 호소가 하늘에 들릴 리 없다"(이사야 58:3~5. 공동번역).

여기 제자들이 금식·기도·구제·음식금기에 관해 예수에게 물었을 때, 그들은 과연 어떠한 마음자세를 가지고 그러한 질문을 던졌을까? 시시콜콜한 그 따위 타부(taboo)준수나 허례허식적인 단식, 기도, 구제를 정녕코 하고 싶었기에 예수에게 물었을까?

"우리가 금식하기를 원하시나이까? 어떻게 기도하오리이까? 나팔 불며 구제는 해야 하오리이까? 아무개 아무개 고기는 먹지 말아야 하오리이까?" 이에 대한 예수의 대답은 참으로 간결하다: "거짓말 하지말라! Do not lie." 그들은 이미 하고 싶은 것, 하기 싫은 것을 스스로 알고 있다. 하나님 눈치 보느라고 해야 하오리까,

말아야 하오리까 하고 질문할 필요조차 없는 것이다.

그리고 말한다: "너희가 싫어하는 것을 하지말라! Do not do what you hate!" 공자는 제자 중궁(仲弓)이 인(仁)에 관해 묻자, "네가 원치 않는 바를 남에게 베풀지 말라. 己所不欲, 勿施於人。"(「안연」2)고 했다. 그러나 여기 예수 말은 훨씬 더 자성(自省)적이고 직재(直裁)하다. 자기가 하기 싫은 일은 하지 않으면 그만이라는 것이다. 군소리가 필요없다는 것이다. 남의 눈치 볼 필요없다는 것이다. 인간이 만들어놓은 하나님규율은 다 엉터리라는 것이다. 모든 것은 하늘 앞에 드러나 있다(All things are disclosed before heaven). 여기 "하늘 앞에"라는 표현은 "하나님의 시야 속에 in the sight of God"라는 표현과 같다.

하나님이 인격체가 아닌 "하늘"로서 완곡하게 표현된 것도 보다 소박한 역사적 예수의 어법을 나타내고 있다. 우리말의 하늘, 동학의 하늘님, 공자의 천(天)과도 같다. "모든 것은 하늘 앞에 드러나 있다"는 우리말로 하면 "하늘이 다 안다" 정

제라시의 원형광장(Oval Piazza)과 제우스신전의 복원그림

도의 어법이다. 재미있는 것은 옥시린쿠스사본에는 "하늘"이 "진리"(알레테이아)로 되어있다는 것이다: "모든 것은 진리 앞에 드러나 있다." 하늘이 진리와 동의어로 표현되고 있다. 하늘이 곧 진리며 하나님인 것이다. 앞의 5장 2절이나 여기 6장 5~6절의 표현은 결국, 인간이 종교적이고자 하는 위선적 제식성과 형식성에 대한 비판에서 비롯된 것임을 알 수 있다. 인간이 아무리 감추려하고 숨기려해도 그것은 하나님 앞에, 진리 앞에 다 나타나고 벗겨지지 않을 수 없다는 것이다.

계시는 묵시가 아닌 명명백백한 현시(顯示)인 것이다. 우리는 여기서 도마복음에서 큐복음서 45장(마 10:26~27, 눅 12:2~3)으로 발전해간 생각의 루트를 더듬을 수 있다. 그리고 바리새인들의 외식을 비판한 누가 12:1~2의 맥락이 본래의 의미맥락을 계승한 것임을 알 수 있다. "은밀한 것처럼 더 잘 드러나는 것이 없고, 미세한 것처럼 더 잘 나타나는 것이 없다. 莫見乎隱, 莫顯乎微."고 한『중용』의 대지(大旨)를 여기서 같이 한번 상고해주었으면 한다.

바티칸의 베드로성당 앞, 성 베드로 광장(Piazza San Pietro)

나는 어려서부터 사도 바울을 매우 존경하였다. 예수는 신의 아들이라고 하도 뻑셔대니깐 내가 직접 동일시하기에는 벅찬 인물이었지만, 바울은 내가 동일시할 수 있었던 역사적 인간이었으며 풍요로운 지식으로 가득찬 대사상가였다. 나는 그의 헬레니즘의 소양에서 우러나오는 철학적 언어에 곧잘 심취했다. 20세 전후에 나는 관절염을 심하게 앓았는데, 고린도후서 12장에서 바울이 말한 "내 육체의 가시"를 나는 나와 같은 관절염으로 해석했다. 바울과 나는 청년시절 동병상련의 관계가 되었다. 바울의 본거지는 안티옥이었다. 나는 꼭 그 안티옥(Antioch)이라는 곳을 가보고 싶었다. 안티옥에서 지중해로 나아가는 항구가 실루기아(Seleucia), 바울과 바나바(Barnabas)가 역사적인 제1차 전도여행을 떠난 곳이 바로 이 실루기아 항구인 것이다. 그것은 예수운동이 아닌 기독교(Christianity)의 첫 출발을 의미하는 것이었다: "두 사람이 성령의 보내심을 받아 실루기아에 내려가 거기서 배타고 구브로(Cyprus)에 가서 …"(행 13:4). 여기 떠나가는 바울의 배, 그토록 오래 오매불망 사모했던 이방전도의 위대한 사도를 심상에 그려보는 나의 정취는 어떠했을까? 少年春夢海涯帆, 人世興衰足下霧. **소년의 푸른 꿈은 아직도 저 바다 끝에 돛을 달고 떠나는데, 인간세의 흥망성쇠는 내 발아래 부서지는 파도의 안개 같아라 … 그렇게 나는 읊었다.**

74. 플라톤의 국가와 예수의 천국

이 세계는 지배자가 철인이 될 때만 정의롭다

> 도마복음은 상징언어로 가득차 있다. 그러기에 그것은 해석의 대상이다. 해석의 과정이 곧 추구와 발견의 과정이다. 그러나 발견은 번민을 낳는다. 그러나 번민이 있어야만 우리는 경이를 체험한다. 경이를 체험한다는 것은 내가 나의 왕이 된다는 것이다. 사람이 사자를 먹는다는 것은 결국 이 왕됨에 관한 이야기이다.

제7장

¹예수께서 가라사대, "복되도다 사자여! 사람이 그대를 먹어삼키기에 그대는 사람이 되는 도다. ²저주 있을진저 사람이여! 사자가 그대를 먹어삼킬 것이니, 사자가 사람이 될 것이로다."

¹Jesus said, "Blessed is the lion that the human will eat, so that the lion becomes human. ²And cursed is the human that the lion will eat, and the lion will become human."

沃案 도마복음을 읽다보면 우리는 당혹하게 될 때가 한두번이 아니다. 우선 그 뜻이 이해가 되질 않는 것이다. 그러나 이것은 살아있는 예수의 함축적인 말씀이다. 그러기에 반드시 해석되어야 하는 것이다(Th.1). 해석의 과정 자체가 추구의

과정이며, 그 추구의 결과 우리는 발견을 하게 되지만, 발견의 순간 우리는 번민에 휩싸이게 된다. 그러나 번민에 휩싸이는 순간이 있어야만 경이로움을 느끼게 되고, 따라서 자기를 지배하고 제어할 수 있게 된다(Th.2). 사실 제2장의 이 예수 말씀 속에 본장의 해답은 이미 다 주어져 있다.

자기를 지배하고 제어할 수 있게 된다. 즉 "내가 나의 왕이 된다"고 하는 명제 속에 본 장의 의미체계는 다 함축되어 있다. 도마복음을 읽어나가는 행위자체가 추구와 발견의 과정이다. 그러나 그 해석을 발견했을 때 번민에 휩싸이게 된다는 것은, 진리의 실천이라는 과제상황이 전개된다는 것이다. 도마복음은 한가로운 독서의 대상이 아니라 각고의 깨달음의 과정이 되어야 하며, 깨달음은 반드시 나의 삶속에서 실천될 때 경이(驚異)로 전위하게 되는 것이다. "사자를 먹는다" 운운, 도대체 이게 무슨 의미일까?

많은 주석가들이 도마복음 언어의 상징체계를 이해하지 못하고 본장의 개념들을 객체화된 사물로서 규정하고 그 의미를 찾으려 했다. 상당이 수준높은 주석가도, 본 장에서 말하는 사람과 사자를 실제로 사람이 사자고기를 먹는 다이어트(diet)의 문제로 파악하고, 사람과 사자간의 종(種)적인 하이어라키를 운운하는 황당한 주석을 내리고 있는 것이다. 그리고 예수운동의 식탁교제(the table fellowship)에 있어서의 모종의 문제로 파악하고 있는 것이다.(Richard Valantasis, *The Gospel of Thomas* 64~5).

이런 주석들은 1세기 희랍어문화권의 문학전통의 다양한 심볼리즘을 망각하고 있다. 일례를 들면, 플라톤의 대화중에서 가장 탁월한 작품으로 간주되고 있는 그 유명한 『이상국가론 *Republic*』을 펼쳐보자! 재미있게도 이 『이상국가론』 속에서 우리는 도마복음의 심볼리즘의 원형을 발견하게 되는 것이다. 『이상국가론』은 정의로운 사람이 정의롭지 못한 사람에 비해 행복할 수 있다는 것을 어떻게 입증할 수 있는가? 과연 정의는 훌륭한 것이고 불의는 나쁜 것이라고 말할 수 있는 근거는 무엇인가? 라는 질문에 대하여 그 정당한 해답을 시도하려고 하는 소크라테스의 도전이다.

 소크라테스는 정의로운 자와 정의롭지 못한 자, 두 사람을 대비시켜 이러한 본질적 문제를 논구한다는 것에 어려움을 느끼고, 정의를 구현할 수 있는 국가의 문제로 확대시킬 것을 제안한다. 다시 말해서 국가 속에서의 정의문제를 이야기한 후에, 그것의 축소판으로서의 인간 속에서 정의를 이야기해보자는 것이다. 그들은 대화를 통해 유감없이 정의가 실현되는 이상국가를 그려본다. 그러나 결국 이상국가란, 이상적 법률에 의하여 다스려지는 사회가 아니라, 오랜 기간의

실루기아 항구(Seleucia Pieria)는 BC 300년경 셀레우코스1세 니카토르(Seleucus I Nicator, BC 301~281 재위)에 의하여 건설되었으며 시리아의 두 주요 카라반루트의 종점으로서 신약시대에는 지중해 동안(東岸)의 가장 중요한 상업지 중의 하나였다. 이곳이 바로 그 본 항구의 유적이며 바울의 배가 떠난 곳은 이곳에서 1km 정도 떨어져있다(p.222 사진). 두 바위 사이로 떠났다는 민간전승이 있다. 아마도 바울 일행은 사람의 눈을 피해 밀항지를 택했을 가능성이 높다.

훈련을 통하여 이성적으로 단련된 선남선녀에 의하여 다스려질 수밖에 없는 사회라는 결론에 이르게 된다.

이 세계는 지배자들이 철인이 될 때만이 정의롭게 다스려진다는 것이다. 다시 말해서 지배자 철인들은 선(善)의 이데아에 의하여 지배되어야 한다는 것이다. 그들을 지배하는 선의 이데아는 신의 온전함(divine perfection)이며, 그것은 인간세에서 인간적인 온전함(human perfection)인 정의를 구현시키는 원동력이 된다. 그러기 때문에 플라톤의 국가론은 단순한 국가이론이기에 앞서 인간의 삶에 대한 기준을 제시하고 있다. 정의로운 국가는 실현되지 않을지 몰라도 개인은 항상 정의로울 수 있으며, 정의가 무엇인지를 알 수 있다는 것이다. 소크라테스 자신이 그 정의를 실천하고 영예롭게 정의를 위하여 목숨을 던졌던 것이다.

사실 우리가 너무 철학과 종교를 별개의 분야인 것처럼 생각하여 이러한 논의들을 서로 유기적으로 연결시키고 있질 못하지만, 사실 플라톤이 말하는 이상국가론과 예수가 실천하려고 하는 천국운동은 그 본질에 있어서 매우 유사한 성격을 가지고 있다.

예수의 천국도 결국 이 지상에 어떻게 정의로운 하나님의 지배(*basileia*, reign)를 실현하는가에 관한 논의이다. 신적인 온전함(이데아의 세계)을 어떻게 인간적인 온전함으로서 구현시키느냐에 관한 논의인 것이다. 단지 예수는 그 논의를 "아버지"의 절대적 명령으로서 우리 실존에 직접 전달하고 있을 뿐이다.

플라톤은 인간세의 국가형태를 그 이상적인 형태로부터 타락의 단계에 따라 5가지로 분류한다. 1) 최선자(最善者)정체 2) 명예지상정체 3) 과두정체 4) 민주정체 5) 참주정체. 그리고 이 정체에 상응하는 인간형을 또다시 5가지로 설정한다. 1) 최선자정체적 인간 2) 명예지상정체적 인간 3) 과두정체적 인간 4) 민주정체적 인간 5) 참주정체적 인간.

그러니까 플라톤에게 있어서는 민주정치란 좋은 것이 아니라 나쁜 것이다. 민주정체적 인간은 무슨 말이든지 할 수 있고 멋대로 행동할 수 있는 자유에 넘쳐 타락한 인간이다. 민주정체는 자유와 방종으로 인하여 참주정체를 탄생시키는데, 결국 참주(tyrant)는 개인적 야망의 달성을 위해 가진 것이 별로 없는 민중을 교묘하게 이용하여 국가사회를 파멸시키고 만다.

다시 말해서 참주정체야말로 인간세의 최악의 국가형태이며, 참주정체적 인간이야말로 인간 중에 가장 올바르지 못한 인간이며, 가장 비참한 자이다. 최선의 인간인 철인 치자와 극명하게 대비되는 인간이다. 『국가론』 제8권은 참주정체에 관하여 언급하고 있다. 그리고 제9권에서 우리는 참주정체적 인간에 관해 놀랍도록 적나라한 묘사를 만나게 되는데, 여기서 우리는 인간 속에 내재하는 "사자 *leōn*"를 발견하게 된다. 그것은 에로스가 참주가 되어 한 사람 안에 거주하면서 그 혼(魂)의 모든 것을 조종하는 그런 인간의 한 모습이다. 여기서 도마복음의 상징언어가 풀려 나가는 것이다.

사자를 삼켜라! 나 도올이 지금 사자를 삼켜 먹으려 하고 있는 이곳은 어디일까? 얼마 전에 앙드레 김을 만나 이곳 이야기를 했다. 그랬더니 앙드레 김의 얼굴이 확 변하면서 1966년 이곳을 방문했을 때 받은 충격을 이야기했다. 그리고 42년만에 이곳을 가본 한국인을 처음 만난다고 했다. 그 감동을 여태 하소연할 수가 없었던 것이다. 내 인생에 그 많은 유적을 보았어도 이곳에서 받은 충격만큼 거대한 그 무엇은 없었다. 앙드레 김과 나는 깊은 공감의 이야기를 나누었다. 갈릴리바다의 함몰지역을 그대로 올라가면 헤르몬산을 지나 레바논산맥과 안티레바논산맥 사이로 펼쳐지는 거대한 평원을 만난다. 그 평원이 베카밸리(The Bekaa Valley), 말이 평원이지만 평균 해발 900m의 고원, "로마의 빵바구니"(Rome's breadbasket)라 불렀을 정도로 풍요로운 대곡창이다. 바로 이곳에서 농경신인 바알신이 태어났다. 페니키아문명의 주신이다. 구약에서 그토록 바알을 저주하지만 이 지역에서 보면 야훼야말로 아웃사이더로 보인다. 예루살렘이 초라하게 보인다. 안티레바논산맥의 중턱에 바알베크(Baalbek)신전이 자리잡고 있다. 알렉산더대왕이 이곳을 헬리오폴리스(Heliopolis)로 만들었고 줄리어스 시저도 그곳을 로마의 시리아속주의 중심지 중의 하나로 만들었다. 제우스신전, 바카스신전, 비너스신전, 바알신전이 같이 모여있는 그 웅장한 모습은 두고두고 내가 하고 싶은 이야기가 너무도 많다.

75. 이드와 사자

덮치는 사자를 먹어라!

> 내 몸속에 있는 사람이 달려드는 사자를 먹으면 나라는 인간은 그만큼 승화된다. 내 몸속의 사자가 내 몸속의 사람으로 화했기 때문이다. 마태, 누가는 예수가 탐식가요, 술주정뱅이였다고 기록하고 있다. 예수는 금욕주의자는 아니었지만, 사자를 항상 삼켜먹을 수 있는 강렬한 자제력을 소유한 사람이었다.

제7장

¹예수께서 가라사대, "복되도다 사자여! 사람이 그대를 먹어삼키기에 그대는 사람이 되는 도다. ²저주 있을진저 사람이여! 사자가 그대를 먹어삼킬 것이니, 사자가 사람이 될 것이로다."

沃案 플라톤(화자는 소크라테스)은 참주정체적 인간을 묘사하는데, 마치 프로이드가 정신분석학에서 에고(Ego)와 이드(Id)의 관계를 말하는 듯이 이야기를 하고 있다: "잠들었을 때 깨어나는 욕구들일세. 혼의 다른 부분이, 즉 이성적이고 유순하며 지배하는 모든 부분이 잠들 때면, 짐승같고 사나운 부분은 잔뜩 먹고 마시고서는 발딱 일어나 잠을 물리치고 나가서는 제 기질을 충족시키려 꾀하지. 그런 때에 그것은 일체의 부끄러움과 분별에서 풀려나고 해방된 터라, 무슨 짓이든 감

행한다는 것을 자네는 알고 있네. 그것은 상상하게 되는 데 따라 어머니와도, 그 밖의 인간들이나 신들 중의 누구와도, 또는 짐승들 중의 어떤 것과도 섹스하기를 주저하지 않으며, 누구든 살해하는 것도 주저하지 않거니와, 어떤 음식이든 삼가는 일도 없다네. 한마디로 말해서, 어리석거나 파렴치한 짓을 빼놓지 않고 저지른다네"(Republic 571c).

그는 참주적 인간의 탄생을 내부의 양심적 절제를 숙청하고서 밖에서 들여 온 광기로 자아를 가득채우는 과정으로 설명한다. 그리고 이러한 인간의 혼(魂)의 상(像, eikōn)을 세 측면에서 형상화한다. 하나는 여러 개의 머리를 가진 형태의 짐승으로 형상화하고, 하나는 사자의 형태로, 또 하나는 사람의 형태로 형상화한다. 여러 개의 머리를 가진 짐승은 인간의 혼의 다양한 욕구를 상징하고, 사자는 격정을 상징하고, 사람은 헤아릴 줄 아는 이성을 상징한다. 그런데 재미있는 것은 이 세 형상을, 키마이라(Chimaira), 스킬라(Skylla), 케르베로스(Kerberos)가 여러 형태가 하나로 합쳐진 것과 같이, 하나로 합쳐서 하나의 생물로서 자라도록 만든다는 것이다. 그런데 그 하나의 생물은 하나의 인간으로 보이도록 외피를 만든다는 것이다. 그러니까 외면으로 보면 하나의 인간이지만, 그 내면에는 여러 개의 머리를 가진 짐승과 사자와 사람의 세 형상이 들어있어 제각기 싸우고 있다. 그러니까 사람속에 사람과 사자와 다두수(多頭獸), 세 존재가 같이 살고 있는 것이다. 이 셋에서 서로 물어뜯으면서 싸우다가 서로 잡아 먹도록 내버려 두라고 말한다(589a).

나는 도마복음을 읽으면서 본장을 접했을 때, 심한 당혹감과 함께 엄청난 희열을 느꼈다. 본장이 해독되는 순간의 짜릿한 감동을 독자들에게 어떻게 표현해야 할지 모르겠다. 여기 사자는 주로 인간에 내재하는 정욕, 욕정, 특히 성적 갈망(sexual desire)을 상징한다. 이러한 상징성은 당대의 문헌들에서 쉽게 찾을 수 있다. 사실 순수하게 색정(色情)에 빠져본 일이 있거나 아편중독에라도 걸려본 사람들은 여기서 사용하고 있는 메타포의 강렬함에 깊은 공감을 느낄 것이다. 인간의 색정은 인간에게, 즉 플라톤이 말하는 내면의 사람에게, 사자처럼 덮친다. 성서에서도 사자는 항상 위험과 괴력의 상징이다. 삼손도 으르렁거리며 달려드는 사자를 맨손으로 갈기갈기 찢어버린다(삿 14:5~6). 맹자(孟子)도 고자(告子)와 식색지성(食色之性)에 관하여 논쟁을 펼치지만, 하여튼 인간에게 항상 사자처럼 덮치는 것은 식색의 욕정이다. 고자는 그것을 인간의 본성으로 규정하려 하지만, 맹자는 그것이 인간의 본래적 바탕일 수는 없다고 전제하고 있다.

나는 무엇보다도 사자처럼 달려드는 인간의 욕정, 그 강렬한 회화적 상상력에 찬탄을 금하지 않을 수 없었다. 인간은 바로 그 덤벼드는 사자를 삼손처럼 맨주먹으로 찢어버리는 것이 아니라, 곧 바로 아가리를 크게 벌리고 씹어먹어 버려야 하

내가 잡고있는 사자의 조각은(p.228) 저 기둥 꼭대기에 있는 지붕 홈통(石漏槽) 부분이 떨어져 내려온 것이다. 여기 사자 밑의 만(卍)자 문양은 2008년 4월 22일부터 8월 31일까지 국립중앙박물관에서 전시된 페르시아 유물 중, BC 1000년경의 금목걸이에 새겨져 있다. 그리고 부여 웅정리에서 출토된 파문수막새 백제와당에도 아름답게 변형된 형태로 나타나고 있다(평창동 유금와당박물관에 전시되어 있음). 트로이를 발굴한 하인리히 슐리만(Heinrich Schliemann, 1822~1890)은 1882년 이 卍자 문양이 태양의 기의 발출을 상징하는 원시문양이라고 주장하는 논문을 발표했다. 아리안족의 상징이 되어 히틀러에게까지 내려갔다.

는 것이다. 욕정의 극복이란 사실 달려드는 사자를 통째 씹어먹어 버리는 것보다도 더 어려운 것이다.

예수는 말한다: "사람에게 먹힌 사자여! 그대는 복되도다! 그대는 사람이 되었기에." 사자가 사람에게 먹히면, 사자는 사람이 된다. 즉 욕정이 이성으로 고양되는 것이다. 주석가들은 여기까지 제1절의 해석에 대하여 이의를 제기하지 않는다. 문제는 제2절의 해석이다.

1절에서는 사람이 사자를 먹었지만, 2절에서는 사자가 사람을 먹는다. 욕정이 이성을 잡아삼키는 상황은 분명히 비극적 상황이다. 그렇게 된다면 당연히 이제는 사람이 사자가 되어야 한다. 사람이 사자를 먹어서, 사자가 사람으로 고양되었다면, 사자가 사람을 먹으면 당연히 사람이 사자로 비하되어야 할 것이다. 따라서 주석가들은 제2절은 텍스트 코럽션(text corruption)이 개재되어 있다고 본다. 콥트어 사경자들의 에러일 수 있다는 것이다.

그러나 사람이 사자가 된다는 것도, 어디까지나 사람 내부의 문제이기 때문에 실제로 사람이 사자로 변형되는 것을 의미하지는 않는다. 따라서 제2절의 "사자가 사람이 될 것이로다"(and the lion will become human.)는 결국 사람다운 사람은 사라지고 사자가 되어버린 사람만 남는다는 것이다. 2절의 "사람"은 플라톤이 형상화한 언어를 따르자면, 내면의 사람이 죽어버린, 사자가 사람노릇을 하는 그러한 사람을 의미할 것이다. 스테반 데이비스는 말한다: "제2절은 무지와 악이 인간을 점령하여 인간을 인간이하로 변모시킨 그 무엇을 말하고 있다. The second clause speaks of ignorance and evil taking over a human being and turning a human into something less than human"(Stevan Davies, *The Gospel of Thomas* 8).

인간의 죄악은 궁극적으로 모두 내 속에 있다. 인간의 입으로 들어가는 것이 더러운 것이 아니라, 인간의 입으로부터 나오는 것이 더러운 것이다(Th.14, 마 15:11, 막 7:15). 본장의 주제는 나 실존의 내면의 추구와 발견이라는 도마복음의 전체 테마와 조금도 어긋남이 없다. 세례요한이 금식과 절제를 행한 금욕주의자였다면 예수는 당시 비방인들로부터 "게걸스러운 탐식가 pharos, a glutton"요, "술주정뱅이 oinopotēs, a drunkard"라는 소리를 들을 정도로 금욕이라는 문제를 경시한 식탁교제운동가였다(마 11:19, 눅 7:34, Q26). 그러기에 금욕주의적인 본장이 예수의 오리지날한 로기온이 아닐 것이라고 말하는 주석가들도 있으나, 예수는 타인에게 금욕을 강요하지는 않지만 본인은 끊임없이 사자를 삼켜먹을 수 있는 절제의 인간이었다.

사자를 먹자! 덮치는 사자를 삼키자! 나는 이 말 속에서 무위진인(無位眞人) 임제(臨濟, ?~867)의 날카로운 할성(喝聲)을 듣는다.

바알베크 신전의 거석들. 저 신전기둥 단면의 지름이 내 키보다 크다.

레바논 안티레바논산맥 중턱에 있는 이 쥬피터신전은 전 로마제국을 통하여 가장 거대한 신전이었다. 로마인들은 자기들의 수도인 로마에는 막상 거대한 건물을 짓지 않았다. 로마제국의 위세를 과시하기 위해서는 이방의 통치지역에 막대한 신전을 지어 그 지역민들을 압도시켰던 것이다. 이 쥬피터신전은 폼페이우스장군 때부터 짓기 시작하여(BC 64) 줄리어스 시저·옥타비아누스 시대를 거쳐 네로황제 때(AD 60) 완성되었다. 내가 서있는 이 6개의 기둥 잔해는 세계에서 가장 큰 돌기둥이다(높이 22.9m). 이러한 돌기둥이 직사각형 신전 둘레에 54개 서있는 모습은 장관이었을 것이다. 이 신전들은 기독교가 공인되면서 파괴되었고 배교자 율리아누스황제 때 잠깐 회복되었다가 다시 파괴되었다. 비잔틴제국의 유스티니아누스황제(AD 527~65재위)는 이 기둥을 실어다가 콘스탄티노플의 소피아성당 기둥으로 썼다.

76. 큰 고기와 작은 고기

긁어모으는 자가 되지 말고 버리는 자가 되라

제8장

¹그리고 그께서 가라사대, "사람된 자는 슬기로운 어부와도 같도다. 그는 그의 그물을 바다에 던져 작은 고기가 가득찬 채로 바다로부터 끌어올리는도다. ²그 가득한 고기 가운데서 슬기로운 어부는 잘생긴 큰 고기 한 마리를 발견하는도다. ³그는 모든 작은 고기를 다시 바다 속으로 던져 버린다. 그리고 어려움 없이 그 큰 고기 한 마리를 가려 얻는다. ⁴들을 귀가 있는 자들이여! 누구든지 들어라."

¹And he said, "The human one is like a wise fisherman who cast his net into the sea and drew it up from the sea full of little fish. ²Among them the wise fisherman discovered a fine large fish. ³He threw all the little fish back into the sea, and chose the large fish without difficulty. ⁴Whoever has ears to hear, let him hear."

沃案 도마복음은 펴보고 또 펴볼수록 미궁이다. 아리송한 느낌을 준다. 어부가 바다에서 많은 고기를 낚아 올렸을 때 잔챙이는 바다로 돌려보낸다든가, 낚시꾼이 일정한 수치 이하의 송사리를 잡았을 때 다시 풀어준다는 이야기는 이미 우리의 상식이 되어있다. 그렇다면 과연 도마복음은 우리에게 이런 생태론적 상식(ecological common sense)을 가르치고 있는 또 하나의 성경일까? 도대체 이 말

이 무엇인가?

우선 여기 발설자로서의 주어가 "예수"로 명기되어 있지 않고 "그"라는 대명사로 되어있다. "그께서 가라사대"는 명백히 이 예수의 말씀을 연출하고 있는 나레이터의 존재를 드러내주는 표현이다. 그러니까 이 로기온에는 나레이터와, 예수와, 예수의 말 속에 있는 어부, 이 삼자의 관계가 얽혀져 있다. 여기서 어부는 바로 제1장에서 말하는 예수의 말씀의 해석을 발견하는 자이다. 여기서 "어부"는 "사람된 자"의 직유(simile)적 표현이다. "사람된 자"라는 표현도 참 절묘하다. 그냥 "사람"이 아니라 "사람다운 사람 the human one"이다. 사람다운 진정한 사람, 그러니까 예수의 신비로운 말씀의 해석을 발견하는 자이다. 그 해석을 발견했

바알신전 안뜰에서 쥬피터신전으로 올라가는 정면의 전경. 저 멀리 6개의 쥬피터신전 기둥이 보인다. 정면계단이 35계단인데 로마인들은 반드시 첫 계단을 오른발로 딛고 끝낼 때 오른발로 딛는 습관이 있었다. 신전토대에 쓴 돌들은 보통 하나가 1,000t이나 된다. 그 어마어마한 돌을 어떻게 주무르고 운반했는지, 고도화된 현대의 토목기술로도 도무지 상상하기 어렵다.

기에 고통스러워하고, 또 고통스럽기에 희열을 느끼는 왕자(王者), 내면의 사자를 삼켜 먹어버리는 그 왕자는 여기 "슬기로운 어부"라는 직유의 대상으로서 다시 등장하고 있는 것이다.

 누가복음 5:1~7에 보면 예수가 시몬의 배에서 가르치시고 깊은 데로 가서 그 물을 내려 고기를 잡으라 하니, 그물이 찢어질 정도로 고기가 많이 잡혔고, 그 고기를 두 배에 가득채우니 배가 가라앉을 정도였다. 그러나 결코 그 고기를 버린다는 발상은 없었다. 요한복음 21장을 보아도 부활하신 예수가 시몬 베드로에게 그물을 끌어올리라 하니 거대한 고기가 일백 쉰 세 마리나 되었다. 우리가 주일학교 때부터 배우는 예수는 어부가 많은 고기를 낚듯이 우리에게 복을 많이 가져다주는 예수다. 예수를 믿으면, 배가 가라앉을 정도로 고기가 꽉 차듯이, 집이 가라앉을 정도로 복이 가득차는 것이다. 만복(萬福)의 근원 하나님, 만복의 예수다. 그러나 도마복음에서 말하고 있는 예수는 분명히 그러한 예수와는 다른 모습이다.

 본 장의 문장을 잘 뜯어보면 작은 고기가 가득찬 채로 그물이 올라오는 모습이 먼저 그려지고 있다. 그리고 그 가득찬 고기 가운데서 큰 고기 한 마리를 발견한다. 그러나 발견은 했지만 그 큰 고기는 가득찬 작은 고기들에 가려서 보이질 않는다. 발견은 했지만 아직 그 큰 고기를 손에 얻지는 못한 것이다. 그 고기를 손에 넣으려면 어떻게 해야 하는가? 슬기로운 어부의 "슬기"는 바로 그 작은 고기들을 다시 바다 속으로 버리는 데 있다(to throw them back into the sea). "건짐"의 지혜가 아니라 "버림"의 지혜인 것이다. 버림으로써 큰 고기를 얻을 수 있게 되는 것이다. "어려움 없이" 그 큰 고기 한 마리를 얻게 되는 것이다(이 문제와 관련하여 제107장의 "가장 큰 한 마리의 양"의 비유를 같이 생각해보라).

 이것은 무엇을 뜻하는가? 우리는 신앙이든, 은혜든, 축복이든, 성령이든, 모든 것을 얻기만 하는 기독교에 너무 익숙해있다. "버리는" 기독교를 배우지 못했다.

이 도마복음서는 베드로 중심의 어떤 초기 사도집단의 윤리에 반항하는 예수운동의 모습일 수도 있다. 예수의 말씀을 해석하고 발견하는 자는 모든 것을 긁어모아서는 아니 된다. 하나의 진정한 아이덴티티를 위해서 사소한 아이덴티티를 버려야 한다. 그래야 그 최종적 목표에 도달할 수가 있는 것이다. 왕필(王弼, 226~249)이 『주역』을 해석하는 데 이런 말을 하고 있다:

> "말(言)이란 상(象)을 밝히기 위한 것이므로 상을 얻으면 말을 잊어버려야 한다. 상(象)이란 뜻(意)을 드러내기 위한 것이므로 뜻을 얻으면 상은 잊어버려야 한다. 그것은 마치 올가미가 토끼를 산 채로 잡기 위한 것이므로 토끼를 얻은 후에는 올가미는 버리는 것과 같다. 그물은 고기를 산 채로 잡기 위한 것이므로 고기를 얻은 후에는 그물은 버리는 것과 같다."
> 言者所以明象, 得象而忘言; 象者所以存意, 得意而忘象。猶蹄者所以在兔, 得兔而忘蹄; 筌者所以在魚, 得魚而忘筌也。

도마복음서는 바로 이 "득어망전得魚忘筌"의 지혜를 말하고 있다. 그러나 또 마태복음 13:47~50에는 도마복음의 이 장을 연상시키는 말이 있다. 그러나 의미의 왜곡이 일어났음을 알 수 있다: "또 천국은 마치 바다에 치고 각종 물고기를 모으는 그물과 같으니 그물에 가득하매 물가로 끌어내고 앉아서 좋은 고기는 그릇에 담고 나쁜 고기는 내어버리느니라."

최종적 진리를 얻기 위해서는 모든 것을 버려야 한다는 순수한 "버림"의 도마복음 논리가 마태복음에서는 선·악의 이원론으로 변질되어 나타나고 있다. 뿐만 아니라 그러한 윤리적 분별은 마지막 심판의 날에 악한 자들이 저주를 받는다는 종말론적 논리로 꼭 연결된다. 마태는 이 비유끝에 다음과 같은 설명을 붙여놓고 있다: "세상 끝날에도 이와 같을 것이다. 천사들이 나타나 선한 사람들 사이에 끼어 있는 악한 자들을 가려내어 불구덩이에 처넣을 것이다. 그러면 거기서 그들은 가슴을 치며 통곡할 것이다"(마 13:49~50). 이러한 윤리적 이원론의 맹점은 전혀 "선자"와 "악자"에 대한 규정이 없기 때문에 종말의 협박을 선포하는 자들의 편의에 따라 선·악이 임의화된다는 것이다. "지금 여기"서의 선한 행위에 대한 구체적인 지침이 없다는 것이다. 4복음서는 단지 초대교회의 절박한 종말론적 분위기를 반영할 뿐이다. 귀가 있는 자들이여! 누구든지 들어라! 긁어모으기만 하는 신앙인이 되어야 할까? 버리는 신앙인이 되어야 할까?

> 도마복음의 언어는 자유로 가득차 있다. 인간다운 인간을 슬기로운 어부에 비유한다. 슬기로운 어부는 그물에 가득찬 고기를 다 버린다. 그 속에 번뜩이는 단 하나의 큰 물고기를 얻기 위해.
> 살아가는데 있어서도 중요한 것을 얻을 줄 아는 사람은 잔 것들을 과감히 버릴 줄 아는 사람이다.

바알베크에 있는 쥬피터 신전은 로마세계에서 가장 거대한 신전이었다. 그런데 쥬피터신전에서 바라보면 오른쪽으로 바카스신전이 있다. 나는 이 바카스신전의 아름다움에 매혹되고 또 매혹되었다. 이 신전도 1898년 독일황제 빌헬름2세와 터키 술탄 사이에 발굴계약이 성립할 때까지만 해도 거의 3분의 2가 지하에 매립되어 있었다. 그래서 오히려 보존상태가 양호한 편이다. 이 신전을 바알베크에서는 "작은 신전"(the small temple)이라고 불렀는데 실상인즉 아테네의 파르테논신전보다 크다. 내가 서있는 이곳은 신전의 지성소 외벽 회랑인데 7개의 기둥이 있고, 꼭대기에 천정이 남아있는 것이 이채롭다. 이렇게 제 위치에 남아있는 돌 천정은 거의 구경하기가 힘들다. 정면에 33스텝의 계단이 있고 그 신전내부는 3구획이 있고 가장 깊은 곳에 지성소가 있다. 건축물 벽 상부의 엔태블러쳐(entablature) 부분의 조각은 이루 형언할 수 없이 다채롭고 아름답다.

77. 마가복음과 도마복음

예수의 비유가 과연 천국의 비밀일까?

제9장

¹예수께서 가라사대, "보라! 씨 뿌리는 자는 나갔다. 한 줌의 씨를 손에 가득 쥐고 그것을 뿌렸다. ²더러는 길가에 떨어지매 새들이 와서 쪼아 먹어 버렸고, ³더러는 바위 위에 떨어지매 땅속에 뿌리를 내리지 못해 이삭을 내지 못했고, ⁴더러는 가시떨기에 떨어지매 가시가 기운을 막았고 벌레가 삼켜버렸다. ⁵그리고 더러는 좋은 땅에 떨어지매 그것은 좋은 열매를 내었다. 그것은 육십 배, 그리고 백이십 배의 결실이 되었느니라."

¹Jesus said, "Look, the sower went out, took a handful of seeds, and scattered them. ²Some fell on the road, and the birds came and pecked them up. ³Others fell on rock, did not take root in the soil, and did not produce heads of grain. ⁴Others fell on thorns, and they chocked the seeds and worms devoured them. ⁵And others fell on good soil, and it brought forth a good crop. It yields sixty per measure and one hundred twenty per measure."

沃案 감격이다! 도마복음에서 그 유명한, 공관복음서의 대표적인 비유로 꼽히는 씨 뿌리는 자의 비유(The Parable of the Sower)를 발견하게 되는 것은 감격이 아니고 무엇이랴! 씨 뿌리는 자의 비유는 마가(4:3~8), 마태(13:3~8), 누가(8:5~8)

에 공통적으로 나타나기 때문에 우리가 공관자료(synoptic materials)라고 부르는 것이다. 마태와 누가에만 공통으로 나타나는 큐복음자료가 아닌 것이다.

그런데 마태, 마가, 누가 중에서는 물론 마가자료가 조형(祖型)이다. 그러므로 우리가 비교의 대상으로 삼아야 할 것은 도마와 마가가 된다. 마가복음과 도마복음을 같이 펼쳐놓고 비교해보면 도마복음이 마가복음의 원형이라는 사실을 누구나 쉽게 알 수 있다(도마 → 마가 → 마태·누가). 이것은 나 도올의 사견이 아니라 예수의 비유를 연구하는 모든 신학자들의 공통된 견해이다. 참으로 놀라운 것이다. 마가보다 더 원형에 가까운 예수의 말씀을 도마에서 발견한다는 이 사실! 도마에는 "바위 위에 떨어지매"라는 구절이 있으나, 마가에는 이 구절이 "흙이 얇은 돌밭"으로 변형되어 있다. 그러나 누가는 도마의 원문을 그대로 계승하고 있다. 그리고 누가는 마가의 설명부분(막 4:5~6. 흙이 깊지 아니하므로 곧 싹이 나오나 해가 돋은 후에 타져서 뿌리가 없으므로 말랐고)을 생략해 버렸는데, 이 설명부분은 도마에도 없다. 이러한 정황으로 보아 누가가 도마의 원형을 더 잘 보존하고 있는 것으로 사료된다.

그리고 도마와 마가, 양자를 비교해보면 우선 도마자료에는 "예수께서 여러 가지를 비유로 가르치시었다 Jesus taught them many things in parables"는 설명조의 도입부분이 없다(막 4:2). 다시 말해서 예수의 말씀이 "비유"라고 객관화되어 규정되는 개념적 소외가 없다. 곧바로 예수는 말했을 뿐이다. 그것이 "비유"라고도 규정되지 않는다. 마가는 왜 애초에 이것을 "비유"라고 규정했을까? 그 해답은 예수의 말씀이 끝난 후에 부가된 설명에서 명백해진다.

"이르시되 하나님 나라의 비밀을 너희에게는 주었으나 외인에게는 모든 것을 비유로 하나니, 이는 저희로 보기는 보아도 알지 못하며 듣기는 들어도 깨닫지 못하게 하여, 돌이켜 죄사함을 얻지 못하게 하려 함이니라"(막 4:11~12).

남이 쉽게 알아들어 깨닫지 못하게 하고 죄사함을 얻지 못하게 하는 것이야말로 비유로 말하는 이유라고 하는, 좀 야비하게 들릴 수도 있는 이런 말을 예수 입으로부터 듣는다는 것은 도무지 껄끄럽다. 여기 이미 특수집단의 폐쇄성이 전제되어 있다. 즉 제자집단과 외인집단의 이원성이 확연히 드러나고 있는 것이다. 비유는 전자에게는 열려있지만 후자에게는 닫혀있다. 그러므로 특수한 예수의 설명이 필요하게 된다.

예수는 원래 비유로 말하기를 좋아한 사람이었다. 그러나 그는 그것을 비유라고 규정하지 않았다. 왜냐? 그것은 어린아이라도 쉽게 알아들을 수 있는 너무도 명백하고 단순한 것이었기 때문이다. 예수는 알아들으라고 말한 것이지 알아듣지 말라고 비유로 말한 것이 아니다. 예수의 비유는 예수의 많은 로기온자료 중에서도 가장 예수의 생생한 육성을 전하는 오리지날한 자료로서 정평이 있다. 예수의

천정의 한 부분인데 클레오파트라의 최후의 순간을 조각해 놓았다. 안토니우스가 옥타비아누스에게 패배당하자 삶을 구걸하지 않고 독사에게 물려 생애를 마감한다. 클레오파트라는 한때 이 땅의 주인이었다.

비유는 어떠한 유대교 전통의 지혜문학이나 어떤 랍비의 교설에 비교해보아도 그 단순명료한 강렬함은 전무후무한 것이다. 예수의 비유는 그 비유를 통하여 딴 말을 하고자 하는 알레고리가 아닌 것이다. 비유의 전승은 우리를 역사적 예수에게로 가깝게 데려간다. 너무도 단순명료하기 때문에 어린아이라도 "네, 바로 그렇습니다"라고 대답할 수밖에 없도록 휘몰아간다.

그러나 예수의 사후, 이미 10년 안에 벌써 이 비유들은 어떤 천국의 비밀을 간직한 비의적인 사태로서 신비화되기 시작하였고 교회 내부의 사람들과 외부의 사람들을 이원화시키는 열쇠처럼 추상화되어 갔다. 마가복음의 기술만 해도 이미 완벽하게 기독론적인 해석(Christological interpretation)을 깔고 있는 것이다. 그리고 물론 종말론적인 톤(eschatological tone)도 같이 깔려 있다. 마가복음에 수록된 예수 자신의 해설을 들어보자!

"뿌리는 자는 말씀을 뿌리는 것이다."(막 4:14). 씨와 말씀이 개념적으로 대응된다.

"말씀이 길가에 뿌리웠다는 것은 사탄이 즉시 와서 저희에게 뿌리운 말씀을 빼앗는 것이다." 여기에는 이미 교회라는 공동체를 수용한 사람과 그 수용자를 박해하는 사탄(Satan)이 이원적으로 대립되고 있다. 결국 예수의 씨 뿌리는 자의 평화로운 비유가 사탄과의 대결이라는 긴박한 사태로 변질되고 있는 것이다.

"돌밭에 뿌리웠다는 것은, 그 속에 뿌리가 없어 잠깐 견디다가 말씀을 인하여 환난이나 핍박이 일어나는 때에는 곧 넘어지는 자를 비유한 것이다." 이것도 이미 요한계시록에서 말하는 묵시적 경고와 별 차이가 없다. 기독교공동체의 사람들에게는 환난과 핍박이 있게 마련이며, 이 환난과 핍박을 견디지 못하고 뿌리가 뽑히는 자들의 모습이 이러하다는 것이다. 즉 초기교회공동체에 대한 변절이나 배반에 대한 경고가 들어있는 것이다.

"가시떨기에 뿌리우는 자는 세상의 염려와 재리의 유혹과 기타 욕망이 들어와 말씀이 가리워 결실치 못하는 자다." 여기에도 하나님의 의로우심과 인욕(人慾)의 대립관계를 설정하는 바울신학적 해석이 들어와 있다.

예수의 비유가 과연 마가가 제시하는 이러한 해설 속에서 해석되어야 할 것인가? 도마는 "해석"은 읽는 자들이 스스로 발견하는 것이라 했다(Th.1). 그러나 벌써 마가복음만 해도 예수의 비유의 해석이 마가복음서 기자에 의하여 독자들에게 강요되고 있는 것이다. 이것은 브레데의 "메시아비밀"과는 또 다른 차원의 마가복음의 문제점이다. 요아킴 예레미아스(Joachim Jeremias)는 이러한 문제를 "알레고리화 allegorization"라고 부른다(『도마복음한글역주』 제3권 제65장 역주에서 상설함). 도마복음서에 일체 이러한 알레고리적 해석이 명기되어 있지 않다는 사실 그 자체가 이미 도마복음서의 오리지날리티를 확보하는 것이다.

> 씨 뿌리는 자의 비유는 공관복음서의 대표적인 비유이다. 마태·누가의 비유는 마가의 비유를 원자료로 하고 있다. 그런데 마가의 비유보다 더 오리지날한 한 조형이 도마복음의 씨 뿌리는 자의 비유라는 사실이 밝혀져 신학계에 충격을 던져주었다. 예수의 비유에 예수가 직접 주석을 달 수는 없는 것이다.

북만주의 흑룡강성은 비옥하다. 흑룡강의 흑룡을 닮았는지는 모르겠으나 대체로 땅이 검다. 북만주 산시(山市)에 있는 백야 김좌진 장군의 순국지를 가는 길에 내가 찍은 사진이다. 김을동 의원이 산시에 김좌진 장군의 유적지를 보존해놓은 모습이 감동적이었다. 한 조선족 여인이 풍요로운 옛 발해땅에 씨를 뿌리고 있다(2005년 4월 촬영).

78. 씨 뿌리는 자의 비유

하나님의 나라는 이 땅에서 씨처럼 자라나고 있다

> 마가복음에는 예수가 자신의 비유를 직접 해석하는데, 그 해석은 기독론적, 종말론적 상황에 이미 오염되어 있다. 그러나 도마복음에는 그러한 선·악의 이원론적 전제가 없다. 길에 떨어진 씨를 새가 쪼아먹는다고 새가 악마일 수는 없다. 그것은 자연이다. 그것도 우리의 천국체험의 중요한 요소이다. 천국은 자연의 과정에서 우리가 체험할 수밖에 없는 기다림 속에 내재하는 것이다.

제9장

¹예수께서 가라사대, "보라! 씨 뿌리는 자는 나갔다. 한 줌의 씨를 손에 가득 쥐고 그것을 뿌렸다. ²더러는 길가에 떨어지매 새들이 와서 쪼아 먹어 버렸고, ³더러는 바위 위에 떨어지매 땅속에 뿌리를 내리지 못해 이삭을 내지 못했고, ⁴더러는 가시덤기에 떨어지매 가시가 기운을 막았고 벌레가 삼켜버렸다. ⁵그리고 더러는 좋은 땅에 떨어지매 그것은 좋은 열매를 내었다. 그것은 육십 배, 그리고 백이십 배의 결실이 되었느니라."

沃案 우선 씨 뿌리는 자의 비유를 보면 궁금한 것이 많이 있다. 농부가 어떻게 씨를 뿌리길래 씨가 사람이 다니는 길에도 떨어지고 바위 위에도 떨어지고 가시덤불에도 떨어진단 말인가? 비행기로 씨를 뿌리거나 대형선풍기로 산 위에서

흩날린다면 모르되, 우리의 농경상식으로는 좀 이해하기가 어렵다. 귀한 씨를 밭을 갈아엎은 후 이랑을 파서 그곳에 살살 뿌리고 덮을 것이지 왜 그토록 아무데나 막 뿌리는가? 『예수의 비유』라는 희대의 걸작 신학서를 남긴 요아킴 예레미아스(Joachim Jeremias)는 이러한 질문에 대해 상세한 답변을 하고 있다. 그리고 나는 실제로 팔레스타인 지역을 가보고 예수의 비유의 현실성을 확인했다.

예수는 갈릴리사람이다. 그리고 젊었을 때 목수생활을 했다지만 실제로 그곳에서 농사를 지은 경험이 있는 사람이었을 것이다. 갈릴리는 화산지역이라서 제주도 같은 현무암지대이다. 대부분의 땅이 척박한 돌밭이다. 우리나라 황토흙밭의 농사를 생각하면 곤란하다. 그러니까 우리나라 감각으로 말하자면 화전민농사라고 해야 할 것이다. 예레미아스는 팔레스타인 농사법은 밭을 갈고 씨를 뿌리는 방식이 아니라 씨를 먼저 대충 뿌리고 난 뒤에 밭을 갈아엎는다고 했다. 그러니까

예수가 돌항아리 여섯 개의 물을 다 포도주로 만든 혼인잔치의 현장 가나(Cana)의 모습이다. 저 돌밭을 보면 예수의 비유의 리얼리티가 느껴질 것이다.

길과 가시덤불과 돌과 밭이 구분이 안되는 야전에 대충 씨를 뿌리고 쇠스랑으로 대충 덮는 것이다. 그래서 이와 같은 비유의 정당성이 생겨나는 것이다.

이것은 매우 자연스러운 팔레스타인 농사법에 기초한 비유이기는 하지만 비유로서 매우 중요한 인간의 상황을 우리에게 전달해주고 있다. 만약 요즈음의 우리 농사법과 같이 정밀하게 어떠한 예기되는 목적을 위하여 농부의 관심이 집중되고 행동되고 있다고 한다면, 다양한 인간의 상황을 포괄할 수 있는 비유도 생겨나지 않을 뿐 아니라, 비교적 가치의 강렬함이 돋보일 수가 없다. 획일적 원인에 대한 획일적 결과만 수반되는 농사는 결코 우리 삶의 과정일 수가 없다.

농부는 무심코 씨를 뿌린다. 길에도, 바위 위에도, 가시덤불 위에도, 좋은 땅에도. 이 네 가지 상황은 모두 인간의 상황이다. 물론 앞의 세 상황은 좌절의 상황이

이와는 대조적으로 기름진 로마의 빵바구니 베카밸리. 바알베크신전의 하부구조를 이룬다. 이곳에 떨어진 씨는 120배가 아닌 천배 만배의 수확을 얻을 것이다.

78. 씨 뿌리는 자의 비유 - 제9장

고 마지막 한 번만이 성공의 상황이다. 그러나 인간의 문제는 어떠한 경우에도 좌절의 고뇌가 없이 성공이 보장되지 않는다. "아버지의 나라"는 좌절을 거치지 않고 곧바로 성공만 보장되는 그러한 인간상황이 아닌 것이다. 첫 번째 길의 상황에는 새가 쪼아먹는다. 두 번째 돌의 상황에는 뿌리를 못 내린다. 세 번째 가시덤불의 상황에는 성장이 방해되며 벌레가 먹어버린다. 네 번째 좋은 땅의 상황에는 60배, 120배의 풍요로운 결실이 보장된다.

이 언어를 분석하면 1)씨 2)행위자 3)자연적 인과라는 세 요소의 복합적인 교감으로 구성되어 있다. 제1의 상황에는 새라는 행위자, 제2의 상황에는 단순한 자연적 인과, 제3의 상황에는 자연적 인과와 벌레라는 행위자가 복합되어 있다. 그리고 제4의 상황도 완벽한 자연적 인과이다.

이 모든 것을 객관적으로 평심(平心)하게 분석해보면 마가복음에서 말하는 사탄이라든가, 핍박과 환난이라든가, 유혹과 욕망이라는 부정적이고 인위적인 요소의 개입이 없다. 땅에 떨어진 씨를 새가 쪼아먹는다는 것은 아주 자연적인 사태이며 아름다운 광경이다. 그 새가 악마일 수는 없다. 벌레가 먹든, 뿌리를 못 내리든, 모든 것이 자연적 과정(natural process)일 뿐이다.

가장 중요한 행위의 주체자는 역시 씨 뿌리는 사람이다. 그런데 씨 뿌리는 사람은 씨를 하나의 전일한 목적을 위해서만 뿌리는 것이 아니라 네 가지 다른 상황에 씨를 뿌리고, 네 가지의 다른 반응을 체험한다. 그런데 이 반응은 중립적(natural)이며 자연적 인과에 의한 것이다. 새가 먹는다든가 뿌리를 못 내린다든가 벌레가 먹는다는 것이 부자연스럽다든가 사악할 건덕지는 아무 것도 없다. 바위에 떨어진 씨가 결실을 못 맺는 것도, 좋은 땅에 떨어진 씨가 풍요로운 수백 개의 결실을 맺는 것도 모두 다 자연스러운 것이다.

하늘 나라는 결국 자연의 순리를 따르는 삶의 과정이다. 바위에 내린 씨는 결실을 맺지 못한다는 좌절을 체험함으로써, 좋은 땅에서 결실을 얻는 기쁨을 맛보는 과정인 것이다. 이러한 비유의 표현구조는 여지없이 기대의 구조를 뒤엎고 묵시론적 세계를 파기한다. 예수운동의 좌절이나 배척받음의 쓰라린 경험은 사탄에 의한 것이 아니라 그럴 수도 있는 자연스러운 것이며, 우리는 그러한 실패와 좌절을 겸허하게 수용하면서 풍요로운 수확을 기다려야 한다.

여기에서는 선·악의 이원론이나 천당과 지옥의 대결이 없다. 결국 씨 뿌림에는 풍요로운 결실이 반드시 기다리고 있다고 하는 자연론적 낙관주의가 숨어있는 것이다. 삼중의 실패는 삼중의 성공을 보장한다. 예수의 비유는 상상력이 넘치고 기지가 뛰어나며 통찰로 가득하다. 그것은 피안에 있는 초월적 세계의 선포가 아니라 자연의 인과 속에 있는 혁명이다. 하나님의 나라, 하늘 나라, 즉 아버지의 나라는 묵시나 계시를 통하여 오지 않는다. 그것은 자연과 인간의 일상적 체험의 관찰을 통해서 획득되는 시적 메타포이다. 신앙이란 피안의 세계에 있는 초월적 존재를 논하는 것이 아니라, 나의 씨 뿌림의 체험을 통하여 성취되어가는 연속적 과정이며 기다림이다. 여기 모든 악조건 위에 뿌려지고 있는 씨야말로 "천국의 임재성"을 상징하고 있다. 이 모든 씨가 바로 천국인 것이다. 모든 씨가 결국 자라나고 풍요로운 결실을 맺듯이 하나님의 나라는 이 땅에 임하고 있는 것이다. 그 기다림의 인내가 우리 신앙의 본질이 되어야 하는 것이다.

예수는 이 세계를 불사르고 싶었던 혁명가였을 수도 있다. 그러나 예수 이전에 이미 이 세계를 혁명코자 했던 역사적 인물이 있었다. 예수는 그로부터 많은 영향을 받았다. 그가 바로 세례요한이었다. 내가 서있는 이 곳은 바로 세례요한의 목이 잘린 마캐루스 성채이다. 사해위로 석양의 태양이 이글이글 마지막 빛을 발하고 있다.

79. 불씨와 세상

불은 심판이 아니라 천국운동의 불씨였다

제10장

¹예수께서 가라사대, "나는 이 세상에 불을 던졌노라. 그리고 보라! 나는 그 불이 활활 타오를 때까지 그 불을 지키노라."
¹Jesus said, "I have cast fire upon the world, and look, I am guarding it until it blazes."

沃案 시대를 앞서간 저항시인 신동엽(申東曄, 1930~1969)이 죽기 직전에 쓴 시에 다음과 같은 것이 있다.

> 초가을, 머리에 손가락 빗질하며
> 남산(南山)에 올랐다
> 팔각정(八角亭)에서 장안을 굽어보다가
> 갑자기 보리씨가 뿌리고 싶어졌다.
> 저 고층 건물을 갈아엎고
> 그 광활한 땅에 보리를 심으면
> 그 이랑이랑마다 얼마나 싱싱한
> 곡식들이 사시사철 물결칠 것이랴.

요즈음같이 세상이 비관적으로 느껴지는 세태 속에서는 남산에 올라가 서울을 내려다보면 다 갈아엎어버리고 싶다는 생각이 드는 사람이 많을 것이다. 더벅머리를 버걱버걱 손가락 빗질 하는 사람치고 그런 생각 안 드는 자가 드물 것이다. 물론 신동엽의 사상에는 그런 푸념보다는 더 본질적인 문명의 거부가 있고, 푸른 보리가 물결치는 이랑이랑에로의 복귀가 있다. 그가 노자(老子)의 무위(無爲)사상을 접했는지는 모르지만 하여튼 반문명적인 전복(subversion)의 심보가 고층건물들이 갈아 엎이는 전도의 순간에 깃들어 있다.

그런데 예수는 남산 팔각정에 올라가서 보고는, 고층건물을 갈아엎는 수준이 아니라 아예 사그리 불살라버리고 싶다고 말한다. 예수의 말에는 분명 전복의 폭력성이 깃들어 있다. 예수는 신동엽보다는 확실하게 더 격렬한 혁명가였다. 이 세상을 불살라 버리겠다는 이 예수의 말은 과연 무엇일까? 이 글을 읽는 경건한 신도들은 이것은 도마복음 외경의 말이니 예수의 말이 아닐 것이라고 안위할 것이다. 그러나 누가복음 12장 49절을 펴보라!

나는 불을 이 땅에 던지러 왔노라. 불이 이미 지펴졌다면 내가 무엇을 더 바라리오.

49절의 뒷 구절은 좀 애매하게 개역판에 번역되어 있는데 희랍어 원문을 직역하면, "그것이 이미 지펴졌기를 얼마나 내가 바랐는가! How I wish that it was already kindled!"의 뜻이 된다. 공동번역은 "이 불이 이미 타올랐다면 얼마나 좋았겠느냐?"로 되어있다. 이것은 무슨 뜻인가? 불을 이 땅에 던지러 왔는데, 불은 아직 타오르지 않고 있다는 뜻이다. 사람들이 이 누가복음의 구절을 온전하게 이해할 길이 없었다. 그런데 그 다음엔 이런 말이 나온다: "나는 내가 받아야 할 세례가 있다. 내가 이 일을 다 겪어낼 때까지 나의 답답함이 어떠하겠느냐? 내가 세상에 화평을 주려고 온줄로 아느냐? 내가 너희에게 이르노니, 아니라! 도리어 분쟁케 하려 함이로라."

"받아야 할 세례"(a baptism to be baptized with)는 특별히 달리 해석할 도리가 없다. 예수는 자신의 죽음을 예견하고 있는 것이다. 마가복음 10:38에는 예수가 그의 수난을 예견하면서 이와 같이 말한다: "너희가 구하는 것을 너희가 알지 못하는도다. 너희가 나의 마시는 잔을 마시며, 나의 받는 세례를 받을 수 있겠느뇨?" 여기 "세례"는 분명 종말론적 문맥에 놓여있다. 물속으로 들어가듯이, 자신의 고난과 죽음에 뛰어든다는 것을 "세례"라는 말로 표현한 것이다. 이것은 역사적 예수의 독특한 용법일 수도 있다(NIGTC Mark 417). 따라서 이 세례의 종말론적 맥락에 따라 누가복음에 있는 "불"도 종말론적 심판(judgement)으로 해석되어지고 마는 것이다. 그렇다면 심판의 불을 이 세상에 던지러 온 권능자인 예수가 왜 "불이 지펴지기만 한다면 오죽 좋으랴"라는 식의 부정적인 멘트를 가하고 있는 것일까? 이러한 문제가 명료하게 해석될 길이 없었다.

그런데 누가 12:49~53의 내용은 마태 10:34~39에도 나오며, 따라서 이것은 큐자료에 속하는 것으로 간주되는 것이다. 마태에는 누가의 "분쟁"(division, 디아메리스몬 $διαμερισμόν$)이 "칼"(sword, 마카이라 $μάχαιρα$)로 되어있다. 그런데 재미있

이곳이 세례요한이 갇혀있었던 동굴 감옥이다. 마캐루스 성채의 가파른 절벽 중간에 있다. 요세푸스의 기록에 의하여 우리는 그 사실을 확증할 수 있다. 분봉왕 헤롯 안티파스는 예수의 이름을 들었을 때 자기가 죽인 세례요한이 부활했다고 생각했다.

게도 불에 관한 이야기가 마가자료에는 생략되어 있다. 본시 큐자료에는 이 불에 관한 이야기가 있었다고 사료된다. 불에 관한 이야기는 큐복음서와 도마복음서에 공통된 자료였던 것이다.

이제 다시 도마복음 제10장을 살펴보자! 누가는 "불을 던지러 왔다"로 되어 있지만 도마에는 "왔다"가 없다. "왔다"는 것은 "밖에서 이 세상으로 왔다"는 뜻이며 이미 심판적 의미가 들어가 있다. 그러나 도마에는 그런 이방인적 심판자의 자세가 없다. 나는 "이 세상에 태어나서 이 세상에 이미 불을 던졌다"로 되어 있는 것이다. 현재완료형으로 되어 있다. 그리고 누가복음에서 처럼 불이 안타오른다고 애타게 발을 동동 구르는 모습도 없다. 그러니까 도마의 "불"은 결코 이 세계의 심판을 의미하는 것이 아니다. "불"은 "생명의 불"일 수도 있고, "양심의 불"일 수도 있고, 어둠에 대한 "밝음의 불"일 수도 있다. 그런데 그 불을 받아들이는 사람들은 오늘날의 대형교회 집사·장로님과도 같은 권세가들이나 정권에 협력하는 권력자들이 아니라, 갈릴리 농촌의 연약한, 소외당한 사람들이었다.

따라서 예수의 사명은 그 불이 활활 타오를 수 있도록 그 불을 지키고 보호하는 일이었다. 그가 던진 것은 실상 이 세계를 일시에 초토화시킬 수 있는 심판의 불이 아니라 작은 천국운동의 불씨였다. 실상 그의 말씀이야말로 그의 불이었다. 82장에는 이런 말이 있다: "누구든지 나와 가까이 있는 자는 불과 가까이 있는 것이니라." 예수는 그 말씀의 불씨, 그 천국의 불씨가 훨훨 타오르도록 그것을 지켜야 할 필요가 있었다. 그렇지 않으면 그 불은 그냥 꺼져버리고 말 것이기 때문이다.

물론 불이 훨훨 타오르면 이 세계를 불살라 버리고 말 것이다. "불사름"의 사상에는 혁명의 사상이 내포되어 있다. 예수가 말하는 혁명은 정치적 혁명이 아니라 "기존의 가치를 전도시키는 혁명"이었다. 그것은 기존의 평화를 유지하는 안일한 혁명이 아니라, 분쟁과 칼을 선사하는 혁명이다. 그러나 그것은 일시에 묵시론적 환상처럼 이루어지는 것이 아니다. 불씨가 잘 지펴지어 타오르듯 점진적으로 완성되어지는 것이다. 마오 쩌둥도 한 때 이런 말을 했다: "별똥 같은 불씨가 거대한 평원을 사르리라. 星星之火, 可以燎原。" 예수는 하나님의 심판을 말한 것이 아니라 천국운동의 현실적 문제를 지적한 것이다. 그것이 누가에서는 종말론적으로 해석된 것이다. 전통적으로 누가 12:49의 로기온자료는 족보를 가늠할 수 없는 퍼즐이었다(*NIGTC Luke* 545). 이제 그 퍼즐의 유래가 밝혀진 것이다. 물론 도마복음이 보다 더 오리지날한 자료라는 것은 두말할 나위도 없다.

> 누가복음과 도마복음에 불의 비유가 공통으로 나온다. 여태까지 신학자들은 복음서에 불만 나오면 최후의 심판으로 등식화시켜 해석했다. 그러나 그 도마복음에 나오는 불의 비유의 원형은 불이 세계를 일시에 불사르는 막강한 불이 아니라 천국운동의 작은 불씨라는 것을 말하고 있다. 그것은 보호해야만 타오를 수 있는 연약한 불씨였던 것이다.

사도 바울의 이방선교의 중심지였던 안티옥! 참으로 매력있는 도시다. 거기에서 발견된 한 부부의 거대한 석관(sarcophagus)의 뚜껑의 뒷면 모습이다. 남자가 클리네(kline)라고 불리는 침대 카우치에 누워 부인의 몸을 감싸고 있다. 그 선율이 석굴암의 부처를 연상케 한다. 정면을 보면 부인은 베일을 쓰고 있으며 얼굴을 조각하지 않았다. 저승세계에 자기 얼굴을 보이고 싶지 않다는 본인의 고매한 소망에 따라 그렇게 조각된 것이라 하니, 죽음과 삶을 넘나드는 이들의 여유로운 모습이 참 돋보인다. 관의 몸통 4면에는 정교한 조각들이 새겨져 있는데 이 부부의 지적이고도 다이내믹한 삶의 과정이 잘 나타나 있다. 하타이고고학박물관의 이 석관은 나의 발길을 2시간이나 묶어두었다. 아름답기 그지없는 걸작품이었다. 진정으로 살아있는 자들은 죽지 않는다. AD 3세기 작품인데 석관에서 나온 금화로 미루어 보아 로마황제 발레리아누스가 에데사에서 사산조 페르시아왕 샤푸르의 포로가 되었던 그 유명한 사건(AD 260), 바로 그 시대의 작품이라는 것을 알 수 있다. 금화의 주인공은 발레리아누스의 아들 갈리에누스(Galienus, AD 253~68). 2009년 미 대선 CNN 출구조사에 의하면 백인 기독교인들 중에서도 심판과 부활을 믿는 사람들은 대부분 매케인을 찍었다 한다. 그들은 역사의 변화를 읽지 못하는 것이다. 오바마의 등장은 불란서혁명보다도 더 의미심장한 세계사의 위대한 변혁을 예고하는 사건이다. 비록 그가 미국사회의 기득권자들의 이해구도를 뒤바꾸기에는 역부족이라고 말할지라도 일개 무명의 흑인지성이 세계사의 주류를 뒤흔들 수 있는 최고의 권좌에 앉았다는 것 그 자체가 이미 21세기의 새로운 흐름을 예고하는 사건이다.

80. 죽은 자와 살아있는 자

저 하늘도, 그 위의 하늘도 사라지리라

제11장

^{1}예수께서 가라사대, "이 하늘도 사라지리라. 그리고 이 하늘 위에 있는 저 하늘도 사라지리라. ^{2}죽은 자들은 살아있지 아니 하다. 그리고 살아있는 자들은 죽지 아니 하리라. ^{3}너희가 죽은 것을 먹던 그 날에는 너희는 죽은 것을 살아있는 것으로 만들었도다. 너희가 빛 속에 거하게 되었을 때는 과연 너희는 무엇을 할 것이냐? ^{4}너희가 하나였던 바로 그 날에 너희는 둘이 되었도다. 그러나 너희가 둘이 되었을 때 과연 너희는 무엇을 할 것이냐?"

^{1}Jesus said, "This heaven will pass away, and the one above it will pass away. ^{2}The dead are not alive, and the living will not die. ^{3}In the days when you ate what is dead, you made it alive. When you come to dwell in the light, what will you do? ^{4}On the day when you were one you became two. But when you become two, what will you do?"

沃案 도마복음의 언어는 수수께끼! 특히 본 장의 언어는 해설자인 나로서는 적군들의 통신에서 채취한 암호를 풀어야만 하는 임무를 떠맡은 것과도 같은 부담감을 느끼게 된다. 단절된 컷과 컷들의 미장센과도 같은 이 장의 언어를 과연

어떻게 해석해야 할까? 실제로 4절로 구분된 이 장의 명제들은 제각기 독립적으로 성립된 파편들일 수도 있다. 그러나 도마복음 제1장에서 이야기했듯이 예수의 말씀들은 해석의 대상이었다. 해석을 구하는 자는 찾을 때까지 그 구함을 그쳐서는 아니 된다. 그러나 막상 그 해석의 실마리를 찾았을 때 우리는 고통스러울 뿐이다(Th.2). 그러나 고통스러울 때만이 우리는 경이를 만나게 된다.

"이 하늘도 사라지리라. 그리고 이 하늘 위에 있는 저 하늘도 사라지리라." 하늘이 사라진다는 이야기는 물론 공관복음서도 있다. 마가복음 13:31을 보라! (마 24:35, 눅 12:33).

하늘과 땅은 사라지겠으나 내 말은 사라지지 아니 하리라.

여기 분명 "하늘이 사라진다"는 표현이 들어있다. 뿐만 아니라 "땅도 사라진다"고까지 말한다. "하늘과 땅"이 다 없어져도 "내 말"은 없어지지 않는다는 것이다. 송유(宋儒)들도 천지는 없어져도 리(理)는 없어지지 않는다는 말을 했다. 그것은 퇴계의 리학(理學)적 사유에도 엄청난 영향을 끼쳤다.

그러나 도마복음은 "내 말"의 불변을 주장하지 않는다. 단지 우리가 믿고 사는 이 하늘(This Heaven)도 없어질 수 있다는 것을 말한다. 예수 시대의 사람들은, 그것은 중동문명권, 특히 페르시아문명권의 영향을 받은 메소포타미아 · 팔레스타인지역의 공통된 우주론의 특징이지만 하늘이 층층으로 되어 있다고 믿었다. 그러한 중동문명권의 우주론은 삼천대천세계(三千大千世界)를 운운하는 불교적 세계관과도 동일한 문명축의 다양한 표현들이다. 고린도후서 12:2에서 사도 바울은 저 하늘 위의 하늘인 세 번째 하늘(the Third Heaven)에 끌려올라갔다 내려온 신비체험을 고백한다. 그러나 바울은 그 신비체험을 떳떳하게 자랑하지 않는다. 자기가 생각해도 황당한 이야기이기 때문이다.

석관 전면 전경. 양쪽으로 남·여가 앉아있는데 석관의 주인공 부부일 것이다. 떨어져 있지만 손 모양을 보면 두 사람은 대화를 나누고 있다. 가운데 나신상은 아폴로. 이들의 지적 삶을 나타낸다.

뚜껑의 부부 조각. 남자는 오른쪽으로 양피지 두루마리책을 들고 있는데 불행하게도 목부분이 잘려 나갔다. 남자 옆의 에로스상은 부부의 사랑과 삶의 희열을 나타낸다. 여자가 히마치온의 주름을 왼손으로 잡고있는 모습은 인상적이다. 그 아래 날개 달린 한 쌍의 에로테스가 있다.

도마는 인간들이 하늘에 쓸데없이 부여하는 의미를 일소시킨다. 이 하늘도 사라질 것이며, 이 하늘 위에 있는 저 하늘도 사라진다. 저 하늘에 천국이 있다고 한다면 인간보다 새가 더 먼저 도달할 것이다(Th.3). 그것은 끊임없고 변하고 사라질 뿐인 공기의 집적체일 뿐이다.

"죽은 자들은 살아있지 아니 하다"라는 명제는 너무도 지당한 트루이즘(truism: 자명한 이치)처럼 들린다. 그러나 여기에는 일종의 무서운 칼날이 들어있다. 최후의 심판의 날에 "죽은 자들이 살아나리라"는 식의 터무니없는 망상을 여지없이 깨어버린다. 죽은 자들은 살아있지 아니 하다. 죽은 자들은 살아날 수가 없다. 죽은 자들은 죽은 자들일 뿐이기 때문이다. 죽은 자들의 부활이란 도마 속에는 나타나지 않는다.

여기에는 동시에 살아있는 자들에 대한 사르캐즘(sarcasm)이 들어있다. 살아있어도 죽은 자들과 같이 살아가는 인간들, 저 하늘이 고정불변의 하늘이 아니라 끊임없이 변하고 있는 하늘이라는 것도 모르고 매사에 고정적 의미만을 부여하는 인간들, 그 인간들은 죽어있는 자들이다. 이 죽어있는 자들은 살고있지를 않은 것이다. 생명의 맥박이 없는 것이다. 그래서 말한 것이다. "죽은 자들은 살아있지 아니 하다." 죽은 것처럼 살고있는 인간들은 실제로 살아있지 않은 것이다. 오직 끊임없이 말씀의 해석을 추구하는 자들, 정지되고 고정된 것이 아무 것도 없는 그들만이 살아있는 것이다. 찾을 때까지 구함을 그치지 아니하는 사람들, 그들이야말로 "살아있는 자들"이다. 이 살아있는 자들은 영원히 죽지 아니 한다.

공자(孔子)도 이런 말을 한 적이 있다: "조그만 동네에도 나만큼 충신(忠信)한 자들은 반드시 있을 것이다. 그러나 나처럼 배우기를 좋아하는 사람은 없을 것이다"(「공야장」27). 여기 "배우기를 좋아한다"는 말은 호학(好學)이라는 단어의 번역이지만, 호학은 도마복음에서 말하는 "구함을 그치지 아니 한다"는 말과 대차가 없다. 호학은 단지 학문을 좋아한다는 일시적 사태가 아니라, 끊임없이 쉴 새 없이 배움을 추구하는 과정적 사태이다. 사람은 죽을 때까지 끊임없이 새로움에 노출되어야 하며, 끊임없이 진리를 추구해야 한다.

도마가 말하고 있는 살아있는 인간은 바로 이와 같이 예수님의 말씀을 끊임없이 추구하는 인간이다. 그러한 추구를 통해서 고통과 좌절을 맛볼 줄 아는 인간, 그래서 천국의 경이를 맛볼 수 있는 자들, 그들이야말로 살아있는 인간이며, 이 살아있는 인간들은 죽지 아니 한다.

여기 "죽지 아니 한다 will not die"는 제1장의 "죽음을 맛보지 아니 하리라 will not taste the death"라는 표현보다 훨씬 더 강렬하다. 단 "죽지 아니 하리라"의 주어는 "살아있는 자들"이다. 죽어있지 아니 하고 참으로 살아있는 자들만이 죽지 아니 할 수 있는 것이다. 그렇다면 과연 "살아있는 자들"이란 무엇일까? 어떻게 해야 나는 참으로 살아있는 자가 되는 것일까? 그것이 바로 제3절의 테마이다.

> 도마복음의 언어는 암호와도 같다. 단절된 파편들의 미장센 같다는 느낌을 준다. 고대인들의 하늘은 중층적이었다. 그런데 하늘 위에 천국이 있다는 생각은 망상이다. 저 하늘은 끊임없이 사라지고 있다. 죽은 자들은 살아있지 아니 하다는 말은 우리 주변에 죽은 자들처럼 살고있는 자들이 너무도 많다는 것을 암시하고 있다.

빛과 어둠을 우주적 실체로서 이원적으로 대비시키는 것은 페르시아 문명권의 조로아스터교에서 가장 뚜렷하게 나타난다. 이 조로아스터교의 이원적 대결이 이스라엘의 쿰란공동체에서 강렬하게 드러나고 있고, 또 초기기독교공동체로 계승되었다. 그러나 이집트인들만 해도 삶과 죽음, 빛과 어둠의 세계를 이원적으로 파악하지 않고 연속적인 일체로 생각하였다. 죽음은 또 하나의 삶의 시작이었다. 그래서 무덤을 땅속에 만드는 것이 아니라, 찬란한 태양 아래 지상으로 솟아오르도록 건축하였던 것이다. 내가 서있는 곳은 기자(Giza)의 대피라미드 내의 쿠푸왕(Khufu, BC 2589~2566 재위) 현실로 들어가는 대회랑(Grand Gallery)이다. 이 피라미드 내부에서는 촬영이 금지되어 있기 때문에 특별허가를 얻어 어렵게 찍었다. 평균 2.5톤의 돌이 2백 30만 개 쌓여서 된 것이 대피라드라고 하는데, 이곳 대회랑의 돌은 보통 20~30톤은 충분히 되는 거석들이다. 매우 정밀한 기하학적 계산에 의하여 만들어진 통로데 적석의 치밀함은 보는 이로 하여금 찬탄을 금할 수 없게 한다. 대회랑의 높이는 8.5m, 길이는 47m.

81. 하나와 둘

구원을 얻었다고 하자!
과연 너는 무엇을 할 것인가?

> 어둠만을 강조하고 그것에 반사적으로 빛을 제시하는 것은 하나의 기만일 수가 있다. 빛은 어디에나 있다. 그것은 발견의 문제일 뿐이다. 우리 인생의 문제는 빛 속에 거하게 될 때 과연 우리가 무엇을 할 것이냐에 있다. 구원 그 자체는 의미가 없다. 구원을 얻었을 때 인간은 무엇을 할 것인가? 불교의 해탈도 그것이 하나의 실체로 이해되면 기만적 궁극주의에 불과한 것이다.

제11장

¹예수께서 가라사대, "이 하늘도 사라지리라. 그리고 이 하늘 위에 있는 저 하늘도 사라지리라. ²죽은 자들은 살아있지 아니 하다. 그리고 살아있는 자들은 죽지 아니 하리라. ³너희가 죽은 것을 먹던 그 날에는 너희는 죽은 것을 살아있는 것으로 만들었도다. 너희가 빛 속에 거하게 되었을 때는 과연 너희는 무엇을 할 것이냐? ⁴너희가 하나였던 바로 그 날에 너희는 둘이 되었도다. 그러나 너희가 둘이 되었을 때 과연 너희는 무엇을 할 것이냐?"

沃案 도마복음에서 예수가 말하고 있는 인간은 항상 살아있는 인간이다. 이미 서장에서 예수는 "살아있는 예수"로서 전제되었고, "살아있는 예수"가 대상으로

하고 있는 인간은 살아있는 인간일 수밖에 없다. 살아있는 인간은 생명적 인간이다. 죽은 인간이 아니다. 생명적 인간은 모든 고정적 실체를 거부한다. 삶이라는 것, 진리라는 것을 삶의 과정으로서 파악한다. 도마는 하늘을 고정적으로 파악하고, 그 하늘에 천국이라는 고정적 의미를 부여하는 사유를 여지없이 분쇄시킨다.

저 태양은 매일 새로워진다.
The sun is new each day(Fr.6).

이것은 헤라클레이토스의 말이다. 그는 또 말한다.

누구에게나 똑같이 향유되는 이 질서정연한 우주(코스모스)는 하나의 신이나 하나의 사람에 의하여 창조된 것일 수 없다. 그것은 과거에도 그랬고 현재도 그러하고 미래에도 그러할 영원히 살아있는 불이다. 일정 양만큼 켜지고 일정 양만큼 꺼진다(Fr.30).

이러한 헤라클레이토스적 사유는 헬레니즘세계에도 팽배해있던 사유였다. 도마의 "하늘도 사라진다"라는 말을 공관복음서는 "하늘이 사라져도 내 말은 사라지지 아니 한다"(막 13:31)라는 "내 말"의 불변성으로 활용했다. 그러나 도마는 그런 맥락에서 그 말을 사용치 않았다. "살아있는 자들은 죽지 아니 하리라." 과연 "살아있다"는 것은 무엇을 의미하는 것일까?

제3절은 매우 난해하다. 그러나 독자들은 여기서 도마복음 제7장의 메타포를 연상하는 것이 현명할 것이다: "복되도다 사자여! 사람이 그대를 먹어삼키기에 그대는 사람이 되는도다." 사자는 내 몸속에 내재하는 욕정(欲情)이었다. 인간의 욕정은 인간을 죽음으로 몰아간다. 내가 나의 욕정을 온전히 제어할 수 없다는 맥락에서 그것은 항상 나로부터 객화(客化)된다. 그 욕정(Id)은 나(Ego)에게 사자처럼 덮친다. 그 덮치는 사자에게 내가 삼킴을 당하면 나는 죽음의 나락으로 떨어진다. 그러나 그 덮치는 사자를 내가 삼켜 먹으면, 나도 구원을 얻고 그 사자도 구

원을 얻는다. 그 사자가 바로 사람이 되는 것이다. 건강한 나의 일부로서 갱생의 길을 걷는 것이다. 덮치는 사자를 삼켜라!

"네가 죽은 것을 먹던 그 날에는 너는 죽은 것을 살아있는 것으로 만들었도다"라는 제3절의 메시지는 이러한 맥락에서 해석되어야 한다. 일상생활에서 우리가 먹는 것도 대부분 죽은 것이다. 채소도 뿌리가 잘리는 순간 이미 죽은 것이고, 고기도 다 죽은 것을 먹는다. 그러나 그것을 우리가 잘 먹었을 때는 그것은 죽은 것으로 끝나는 것이 아니라 살아있는 나의 몸, 즉 생명의 일부가 되는 것이다. 온전하게 살아있는 인간은 끊임없이 죽은 것을 먹으면서 그 죽음을 삶으로 전환시키는 인간이다. 식생활에서뿐만 아니라 정신생활에 있어서도 욕망과 같은 파멸적인 죽음의 요소를 삼킴으로써 그 죽음을 생명으로 만들어버린다. 이렇게 끊임없이 살아있는 자들이야말로 "죽지 아니 하리라"고 제2절에서 말한 것이다.

그 다음에 "빛 속에 거하게 되었을 때"라는 말이 갑자기 나온다. 왜 그럴까? 그것은 너무도 당연하다. "빛"은 항상 "어둠"과 대비되어 나타난다. 어둠은 죽음, 빛은 생명이다. 이것은 후대 요한복음의 기저를 이루는 생각이다. 요한복음이 도마복음보다는 훨씬 더 영지주의적이다. 도마는 그렇게 빛과 어둠의 이원성을 강하게 대비시키지 않는다.

죽음을 생명으로 전환시키는 살아있는 인간은 당연히 빛에 거하게 된다. 그러나 인간이 어둠의 세상에 있다는 사실만을 강조하고 그 사실에 대하여 대비적으로 "빛"을 이야기하는 것은 일종의 공갈이나 협박의 한 형태에 불과하다. 빛을 보라! 어둠의 동굴 속에선 물론 빛 한 줄기만으로도 그 가치는 엄청난 것일 수 있다. 그러나 인간은 동굴 속에서 사는 것이 아니라 빛 속에서, 세상에서 산다. 그때 빛이란 너무도 흔한 것이다. 영생을 얻으리라, 생명을 얻으리라는 것은 일종의 클리쉐(cliché: 진부한 문구)에 불과하다. 도마의 문제의식은 "빛을 발견하리라," "빛을 얻으리라"가 아니다. "빛 속에 네가 일상적으로 거하게 되었을 때 과연 너는 무엇을 할 것이냐?" 정말 충격적인 말이다. 도마의 비판은 동일한 문명권의 한 사유체계인 불교에도 그대로 적용된다.

"일체개고一切皆苦"만을 강조하고, 거기에 대한 반사적 효과로서 멸집(滅執)의 해탈을 운운하는 것, 그 자체가 일종의 기만이나 협박일 수도 있다. 해탈을 해서 무엇 하겠다는 거냐? 네가 열반을 얻었느냐? 열반해서 도대체 무엇 하겠다는 것이냐? 해탈의 사실이 중요한 것이 아니라 해탈한 인간으로서 과연 너는 무엇을 할 것이냐? "과연 너는 무엇을 할 것이냐"라는 예수의 질문은 두 번 반복된다. 그 질문은 독자의 사적 공간을 파괴하고 독자의 실존 속으로 직입(直入)하고 있는 것이다.

노자(老子)는 "도생일, 일생이"(道生一, 一生二)를 말한다. 유대문학전통에서 하나가 둘이 된다는 것은 자웅동체였던 아담의 갈빗대가 분열되어 이브가 된 것을 말한다(창 2:21~24). 하나였던 그 순간에 너는 둘이 되었다. 남·여가 구비된 현실적 인간으로 화한 것이다. "빛"은 원초적 융합의 상징일 수도 있다. 그것은 "하나됨"을 상징한다. 그러나 하나되는 순간에 우리는 바로 둘이 된다. 즉 분별 속에서 살아가지 아니할 수 없는 것이다. 즉 이 세상에서, 저 하늘 아래, 이 땅위에서 살아가는 인간이 된 것이다. 그러나 예수는 또다시 묻는다: "둘이 되었을 때 과연 너는 무엇을 할 것이냐?"

인생의 과제는 오늘 여기 이 땅위에서 네가 무엇을 하느냐에 달려있다. 궁극적인 어떤 구원, 해탈, 열반, 천국의 실체화는 허망한 기만에 불과할 수가 있다. 하나님과도 같은, 궁극적인 어떤 "실체"가 인생의 목표라는 모든 생각을 도마는 여지없이 무산시켜버리고 만다. 역사적 예수는 과연 어떤 사람이었을까? 숙고해보고 또 숙고해보지 않을 수 없다.

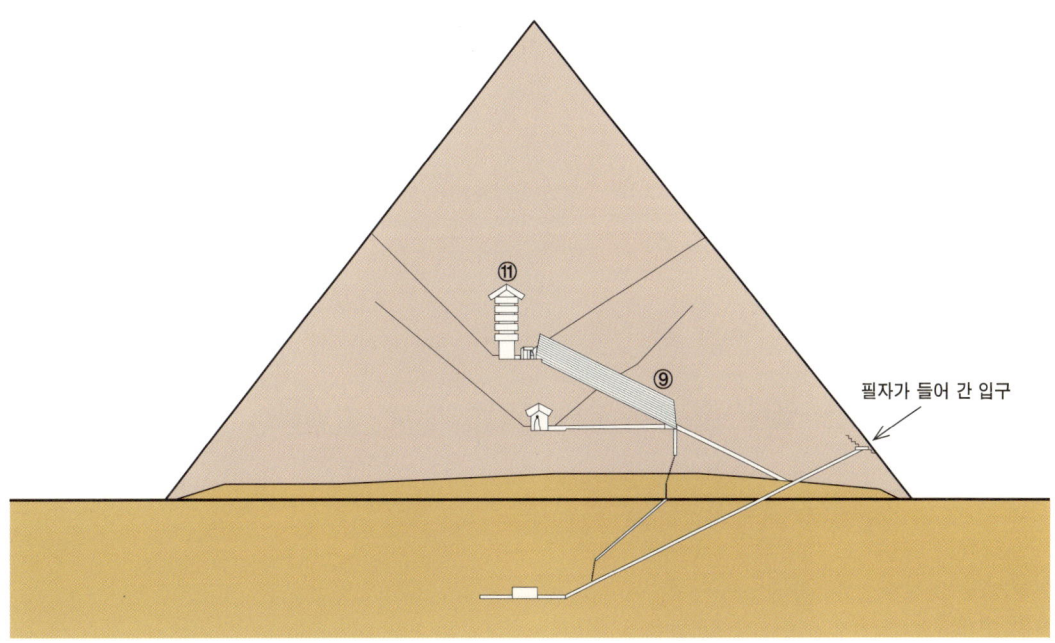

이 설계도에서 ⑨번이 대회랑, ⑪번이 쿠푸왕 현실(King's Chamber).

이것이 바로 쿠푸왕의 현실이다. 넓이가 5m, 길이가 10m. 천정이 400톤짜리 거석 9장으로 마감되어 있는 단출하지만 웅장한 느낌을 주는 방이다. 쿠푸왕의 석관이 놓여있다. 알렉산더대왕도 이 방에서 하루를 잤다고 하고, 나폴레옹도 이 방에서 하루를 잤다고 한다. 나폴레옹이 잔 다음날 아침 그곳에서 나온 그의 얼굴이 너무도 창백하여 부하들이 걱정되어 무슨 일이 있었냐고 물었다: "절대로 말할 수 없어! 무슨 일이 있었는지 아무도 믿지 않을 거야!" 결국 나폴레옹은 그 비밀을 무덤까지 가지고 갔다.

"예루살렘의 딸들아 나를 위하여 울지 말고 너희와 너희 자녀를 위하여 울라"(눅 23:28). 십자가를 지고 가는 예수를 위하여 통곡하는 여인들을 향해 외친 예수의 말이다. 바로 이 말씀이 발설된 예루살렘 골고다 언덕의 "비탄의 길"(Via Dolorosa) 제8지점에서 한 성직자가 여인의 이야기를 들어주고 있다.

마가 9:34에 보면 제자들끼리 누가 가장 크냐고 쟁론하는 모습이 암시되고 있다. 이후에 과연 누가 지도자가 될 것인가에 관한 논쟁은 4복음서에 나타나지 않는다. 이 논쟁은 도마복음에 유니크한 것이다. 예수의 사후 예루살렘교단을 리드한 야고보의 존재는 초대교회사에서 거의 확실한 사실이다. 독자들은 야고보서를 꼭 한번 읽어주기 바란다. 편지 내용에 유대인 정통주의의 냄새가 없고 탁월하게 아름다운 희랍어가 구사되고 있기 때문에 예수의 동생 야고보의 저작성은 의심되고 있으나, 만약 야고보의 저작성을 인정한다면 그의 설교문들을 누가 편지형식으로 편집한 내용일 것이다. 바울과는 아주 스타일이 다른 지혜의 신학을 말하며, 빈궁한 자들에 대한 깊은 배려가 있다. 매우 점잖고 상식적이며 우리가 의롭게 되는 것은 의롭게 행동하는 것을 통하여 성취된다는 것을 말하고 있다. 행동 없는 믿음은 죽은 믿음이라는 것이 야고보서는 주요 주제이다. 야고보는 말한다: "아무것도 주지 않으면서 '평안히 가서 몸을 따뜻하게 녹이고 배부르게 먹어라'하고 말만 한다면 무슨 소용이 있겠습니까?"

82. 의로운 자 야고보

예수의 말씀은 중간적 지도자를 필요로 하지 않는다

제12장

¹따르는 자들이 예수께 말하였다: "당신이 언젠가 우리를 떠나리라는 것을 우리가 아나이다. 누가 우리의 지도자가 되오리이까?"

²예수께서 그들에게 말씀하시었다: "너희가 어느 곳에 있든지, 너희는 의로운 자 야고보에게 갈 것이니라. 그를 위하여 하늘과 땅이 생겨났느니라."

¹The followers said to Jesus, "We know that you are going to leave us. Who will be our leader?"

²Jesus said to them, "Wherever you are, you are to go to James the Righteous, for whose sake heaven and earth came into being."

沃案 "따르는 자들followers"은 "제자들disciples"로 번역될 수 있으나 우리말에 제자들이라는 것은 너무 제한된 느낌을 주기 때문에 여기서는 "따르는 자들"이라는 표현을 선택하였다. 도마복음에는 "열두제자"라는 개념은 존재치 아니한다. 그것은 유대인 12지파와 관련되어 후대 복음서 저자들이 날조한 개념일 뿐이다.

여기 "당신이 우리를 떠나리라는 것을 우리가 아나이다"는 기존의 복음서 해석에 익숙한 사람들은 곧 예수의 죽음을 예견하는 어떤 종말론적 맥락에서 해석하려고 들 것이다. 그러나 도마복음서에는 그러한 종말론적 암시가 없다. 단지 예수가 그들 운동의 현재의 지도자(leader)이지만 그러한 상태가 영원히 지속될 수는 없다는 것, 그러한 불안의 요소가 예수운동 자체에 내재하고 있다는 현실적 상황을 보고하고 있는 것이다.

그러나 예수는 운동그룹의 리더로서의 자기인식을 앞세우지 않는다. 예수운동은 예수라는 리더가 있음으로써만 유지되는 운동이 아니다. 제3장에서 암시하고 있듯이 예수운동은 "이끈다 하는 자들"을 요구하지 않는다. 리더십의 본질은 저 하늘에 천국이 있다고 사기를 치는 그러한 리더십에 있지 아니하다. 리더십의 진

감람산에서 바라본 예루살렘 전경. 황금돔의 이슬람사원이 있는 곳이 바로 예루살렘 성전터이다. 야고보가 이 성전에 들어가 기도를 너무 많이 했기 때문에 무릎이 낙타가죽처럼 되었다고 유세비우스는 기록하고 있다.

정한 가치는 오직 추구하는 사람들로 하여금 자기내면을 스스로 찾아나가도록 만드는 데 있다. 구하는 자들에게 던져지는 예수의 말씀 이외의 어떠한 외재적 리더십도 예수는 거부하고 있는 것이다. 도마복음은 살아있는 예수의 은밀한 말씀이며, 이 말씀은 오직 그 말씀과 직접 맞부닥쳐서 그 해석을 발견하는 자들에게만 계시되는 것이다. 중간에 끼어드는 지도자를 전혀 요구하지 않는다.

이러한 도마복음의 전체적 맥락을 무시한 채 이 장만을 단장취의하여 인상론적으로 해석하는 사람은 예수가 살아 생전에 이미 그의 동생이나 형일 수도 있는(크로쌍 주장) 야고보의 리더십을 인정한 것처럼 보일 수도 있다. AD 49(혹은 AD 50) 예루살렘 공의회를 소집한 사람은 베드로가 아닌 야고보였다(행 15:13). 야고보는 예루살렘교회의 리더십을 장악했고 그는 유대인 정통주의를 고집하는 입장이었기 때문에 바울과는 노선이 달랐다. 그러니까 바울의 선교는 주로 안티옥을 중심으로 야고보의 예루살렘 리더십과는 별도로 이루어진 것이다.

하여튼 여기 도마복음에 야고보가 예수의 말로서 언급된 것은 예수 생전의 상황이라기보다는 예수 사후의 교단의 리더십문제와 관련된 어떤 인식의 구조가 여기에 덮어씌워진 것으로 보인다. 이러한 문제에 관하여 하바드 신학대학의 신학자이며 불트만의 제자인 쾨스터 교수(Helmut Koester)는 다음과 같이 말한다: "도마복음서 제12장과 제13장에 나타난 도마와 야고보의 대비는 도마복음서의 저자가 야고보의 권위에 대항하여 도마전통의 권리를 보호하고 강화하려는 의도를 지닌 초기기독교 써클에 속한 사람이라는 추측을 가능케한다. 단지 교권의 문제에 있어서만은 야고보의 리더십을 부정하지는 않는다"(*Introduction to the New Testament* II, 152~3).

유세비우스(AD c.260~c.339)는 『교회사』에서 야고보에 관해 다음과 같이 보고하고 있다.

"우리의 스승의 동생인 야고보는 사도들의 교회의 리더십을 장악했다. 우리 스승의 시대로부터 오늘날까지 그는, 야고보라는 이름이 많았기 때문에 의로운 자 야고보라는 칭호로써 불리었다. 같은 성모의 자궁 속에서부터 그는 성스러웠다. 그는 술과 강한 음료를 먹지 않았고 고기도 먹지 않았다. 그는 머리에 면도날을 대지 않았고, 기름을 머리에 붓는 일도 없었다. 그는 목욕도 하지 않았다. 그는 양털을 입지 않았고 린넨을 입었기 때문에, 오직 그만이 지성소에 들어가는 것이 허락되었다. 그는 홀로 예루살렘성전에 들어가 항상 무릎 꿇고 중생들을 위하여 기도하였기 때문에 그의 무릎은 낙타가죽처럼 갈라 터졌다. 무릎 꿇고 사람들을 위하여 하나님께 기도하는 그의 모습은 어디서나 발견되었다. 이러한 특출난 의로운 성격 때문에 그는 의로운 자로 불리었고, 또 오블리아스라고 불리었는데 희랍어로 사람과 의(義)의 보호자라는 뜻이다"(2. 23. 4~7).

유세비우스는 여기 도마복음에 쓰인 "의로운 자 야고보"라는 표현의 유래에 관해 상세히 보고하고 있는 셈이다. 그렇다면 예수는 내가 없을 때는 너희들은 "의로운 자 야고보"에게 가라고 권유하고 있는 것일까?

결코 그렇게만 볼 수 없다는 것이 쾨스터나 전문적 주석가들의 입장이다. 여기서는 결코 "의로운 자 야고보"를 높이는 긍정적 맥락에서만 언급한 것은 아니라는 것이다. 특히 다음 제13장에 나타나는 디두모 도마의 여타 제자들에 대한 우월성의 클레임은 이 장에서 야고보를 무조건 치켜올려 세운 것만은 아니라는 것을 입증하고 있다.

"누가 우리의 지도자가 되오리이까?"라는 질문 자체가 근원적으로 지도자가 별다르게 필요하지 않은 상황에서 지도자를 요구하는 제자들의 연약함을 나타내고 있는 것이다. 스스로 자력으로 나의 말의 해석을 발견할 수 없는 연약한 자들이여! 굳이 너희들이 지도자를 원한다면 의로운 자 야고보에게 갈지어다. 여기 야고보를 형용하는 "그를 위하여 하늘과 땅이 생겨났다"는 말은 유대인 지혜문학에서 흔히 누구를 칭송할 때 쓰는 관용구적 표현일 뿐이다.

그러나 이러한 표현도 결코 야고보를 칭송하는 맥락에서만 해석할 수 없다고 발란타시스(Richard Valantasis)는 말한다. 벌써 제11장에서 "이 하늘도 사라지리라"라고 말한 것은, 야고보를 위하여 하늘과 땅이 생겨났다는 표현 자체가 결국 그는 사라질 뿐인 범용한 존재라는 어떤 부정적 맥락을 시사하고 있다는 것이다. (In the sayings in this collection, heaven and earth have been problematized, even to the point that the sayings previous to this says that these heavens are to pass away. This contextual problematizing makes the statement both ironic and negative.)

> 이 장의 메시지는 피상적으로 보면 초대교회에 있어서의 야고보의 예루살렘교회 리더십을 인정하고 있는 것처럼 보인다. 그러나 실상은 그 반대다. 예수의 말씀은 듣는 사람들이 직접 부딪히어 해석해야 할 과제상황이며 외재적 리더십을 요구하지 않는다. 야고보에게 가라는 이야기는 외재적 리더십을 요구하는 낮은 차원의 사람들에게 발한 부차적 명제이다.

여기가 바로 광천수가 솟아나는 가이사랴 빌립보. 동굴 옆에 벽감이 있고 그 앞에 너른 암반이 있다. 이 암반이 바로 베드로를 상징한다. "내가 네게 이르노니 너는 베드로라. 내가 이 반석위에 내 교회를 세우리니 음부의 권세가 이기지 못하리라. 내가 천국 열쇠를 네게 주리니 네가 땅에서 무엇이든지 매면 하늘에서도 매일 것이요 네가 땅에서 무엇이든지 풀면 하늘에서도 풀리리라"(마 16:18~19). 이 너럭바위 위에서 베드로는 천국의 열쇠를 받았다.

83. 가이사랴의 철학자

사람들이 나를 누구라고 하느냐. 천사? 철학자?

제13장

¹예수께서 그의 따르는 자들에게 가라사대, "나를 무엇엔가 비교해보아라. 그리고 내가 무엇과 같은지 말해 보라." ²시몬 베드로가 예수께 말하였다: "당신은 의로운 천사 같나이다." ³마태가 예수께 말하였다: "당신은 현명한 철학자 같나이다." ⁴도마가 예수께 말하였다: "스승님이시여! 제 입은 지금 당신이 무엇과 같은지 전혀 언표(言表)할 수 없나이다." ⁵예수께서 가라사대, "나는 그대의 스승도 아니로다. 그대는 내가 보살펴온, 부글부글 솟아오르는 광천샘으로부터 직접 많이 마셨기에 취하였도다." ⁶그리고 예수께서 도마만을 데리고 은밀한 곳으로 가시었다. 그리고 도마에게 세 마디 말씀을 전하였다. ⁷도마가 그의 친구들이 있는 곳으로 되돌아 왔을 때에, 그들이 도마에게 물었다: "예수께서 너에게 무엇을 말씀하셨느뇨?" ⁸도마가 그들에게 대답하여 말하였다: "내가 예수께서 나에게 하신 말씀 중 하나만 너희에게 이야기해도, 너희들은 돌을 주워 나를 쳐죽이려고 할 것이다. 그리하면 너희 손에 있는 그 돌로부터 불길이 솟아 너희들을 삼켜버릴 것이다."

¹Jesus said to his followers, "Compare me to something and tell me what I am like." ²Simon Peter said to him, "You are like a righteous angel." ³Matthew said to him, "You are like a wise philosopher." ⁴Thomas said to him, "Teacher, my mouth is utterly

unable to say what you are like." ⁵Jesus said, "I am not your teacher. Because you have drunk, you have become intoxicated from the bubbling spring that I have tended." ⁶And he took him, and withdrew, and spoke three sayings to him. ⁷When Thomas came back to his friends, they asked him, "What did Jesus say to you?" ⁸Thomas said to them, "If I tell you one of the sayings he spoke to me, you will pick up rocks and stone me, and fire will come from the rocks and devour you."

沃案 동양의 바이블이라고 할 수 있는 『논어』의 열한 번째 편인 「선진」편의 제일 마지막 장을 보면, 공자와 그의 제자 4명, 자로(子路)와 증석(曾晳)과 염유(冉有)와 공서화(公西華)가 대화하는 장면이 실려있다. 이 장의 분위기와 매우 비슷한 측면이 있다. 그런데 보통 상식으로 보면 공자 4제자 중에서는 당연히 가장 공자를 오래 모신 자로(子路)가 가장 공자의 생각을 정확히 짚어 말할 것 같은데, 엉뚱하게도 족보에도 없었던 증석(曾晳)이라는 인물이 타제자들을 압도하고 가장 공자의 적통을 잇는 제자인 것처럼 새롭게 등장하고 있다.

바로 이 장의 분위기도 비슷하다. 우리가 현재 4복음서의 기술에서 느끼는 대로라면 당연히 베드로가 가치서열에서 우위를 차지해야 할 텐데, 베드로가 가장 저열한 수준으로 깔려버리고 도마가 모든 제자들의 압도적인 우위(superiority)를 차지하고 있다. 도마복음의 서장(Prologue)에서 이야기했듯이 이 복음서는 "살아있는 예수께서 이르시고 쌍둥이 유다 도마가 기록한 은밀한 말씀들"이다. 그런데 도마는 단순한 기록자가 아니라 예수의 생애의 사건의 출연자로서 등장하고 있다. 그 등장을 연출하고 있는 또 하나의 나레이터가 있다. 도마의 1인칭 기술이 아닌 것이다.

독자들은 우선 비슷한 장면이 가이사랴 빌립보(Caesarea Philippi)에서 전개된 것을 기억할 것이다. 이것은 공관복음서에 다 기록되어 있다(마 16:13~28, 막 8:27~38, 눅 9:18~27). 세 공관복음서 중에서는 물론 마가복음의 기술이 원형일 것이다. 그러나 마태의 기술도 매우 조직적으로 정리되어 있다.

마가의 기술에 의하면 예수는 두로, 시돈, 데가볼리 지방을 거쳐 갈릴리호수로 돌아왔다가, 다시 벳새다를 거쳐 가이사랴 빌립보로 갔다. 나는 가이사랴 빌립보에 가보았다. 참으로 아름다운 곳이다. 헤르몬산의 물이 지하암반으로 숨어들었다가 이곳에서 콸콸 솟아오르는데 청정하기 그지없다. 이 물이 헤르몬강이 되어 요단강을 이루고 또 갈릴리호수로 흘러들어간다. 도마복음서에도 "부글부글 솟아오르는 광천샘으로부터 네가 많이 마셨기에 취하였도다"라는 표현이 있는데, 가이사랴 빌립보에 와보면 "솟아오르는 광천샘"이란 말이 실감이 난다. 영풍무우(詠風舞雩)의 분위기가 감돈다.

알렉산더대왕이 이 지역을 함락한 후, 이집트의 왕 프톨레미3세와 셀레우코스왕조의 안티오쿠스3세는 이 지역을 놓고 전쟁을 벌였다(BC 198). 승리자 안티오쿠스는 갈릴리의 수원지이며 고대로부터 중요한 카라반 루트의 휴식지인 이곳의 동굴을 그리스 신화의 목동들의 신인 판(Pan)에게 바치고 파네인

헤르몬산의 만년설이 녹아 가이사랴에서 솟아오른다. 샘물이 다시 숨어들어 갔다가 바니야스 하부에서 폭포가 되어 떨어진다. 팔레스타인에서 가장 큰 폭포. 33m.

(Panein)이라고 명명하였다. 그래서 이 부근 동네를 파니야스(Paneas)라고 부르게 되었다. 지금은 바니야스(Banyas)라고 부른다. 로마통치시절에 아우구스투스 황제가 이 땅을 헤롯 대왕에게 관할토록 했는데, 헤롯은 아우구스투스 황제에 보답하는 의미로 대리석으로 아름다운 아우구스투스 신전과 판 신전을 지었다. 아이러니칼하게도 예수는 이 판 신전 앞에서 제자들과 대화를 나눈 것이다.

도마복음의 기술은 직접적으로 제자들에게 나를 무엇인가에 비교해서 내가 무엇과 같은지, 누구와 같은지를 말해보라고 요구한다. 그러나 공관복음서의 기술은 보다 간접적으로 타인들의 여론을 묻는 방식으로 질문을 꺼낸다: "사람들이 나를 누구라고 하느냐?" 그러니까 제자들은 더러는 세례요한, 더러는 엘리야, 더러는 예레미야(마태 첨가), 더러는 선지자 중의 하나라고 대답한다.

그러자 이제는 다시 예수가 묻는다: "남의 말이 아니고, 이제 너희 스스로는 나를 누구라 생각하느냐?" 두번째 예수의 질문은 도마복음서의 질문과 같다. 그러나 공관복음서의 두번째 질문은 오직 베드로의 정확한 담론을 이끌어내기 위하여 조준되어 있다. 베드로가 이미 타제자들과는 격이 다른 어떤 우월성을 확보하고 있는 것으로 전제되어 있다. 첫번째 질문도 마가에는 "사람들이 나를 누구라고 하느냐"로 되어 있는데, 마태에는 "사람들이 인자(the Son of man)를 누구라 하느냐?"로 바뀌어져 있다. 마태의 기술은 처음부터 인자담론, 즉 종말론적 틀 속에서 이루어지고 있는 것이다. 베드로의 대답은 무엇이었던가? "주는 그리스도시니이다. You are the Christ." 마태는 여기에 "살아계신 하나님의 아들이시니이다. You are the Son of the living God."를 첨가하고 있다. 이미 노골적인 기독론(Christology)을 전제하고 있는 것이다. 그러나 여기 도마복음의 전개방식은 그러한 기독론의 전제가 없다. 같은 상황에 대한 다른 계보의 이전(異傳) 기술양식이라고 할 수밖에 없다.

> 예수는 희랍의 목동의 신 판에게 봉헌된 신전 앞에서 제자들과 대화를 나눈다. 사람들이 나를 누구라 하느냐고 묻는다. 그런데 이 공관복음서의 질문과 대답은 기독론적으로 윤색되어 있다. 기독론적으로 윤색되기 이전의 한 원형적 모델을 우리는 도마복음에서 발견할 수 있다.

이 가이사랴 빌립보의 복원모습. 동굴 앞에 아우구스투스신전이 있고(가장 왼쪽), 가운데 절벽에 파인 판신상 벽감이 있다. 그 옆 중앙위치에 판신전과 계단이 있다. 이곳이 바로 예수와 그를 따르는 자들이 토론을 벌였던 장소였다. 유대지역에는 오히려 이런 풍요로운 문명의 풍광이 드물다.

"그대들은 오직 침묵의 강물을 마실 때에야 비로소 참으로 노래하게 되리라. 그대들은 산꼭대기에 이르렀을 때에야 비로소 산을 오르기 시작하게 되리라. 대지가 그대들의 사지(四肢)를 삼킬 때에야 비로소 그대들은 참으로 춤추게 되리라."

이것은 20세기에 가장 많이 애독된 책 중의 하나인 칼릴 지브란(Kahlil Gibran, 1883~1931)의 『예언자』의 구절이다. 지브란의 외할아버지는 마론파 신부였다. 마론파는 4·5세기 초기기독교의 전통을 이은 특별한 종파로서 매우 자유롭고 순결한 신앙을 지켰기 때문에 끊임없이 탄압을 받았다. 이들은 레바논의 카디샤계곡(The Qadisha Valley)에 모여 살았는데 매우 영성이 풍부하였다. 이들에게 도마복음이 나타내고 있는 순결한 예수교사상이 흘러들어갔고 그러한 영성이 지브란의 정신세계의 바탕을 이루었다. 지브란이 태어난 카디샤계곡의 브샤레를 찾아가는 나의 여행은 내 인생에서 가장 심오한 한 영적체험으로 기록될 것 같다. 보이는 모든 것, 풀 한 포기조차 나에게 "아버지"의 소리를 전했다. 사진은 브샤레 지브란박물관 입구의 레바논산 절벽에 박힌 동상.

84. 도마와 노자

예수를 예수라 말하면 그것은 예수가 아니다

제13장

¹예수께서 그의 따르는 자들에게 가라사대, "나를 무엇엔가 비교해보아라. 그리고 내가 무엇과 같은지 말해 보라." ²시몬 베드로가 예수께 말하였다: "당신은 의로운 천사 같나이다." ³마태가 예수께 말하였다: "당신은 현명한 철학자 같나이다." ⁴도마가 예수께 말하였다: "스승님이시여! 제 입은 지금 당신이 무엇과 같은지 전혀 언표(言表)할 수 없나이다." ⁵예수께서 가라사대, "나는 그대의 스승도 아니로다. 그대는 내가 보살펴온, 부글부글 솟아오르는 광천샘으로부터 직접 많이 마셨기에 취하였도다." ⁶그리고 예수께서 도마만을 데리고 은밀한 곳으로 가시었다. 그리고 도마에게 세 마디 말씀을 전하였다. ⁷도마가 그의 친구들이 있는 곳으로 되돌아 왔을 때에, 그들이 도마에게 물었다: "예수께서 너에게 무엇을 말씀하셨느뇨?" ⁸도마가 그들에게 대답하여 말하였다: "내가 예수께서 나에게 하신 말씀 중 하나만 너희에게 이야기해도, 너희들은 돌을 주워 나를 쳐죽이려고 할 것이다. 그리하면 너희 손에 있는 그 돌로부터 불길이 솟아 너희들을 삼켜버릴 것이다."

沃案 공관복음서에 나오는 가이사랴 빌립보 담론이 종말론(Eschatology)과 기독론(Christology)을 전제로 한 기술이며 동시에 그러한 기독론의 틀 속에서

의 베드로의 정통성을 확립하기 위하여 쓰여진 이야기라면 이 도마복음의 이야기는 전혀 그러한 기독론을 전제하고 있지 않을 뿐 아니라, "메시아비밀"을 암시하는 종말론적 경고가 들어있지 않다. 공관복음서의 담론은 "내가 누구냐"가 중요한 것이 아니라, "그리스도이시다"라는 베드로의 고백을 통하여 예수가 그리스도 됨을 구현하기 위하여 고난을 받고 죽임을 당하고 사흘만에 다시 살아날 것이라는 예고, 그 예고가 더 중요한 테마로 등장하고 있는 것이다. 그 예고를 받아들이는 자 또한 자기를 부인하고 자기 십자가를 지고 예수를 좇아가야만 한다.

여기서는 예수가 제자들에게 "내가 무엇과 같은지" 진실로 생각하는 바를 말해보라고 요구한다. 이에 베드로는 "의로운 천사 a righteous angel" 같다고 말한다.

카디샤계곡. 계곡 저 끝에 만년설이 휘덮인 레바논산맥의 최고봉, 코르네트 아스 사우다(Qornet as-Sawda, 3090m)가 보인다. 그 만년설 밑에 지브란이 태어난 브샤레 마을이 있다. 계곡의 바위절벽 곳곳에 마론파 수도승들의 석굴이 있다. 인도의 아잔타석굴을 연상시킨다.

천사는 "메신저messenger"로서도 번역된다. 하나님의 말을 전하는 의로운 천사와도 같다. 베드로는 역시 어떤 신적인 커넥션을 염두에 두고 있다. 그러나 마태는 "현명한 철학자 a wise philosopher" 같다고 말한다. 천사에 비하면 매우 땅적(earthly)이다. 세속적인 이미지를 그리고 있는 것이다. 우리는 예수를 너무 헬레니즘의 토양에서 분리시켜 생각하고 있다. 예수는 실제로 당시의 갈릴리 민중들에게는 견유학파의 철학자(a cynic charismatic)처럼 인식이 되었던 것이다. 마태의 고백은 매우 현실적인 예수의 민중적 이미지를 그리고 있는 것이다.

이에 대하여 도마는 "스승님이시여! 제 입은 지금 당신이 무엇과 같은지 전혀 말로 표현할 수 없나이다"라고 말한다. 예수의 신적인 경지(divine realm)는 그것이 참으로 신적인 경지인 한에 있어서는 인간의 언어를 초월하는 것이다. 그것은 도저히 말이라는 개념적 틀 속에 한정될 수 없는 것이다. 노자의 『도덕경』을 펼치면 이런 말이 있다.

> 도를 도라고 말할 수 있다면
> 그 말하여진 도는 참다운 도가 아니다.
> 道可道, 非常道。

한번 이렇게 생각해보자!
> 예수를 예수라고 말할 수 있다면
> 그 말하여진 예수는 참다운 예수가 아니다.

예수가 "누구라고" 규정하는 인간의 말들이 과연 살아있는 예수를 참으로 규정할 수 있을까? 베드로처럼 예수를 그리스도라는 말로 규정한다고 해서 예수는 그리스도가 되는 것일까? 그리스도가 과연 무엇일까? 도마는 근원적인 규정성을 거부하는 의미에서는 인간의 사유의 초극점을 달리고 있다. 나의 입은 도저히 당신이 누구라는 것을 말할 수 없나이다!

이에 예수는 말한다. 그대가 규정성을 거부한다면 옳다! 나는 그대의 스승도 아니로다. 하나의 스승(a Teacher)이라는 규정성조차도, 사라져야 할 인간의 말일 뿐이로다. "그내는 취하였도다. 저 부글부글 솟아오르는 광천샘으로부터 직접 많이 마셨기에." 이것은 저주 아닌 최고의 찬사이다. 같은 나그함마디 라이브러리에 속한 문헌인 『제8천과 제9천에 관한 담론』에는 이런 말이 있다:

"모든 권능을 초월하는 권능의 시작을 나는 발견했노라. 그것은 시작도 없다. 나는 생명으로 부글부글 솟아오르는 샘을 본다. 나는 마음이로다. 나는 보아왔노라! 인간의 언어는 이것을 드러낼 수 없나니라"(NHLE 324-58).

생명의 샘물을 직접 들이킨 사람은 예수의 마음을 언표(言表)할 수가 없는 것이다.

이 장은 세 부분으로 구성되어 있다. 제1부는 예수가 제자들과 대화하는 장면이다. 제2부는 예수가 도마의 대답을 듣고 그에게 무엇인가를 비전(秘傳)하는 장면이다. 제3부는 예수는 사라지고, 도마와 다른 제자들이 대화하는 장면이다. 예수는 도마를 특별취급하여 은밀한 장소로 데려간다. 그리고 그에게 비전의 세 마디를 전한다. 그 세 마디가 세 개의 단어였는지, 세 종류의 다른 메시지였는지는 알 수가 없다. 메이어(Marvin Meyer)는 타문헌에 비정하여 그 세 마디를 재구성하려는 시도를 한다. 그러나 그것은 허망한 노릇이다. 그 예수의 말조차 근원적으로 인간의 언어를 초월하는, 개념적 언사의 저켠에 있다. 그것은 절대다. 절대(絶對)란 모든 대(對: 개념적 짝)를 단절시키는 것이다. 제2부는 나레이터의 나레이션으로만 구성되어 있다.

제3부에서 도마는, 예수에게서 무엇을 들었는지를 궁금해하는 제자들을 향해 외친다: "내가 예수께 들은 말 중 한 마디만 이야기해도 너희들은 나를 돌로 쳐죽

이려 할 것이다." "돌로 쳐죽인다"는 표현은 그 말의 내용이 이미 정통적 사유를 벗어난다는 의미를 내포한다. 그러나 그 돌에서 불길이 솟구쳐 너희들을 불살라 버릴 것이다.『바돌로매복음서』2:5에도 비슷한 표현이 있다. 진리를 묻는 제자들을 향해 마리아가 말한다.

> *"나에게 이 신비에 관해 묻지 말라. 내가 그것을 말하기 시작하면, 나의 입으로부터 불길이 솟아 이 세상을 다 불사르리라."*

언표될 수 없는 궁극적 진리에 대한 단절을 상징하는 표현들이다.

> " 도마복음서에는 모든 제자 중에서 도마가 베드로 대신 월등히 우위를 차지하는 제자로서 등장한다. 타제자들을 지도할 수 있는 예수사상의 정통성을 승계하고 있다. 그리고 그와 예수의 담론은 기독론이나 종말론과는 관련이 없다. 예수의 경지는 인간의 언어를 초월하는 절대적 타자로서 저켠에 있다. 그러기에 예수는 오히려 우리의 생명 속에 내재할 수 있는 것이다. "

과연 이 사진만을 통하여 내가 바라보고 있는 이 산의 영험스러운 느낌이 독자들에게 전달될 수 있을까? 지브란이 태어난 곳 브샤레의 바로 뒷동산, 레바논산맥의 최고봉인 코르네트 아스 사우다(3,090m. 백두산보다 높다)를 바라보고 있는 내 영혼은 미세한 바람에 휩싸여 드높고 드넓은 창공으로 비상하고 있다. 저기 저 십자가를 보라! 만년설이 녹아내리는 시냇물만 속삭이는, 저 인적의 자취조차 없는 설원 위에 솟아있는 저 십자가를! 복작복작 대는 인파와 소음 속의 강남 대형교회 십자가와 한번 비교해보라! 영혼의 정화를 느낄 것인가? 수치를 느낄 것인가? 자만의 욕설을 쏟아낼 것이뇨? 기도란 무엇이뇨? 저 살아있는 창공에 그대 자신을 활짝 펴는 것이 아니라면! 저 창공에 그대의 어둠을 쏟아버려라. 그리고 그대 마음의 새벽을 맞이하여라! 그대들에게 기도를 가르칠 수는 없다. 하나님은 결코 그대들의 입술에서 멀어지는 말을 듣지는 않는다. 그분 스스로 너의 가슴을 통해 말씀하실 뿐이다. 무수한 바다와 숲과 산의 저 기도를 들어보아라!

85. 기도와 구제

금식하지 말라, 기도하지 말라, 구제하지 말라

제14장

¹예수께서 그들에게 가라사대, "너희가 금식(禁食)한다면, 너희는 너희 자신에게 죄를 자초(自招)하리라. ²그리고 너희가 기도한다면, 너희는 정죄(定罪)되리라. ³그리고 너희가 구제(救濟)한다면, 너희는 너희 영혼에 해악(害惡)을 끼치리라. ⁴너희가 어느 땅에 가든지, 한 시골동네를 거닐게 될 때에, 사람들이 너희를 영접하면, 그들이 대접하는 음식을 그대로 먹으라, 그리고 그들 가운데 있는 병자(病者)를 고쳐주어라. ⁵너희 입으로 들어가는 것은 너희를 더럽힐 수 없기 때문이다. 차라리 너희를 더럽히는 것은 너희 입으로부터 나오는 것이니라."

¹Jesus said to them, "If you fast, you will bring sin upon yourselves; ²and if you pray, you will be condemned; ³and if you give alms, you will do harm to your sprits. ⁴When you go into any land and walk about in the countryside, when people take you in, eat what they serve you and heal the sick among them. ⁵For what goes into your mouth will not defile you; rather, it is what comes out of your mouth that will defile you."

沃案 제12·13장은 도마공동체에 대한 아폴로제틱한 성격이 개재되어 있어

역사적 예수의 말씀의 전승으로부터 상당히 빗나간 것이라는 문헌비평의 화살을 피할 길이 없다. 그러나 제14장은 큐복음서, 그리고 마태·마가와 자료를 공유하는 것으로 매우 오리지날한 로기온자료로서 평가되는 것이다. AD 50년 이전에 성립한 역사적 예수의 말씀전승으로서 추정된다. 공관복음서와 비교해볼 적에도, 도마자료는 공관복음서에 선행하는 자료임이 확실하며 그 역방향일 수는 없다. 다시 말해서, 마태, 마가, 누가 자료로부터 도마 14장 자료가 짜깁기된 것일 수는 없다는 것이다. 예수운동(Jesus Movement)의 생생한 초기모습을 전하는 오리지날한 자료라고 패터슨(Patterson)은 평가한다(The Gospel of Thomas and Jesus 128~33).

처음부터 대뜸 " … 한다면"이라는 "if"절의 예수 말씀으로 시작하기 때문에 독자들은 당황할 수 있으나, 제6장의 질문이 선행되어 있다는 사실을 상기해야 한다. 6장 1절의 질문은 다음과 같다:

그의 따르는 자들이 예수께 여쭈어 가로되, "우리가 금식하기를 원하시나이까? 우리가 어떻게 기도하오리이까? 구제는 해야 하오리이까? 음식 금기는 무엇을 지켜야 하오리이까?"

여기 제자들이 제기한 문제는 4가지다: 1)금식Fasting 2)기도Prayer 3)구제Alms 4)음식금기Diet.

이 문제는 마태복음(6:1~18)에도 매우 체계적으로, 도마의 주제와 어긋나지 않는 방식으로 잘 기술되어 있다. 마태복음 6:1에 "사람에게 보이려고 그들 앞에서 너희 의를 행치 않도록 주의하라"라고 말한 예수 말씀을 크게 벗어나지 않는 것이다. 당시나 지금이나 금식, 기도, 자선사업, 음식가림 등의 모든 제식적 행위가 "사람에게 보이기 위한" 외식적 행위(hypocritic act)라는 데 문제가 있었던 것이다. 예수는 위선(hypocrisy)을 증오한다. " … 인 양"체함을 저주한다. 체하다 보면 그것이 선의에서 우러나온 것이라 할지라도 결국 거짓이 되고 만다는 것이다. 위선은 거짓이다. 모든 종교적 제식은 위선으로 흐르는 경향성이 있다. 제자들이 제기한 문제는 기독교의 문제가 아니었다. **예수시대에는 기독교가 없었다.** 당시 유대인들의 일반적인 종교행위 내지 풍습에 관한 질문이었다. 도마복음 속의 예수는 이러한 문제에 대처하는 방식이 매우 공격적이며 역설적이며 신랄하다.

6장에서 이미 예수는 이러한 제자들의 질문에 대하여 핵심을 찌르는 대답을 했다: "마음에도 없는 거짓말을 하지 말라! 그리고 너희가 싫어하는 것을 하지 말라!" 예수는 제자들의 내면의 심리를 이미 파악하고 있는 것이다. 단식, 기도, 구제, 음식가림이 모두 귀찮고 괴롭고 힘든 것이다. 왜 그토록 귀찮고 괴롭고 힘든 일에 얽매여 살아야 하는가? 남에게 보이기 위해서? 이러한 제식적 행위의 궁극적 소이연은 "하늘에 계신 아버지께 상을 얻기 위함 Reward from your father who is in heaven"이다(마 6:1). 인간에게 상을 얻기 위함이 아닌 것이다. 하느님께 상을 얻는 것은 이러한 제식적 행위를 통할 필요가 없다. 도마복음에서 말하는 제자들이란 제1장과 2장에서 언급한 대로, "말씀들의 해석을 발견하는 자"이며, "찾을 때까지 구함을 그치지 않는, 끊임없이 구하는 자들"이다.

이 구하는 자들에게 예수는 말한다: *"금식하지 말라! 기도하지 말라! 자선(구제)하지 말라!"*

그러나 예수는 "하지말라"는 메시지에서 그치지 않는다. 그러니까 본 장 제1절의 조건절(if)절 앞에는 "금식하지 말라"는 메시지가 생략되어 있다. "금식한다면, 너희는 너희 자신에게 죄를 자초하리라!" 금식을 하지 말라는 권고에서 그치는 것이 아니라, 금식을 함으로써 죄를 자초한다고 하는, 무서운 결과를 예고한다. 금식하면 배고프다. 배고프면 먹을 것만 생각한다. 라마단도 좋지만 라마단으로 인해 더 먹고 더 살이 찐다는 것이 문제다. 배고픈 상황을 인위적으로 만듦으로써 오히려 죄를 저지를 수 있는 상황을 연출한다는 것이다. 금욕자에게 강간의 위험성은 더 높아질 수도 있다. 공자는 단지 이것만을 요구한다: "평소 많이 먹지 말라. 不多食。" "육식의 기운이 곡기를 이기지 않도록 하라. 不使勝食氣。"(「향당」편).

소식(少食)은 금식보다 더 어려운 것이다. 더 지속적인 절제를 요구하는 것이다. 공자의 이러한 권고는 매우 상식적이다. 어느 것이 더 하느님께 칭찬받을 행위인지는 독자들의 판단에 맡긴다.

"기도하지 말라." 예수는 이러한 권고에서 그치지 않는다. "기도한다면, 너희는 정죄되리라!" 남을 위하여 기도한다고 큰 회당이나 거리 어귀에 서서 중언부언하

지브란은 1883년 브샤레에서 태어났는데 1908년부터 파리의 미술아카데미(Academy of Fine Arts)에서 3년 동안 미술공부를 했다. 이 시기에 유명한 조각가 로댕을 만났고, 로댕은 지브란의 위대한 미래를 예언했다. 지브란의 그림은 그의 시 못지않게 유명하다. 이 그림에서 알 수 있듯이 바로 이 여인들이 헤매고 있는 초원과 뒷산 배경이 브샤레의 영험스러운 산하이다. 무한한 해석의 여운을 남기는 신비한 그림들을 많이 그렸다. 우리들 영혼의 자화상일 것이다. 레바논 브샤레 지브란박물관 제공.

는 행위(마 6:5~7)가 이미 비판과 비난의 대상이 되며, 과연 내가 기도를 바르게 했는가 하는 의식의 계기들은 정죄(condemnation)를 불러일으킨다. 기도는 내면의 소리일 뿐이며, 겉으로 언표해야 할 짓거리가 도무지 아닌 것이다. 당시 유대인의 기도란 우리가 생각하는 것과는 달리 상당히 제식화된 성격의 것이었다(기도 자세도 다양하다). 예수는 외친다. 기도하지 말라! 기도는 너를 죄인으로 만들 뿐이다. 너에게 죄의식만을 불러일으킨다.

"구제하지 말라!" 예수는 이러한 권고에서 그치지 않는다. "구제한다면, 너희는 너희 영혼에 해악을 끼치리라!" 불교는 무주상(無住相) 보시(布施)를 말한다. 보시는 오직 아상(我相)을 버린 자에게만 가능한 것이다. 내가 보시를 하고 있다는 의식이 있는 한 그것은 참다운 보시가 아니다. 우리나라에도 종교라는 이름하에 많은 자선사업이 이루어지고 있는 것은 고마운 일이지만, 더 시급한 일은 자선사업이 이루어질 필요가 없는 복지국가를 만드는 데 모든 종교인이 헌신해야 한다는 것이다. 있는 자만 더 돈 잘 벌게 사회체제를 왜곡시키면서 있는 자의 자선사업을 찬양키만 하는 제도는 분명 하나님 나라의 임하심이 아니다. 자선을 행하는 자가 자선이라는 의식에 매달려 사는 것은 결국 그 영혼에게 해악을 끼친다. 불순한 계기들로 인해 오히려 그 영혼의 순결이 오염될 수도 있다. 이것은 나 도올의 말이 아니요, 역사적 예수의 살아있는 목소리이다. 귀 있는 자는 들으라!

> 모든 지고한 종교적 경지는 상식적 가치의 전도를 요구한다. 자선사업에 헌신하는 것은 아름다운 일이다. 그러나 길거리에서 가난한 자에게 주는 돈 한 푼이 그 가난을 영속시키는 데만 공헌한다면 그것은 매우 슬픈 일이다.

마론파 수도승들은 도마기독교의 전통을 잇고 있다. 그들은 비교적 금기가 없다. 음식 금기가 일체 없으며 금욕에 대한 특별한 규정이 없다. 따라서 결혼도 할 수 있다. 그러나 이들은 매우 성스럽고, 고독하게 은둔하며, 자족적인 자경농의 생활을 하고 있다. 언덕 위에 마론파 교회가 있는 브샤레마을이 보인다. 그 능선을 타고 툭 떨어지는 첩첩산중의 계곡이 영험스러운 카디샤계곡이다.

86. 밥(食)과 말(言)

더러운 것은 똥이 아니라 너의 마음이다

> 도마복음 제14장은 금식·기도·구제·음식금기, 이 4가지 종교적 행위에 대한 역사적 예수의 가장 오리지날한 담론이다. 이 담론에서 마태·마가·누가의 관련된 담론이 어떻게 변형되어 갔나를 우리는 일목요연하게 알 수 있다.

제14장

¹예수께서 그들에게 가라사대, "너희가 금식(禁食)한다면, 너희는 너희 자신에게 죄를 자초(自招)하리라. ²그리고 너희가 기도한다면, 너희는 정죄(定罪)되리라. ³그리고 너희가 구제(救濟)한다면, 너희는 너희 영혼에 해악(害惡)을 끼치리라. ⁴너희가 어느 땅에 가든지, 한 시골동네를 거닐게 될 때에, 사람들이 너희를 영접하면, 그들이 대접하는 음식을 그대로 먹으라, 그리고 그들 가운데 있는 병자(病者)를 고쳐주어라. ⁵너희 입으로 들어가는 것은 너희를 더럽힐 수 없기 때문이다. 차라리 너희를 더럽히는 것은 너희 입으로부터 나오는 것이니라."

沃案 당시의 종교적 행위에 대한 예수의 신랄한 메시지는 1)금식 2)기도 3)구제, 3주제에 한정된 것이었다. 금식하지 말라! 기도하지 말라! 구제하지 말라! 도

마복음이 기독교라는 제도적 틀로 규정할 수 있기 이전의 비제도권의 사회운동으로서의 예수운동(Jesus Movement)의 제양상을 반영하고 있다면, 예수는 자기 운동에 참여하는 사람들이 "종교적 행위"를 통하여 선업(善業)을 쌓음으로써 구원을 얻을 수 있다고 하는 생각을 좌절시키고 있는 것이다. 그러한 선업의 축적이 하늘나라를 보장하는 것은 아니다. 하늘나라의 임재는 점진적 축적이 아닌 세속적 가치의 단절을 통하여 이루어지는 것이다. 선업의 축적은 필연코 위선을 불러일으킨다. 하늘나라의 임재는 메타노이아, 그러니까 생각의 전환, 의식의 혁명이다.

제6장에서 제기된 제자들의 질문은 상기의 금식, 기도, 구제 3주제 이외로 한 질문이 더 있었다: "음식금기는 무엇을 지켜야 하오리이까?"

유대인들이 지금까지도 코셔(kosher)라는 형태로 지키고 까다로운 제식적 음식금기(Diet)의 질문이 하나 더 있었던 것이다. 그렇다면 제4절부터는 제4주제인 음식금기에 관한 예수의 말씀이 전개되고 있는 것으로 간주되어야 할 것이다. 제4절부터 갑자기 예수운동의 초기전파상황을 전하는 방랑하는 카리스마들(itinerants)의 이야기가 나오고 있다. 제3절과 제4절 사이에는 문맥의 흐름상 어떤 깊은 단절이 느껴지고 있는 것이다. 따라서 많은 도마복음 연구자들이 이 장은 세 개의 단절된 파편이 합성된 것으로 간주하고 있다.

I	1~3절	금식·기도·구제에 관한 예수 말씀
II	4절	예수운동의 사역자 파송 때의 당부 말씀
III	5절	입으로 들어가는 것, 입에서 나오는 것에 관한 예수 말씀

사실 이 세 개의 파편은 모두 공관복음서에 나오고 있다. 그리고 II는 마태·누가에 공통된 큐복음서에 속하는 자료이다(Q30. 도올 김용옥 역주, 『큐복음서』 153).

I	마태 6:1~18
II	Q30. 마태 10:8~12. 누가 10:5~9
III	마태 15:11~20. 마가 7:15~23

예수운동이란 예수의 천국운동을 전파하는 도반들(12제자에 한정되지 않는 숙련된 동조자들)의 운동이다. 이 도반들은 사람들을 치유할 수 있는 카리스마를 지녔으며 예수천국사상에 대한 깊은 이해가 있다. 이들은 끊임없이 방랑하며 철저한 무소유를 실천한다: "너희 전대에 금이나 은이나 동을 지니지 말라. 여행을 위하여 지갑이나, 배낭이나, 샌달을 가지고 다니지 말라. 여벌의 속옷이나, 지팡이도 가져오지 말라. 길에서 아무에게도 문안하지 말라"(Q29). 지팡이나 신발조차도 허용되지 않는 철저한 무소유를 예수는 제자들에게 당부한다.

여기 도마복음 14:4의 "어느 땅에 가든지"라는 말에서 "땅"은 "나라"를 의미한다. 당시 팔레스타인은 분봉된 나라들로 쪼개져 있었고, 독립국 형태의 폴리스들이 각기 영역(region, land)을 차지하고 있었다. 예수운동의 참가자들은 이 광범한 팔레스타인 영역들을 끊임없이 무소유의 에토스를 지니고 유랑했다.

그런데 예수운동이 잘 먹히는 곳은 대도회지가 아니라, 조그만 시골동네들이었다. 그래서 여기 4절은 "한 시골동네를 거닐게 될 때에"라는 말을 첨가하고 있다. 그것은 그들의 활동영역을 구체적으로 지시하는 언급이다.

3절과 4절 사이의 단절은 사상적으로도 모순을 일으킨다. 즉 3절에서는 "구제"를 하지 말라고 했다. 그러나 4절부터 나타나는 유랑하는 전도자들(The wandering missionaries)은 결국 동네사람들의 구제나 자선에 의존하여 밥먹을 수밖에 없다. 그러나 이러한 모순은 쉽게 해결된다. 예수운동가들은 결코 구제나 자선에 의존하여 밥을 먹는 것이 아니다. 그들은 "병자를 고쳐준다." 나족의(裸足醫)처럼 의료행위를 하는 것이다. 이 도마복음의 소박한 한 구절이 마태에서는 다음과 같이 과장되어 나타난다: "병든 자를 고치며, 죽은 자를 살리며, 문둥이를 깨끗하게 하며, 귀신을 쫓아내되, 너희가 거져 받았으니 거져 주어라"(마 10:8).

자선에 의존하는 것이 아니라, 무엇인가 그 동네에 유익한 것을 던져주고 공동식사를 통하여 천국의 임재를 확인하는 것이다. 크로쌍은 말한다: "이러한 개방된 공동식사(open commensality)야말로 남과 여, 가난한 자와 부유한 자, 이방인과 유대인의 모든 차별과 위계를 근원적으로 부정하는 혁명적 행위였다. 이런 공동식사야말로 어떤 문명사회에서든지 그 제식적 율법을 위배할 수밖에 없었다. 여기에 예수운동의 도전이 있었다"(The Historical Jesus 263).

따라서 이러한 공동식사에 제공되는 음식에는 일체 "금기"라는 것이 존재할 수가 없다. 코서 따위의 까다로운 제식적 음식가림이야말로 인간을 하나님의 자녀로서 하나되게 만드는 데 가장 방해가 되는 번문욕례요 허례허식이다. 역사적 예수에게 있어서 율법이야말로 천국의 반대개념이었다. 율법은 차별이요 저주요 의혹이요 질투이다. 천국은 하나됨이요 생명이요 도움이요 사랑이다. 그래서 말한다. "시골사람들이 너희를 영접하면, 그들이 대접하는 음식을 그대로 먹으라."

여기 "영접"은 결코 구제나 자선이 아니다. 즉 예수운동가들은 그러한 구제를 당연한 것으로 받아들이는 사람들이 아니다. 영접하지 않는다면 떠날 뿐이다. 굶어야 한다. 영접하면 주어지는 음식을 가림 없이 먹는다. 이것은 원시불교의 초기 승단의 계율에 있어서도 마찬가지였다. 걸식을 하되 주는 대로만 받는다. 주는 자의 얼굴을 쳐다보지 않는다. 7가호 이상을 돌지 말라 등등.

영접 받는 대로 가림 없이 먹는다. 왜냐? "너희 입으로 들어가는 것은 너희를 더럽힐 수 없기 때문이다. 차라리 너희를 더럽히는 것은 너희 입으로부터 나오는 것이니라."

이 구절도 마가·마태와 비교해보면 도마의 구절이 훨씬 오리지날하다는 것을 알 수 있다. 도마에서는 더럽히다(to defile)의 목적이 제자들 자신이 되어 있다. 그런데 마가·마태에서는 타인이 되어있다. 의미의 강렬함이 희석되고 목회자 자신의 반성을 타인의 문제로 외재화시키고 있는 것이다. 그리고 먹은 것은 항문으로 다 빠져나가고 마음으로 들어가는 것이 아니며, 입에서 나오는 것은 마음에서 나오는 악한 생각이라는 구질구질한 해설을 첨가하고 있다. 이미 심신이원론적인 헬레니즘의 철학적 논설이 복음서기자들에 의하여 가필되었다는 것을 알 수 있다. 마치 그것이 예수 자신의 말인 것처럼. 결국 도마 14장은 네 가지 종교적 행위에 관하여 연속성을 지니는 가장 오리지날한 담론이라는 것을 알 수 있다.

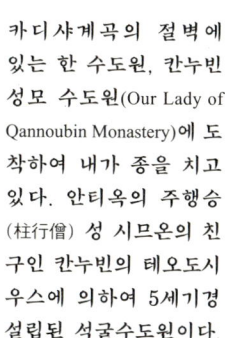

카디샤계곡의 절벽에 있는 한 수도원, 칸누빈 성모 수도원(Our Lady of Qannoubin Monastery)에 도착하여 내가 종을 치고 있다. 안티옥의 주행승(柱行僧) 성 시므온의 친구인 칸누빈의 테오도시우스에 의하여 5세기경 설립된 석굴수도원이다. 이 석굴수도원 내부 석벽에는 아름다운 프레스코 성화들이 많다. 내가 도착했을 때는 이미 해가 저물었고 은둔자들의 초막에서 저녁 짓는 연기가 올라오고 있었다. 너무도 평화로운 광경이었다. 그것은 성(Holiness) 그 자체였다.

지금 여기 성직자들이 예배를 드리고 있는 곳이 바로 예수가 탄생한 베들레헴의 현장이며 동방박사 3인이 경배한 곳이다. 예수가 태어난 말구유간에는 14개의 빛살이 달린 다윗의 큰 별이 장식되어 있다 (p.303). 원래 1717년에 프랑스 기독교인들이 선사한 것인데 도난당해 1853년에 새로 만들었다고 한다. 그 별에 "Hic De Virgine Maria Jesus Christus Natus Est 여기서 예수 그리스도가 처녀 마리아에게서 태어나다"라는 글씨가 새겨져 있다. 예수탄생교회(Basilica of the Nativity)는 최초의 성지순례자라고 할 수 있는 콘스탄티누스대제의 엄마, 헬레나(Helena Augusta)가 AD 326년에 세웠다. 그 전에 이곳은 아도니스의 신전으로 쓰여지고 있었다고 한다. 현재의 고색창연한 코린트양식의 기둥(12×4) 교회는 동로마제국의 유스티니아누스대제에 의하여 AD 530년에 건설된 것이다.

예수는 갈릴리사람이다. 요셉도 마리아도 나사렛에서 살던 사람이다. 요셉이 만삭의 부인을 데리고 호적조사를 받기 위해 베들레헴에 갔다는 것은 아무래도 이상하다. 역사적으로 아구스도 호적조사의 사실도 없었다(눅 2:1). 호적조사는 식민지 착취를 위한 것이므로 현주소에서 이루어지며 원적지와는 상관없는 것이다. 현대신학은 예수의 베들레헴 탄생은 다윗의 정통혈통임을 입증하기 위하여 만들어진 설화로 간주한다. 다윗이야말로 베들레헴에서 태어난 사람이다. 예수는 베들레헴과는 무관한 사람이다.

87. 태어난 자와 태어나지 않은 자

나 예수는 여자가 낳았다

제15장

¹예수께서 가라사대, "너희가 여자에게서 태어나지 않은 자를 볼 때에는 너희 얼굴을 땅에 대고 엎드려 그를 경배하라. 그 이가 곧 너희 아버지니라."

¹Jesus said, "When you see one who was not born of woman, prostrate yourself on your faces and worship him. That one is your father."

沃案 끊임없이 참신한 충격과 계발을 던져주는 예수의 말씀은 이어진다. 여기서 우선 예수는 추구하는 자(the seeker)에게 하나님 아버지(the Father)를 만날 수 있는 기회를 허락하고 있다. 하나님 아버지를 볼 수 있는(to see) 권능을 부여하고 있는 것이다. 그러나 문제는 이것이다! 하나님 아버지는 누구인가? 하나님 아버지는 "여자에게서 태어나지 않은 자 one who was not born of woman"이다. 즉 여자에게서 태어난 자는 하나님일 수가 없는 것이다. 다시 말해서 신성(the divinity)은 창조된 피조물일 수가 없는 것이다. 이것은 후대의 교조화된 기독론 이전의 참신한 사상을 전해주는 예수의 말씀이다. 이 말이 예수의 입에서 나오고 있다는 것은 곧 예수 자신이 "여자에게서 태어난 자"이며 결코 경배의 대상이 될 수 있는 존재가 아니라는 것을 의미하는 것이다. 도마복음의 예수는 하나님의 아들이라는 자의식(self-consciousness)이 전혀 없다.

공관복음서에서도 "하나님의 아들 the Son of God"로서의 자기인식은 주로 종말론적인 맥락에서 언급되고 있다. 그것은 메시아와 부활이라는 개념을 전제로 한 것이다. 현실적으로 그는 메시아일 수가 없었다. 십자가 위에서 힘없이 죽었기 때문이다. 따라서 부활을 해야만, 부활 후에 공동체의 메시아적인 왕이 되는 것이다. 영원한 왕권을 수여받는 다윗의 아들이 되는 것이다. 따라서 하나님의 아들이라는 개념 그 자체가 부활이라는 사건이 없이는 별 의미가 없다. 부활은 죽음에 대한 승리이며, 하나님의 독특한 개입행위와 함께 아들의 왕적 통치의 시작을 의미하는 것이다. 부활을 해야만 예수의 사역이 다윗가문에게 약속하신 통치로 이해되며, 하나님의 위임에 의한 것으로 받아들여질 수 있게 되는 것이다.

그러나 도마복음서에서는 이러한 종말론적 맥락이 일체 배제된다. 하나님은 여자에게서 태어날 수 없으며, 따라서 "하나님의 아들"도 당연히 여자에게서 태어날 수 없다. 도마복음서 속의 예수는 하나님의 아들로서의 자의식이 없다. 예수는 그를 따르는 자들에게 확실하게 천명하고 있는 것이다: "나는 경배의 대상이 되어서는 아니 된다. 나는 여자에게서 태어난 자이다. 경배의 대상은 오직 아버지이실 뿐이다. 그는 여자에게서 태어나지 않은 자이다."

예수의 신성과 인성에 대한 고민은 바울에게서도 부활이라는 사건을 통하여 화해되고 있지만, 바울은 예수의 인성을 확고하게 인정한다. 예수운동의 영향일 수도 있다:

"때가 차매 하나님이 그 아들을 보내사 여자에게서 나게 하시고 율법 아래 나게 하신 것은 …"(갈 4:4).

여기서 충격적인 것은 바울이 전혀 "동정녀 마리아의 신화"를 모르고 있다는 것이다. 그리고 "율법 아래 나게 하시었다"라는 것은 바울의 의식 속에서 예수가 유대인으로 태어났다는 것을 의미한다. 즉 예수는 여자의 자궁에서 정상적인 생리과정을 통하여 태어난 유대인이라는 사실을 바울이 확고하게 인정하고 있는 것이다. 여자에게서 태어났고, 율법의 속박을 받는 자라는 이중적 규정은 예수의 인성(humanity)과 신체성(physicality)을 확인하고 있다. 그러나 우리가 다시 한번 상기해야 할 역사적 사실은 예수는 바울이 생각하는 협애한 개념의 유대인이 아니었다는 것이다.

예수 탄생자리의 다윗의 별

"여자에게서 태어나지 않은 자"라는 도마복음의 문구와 관련하여 우리가 고찰해야 할 공관복음서의 중요한 언급이 있다. 그것은 큐복음서에 속하는 자료이다: "내가 진실로 너희에게 말하노니 여자가 낳은 자 중에 세례요한보다 큰 이가 없도다. 그러나 하나님의 나라에서는 극히 작은 자라도 저보다 크니라"(눅 7:28, 마 11:11, Q24. Also see Th.46).

도마복음이 출현하기 전까지는 요한에 대한 이러한 예수의 언급에 대해 별 부담이 없었다. 예수의 신성이 확보되어 있었기 때문이다. 사실 요한파와 예수파의 갈등은 초

베들레헴 예수탄생교회, 제단쪽에서 찍은 사진. 이 제단 지하에 구유간이 있다. 이 교회는 입구가 사람 키도 안되는 조그만 돌문인데 이슬람병사들이 말타고 들어오는 것을 막기 위하여 후대에 그렇게 축소된 것이다.

기기독교의 매우 심각한 주제였다. 예수는 분명 요한의 세례를 받았다. 이 사실은 곧 예수가 그의 공생애를 요한의 세례운동에 참여함으로써 시작했다는 것을 의미한다. 다시 말해서 역사적 예수는 세례요한의 제자였다. 예수가 요한에게 세례를 받는 장면은, 예수의 절대적 우위성을 확보하기 위해서는 반드시 생략되어야 하는 부분이었다. 그럼에도 불구하고 세례장면을 삽입한 것은 역사적으로 새로운 그리스도운동을 보편화시키기 위해서는 세례요한이라는 존재의 성세(聲勢)를 빌리지 않을 수 없었다는 것을 의미했다. 그만큼 세례요한의 대중적 심상은 예수보다 강렬했던 것이다. 따라서 세례요한을 등장시키는 대신에 "물의 세례"와 "성령의 세례"라는 이분법적 논리와 "나는 굽혀 그의 신들메를 풀기도 감당치 못하겠노라"라는 굴종적 메시지를 세례 요한을 통해 말하게끔 만들었다.

그러나 여기 도마복음의 언급에 비추어 본다면 큐자료의 언급은 그러한 파벌의 대립적 의식이 없다. 예수도 여자에게서 태어난 자요, 세례요한도 여자에게서 태어난 자이다. 그런데 "여자가 낳은 자 중에 세례요한보다 큰 이가 없다"라고 한다면 역사적 예수는 겸손하게 세례요한의 위대성을 시인하고 있는 것이다. 세례운동을 통하여 선지자와 율법의 시대를 종식시킨 위대한 인물! 그는 자기보다도 더 큰 인물이라고 시인하고 있는 것이다(마 11:13).

그러나 여기 더 중요한 포인트는 그가 아무리 위대한 인물이라 할지라도 경배의 대상이 되어서는 아니 된다는 것이다. 예수나 요한이나 여자에게서 낳은 자인 이상 엎드려 경배할 대상이 아니다. 경배할 대상은 오직 "아버지"일 뿐이다. 그러나 아버지는 여자에게서 태어날 수가 없는 존재이다. 아버지는 육화(肉化)될 수도 없다. 도마복음의 사상체계 속에서는 "말씀이 육신이 되어 우리 가운데 거하시매"(요 1:14)라는 수육(受肉, Incarnation)사상도 거부된다. 아버지는 물화(物化, embodied)된 존재로서 국한되어질 수 없다.

"하나님의 나라에서는 극히 작은 자라도 저보다 크니라"(눅 7:28; 마태는 "하늘 나라"라는 표현을 씀)하는 것은 여자에게서 태어난 자로서의 위대함과 비소(卑小)함의 분별이 하나님의 나라가 임하게 되면 모두 사라지게 된다는 것을 의미한다. 그러한 인간적 분별이 사라지는 경지가 곧 도마의 예수가 말하는 "아버지의 나라 the kingdom of the father"인 것이다. 여기 "얼굴을 땅에 대고 엎드려 그를 경배하라"는 의미도 단순히 컬트적 제식(proskynesis)을 의미하는 것이 아니라 여자에게서 태어나지 않은 아버지 앞에서는 여자에게서 태어난 모든 사람이 동등하다는 것을 상징하는 의미이다. 예수는 자신을 포함하여 모든 인간이 아버지 앞에서 평등하다는 것을 가르친 사상가였다. 역사적 예수는 "하나님"이라는 표현보다는 "아버지"라는 표현을 선호했다. 하나님은 이미 종족신화된 천박한 개념이고 "아버지"는 개체화된 심오한 개념이다. 아버지는 절대적인 존재이면서도 나로부터 객화될 수 없는 그 무엇이다. 내가 살아가면서 여자에게서 태어나지 않은 자를 볼 수만 있다면 오죽 좋을까? 얼마나 황홀할까? 그 때에는 너희 얼굴을 땅에 대고 엎드려 그를 경배하라. 그이가 곧 너의 아버지이시다. 매우 단순하고, 잘못 생각하면 컬트적 표현같이 들릴수도 있지만, 무엇인가 심오한 성자들의 분위기를 전하고 있다. 나는 이 순간에도 생각해 본다. 어린 아이의 모습에서, 성스러운 나무 한 그루의 모습에서, 여자에게서 태어나지 않은 자를 볼 때에 나는 그를 경배하리라. 그리고 예수 말씀을 생각하리라. 그가 곧 나의 아버지이시다.

> 예수는 자기를 경배의 대상으로 선포하지 않는다. 왜냐하면 예수는 여자에게서 태어난 자이기 때문이다. 인간은 인간을 경배할 수 없다. 인간이 경배해야 할 것은 오직 "아버지"일 뿐이다. 아버지는 인간의 형상 속에 갇힐 수 없다. 우리는 아버지를 인간의 편협한 인식의 틀 속에 가두어서는 아니 되는 것이다.

여기 브샤레마을 밑에 카디샤계곡의 가장 중심적 역할을 하고 있는 성 엘리사 수도원(the Monastery of Saint Elisha the Prophet)을 내가 쳐다보고 있다. 이 수도원의 내부는 많은 바위동굴로 이루어져 있다. 이 주변으로도 부속 암자와 같은 많은 동굴 속에서 수도승들이 고행을 하고 있다. 도마기독교는 이러한 고독한 수도승들의 전통을 창조하였다. 아라비아사막의 폴과 안토니로부터 내려오는 단독자의 전통은 마론파들에게까지 계승되고 있다. 16세기 이전의 이 수도원의 역사는 정확하게 추정하기는 어렵다(1533년 증축기록 있음). 그러나 상당히 오래된 전통의 수도원이라는 것은 의심의 여지가 없다. 엘리사는 엘리야의 제자로서 엘리야의 영험을 두 배로 물려받은 선지자이다.

88. 평화와 충돌

가정사에 집착 말고 홀로 서라

> 예수는 결코 "전쟁과 평화"라는 세속적 대립의 주제를 말하지 않았다. 여기 평화라는 개념의 대립적 짝을 이루는 불과 칼과 전쟁은, 모두 가족관계와의 분열, 세속적 가치와의 충돌을 말하는 상징적 표현일 뿐이다. 내 마음의 평화는 궁극적으로 가족관계에 집착하지 않을 때 이루어진다는 것이다.

제16장

¹예수께서 가라사대, "아마도 사람들은 내가 이 세상에 평화를 던지러 온 줄로 생각할 것이다. ²그들은 내가 이 땅위에 충돌을 던지러 온 줄을 알지 못한다: 불과 칼과 싸움을 선사하노라. ³한집에 다섯이 있게 될 때, 셋은 둘에, 둘은 셋에, 아비는 아들에게, 아들은 아비에게 대항할 것이기 때문이니라. ⁴그리고 그들은 모두 각기 홀로 서게 되리라."

¹Jesus said, "Perhaps people think that I have come to cast peace upon the world. ²They do not know that I have come to cast conflicts upon the earth: fire, sword, and war. ³For there will be five in a house: there will be three against two and two against three, father against son and son against father, ⁴and they will stand alone."

沃案 우리에게 비교적 친숙한 이 구절은 큐복음서에 속하는 것으로(Q57),

마태복음 10:34~36, 누가복음 12:49~53에 나오고 있다. 그리고 누가자료를 보면 도마 제10장이 본 장의 메시지와 관련되어 있음을 알 수 있다.

제16장과 관련된 자료들
마태복음 10:34~36
누가복음 12:49~53
도마복음 제10장

도마자료는 큐자료의 원형에 가까운 것으로 보인다. 그러니까 큐자료로서 보다 원형을 반영한다고 하는 누가자료가 도마자료에 더 근접하고 있는 사실을 우리는 확인할 수 있다. 누가는 도마자료의 10장과 16장을 합성하고 있다. 그렇지만 누가는 동사형으로서 "주다"라는 셈족어의 용법을 사용하고 있는데 반하여, 오히려 마태는 "던지다 *bállō*"라는 도마의 용법을 계승하고 있다. 여기서 우리는 마태, 누가, 큐, 도마 4 텍스트들 간의 다이나믹한 관계를 엿볼 수 있다.

최근에 한국에서도 개봉한 영화인데 프랑스 감독 크리스티앙 카리옹(Christian Carion)이 1914년 제1차 세계대전의 어느 전선에서 벌어졌던 실화를 바탕으로 만든 「메리 크리스마스 Joyeux Noël, 2005」라는 작품이 있다. 독일군이 점령한 프랑스 북부 전선에서 100m도 안되는 거리를 두고, 독일·프랑스·스코틀랜드 세 나라 군대간의 숨막히는 접전이 벌어지고 있었다. 병사들에게야 물론 이유없는 싸움이다. 크리스마스 이브, 잠시 총격이 멈춘 틈을 타고, 스코틀랜드군에 자진하여 의무병으로 가담한 성공회의 파머 신부가 백파이프를 불자, 독일군에 징집된 베를린 오페라 하우스 소속의 베테랑 테너 스프링크가 크리스마스 캐롤을 아름다운 목소리로 화답하면서 사람들은 한두 명씩 총을 내려놓고, 자기들이 총부리를 겨누었던, 전우의 시체가 깔린 전장 한복판으로 나오게 된다. 드디어 공동 미사를 드리며 임시 크리스마스휴전을 선언한다. 전우의 시체를 묻어주고, 축구를 하다가 한마음이 된 이들은 더 이상 서로에게 총부리를 겨눌 수 없게 된다. 이것이야말로 진정 기독교가 가르치려는 사랑의 의미요, 예수가 이 땅에 탄생된 크리스마스의 소이연이 아니겠는가? 그러나 상층부에서는 이들을 모두 전출시키고 또다시 전쟁분위기를 조성한다. 파머 신부를 축출하면서 새로 온 스코틀랜드 주교는 새로 파견되어 온 병사들에게 마태의 구절을 읽는다: "내가 세상에 화평을 주러 온 줄로 생각지 말라. 화평이 아니라 검을 주러 왔노라."

과연 기독교는 이 세상의 평화를 깨뜨리고 전쟁과 분쟁을 일으키기 위하여 존재하는 종교일까? 역사적 예수는 진실로 전쟁을 사랑하는 주전파(主戰派) 사상가였던가? 나는 어려서부터 성경구절을 암송하면서 도무지 이 마태·누가의 구절이 이해가 가질 않았다. 어느 목사님께 문의해 보아도 나의 궁금증을 속시원하게 해결해주는 분은 없었다. 그러다 결국 나는 도마복음을 만나게 되면서 나의 실존적 고뇌에 대한 확답을 얻게 되었다.

이 예수의 선포는 근원적으로 전쟁과 평화라는 세속적 가치에 대한 2원론적 주제를 다루고 있는 명제가 아니다. 이 명제의 대상은 도마복음 제1장과 제2장에서 말했듯이, "말씀들의 해석을 발견하

영험스럽기 그지없는 카디샤계곡의 모습. 고행승들의 외로운 수행이 지금도 곳곳에서 이루어지고 있다.

자"이며 "진리를 추구하는 자"이다. 이렇게 진리를 추구하는 자들은 궁극적으로 현존하는 사회적 가치체계와 갈등을 초래하지 않을 수 없다. 농경사회를 기반으로 하는 유교는 수신·제가·치국·평천하라는 매우 스무드한 연속적 확충을 말했지만, 유목사회를 기반으로 하는 중동의 사막문명에서 태어난 예수운동은 필연적으로 수신(修身)의 문제에 있어서도 본래적인 자아와 비본래적인 자아의 갈등이 문제가 되었고, 제가(齊家)의 문제에 있어서도 가족관계로부터의 격리가 문제가 되었고, 치국(治國)·평천하(平天下)의 문제에 있어서도, 나라나 세상을 지배하는 세속적 권력과의 충돌이 문제가 되었던 것이다.

특히 예수가 선포하는 "아버지의 나라"의 가치는 패밀리즘적 윤리체계(familistic ethos)의 종속으로부터 벗어나는 새로운 국면을 우리에게 실존적 고뇌로서 안겨준다. 예수운동의 핵심세력은 방랑자들이었고 고행하는 수도승들이었으며, 가정윤리 속에서 안착하는 사람들이 아니었던 것이다(Th.42). 인도문명은 아예 이러한 문제, 즉 "출가"를 보편적 사회규범으로서 제도화시킴으로써, 현명하게 해결하였다. 한 인간의 삶은 네 단계(아쉬라마, āśrama)로 구분된다: 1)학생기(Brahmacarya) 2)가주기(Gṛhasthāna) 3)임서기(Vanaprasthā) 4)유랑기(Sanyāsa). 실상 본장의 예수의 말씀은 가주기(家住期)에서 임서기(林棲期)와 유랑기(流浪期)로 전환될 때의 충돌을 말하고 있는 것이다.

둘과 셋을 감관의 대결로 보는 재미있는 해석도 있다(Robert M. Grant). 둘은 안식(眼識)·이식(耳識)으로 보고, 셋은 비식(鼻識)·설식(舌識)·신식(身識)으로 보는 것이다. 그러나 평범한 의미맥락으로 따져보면 둘은 아버지와 엄마를, 셋은 아들과 딸과 며느리를 뜻하는 것으로 보는 것이 순조로울 것이다.

마태·누가와 비교해보면, 도마에는 딸-어미, 며느리-시어머니라는 여성의 대항관계가 생략되어 있다. 도마는 마지막 장인 제114장에서 다시 논의되겠지만(cf. Th.22), 여성의 독립적 개체성을 말하지 않는다. 아들-아비의 관계로서 그 모든 것이 포용되고 있다. 여성성은 남성성으로의 복귀를 통하여 온전하여진다고 본다. 보다 정확히 말하면 도마는 여성성과 남성성이 근원적으로 해소되는 융합으로의 복귀를 말하고 있다.

그리고 마태·누가는 이 로기온의 핵심적 성격인 "홀로 서다"라는 마지막 구절을 생략해버렸다. 그들의 기독론적 케리그마에 별로 부합되지 않기 때문이었을 것이다. "서다"라는 표현은 하나님을 묘사할 때 쓰는 영예로운 개념이다(*Three Steles of Seth* 119, 17-18). 하나님은 서시는 자이다. 여기 "홀로 서다"는 가족관계를 끊고 세속적 가치를 전도시키고 하나님 앞에 단독자로서 서있는 자이다. 이러한 도마복음의 "단독자" 전통이 기나긴 수행승의 전승을 거쳐 키에르케고르가 말하는 실존주의적 단독자의 모습으로 이어지고 있는 것이다. "홀로 서다"는 앞서 말한 "하나된 자"와 상통하는 개념이다.

카디샤 계곡의 산꼭대기에서 폭포가 쏟아지는 광경을 목격할 수 있다. 희한한 자연현상이다. 영험스러운 산하의 생명력이 분출하는 장엄한 광경이다. 망원으로 촬영.

제2롯데월드의 건축허가를 놓고 논란이 많다. 남산의 높이가 해발 243m, 남산타워의 높이가 236m, 도합 479.7m인데 롯데월드의 높이는 112층 555m에 이른다. 남산타워 꼭대기 피뢰침보다 더 높게 짓겠다는 것이다. 하늘에 더 가까이 가려는 인간의 노력이 건축사에서는 고딕양식으로 표현되고 있다면, 롯데월드는 하늘을 향한 신앙심의 극치라고나 해야 할까? 높고 좋은 건물을 짓겠다는 것을 내가 왈가왈부할 필요는 없겠으나 도대체 왜 그런 건물을 짓는지, 짓고 난 후에는 어떻게 그것을 유지하려는지 도무지 이해가 가지 않는다. 그 건물의 내용에 하등의 새로운 창조적 문명의 패러다임이 없는 것이다. 기존의 상권을 빨아 잡술 뿐인 것이다. 그리고 사람들이 쉽게 망각하는 것은 20층만 넘어가도 화재시 소방서가 할 일이 별로 없어진다는 사실이다. 칼릴 지브란이 태어난 브샤레 마을을 바라보면서 인류문명의 21세기적 패러다임은 오히려 이런 모습에 있지 않을까, 보이는 것을 넘어서는 영험스러운 인간의 삶이 생동치는 새로운 커뮤니티의 모습을 나는 목도하고 있었다.

89. 보이는 것과 보이지 않는 것

나 예수는 황홀한 경지를 선사하노라

제17장

¹예수께서 가라사대, "나는 너희에게 여태 눈이 보지 못한 것, 귀가 듣지 못한 것, 손이 만지지 못한 것, 사람의 마음에 떠오르지 아니 한 것을 주리라."

¹Jesus said, "I shall give you what no eye has seen, what no ear has heard, what no hand has touched, what has not arisen in the human mind."

沃案 우리는 예수가 갈릴리 사람이며, 헬레니즘문명권의 사람이며, 페니키아문명의 전통 속에서 활동한 사람이며, 아시아대륙의 사람이라는 것을 쉽게 망각해버린다. 그리고 미켈란제로가 그린 이태리 미남형의 구레나룻 털보 남자로 생각하거나 서구라파 전통 속에 갇혀버린 전형적 서양사람으로만 생각하는 것이다. 따라서 본 장의 예수 말씀도 그 본래적 의미를 생각지 못하고 기껏해야 서구적 신비주의(mysticism)의 맥락에서 오묘하게 해석하고 마는 것이다. 이것이 서양주석가들의 한계이다.

노자의 『길과 얻음 老子道德經』 제14장을 펼쳐보라!

> 視之不見, 名曰夷; 聽之不聞, 名曰希; 搏之不得, 名曰微。此三者, 不可致詰, 故混而爲一。其上不曒, 其下不昧。繩繩不可名, 復歸於無物。是謂無狀之狀, 無物之象。是謂惚恍。

> 보아도 보이지 않는 것을 이름하여 이(夷)라 하고, 들어도 들리지 않는 것을 이름하여 희(希)라 하고, 만져도 만져지지 않는 것을 이름하여 미(微)라 한다. 이·희·미, 이 셋은 꼬치꼬치 캐물을 수 없다. 그러므로 뭉뚱그려 하나로 삼는다. 그 위는 밝지 아니 하고, 그 아래는 어둡지 아니 하다. 이어지고 또 이어지는데 이름할 수 없도다. 다시 물체 없는 데로 돌아가니, 이를 일컬어 모습 없는 모습이요, 물체 없는 형상이라 한다. 이를 일컬어 홀황(惚恍)하다 하도다.

놀라웁게도 예수의 말과 노자의 말은 정확하게 일치하고 있다. 처음의 삼자, 볼 수 없는 것(the invisible), 들을 수 없는 것(the inaudible), 만질 수 없는 것(the intangible)이 순서도 틀리지 않고 일치한다. 이 이·희·미 삼자는 논리적으로 꼬치꼬치 따져 규명할 수 없다는 노자의 말은 예수에게서는 "사람의 마음에 떠오르지 아니 한 것"이라는 표현으로 등장하고 있다. 즉 인간의 개념적 언어인식의 한계를 초월한다는 뜻이다. 그러기 때문에 그것은 일자 즉 하나(the One)라고 말할 수밖에 없다. 하나는 곧 전체인 것이다. 그 하나는 모습 없는 모습이요, 물체 없는 형상이다. 모습은 모습이되 모습이 없는 것이다. 이러한 경지를 노자는 홀황(惚恍)이라 표현했다. 우리말의 "황홀"이라는 말이 바로 『노자』 제14장에서 유래된 말이다. 예수는 진리를 추구하는 자들에게 이 황홀의 경지를 선사하고 있는 것이다. 이 말은 과연 무엇을 뜻하는 것일까? 이 뜻을 해설하기 전에 고린도전서 2:9를 펼쳐보라!

기록된 바, "하나님께서 자기를 사랑하는 자들을 위하여 예비하신 모든 것은 눈으로 보지 못하고, 귀로도 듣지 못하고, 사람의 마음으로도 생각지 못하였다"함과 같으니라.

바울이 "기록된 바"라고 하여 인용한 이 구절은 성경에 존재하지 않는다. 바울은 4복음서가 쓰여지기 이전에 죽은 사람이다. 따라서 바울의 메시지는 4복음서와 직접적인 관련이 없다. 이사야 64:3에 비슷한 이야기가 있으나 그 의미맥락이 전혀 다르다. 바울의 이 인용은 도마복음서에 기초하고 있다고 보아야 한다는 것이 사계의 권위 로빈슨(M. Robinson)의 주장이다(The Fifth Gospel 108). 도마복음서의 직접 인용이 아닐 지라도, 최소한 도마복음서의 자료가 된 어떤 전승을 공유하고 있다고 말할 수밖에 없다. 이렇게 도마복음서의 출현은 성서이해에 새로운 차원을 도입하고 있는 것이다.

평화롭기 그지없는 브샤레 마을의 입구

큐복음서 제33장(마 13:16~17, 눅 10:23~24)에 나오는 "너희가 지금 보는 바를 보고자 하였으되 보지 못하였으며, 너희가 지금 듣고 있는 바를 듣고자 하였으되 듣지 못하였느니라"라는 예수의 말씀도 본 장과 관련이 있다.

그러나 본 장을 이해하는 핵심은 "황홀"의 해석에 있다. 마태 13:17이 말하는 바 "선지자나 의인이 볼 수 없는 것"은 결코 볼 수 없는 것이 아니다. 그것은 예수에 의하여 새롭게 선사되는 혁명적인 그 무엇이다. 여태까지 최고의 권력자들인, 선지자들이나 왕들이 볼 수 없었던 것을 보는 그 눈이야말로 복된 것이다(many prophets and kings desired to see what you see, and did not see it. 눅 10:24). 볼 수 없는 것을 보게 만드는 데 바로 예수나 노자의 말씀의 위력이 존하는 것이다.

볼 수 없는 것, 들을 수 없는 것, 만질 수 없는 것은 결국 "사람의 마음에 떠오르지 않는 것"이다. 인간의 객관적 사유 속에 포착되지 않는 것이다. 불교에서 말하는 선(禪)이라는 것도 개념적 인식을 벗어나는 것을 의미한다. 과연 그것이 가능할까? 황홀이란 결코 신비로운 체험을 말하는 것이 아니다. 그것은 유명(有名)의 세계에 대하여 무명(無名)을 말할 뿐이다. 노자에게 있어서 유명이란 유욕(有欲)의 다른 말이요, 무명이란 무욕(無欲)의 다른 말이다. 인간은 결코 개념적 인식에서 벗어날 수는 없다. 개념적 인식에서 문제되는 것은 그 고착성이다. 고착적 개념은 그릇된 욕망을 자아낸다. 인간의 과도한 분별지(分別智)는 항상 욕망을 불러일으킨다. 욕망 그 자체가 죄악은 아니지만, 고착된 개념을 향한 집착은 인간을 독선과 오만과 번뇌의 구렁텅이로 빠뜨리고 만다. 집착이나 욕심, 욕정이 사라지면 분별지는 무분별지로 전식(轉識)하게 되고, 무명의 경지로 나아가게 된다.

우리나라 기독교의 가장 큰 문제는 보이는 것에 집착키만 하고, 보이지 않는 것을 예수로부터 선물 받으려 하지 않는다는 것이다. 그래서 교회당만 짓고 세속적 축복만을 갈망하고 물리적 번영만을 기구(祈求)한다. 초기 예수운동의 모습은 이와 정반대였다. 보이는 것을 버리고 보이지 않는 것을 추구하며, 들을 수 있는 것을 버리고 들리지 않는 것을 추구하였던 것이다. 이러한 추구의 핵심은 나 존재의 욕망을 부정하는 것이다. 욕망의 부정은 욕망의 근절이 아니라, 보이는 것, 들리는 것, 만져지는 것, 마음속에 통상적으로 생각되어지는 것들에 대한 집념을 버리고, 보이지 않는 것을 욕망하고, 들리지 않는 것을 욕망하고, 만져지지 않는 것을 욕망하는 것이다. 어찌 세속의 형상에 집착하는 자들을 예수를 믿는 자라 말할 수 있으리오?

" 한국기독교의 가장 큰 문제는 눈으로 보여지는 것, 귀에 들리는 것, 손으로 만져지는 것에만 집착하고, 그것을 넘어서는 예수님의 말씀을 듣지 않고 있다는 데 있다. 눈으로 볼 수 없는 황홀한 경지는 신비체험이 아니라 나의 욕망을 근원적으로 전환시키는 것이다. "

지브란의 그림. 눈이 보지 못한 것을 보고, 귀가 듣지 못한 것을 듣고, 손이 만지지 못한 것을 만지는 어떤 몸짓의 표현이리라.

구약을 제대로 읽은 사람이라면 찬란한 솔로몬의 예루살렘성전을 생각할 때, 반드시 떠오르는 단어가 "레바논의 백향목柏香木"이다. 어려서부터 "레바논의 백향목"이라는 말은 나에게 "백향"이라는 음성학적 울림과 함께 매우 로맨틱한 상상력을 자아냈다. 나의 체험이 미칠 수 없는 어떤 신비로운 물건처럼 느껴졌던 것이다. 나무 중에 왕이요, 레바논의 영광이며(사 35:2, 60:13), 그 강인함과(시 29:5), 장대한 높이와(왕하 19:23), 위엄(왕상 4:33, 왕하 14:9)으로 천하를 제패하는 생명의 나무였다. 그런데 그 백향목을 직접 바라보는 나의 가슴속에서는 로맨스가 역사로 변하고 있었다. 그 숲에서 진동하는 형언키 어려운 향기는 나의 영혼을 씻겨주는 힘이 있었다. 우리나라 금강산의 미인송 비슷한 소나무과(family Pinaceae)에 속하는 상록교목인데 더 굵고 단단하다. 솔로몬은 두로 왕과 상업동맹을 맺고 레바논 산에서 자른 백향목을 욥바까지 뗏목으로 내려보내, 거기서 예루살렘까지 육로로 40킬로를 갔다. 솔로몬은 백향목의 대가로 갈릴리 지방의 성읍 20개를 두로 왕에게 주어야 했다. 백향목은 해발 1500m 이상에서만 자라고, 나이테가 1~2cm가 되는 보통 나무들과 달리 1~2mm밖에는 되지 않는 단단하고 곧은 나무이다. 불행하게도 수천 년 동안 벌목만 하고 심지를 않아 지브란의 동네에서 멀리 떨어져 있지 않은(4km) 카디샤에 400여 그루가 남아있을 뿐이다.

90. 시작과 끝

종말은 끝에 있지 않고 시작에 있나니라

제18장

¹따르는 자들이 예수께 가로되, "우리의 종말이 어떻게 될 것인지 우리에게 말하여 주옵소서." ²예수께서 가라사대, "너희가 시작을 발견하였느뇨? 그러하기 때문에 너희가 지금 종말을 구하고 있느뇨? 보아라! 시작이 있는 곳에 종말이 있을지니라. ³시작에 서있는 자여, 복되도다. 그이야말로 종말을 알 것이니, 그는 죽음을 맛보지 아니 하리라."

¹The followers said to Jesus, "Tell us how our end will be." ²Jesus said, "Have you discovered the beginning, then, so that you are seeking the end? You see, where the beginning is the end will be. ³Blessed is the one who stands at the beginning: That one will know the end and will not taste death."

沃案 도마복음서 중에서도 매우 중요한, 포괄적 함의를 지니는 말씀자료라 할 것이다. 따르는 자들(the followers), 혹은 제자들(the disciples)의 질문에 예수가 매우 근원적인 사고의 반전을 꾀하는 방식으로 대답하고 있다. 제자들의 질문은 "우리의 종말our end"에 관한 것이다. "우리의 종말"이란 과연 무엇일까? 이러한 텍스트의 분석에 앞서 도마복음의 전체적 성격을 상기할 필요가 있다.

누구든지 "종말"을 이야기하면 곧 그것을 초대교회의 종말론(eschatology)과 연결시킬 것이다. 그러나 역사적 예수의 본래적 모습에는 종말론적 윤색이 없다. 예수는 결코 종말론적 사상가가 아니었다. 예수는 오히려 종말론을 부정한 사람이었다. 따라서 도마복음은 종말론과 무관하다. 도마복음의 비종말론적 성격을 두고, 도마복음의 연대를 내려잡는 사람들은, 초대교회 종말론에 대한 비판적 시각이 반영된 것이라는 식으로 주해를 가한다. 그러나 도마복음의 로기온자료는 대부분이 초대교회 이전의 오리지날한 예수운동의 성격을 반영한다고 보는 것이 더 정당하다. 그 정당성은 텍스트 그 자체가 말해주고 있다.

이 장과 관련된 공관복음서 자료는 마가 13:3~4, 마태 24:3, 누가 21:7에 나오고 있다. 이 중 가장 오리지날한 자료인 마가를 인용하여 보면 다음과 같다.

> 예수께서 감람산에서 성전을 마주 대하여 앉으셨을 때에, 베드로와 야고보와 요한과 안드레가 종용(從容)히 묻자오되, "우리에게 이르소서! 어느 때에 이런 일이 있겠사오며 이 모든 일이 이루려 할 때에 무슨 징조가 있사오리이까?"(막 13:3~4).

도마복음의 "따르는 자들"은 여기서는 "베드로와 야고보와 요한과 안드레"로 구체화되었다. 도마복음의 따르는 자들은 구체적 지칭성을 지니지 않는다. 말씀의 해석을 발견하기 위하여 예수를 따르는 자들이다(Th.1). 그리고 "감람산에서 성전을 마주 대한다"는 구체적 상황성이 맥락적으로 전제되어 있지 않다. 이미 마가는 도마복음의 추상적 주제들을 예수 생애의 드라마적 장면 속에서 활용하고 있는 것이다. 따라서 도마복음의 "우리의 종말"이 "어느 때에 이런 일"로 변형되고 있다.

"이런 일"이란 이미 그 앞에서 이루어진 예루살렘성전 멸망에 대한 예언(막 13:1~2)을 지칭하고 있다. 도마의 추상적 질문이 철저히 종말론적 맥락 속에서 변형되고 있는 것이다. 예루살렘성전 멸망에 대한 예수의 예언은 당연히 실제적 역사상황 속에서 일어난 예언일 수 없다. 왜냐하면 마가복음은 티투스의 4개 군단이 예루살렘 성전을 멸망시킨 사건(AD 70년) 이후에 쓰여진 것이기 때문이다. 복음서 작가들은 이와 같이 이미 일어난 역사적 사태들을 놓고 마치 사전에 이루어진 예언의 성취인 것처럼 드라마타이즈시키는 것을 조금도 이상하게 생각하지 않는다. 그러한 문학적 상상력은 구약의 다양한 기술 속에 내재하는 오랜 전통이다. 그리고 예언의 본질은 어디까지나 하나님의 말씀을 전하는 것이며, 현실에 대한 도덕적 징계에 있는 것이다. 점쟁이 스타일의 예측에 있지 아니 한 것이다. 그런데 마태의 기술은 한 발짝 더 나갔다.

"우리에게 이르소서! 어느 때에 이런 일이 있겠사오며 또 주의 임하심과 세상끝에는 무슨 징조가 있사오리이까?"

예루살렘 성전이 무너진 사건과 예수의 재림은 인과적으로 필연적 관계가 없다. 여기 "임하심"이라는 말로서 선택된 "파루시아 $παρουσίας$"라는 말은 예수의 임박한 재림을 나타내는 전문용어이다. 마가는 예루살렘 성전 멸망이라는 사건만을 이야기했는데, 마태는 거기에 "주의 임하심"(재림)과 "세상끝"(종말)이라는 두 사태를 첨가시켜 놓았다. 초대교회의 문제의식을 더욱 명료하게 노출시킨 것이다. 마가의 숨겨진 의도를 마태는 항상 명백하게 드러내는 성향이 있다. 그 뒤로 "공관복음서의 계시록"이라고 말하는 종말에 대한 경고가 이어지고 있다. 마가는 "많은 사람이 내 이름으로 와서 이르되, '내가 그로라'하여 많은 사람을 미혹케 하리라"라고 표현한 것을, 마태는 "많은

내 손에 있는 백향목의 솔방울.
반출 불가는 물론, 가지 하나 꺾어도 철창행이다.

사람이 내 이름으로 와서 이르되, '나는 그리스도라'하여 많은 사람을 미혹케 하리라"라고 하여 그 표현을 기독론적 맥락에서 구체화시키고 있다.

여기 도마복음을 살펴보면 그 본래적 맥락은 "돌 하나도 돌 위에 남지 않고 다 무너뜨려지는" 외재적 사건이 아니라 "우리의 종말"이라는 실존적 사태였다는 것이 드러난다. 따르는 자들이 예수에게 묻고 있는 "우리의 종말 our end"이란 과연 무엇인가?

"우리의 종말"은 따르는 자들의 개체적 사태이며, 그것은 개체의 죽음을 의미

이집트 사막의 거대한 피라미드나 돌 건축도 레바논의 백향목 없이는 불가능했다. 비계, 운반 굴림목, 지붕, 문, 창틀 곳곳에 다양한 용도로 쓰였다. 쿠푸왕의 대피라미드 동쪽 지하에 묻힌 태양의 배. 쿠푸의 영혼이 하늘로 가기 위해 타는 43.5m 길이의 이 배도 물론 레바논의 백향목으로 만들어진 것이다. 이 거대한 태양의 배도 종말과 시작이 끊임없는 순환임을 말해주고 있다. 융이 말하는 아키타입의 한 표현일까?

할 수밖에 없다. 우리의 죽음은 과연 어떠한 방식으로 일어날 것인가?

공자의 사랑하는 제자 안회(顏回)가 죽었다. 아마도 안회의 장례를 치르고 난 직후였을 것이다. 자로가 공자에게 불쑥 묻는다: "죽음에 관하여 감히 여쭙고자 하옵니다 敢問死." 이에 공자는 무어라 대답했던가?: "**아직 삶도 다 모르는데, 어찌 죽음을 알겠느냐? 未知生, 焉知死。**"

전통적으로 이러한 공자의 대답은 기독교의 사상과는 아주 대조적인 현실주의를 말하는 것으로 해석되어 왔다. 그러나 종말을 캐는 도반들의 물음에 관한 예수의 답변은 공자의 대답방식과 크게 차이가 없다. 공자는 죽음에 대한 물음을 삶에 대한 물음으로, 그 관심을 근원적으로 이동시키고 있다. 예수도 마찬가지다! 종말에 대한 물음을 근원적으로 시원·시작에 대한 물음으로 전이시키고 있는 것이다. 예수는 말한다: "너희들이 나에게 너희들의 종말에 관해 묻는가? 그렇다면 너희들이 이미 너희들의 시작을 발견하였느뇨? 시작을 발견하였기 때문에 너희가 지금 종말을 구하고 있느뇨?" 공자가 죽음을 삶으로 이동시켰다면 예수 또한 **종말**을 **시작**으로 이동시키고 있는 것이다. 그것은 도반들의 사고의 근원적 혁명을 요구하는 것이다. 과연 예수의 말은 무엇을 의미하고 있는 것일까?

> 개인의 종말은 죽음이다. 그러나 죽음이 시간의 종료를 의미하지는 않는다. 우리가 흔히 종말론이라고 생각하는 것은 개체의 죽음이 아닌 세상의 종말 같은 것인데, 인간세상이 종말된다고 또 시간이 종료되는 것도 아니다. 종말은 반드시 또 새로운 시작으로 이어질 수밖에 없다. 역사적 예수는 종말론과는 거리가 먼 사상가였다. 종말론을 운운한다면 예수의 종말은 시간을 역행하는 종말이었다.

감람산(The Mount of Olives) 전경(위). 아래 사진은 감람산 중턱 겟세마네동산에 세워진 아름다운 주 울음 교회(Church of Dominus Flevit)의 모습. 감람산은 예루살렘과 기드론 골짜기를 사이에 두고 동편에 있는 동산으로 베다니와 여리고 방면으로 쭈욱 뻗쳐있다. 감람산은 해발 850m. 여리고는 해수면 보다 250m 낮다. 감람산이라는 명칭은 구약에는 두 번밖에 나타나지 않는다(삼하 15:30, 슥 14:4). 그러나 신약에는 예수가 예루살렘 부근에 있을 때는 기도나 휴식할 때 항상 찾는 곳으로 등장한다(마 24:3, 26:30, 눅 21:37, 요 8:1). 예수의 예루살렘 입성도 감람산 방면에서 이루어진 것이다(마 21:9). 본 장의 종말론적 언급도 바로 이곳에서 이루어진 것이다.

91. 페르시아적 사유와 초기기독교

나 예수는 종말론의 종말을 선포하노라, 시작에 서라

> 예수운동에서 초기기독교로의 전환에는 기독론과 종말론이라는 두 개의 트랜스포메이션의 틀이 있다. 기독론, 즉 메시아사상은 유대교 자체의 전통에 속하지만, 종말론이란 조로아스터교의 영향 속에서 시대의 요청에 따라 강조되어간 이방전통이다. 종말론이 성행하면서 기독론조차도 원래의 정치적 맥락을 상실하고 재림사상으로 변모되어갔다. 역사적 예수는 이런 틀 속에서 포착되지 않는 동방적 사유를 과시하고 있다.

제18장

¹따르는 자들이 예수께 가로되, "우리의 종말이 어떻게 될 것인지 우리에게 말하여 주옵소서." ²예수께서 가라사대, "너희가 시작을 발견하였느뇨? 그러하기 때문에 너희가 지금 종말을 구하고 있느뇨? 보아라! 시작이 있는 곳에 종말이 있을지니라. ³시작에 서있는 자여, 복되도다. 그이야말로 종말을 알 것이니, 그는 죽음을 맛보지 아니 하리라."

沃案 도마복음서의 발견과 큐복음서의 재발견은 초대교회에 대한 전통적 인식에 큰 변화를 가져왔다. 20세기의 신학사조는 아무리 과격한 사조라 할지라도 최소한 1세기의 초대교회의 모습에 대해서는 그 오리지날리티를 인정하고, 그것이

기독교의 진정한 출발이라고 암암리 전제하여 왔다. 그것이 어떠한 모습을 지니던간에 숙명적으로 그것은 기독교의 원점이라는 의식이 있었다. 그러나 도마복음서의 출현은 이러한 가설에 새로운 차원들을 도입하게 만들었다. 원점을 거슬러 또 새로운 원점을 모색하지 않을 수 없도록 만든 것이다.

불트만만 해도 "원점 너머 또 원점"을 설정할 수 있는 새로운 자료를 확보할 수 없었기 때문에, 그는 "역사적 예수"에 관해 본질적으로 관심을 갖지 않았다. 예수에 관해 확보할 수 있는 가장 확실한 자료는 4복음서였으며, 이 4복음서는 이미 초대교회의 케리그마의 소산일 뿐이며, 케리그마는 이미 종말론의 전제가 없이는 의미를 가질 수 없다고 단정지었다. 불트만에게 있어서 초대교회(the Earliest Church)는 이미 종말론적 회중(the Eschatological Congregation)이었다. 그들은 그들 자신을 "세상 끝의 무리"라고 규정짓고 있었던 것이다.

기독교의 본래적 성격이 무엇인가에 관한 논의는, 현재의 보수적 교권의 압력과 무관하게, 그 자체로서 매우 미묘한 문제이다. 그러나 확실한 것은 "기독교 Christianity"라 할 때에는 이미 기독론(Christology)의 전제가 없이는 생각하기 어렵다는 것이다. 그러나 "예수운동 Jesus Movement"은 기독교 이전의 사태이며, 기독교의 전제들에 물들지 않은 어떠한 원초적 성격의 사회운동이었다. 예수운동에서 기독교로의 전환에는 불과 3·40년의 시간의 개입이 있을 뿐이지만 크게 두 가지 왜곡된 설정이 있다. 그 하나가 기독론이고, 또 하나가 종말론이다. "왜곡"이라는 말에 눈살을 찌푸린다면, 예루살렘멸망 이후의 절박한 시대적 요구와 복음서작가들의 탁월한 문학적 상상력에 의한 정당한 트랜스포메이션이라고 말해도 좋다. 기독론이란 역사적 예수가 유일무이한 하나님의 아들, 즉 독생자이며 이 세상을 침략자들의 억압에서 구원할 구세주라고 하는 신념을 표방하는 메시아사상(Messianism)을 가리키는 것이다. 그런데 이러한 메시아는 매우 구체적인 정치사적 함의를 지니는 사건이며 다윗 왕가의 혈통에서 나올 때만 그 정통성이 확보된다. 이 메시아사상은 명백히 유대인 자체의 전통에 속하는 것이다.

그러나 종말론은 유대인의 사상이 아니다. 마태 24:3에 나오는 "세상 끝"이라는 표현도, 구약성서에서 "아하리트 야밈 aḥarit yamim, end of days"이라고 표현되는 것인데, "아하리트"(끝)는 적당히 먼 미래의 시점을 나타내는 것이며 우주적 종말이나, 시간의 종료를 나타내는 말은 아니다. 중동세계의 종말론이란 거개가 모두 조로아스터교(Zoroastrianism)에 근원하고 있다. 빛의 세력인 아후라 마즈다(Ahura Mazdā)와 어둠의 세력인 앙그라 마이뉴(Angra Mainyu)간의 우주적 대결로서 설정된 코스믹 드라마에서, 어둠의 세력의 종국적 멸망을 의미하는 시점을 종말로서 인지하는 사유는 구약의 세계에서는 오히려 생소한 것이다. 예언자들을 통한 끊임없는 하나님의 심판은 오히려 현재적인 것이며 현세적인 것이다. BC 587/586년의 솔로몬성전의 멸망과 바빌론 유치는 현세적 정치지도자에 대한 실망감, 그리고 민족의 미래에 대한 절망감과 더불어, 그 반사적인 희망을 종말론적으로 표현하게 만들었다. 페르시아문명의 사상이 유대인들의 사유 속으로 깊게 침투하기 시작한 것이다. 그 뒤 하스몬왕조(the Hasmonian kings)의 문란한 통치에 대한 실망감, 로마제국의 지배, 그리고 AD 70년의 예루살렘멸망으로 종말론의 분위기는 가중되어만 갔다. 예수시대에 이미 기존해 있었던 쿰란공

감람산 겟세마네동산에 있는 2천여 년의 수명을 지닌 올리브나무. 이 나무는 예수의 기도와 설교와 체포를 직접 목격했다. 지금도 그 진실을 간직한 채 묵묵히 세월을 견디어내고 있다.

동체의 극심한 종말론적 성향을 고찰할 줄 안다면, 초대교회가 이러한 종말론적 분위기를 계승한 것은 너무도 당연한 시대적 요청이었다는 것을 깨닫게 된다.

그러나 종말론이란 근원적으로 허구적인 망상이다. 우리나라의 졸렬한 종말론자들이 신봉하는 요한계시록도 결국 종말을 말하지 않는다. 천년왕국을 말하고 사탄의 패망을 말하고 새 하늘과 새 땅, 새 예루살렘을 말할 뿐이다. 순수한 종말이란 희망을 거부하며 아무런 의미가 없는 것이다. 천박한 종말론자들이 생각하는 종말이란 기껏해야 "지구의 재앙" 같은 것인데, 지구가 설령 거대한 혜성과의 충돌로 파멸된다 하더라도 그것은 은하수의 한 먼지가 사라지는 수준밖에는 되지 않는다. 시간의 종말을 의미할 수는 없는 것이다. "나"라는 개체의 종말이 억울하다고 "지구"의 재앙을 희구할 수는 없는 것이다.

"종말"이란 전우주가 다시 거대한 블랙홀로 빨려들어가지 않는 한, 어떠한 경우에도 시간의 종료를 의미할 수는 없다. "종말end"이란 시간의 종료가 아니라, 나의 삶의 완성(consummation)을 의미하는 것이다. 영어적 표현에서도 끝(end)이라는 뜻은 항상 목적(end)이라는 의미를 지닌다. 나의 죽음은 나의 삶의 완성이며, 나의 존재가치의 목적이 될 수 있다. 쉽게 말하자면, 어떻게 잘 죽느냐 하는 것이 나의 삶의 보람일 수 있는 것이다.

제17장 주해에서 인용한, 노자가 "홀황惚恍"을 말하는 대목에서 "복귀어무물復歸於無物"이라는 구절을 상기할 필요가 있다. "다시 물(物)이 없는 상태로 되돌아간다"는 뜻인데, "다시"라는 말은 끊임없는 회귀(回歸)를 의미하며, "무물無物"이란 분별된 사물의 세계가 아닌 그 이전의 원초적 무차별의 혼융(混融)한 상태를 의미한다. 즉 코스모스(Cosmos) 이전의 카오스(Chaos)적인 일체감을 나타내는 말이다. 재미있게도, 역사적 예수의 사상에는 이러한 카오스적 세계에 대한 예찬이 있다. 남·여의 문제도 그는 남·여로 분화되기 이전의 "동체의 아담

andropgynous Adam"을 예찬한다(Th.22, 114).

종말을 묻는 제자의 질문에, 종말은 끝에 있는 것이 아니라, 시작에 있다고 설파하는 예수의 역설이 과연 무엇을 의미하는 것인지, 이제 독자들은 감을 잡을 수 있을 것이다. 예수는 후대에 형성된 서구적 사유의 틀 속에서 단순하게 해석될 수 있는 그런 직선적 시간론의 사상가가 아니다. 예수의 당대에 이미 천박한 종말론이 성행하고 있었을 것이다. 예수는 그러한 종말론의 종말을 선포하는 역설적 사상가였다.

"시작에 선다"는 말에서 "선다"의 중요성은 이미 제16장에서 해설되었고, "죽음을 맛보지 아니 하리라"라는 구절은 제1장에서 충분히 논의되었다.

우리나라 국립중앙박물관에 전시되었던 페르세폴리스의 부조 아후라 마즈다상. 상반신은 인간의 모습으로 손에는 원반을 쥐고 있으며, 허리 아래 양옆으로 날개가 펼쳐져 있다. 날개는 사유의 순결과 말과 행동을 상징한다(바른 생각, 바른 행동, 바른 말의 三正道). 아후라 마즈다를 최고신으로 섬기며 페르시아 종교를 개창한 조로아스터는 공자와 동시대이며, 바로 니체가 말하는 차라투스트라이다. 베들레헴의 마구간 아기 예수를 방문한 동방박사 3인도 조로아스터교의 3마기(magi)로 간주되고 있다.

필자가 지금 들여다 보고 있는 안티옥 산중턱의 석굴이 바로 초대교인들의 주거지인 동시에 교회였고 수행동굴이었고 무덤이었다. 이 동굴 밖으로 보이는 도시의 모습이 바로 안티옥 전경이다. 도시 뒤로 뿌옇게 보이는 산이 타우루스(Taurus) 산맥의 줄기이고 도시 한복판으로 오론테스(Orontes) 강이 흘러 지중해로 들어간다. "바나바가 사울을 찾으러 다소에 가서 만나매 안티옥에 데리고 와서 둘이 교회에 일 년간 모여 있어 큰 무리를 가르쳤고 제자들이 안티옥에서 비로소 그리스도인이라 일컬음을 받게 되었더라"(행 11:25~26). "크리스챤"이라는 이름이 최초로 유래된 곳인데, 이곳에서 비로소 비유대인인 헬라인에게도 그리스도 신앙이 전파되기 시작하였기 때문에 그러한 이름이 생겨난 것이다. 안티옥은 로마와 알렉산드리아에 버금가는 국제도시였기 때문에 유대인의 독주가 허용될 수 없었다. 크리스챤이라는 이름은 원래 외부인들이 예수신앙인들을 비하시키는 명칭이었을 것이다.

92. 존재와 존재 - 전(前) - 존재

돌이 떡이 되어 너를 섬길 때
진실로 너는 영적이 되리라

제19장

¹예수께서 가라사대, "존재하기 이전에 존재한 자여, 복되도다. ²너희가 나의 따르는 자들이 되어 내 말을 듣는다면, 이 돌들도 너희를 섬기게 되리라. ³왜냐하면 너희를 위하여 파라다이스에 다섯 그루의 나무가 준비되어 있나니, 그 나무는 여름과 겨울에 따라 변하지도 아니 하며, 그 잎사귀는 떨어지지도 아니 하기 때문이다. ⁴그 나무들을 아는 자는 누구든지 죽음을 맛보지 아니 하리라."

¹Jesus said, "Blessed is the one who came into being before coming into being. ²If you become my followers and listen to my words, these stones will minister to you. ³For there are five trees in Paradise for you; they do not change, summer or winter, and their leaves do not fall. ⁴Whoever knows them will not taste death."

沃案 도마복음이 일시에 한 사람에 의하여 집필되었다고 보기는 어렵다. 따라서 도마복음의 로기온자료들도 다양한 전승의 예수 말씀들이 누군가에 의하여 수집된 결과물일 것이다. 그 수집과정이 긴 시간에 걸쳐 이루어졌을 수도 있고, 짧은 시간 안에 이루어졌을 수도 있다. 수집의 주체가 개인일 수도 있고 집단일 수도

있다. 그러나 대체적으로 도마복음의 내용들은 최소한 마가복음에 선행하는 것으로, 복음서라는 드라마적 양식을 규정짓고 있는 사상적 틀에 오염되지 않은 어떤 오리지날한 예수운동의 성격을 반영하고 있다는 것이 사계의 공통된 의견이다.

우리가 도마복음을 복음서로서 이름짓는 것은 원 텍스트의 말미에 "유앙겔리온"(복음)이라는 제목이 붙어있기 때문인데, 도마복음의 복음의 의미와 공관복음서의 복음의 의미는 같은 단어를 사용해도 다른 함의를 지닐 수 있다. 복음이란 "기쁜 소식good news"이다. 마태복음 11:5에는 종말에 대한 기쁜 소식이 전파되며, 누가복음 16:16에는 하나님 나라에 관한 기쁜 소식이 전파되고 있다. 그러나 도마의 기쁜 소식은 종말론이나 기독론적 함의를 지니지 않는다. 그리고 대부분이 신화적 담론에서 벗어나 있다. 따라서 도마복음은 결코 영지주의적 담론의 소산으로 보기 어렵다. 영지주의라는 것 자체가 일괄적으로 규정하기 어려운 것이지만, 대부분 유치한 신화적 코스몰로지를 전제로 하고 있다. 그러나 도마는 그러한 신화적 코스몰로지를 전제로 하기보다는 매우 견고한 우리의 상식에 호소하는 측면이 강하다. 그럼에도 불구하고 본 장의 기술은 신화적 코스몰로지의 어휘를 많이 활용하고 있다. 도마에도 역시 중층적 담론의 기층들이 복합되어 있다고 보아야 할 것이다.

우선 "존재하는 것들"이라는 세속적·현상적 존재와, 그 세속적 존재 이전의 존재, 즉 "존재하기 이전에 존재한 자"(a pre-existent existence)라는 어떤 신화적 존재의 이원적 틀이 본 장의 담론에 전제되어 있다. 창세기에도 1:1~2:4a의 담론(원융, 온전)과 2:4b~3:24의 담론(분열, 타락)이

이 안티옥 외곽 동굴교회의 전면은 12-13세기 십자군 시기의 작품이지만 그 내부의 석굴은 사도바울의 3차에 걸친 전도여행의 본부였다. 베드로도 여기에서 한때 머물렀다. 이 석굴교회야말로 이방기독교의 산실이라 말할 수 있는 최고(最古)의 성지이다.

본질적으로 성격을 달리하고 있다. 이것은 단순히 시간상의 전후를 말하는 존재의 하이어라키에 그치지 않는다. 요한복음 1장에 깔려있는 로고스기독론에도 이런 틀이 깔려 있는 것이다. 요한복음 1:14의 "말씀이 육신이 되어 우리 가운데 거하시매"라든가 요한복음 9:58의 "아브라함이 나기 전부터 내가 있느니라"와 같은 언어는 이런 세계관을 연상시키는 발언이다.

존재-전-존재	로고스	본체
존재	코스모스	현상

이러한 사상의 배경에는 영지주의가 깔려있다고도 말할 수 있다. 고린도전서 15:44~49에는 바울이 이러한 세계관을, 희랍적 영·육이원론의 틀 속에서 철저히 부활을 정당화시키는 논리로서 사용하고 있다. "첫 사람 아담"과 "마지막 아담"을 대비시키고 있는데 첫 사람 아담은 육의 인간이며 땅의 사람이고, 마지막 아담 즉 부활한 인간은 영의 인간이며 하늘의 사람이다. 도마의 존재-전-존재는 오히려 바울의 마지막 아담과 상통한다. 요한은 로고스를 예수에게만 국한시키고 있지만 도마는 그러한 가능성을 모든 인간에게 허용한다. 그래서 존재하기 이전에 존재한 자들이야말로 복되도다 라고 말한 것이다.

첫 사람 아담	코스모스	존재	육의 사람
마지막 아담	로고스	존재-전-존재	영의 사람

그러한 로고스적 가능성을 소유한 인간이 "나의 제자가 되어 내 말을 듣는다면, 이 돌들도 너희를 섬기게 되리라."

"내 말을 듣는다"는 것은 제1장에서 말한 바 "말씀들의 해석을 발견하는" 진지한 과정이다. 인간과 돌 사이에는 또다시 존재의 하이어라키가 설정되어 있다. 그러나 도마는 암암리 인간의 차원과 돌의 차원을 대적적으로 설정하지 않는다. 큐자료에 속하는 마태 3:9(눅 3:8)에는 "돌들을 가지고도 아브라함의 자손을 만들어낼 수 있다"라는 식의 표현이 있고, 예수의 광야시험 장면에서도 사탄은 예수에게 "돌을 떡으로 만들라"고 유혹한다(마 4:3, 눅 4:3). 마태 7:9에는 "누가 아들이 떡을 달라는데 돌을 주겠는가"라는 식의 표현이 나온다.

이러한 표현은 모두 돌과 떡을 대비시키며, 또 영에 대하여 육의 욕구인 떡을 비하시키고 있다. 그러나 도마는 돌이야말로 떡이라고 하는 생명의 일체감을 암시하고 있다. 돌과 같은 존재조차도 나의 생명을 유지시키는 데 필요불가결의 것이다. 사람은 광물을 먹지 않으면 살 수가 없다. 말씀의 해석을 발견하는 자는 궁극적으로 돌과 같은 저차원의 물질과도 생명적 일체감을 형성하게 된다. 돌은 궁극적으로 땅적인 존재의 모든 것을 상징한다. 창세기 1:28~30에는 인간이 땅의 모든 것을 다스리게 되리라는 이야기가 있다. "이 돌들도 너희를 섬기게 되리라"라는 표현은 그러한 창세기의 구절과도 관련이 있다.

파라다이스의 다섯 그루 나무라는 표현은 다양한 해석이 가능하다. 창세기 2:9에는 "야훼 하나님께서 보기좋고 맛있는 열매를 맺는 온갖 나무를 에덴의 땅에 돋아나게 하셨다"라는 표현이 있다. "파라다이스"라는 표현은 원래 페르시아 말로서 "정원"이라는 뜻이다. 그 페르시아 말이 셉츄아진트 번역자들을 통하여 에덴의 동산을 가르치는 말로서 유대문화권에 들어왔다. 신약에서는 지상의 정원이 아닌, 지상의 모든 죄악이 말소된 새로운 차원의 낙원을 의미한다. 예수는 같이 십자가에 못박힌 죄수에게, "오늘 네가 나와 함께 파라다이스에 있으리라"고 말한다(눅 23:43). 묵시문학에서는 파라다이스의 상실은 인간의 체험 속에서의 신의 존재의 상실을 의미하며 구원을 파라다이스의 복원으로 생각한다. 실락원과 복락원이라는 드라마가 생겨나는 것이다. 그리고 또 창세기 2장에 보면 에덴에서 강

하나가 흘러 나와 네 줄기로 갈라진다(비손, 기혼, 티그리스, 유프라테스). "파라다이스 다섯 그루의 나무"는 이 에덴의 본류와 네 줄기의 강들을 합친 다섯 강을 의미할 수도 있다. 인간의 타락 이전의 에덴의 상태로의 복귀를 말하고 있는 것이다.

나는 본 장의 "파라다이스 다섯 그루의 나무"를 인간의 오관(五官, five senses)의 상징으로 해석한다. 색·성·향·미·촉에 상응하는 오관이 세속적 죄악에 물들지 않는 상태를 "계절에 따라 변하지도 않으며 그 잎사귀도 떨어지지 않는다"고 표현한 것이다. 그 불멸성·불변성을 "죽음을 맛보지 아니 한다"라고 다시 강조하여 표현하였다. "죽음을 맛보지 아니 한다"는 것은 문자 그대로 불멸을 말한 것이 아니라, 맛본다고 하는 삶의 행위 속에 죽음의 요소가 포함되지 않는다는 것을 말하고 있다. 1장, 18장, 19장은 "죽음을 맛보지 아니 하리라"라는 표현을 마지막에 공유함으로써 그 상관성을 과시하고 있다. 관련된 표현이 요한복음 8:52에도 있다.

> 세속적 존재에 앞선, 존재하기 이전의 존재를 말하는 도마에는, 요한복음 로고스기독론의 선구적 사상이 깃들어 있다. 그러나 도마는 그 로고스를 모든 인간의 가능성으로서 개방시킨다.

1930년대 발굴을 통해 드러난 안티옥지역의 모자이크. 소테리아(sōtēria, salvation)라는 글씨가 새겨져 있으니 이 여인이야 말로 인간을 위험으로부터 보호하는 구원의 여신일 것이다. 기독교 이전의 헬라인들의 구세주관을 엿볼 수 있다. 오른쪽 어깨를 드러내놓고(偏袒右肩, 싯달타의 습관) 월계관을 쓰고 화려한 목걸이를 한 이 여인의 모습은 헬레니즘시대의 관세음보살(觀世音菩薩, Avalokiteśvara)이라고 말 할 수 있다.

왼쪽이 복음서에 나오는 갈릴리 지역 겨자의 씨주머니(seedpods)인데, 하나의 씨방에 8개 정도의 까만 씨가 들어있다. 그 꽃은 꼭 제주도의 평원에 만발하는 유채꽃처럼 노랗다. 지중해연안의 겨자는 흑겨자이며 학명이 브라씨카 니그라(*Brassica nigra*)이다. 희랍·로마 문헌에 자주 언급되며 히포크라테스도 이것을 의학적으로 사용하였다. 동방에서 쓰인 겨자는 백개자(*Sinapis alba, Semen sinapis*)인데 『예기』 『의례』 속에 개장(芥醬)이라는 명칭으로 나타난다. 십자화과의 일년생 혹은 월년생 초본이다. 오른쪽은 레바논의 백향목(*Cedrus libani*), 전술하였다.

93. 겨자씨와 백향목

겨자는 풀, 그것이 어떻게 백향목 같이 거대한 나무가 될까?

제20장

¹따르는 자들이 예수께 가로되, "하늘 나라가 어떠한지 우리에게 말하여 주소서." ²그께서 그들에게 일러 가라사대, "그것은 한 알의 겨자씨와 같도다. ³겨자씨는 모든 씨 중에서 가장 작은 것이로되, ⁴그것이 잘 갈아놓은 땅에 떨어지면 그것은 하나의 거대한 식물을 내니, 하늘의 새들을 위한 보금자리가 되나니라."

¹The followers said to Jesus, "Tell us what the kingdom of heaven is like." ²He said to them, "It is like a mustard seed. ³It is the smallest of all seeds, ⁴but when it falls on tilled soil, it produces a great plant and becomes a shelter for birds of heaven."

沃案 목사님 설교를 듣거나, 성경을 읽는 사람이라면 누구나 알고 있는 겨자씨의 비유를 도마복음에서 접하게 되는 것은 하나의 행운이며 감격이다. 그리고 신약성서라는 기존 텍스트에 관한 새로운 정보와 시각을 얻게 된다. 겨자씨의 비유는 3개의 공관복음서에 다 나오고 있는데, 도마복음서의 텍스트가 3복음서의 텍스트보다 더 오리지날한 원형을 제공하고 있다는 것은 사계의 정론이다.

물론 추론자에 따라서는 도마복음의 텍스트가 3복음서를 보고 그것을 단순화시켜 축약해놓은 것이라고 주장할 수도 있다. 도마복음의 초기연구자들은 도마복음의 성립연대에 관하여 전체적 그림을 그리지 못했기 때문에 그러한 편협한 주장에 머물 수밖에 없었다. 그러나 크로쌍(J. D. Crossan)을 위시한 최근의 연구자들은 도마의 텍스트가 가장 초기의 것이며 가장 가필이나 조작이 없는 프로토텍스트라는 것을 강력히 주장하고 있다(*In Parables* 44~51).

우선 "겨자씨의 비유"는 마태와 누가에 공통되는 큐복음서 자료에 속한다(Q61). 그런데 재미있는 사실은 같은 비유가 마가에도 나오고 있다는 것이다. 그렇다면 그것은 마가·마태·누가에 공통되는 공관자료가 되어야 하지 않을까? 겨자씨의 비유가 마가에 나옴에도 불구하고 큐자료에 속한다는 사실은, 마태·누가의 전승과 마가의 전승이 별개의 것이라는 사실을 말해준다. 즉 마태·누가의 공통텍스트가 마가에서 유래(由來)되지 않았다는 것을 의미하는 것이다. 마태·누가에 비해 마가는 더 장문(長文)이며 마태·누가는 개인의 채마밭에 겨자씨를 심는 경작(horticulture)을 배경으로 하고 있는 데 반해, 마가는 겨자씨 한 알이 그냥 땅에 떨어진 상황, 즉 야생의 상황을 전제로 하고 있다.

I. 마태 13:31~32

또 비유를 베풀어 가라사대, "천국은 마치 사람이 자기 밭에 갖다 심은 겨자씨 한 알 같으니, 이는 모든 씨보다 작은 것이로되, 자란 후에는 나물보다 커서 나무가 되매 공중의 새들이 와서 그 가지에 깃들이느니라."

II. 누가 13:18~19

그러므로 가라사대, "하나님의 나라가 무엇과 같을꼬? 내가 무엇으로 비할꼬? 마치 사람이 자기 채전에 갖다 심은 겨자씨 한 알 같으니, 자라 나무가 되어 공중의 새들이 그 가지에 깃들였느니라."

Ⅲ. 마가 4:30~32

또 가라사대, "우리가 하나님의 나라를 어떻게 비하며, 또 무슨 비유로 나타낼꼬? 겨자씨 한 알과 같으니 땅에 심길 때에는 땅 위의 모든 씨보다 작은 것이로되, 심긴 후에는 자라서 모든 나물보다 커지며 큰 가지를 내니, 공중의 새들이 그 그늘에 깃들일 만큼 되느니라."

이 세 개의 문장을 잘 비교해보면 누가가 가장 담박하며 오리지날하다는 느낌을 확실히 던져준다. 마가에서 유래하지 않은 큐복음자료의 경우, 항상 마태보다는 누가가 더 큐복음의 원형에 가깝다는 것은 정설이다. 이 경우, 누가에는 마가에 있는 최상급적 표현이 없다. "땅 위의 모든 씨보다 작은 것 the smallest of all the seeds on earth"으로부터 "모든 나물보다 커지며 the greatest of all shrubs"라는 표현, 즉 "가장 작은 것"으로부터의 "가장 큰 것"으로의 트랜스포

헤르몬산 설원에서 녹아내리는 물이 갈릴리호수로 흘러들어가는 요단강. 요단강은 폭이 넓은 강이 아니다. 가버나움 북쪽지역의 이 요단강 주변으로 겨자풀이 깔려있다.

메이션(transformation)이 누가에는 없는 것이다. 그리고 누가의 "자기 채전 his garden"이 마태에는 "자기 밭 his field"으로 되어 있으며, 누가에 없는 "나물 shrub"이라는 중간 단계가 마태에는 나타나고 있다. 이것은 마태 저자가 큐원형인 누가자료에다가 마가자료를 첨가하여 마태자료를 구성하였다는 매우 명백한 사실을 관찰할 수 있다.

마가에는 "땅에 심겨짐 → 자람 → 나물 → 큰 가지"라고 표현됨으로써, 트랜스포메이션의 과정이 상세히 적혀있다. 여기 중간 단계인 "나물"은 시금치 무침과 같은 나물을 의미하는 것이 아니라, 한 뿌리에서 분명한 주간(主幹)이 없이 여러 가지가 다발로 나는 관목(灌木)을 의미한다. 그런데 관목도 어디까지나 목본(木本)이며 초본(草本)이 아니다. 즉 풀이 아닌 것이다.

그런데 겨자는 일년생 혹은 이년생의 초본이다. 아주 연약한 풀이며, 보통 1m 정도, 아무리 높게 자라봤자 1.5m 정도에서 성장이 그치는 풀이다. 더구나 겨자씨가, 과연 씨 중에서 가장 작은 씨일까? 겨자씨는 보통 2~3mm 정도 되는 것으로서 풀씨 치고는 큰 씨에 속한다. 민들레라 불리는 포공영(蒲公英, *Herba taraxaci*)의 씨나, 질경이의 씨인 차전자(車前子, *Semen plantaginis*)에 비하면 턱없이 커다란 씨이다. 그런데 더구나 겨자씨의 성장이 초본에서 관목으로, 그리고 관목에서 큰 가지가 달린, 소나무·전나무와 같은 교목(喬木)으로 변화한다는 것이 가능할까? 당시 예수의 비유를 듣는 사람들의 대부분이 농부출신이었을 텐데, 이런 비상식적 이야기가 그들의 상식체계 속에 수용되었을까?

초본 → 관목 → 교목으로의 트랜스포메이션을 설명하기 위하여 우리는 구약에 나타나고 있는 유대인의 전통적 관념을 인용할 필요가 있다. 다니엘이 바빌론의 왕, 느부갓네살의 꿈을 해몽하는 장면에 다음과 같은 표현이 나온다.

왕의 보신 그 나무가 자라서 견고하여지고 그 높이는 하늘에 닿았으니 땅 끝에서도 보이겠고, 그 잎사귀는 아름답고 열매는 많아서 만민(萬民)의 식물(食物)이 될 만하고, 들짐승은 그 아래 거하며 공중에 나는 새는 그 가지에 깃들이더라 하시오니, 왕이여! 이 나무는 곧 왕이시라. 이는 왕이 자라서 견고하여지고 창대(昌大)하사 하늘에 닿으시며 권세는 땅 끝까지 미치심이니이다(단 4:20~22).

에스겔(Ezekiel)에게 나타난 야훼의 예언에는 다음과 같은 표현이 있다.

나 주 야훼가 말하노라. 내가 또 백향목 꼭대기에서 높은 가지를 취하여 몸소 심으리라. 내가 그 높은 새 가지 끝에서 연한 가지를 꺾어 높고 빼어난 산에 심되 이스라엘 높은 산에 심으리니, 그 가지가 무성하고 열매를 맺어서 아름다운 백향목을 이룰 것이요, 각양 새가 그 아래 깃들이며 그 가지 그늘에 거할지라(겔 17:22~23).

결국 겨자씨의 트랜스포메이션이 지향하는 종국은 레바논의 백향목의 이미지였다는 것을 알 수 있다. 겨자씨의 비유가 왜 갑자기 레바논의 백향목으로 둔갑되었을까?

> 예수의 비유는 자세히 조사해보면 인과적으로 허점투성이이다. 겨자씨의 비유는 마태·마가·누가에 모두 나온다. 그것보다 더 원형인 도마텍스트의 출현으로 보다 명료하게 그 상징적 의미를 파악할 수 있게 되었다.

바울의 이방선교센터였던 안티옥이라는 도시의 이름은 사실 그레코-로만 세계에 16개나 존재한다. 그 중 다섯 개가 시리아에 있다. 사도행전 13:14에도 피시디아 안티옥(Antioch of Psidia)이 언급되어 있는데 그것은 별개의 도시이다. 바울의 안티옥은 오론테스강이 흐르기 때문에 오론테스 안티옥(Antioch on the Orontes)라고도 불린다. 알렉산더대왕의 장수 셀레우코스1세(Seleucus I Nicator)가 셀레우코스왕조를 세우면서, 그의 아버지 안티오쿠스의 이름을 따서 만든 이 도시는 그의 제국의 서쪽 수도였다. 폼페이우스가 BC 64년에 이 도시를 정복하면서 로마제국의 자유도시가 되는데, 그것을 계기로 비약적 발전을 하게 된다. 내가 지금 바라보고 있는 이곳이 지중해로 유입되는 오론테스강의 안티옥항구였다. 바로 이 다리 부근에서 배들을 접안시켰다. 클레오파트라와 안토니우스가 멋드러진 배를 타고 여기까지 온 적이 있다. "아미메토비온"(아무도 흉내낼 수 없는 특별한 삶)의 두 주인공.

94. 수평적 확산과 수직적 확대

하늘의 나라여, 들판의 잡초처럼 퍼져라

> 겨자씨의 비유는 천국운동의 확산을 확신하는 사회적 맥락에서 조명될 수도 있지만, 인간정신의 고양을 상징하는 실존 내면의 문제로 해석할 수도 있다. 겨자씨에서 백향목으로의 질적 비약 속에는 구약에 나타나는 다양한 전통적 관념들이 그 배경을 이루고 있다. 인간정신의 고양이라는 측면에서는 장자의 대붕의 비유와도 비교될 수 있다.

제20장

¹따르는 자들이 예수께 가로되, "하늘 나라가 어떠한지 우리에게 말하여 주소서." ²그께서 그들에게 일러 가라사대, "그것은 한 알의 겨자씨와 같도다. ³겨자씨는 모든 씨 중에서 가장 작은 것이로되, ⁴그것이 잘 갈아놓은 땅에 떨어지면 그것은 하나의 거대한 식물을 내니, 하늘의 새들을 위한 보금자리가 되나니라."

沃案 유대인들의 관념 속에서 백향목의 이미지는 절대적이고 신성한 그 무엇이다. 사막지대에는 높은 것이 없다. 이집트인들이 피라미드라는 높고 영원한 석축물을 만드는 그 마음에도 고딕건물을 짓는 사람들의 향상심(向上心)과 비슷한 그 무엇이 있다. 피라미드도 그들에게는 하늘을 찌르는 듯한 백향목의 다른 표현

이었다. 에스겔 31장에 나오는 야훼의 예언을 보라.

"너 사람아! 이집트 왕 파라오와 그 무리에게 일러라! 네 큰 위엄(威嚴)을 무엇에 비교할까? 가지가 멋지게 우거져 그늘이 좋고 키가 우뚝 솟아 꼭대기 가지는 구름을 뚫고 뻗은 레바논의 백향목 만큼이나 크다고 할까?"(겔 31:2~3).

솔로몬은 레바논의 백향목으로 하나님의 성전을 지었다. 그래서 유대인들의 관념 속에는 백향목은 지상의 왕인 동시에 신적인 권위의 구현체였다. 따라서 공관복음서의 주석가들은 공중의 새들이 그 그늘에 깃들일 만큼 거대한 나무야말로, 하나님의 나라의 구현이며, 세계수(世界樹)이며, 메시아왕국이며, 묵시문학적 나무(the great apocalyptic tree)라고 해설한다. 그러나 나는 그러한 해석이 오히려 진부할 수 있다고 생각한다.

우선 재미있는 사실은, 도마자료와 마태·누가의 공통자료인 큐자료와 마가자료, 이 셋을 비교하여 보면, 도마자료는 큐자료보다 마가자료에 오히려 더 가깝게 간다는 것을 발견할 수 있다. 누가에 없고 마가에 나타나는 "가장 작은-가장 큰"의 최상급 대비(superlative contrast)가 드러나 있으며, 정원이나 채마밭의 원예가 아닌 야생의 상황도 마가에 더 접근한다. 아버지의 나라를 상징한 선행의 가르침인 "씨 뿌리는 자의 비유"와 연속선상에서 이해될 수도 있을 것이다.

크로쌍은 마가의 문장구조를 분석하면서 마가의 최상급 대비는 예수의 오리지날한 로기온 속에는 포함되지 않았던 마가 자신의 삽입이라고 추론한다(*In Parables* 46). 그러나 그러한 추론이 절대적인 것은 아니다. 복음서기자들의 문학적 상상력 속에서는 예수의 원래 의도가 어떠했든지간에 그러한 대비를 통하여 전달하려는 메시지가 있었을 것이다.

『장자』라는 전국시대의 위대한 문헌을 펼쳐보면 그 맨 첫머리에 구만리 장천을 날아가는 대붕(大鵬)의 이야기가 나온다. 그런데 그 대붕의 소요는 "곤鯤"이라는 물고기의 이야기로 시작되고 있다. "북녘 바다에 물고기가 있다. 그 이름을 곤이라 한다. 北冥有魚, 其名爲鯤." "바로 이 물고기 곤이 변하여 새가 될 때 그 이름을 붕이라 하는 것이다. 化而爲鳥, 其名爲鵬."

이 대붕의 등길이가 몇천리가 되는지 알 수가 없다. 날개를 한번 퍼득여 수면을 치고 날으면 3천리, 한번 떴다 하면 9만리(九萬里)를 간다. 그런데 『이아』나 『설문』에 "곤"을 해설하기를 "물고기로 태어나기 이전의 어란을 가리킨다 魚子未生者曰鯤。鯤卽魚卵"라고 했다. 명태 알 주머니에 들어있는 알갱이 하나가 곧 곤이다. 곤이야말로 겨자씨보다 훨씬 작은 것이다. 그런데 이 곤이 하늘 가득히 드리운 구름과도 같은 대붕으로 화(化)하는 것이다. 마이크로 코스모스와 매크로 코스모스가, 고양된 인간의 정신세계 속에서는 하나로 융합되는 것이다. 명태 알 하나가 천지를 소요할 수 있다. 이것은 전 우주를 호령할 수 있는 육척단구 인간의 정신의 위대함을 상징하는 장자의 메타포이다. 물론 예수의 겨자씨 비유도 이러한 장자적 맥락에서 해석할 수 있다. 보통 겨자씨의 비유는 천국운동이라는 사회적 맥락에서만 해석되어 왔다. 천국운동의 작은 씨라도 뿌려만 놓으면

안티옥 고고학박물관에 안치되어 있는 오론테스강의 신상. 왼쪽 어깨로 히마티온을 걸치고 배를 드러내놓고 있다. 대부분의 강의 신이 여성인데, 남성이라는 것도 독특하다.

결국 레바논의 백향목이 우거지듯 거대한 결실을 맺고야 만다는 뜻으로 해석되어 온 것이다.

그러나 도마텍스트에 있는 "그것이 잘 갈아놓은 땅에 떨어지면"이라는 구문은 이 비유가 사회적 맥락에서 발설된 것이라기보다는 인간의 정신 내면에 관한 것일 수 있다는 심증을 굳게 해준다. 예수의 말씀을 잘 알아들을 수 있는 정신적 토양을 지닌 사람이라면 결국 그 내면의 세계는 하늘의 새가 깃들 수 있는 백향목과도 같이 웅장하게 성장할 수 있다는 것이다. 대붕의 소요와도 같은 정신의 고양(高揚)을 상징하는 것이다. "공중의 새"가 아닌 "하늘의 새"라는 표현도, 하늘적 인간정신의 세계를 상징하고 있는 것이다. 바울은 "씨의 썩음"을 씨의 트랜스포메이션의 결정적 계기로 규정한다(고전 15:35~44). "어리석은 자여! 네가 뿌리는 씨가 죽지 않으면 살아나지 못한다 … 죽은 자의 부활도 이와 같으니, 썩을 것으로 심고 썩지 아니할 것으로 다시 살며 … 육의 몸으로 심고 신령한 몸으로 다시 사나니." 바울은 부활을 육과 영의 희랍철학적 사유로써 정당화시키고 있다. 육의 썩음이 곧 영의 부활이라는 것이다. 겨자씨의 썩음이 곧 백향목의 부활이라는 것이다. 겨자씨 초본 → 관목 → 교목에로의 질적 비약은 "썩음" 혹은 "죽음"이라는 계기로써 정당화되고 있는 것이다.

예수는 과연 이러한 바울의 논리를 선포한 사람이었을까? 나는 팔레스타인에 가서 전문가들의 도움을 받아 겨자씨를 연구해 보았다. 예수가 비유에서 활용한 겨자는 야생식물로서 학명이 브라씨카 니그라(*Brassica nigra*)라고 하는 흑겨자이다. 우리가 현재 흔히 먹는 황갈색의 겨자는 브라씨카 준케아(*Brassica juncea*)라는 것으로 히말라야 원산인데 미국·캐나다·헝가리·영국 등지에서 재배되고 있다. 동양에서 약재로 쓴 것은 백개자(白芥子, *Sinapis alba*)이다. 흑겨자는 근원적으로 재배의 대상이 아닌 잡초에 불과하다. AD 200년경에 편찬된 유대인 랍비의 계율서, 『미쉬나』에도 겨자씨는 정원이나 밭에는 뿌려서는 안되는 금지종에 속해 있다. 흑겨자는 벌레나 이파리 병을 타지 않으며 악조건의 기후에도 자유롭게 번식하며, 타식물의 영역을 마구 침범하기 때문에 밭을 금방 망쳐버린다. 거대한 평원에서 잡초로서 자유롭게 자라지 않으면 아니 되는 운명의 종자인 것이다.

이러한 팔레스타인 야생의 겨자의 특성을 생각할 때 예수의 비유는 본시 매우 상식적인 의미맥락에서 이루어진 메타포였을 것이다. 자기가 선포하는 천국운동의 잡초적 성격, 즉 아무데나 씨를 던지기만 해도 무성하게 자라 평원을 휘덮고 만다는 대중운동적 신념을 말한 것이었을 것이다. 예수는 수평적 확산을 말했는데 복음서기자들은 이것을 수직적 확대로 변형시킨 것이다. 그러한 변형태에 도마는 인간 정신의 고양이라는 내면적 성격을 추가하였는데, 결국 공관복음서의 기자들은 바울의 부활론과 함께 종말론적 맥락을 첨가했을 것이다.

바울의 선교센터 뒷산에 있는 조각인데 후대의 기독교인들이 마리아상으로 숭배하였다. 그러나 원래는 희랍신화에 나오는 카론(Charon)상이라고 한다. 카론은 저승의 뱃사공인데 반드시 돈을 주어야만 스틱스강(the Rivers Styx)을 건네준다. 그래서 시체의 입에 동전을 넣는 습속이 생겼다. 이 산에 원래 묘지가 많아 카론상이 조각되었는데, 초기기독교인들이 이곳에 많은 동굴교회를 정착시키고 기독교성지로 삼게 되면서 그 성격이 변질되었을 것이다. 그리고 후대 기독교인들이 카론의 얼굴을 깎아 성모마리아로 변신시키고 숭배하였다. 지금도 마리아상으로 믿고 촛불 켜고 예배하는 사람들의 모습을 목격할 수 있다.

안티옥에서 지중해로 나가기 위해 사도 바울이 이용한 바닷가 항구 실루기아(Seleucia)에는 그 도시를 범람으로부터 보호하기 위하여 판 거대한 터널이 있다. 베스파시아누스황제 때부터 시작하여 예루살렘성전을 멸망시킨 장본인인 티투스황제 때 완성되었기 때문에 티투스-베스파시아누스 터널(Titus and Vespasian Tunnel)이라고 부른다. 실제로 가보면 위로부터 바위산을 깎아 내려간 공사인데 장쾌한 모습이 1,380m나 뻗쳐있다. 물길을 돌리기 위하여 이토록 거대한 공사가 행하여졌다는 것 자체가 경이롭다. 항구 뒷산의 이름이 모세산(Mose's Mountain)이다.

95. 아해들과 주인들

옷을 벗어라! 과연 이것은 무슨 뜻일까?

제21장

¹마리아가 예수께 여쭈어 가로되, "당신의 따르는 자들이 어떠 하오니이까?" ²예수께서 가라사대, "그들은 그들의 것이 아닌 밭에서 사는 아해들과 같도다. ³그 밭의 주인들이 올 때에, 그 주인들은 '우리의 밭을 우리에게 돌려다오'라고 말할 것이다. ⁴아해들은 주인들 앞에서 그들의 옷을, 주인들에게 밭을 돌려주기 위하여, 벗어버릴 것이다. 그리고 아해들은 그들의 밭을 주인들에게 돌려줄 것이다. ⁵이러한 연유로 내가 이르노니, 한 집의 주인이 한 도적이 오고 있다는 것을 안다면, 그 주인은 그 도적이 도착하기 이전에 방비태세에 있을 것이요, 그 도적이 그의 소유인 집을 뚫고 들어와 그의 물건을 훔쳐 내가지 못하도록 할 것이다. ⁶그렇다면 너희들이야말로 이 세상에 대하여 방비태세에 있으라. ⁷너희 자신들을 강건한 힘으로 무장하여, 도둑들이 너희에게 도달하는 길을 발견할 수 없도록 할 것이다. ⁸왜냐하면 너희가 기대하는 환난이 결국 닥치고야 말 것이기 때문이라. ⁹너희들 가운데 내 말을 이해하는 한 사람이 있기를 바라노라. ¹⁰곡식이 익었을 때가 되면, 곧 그 사람이 손에 낫을 들고 와서 그것을 추수하였나니라. ¹¹들을 귀가 있는 자들이여! 누구든지 들어라."

¹Mary said to Jesus, "What are your followers like?" ²He said, "They are like children living in a field that is not theirs. ³When the owners of the field come, they will say, 'Give our field back to us.' ⁴They take off their clothes in front of them in order to give it back to them, and they return their field to them. ⁵For this reason I say, if the owner of a house knows that a thief is coming, he will be on guard before the thief arrives and will not let the thief break into the house of his estate and steal his goods. ⁶As for you, then, be on guard against the world. ⁷Arm yourselves with great strength lest the robbers find a way to get to you, ⁸for the trouble you expect will surely come. ⁹Let there be among you a person who understands. ¹⁰When the crop ripened, the person came quickly with sickle in hand and harvested it. ¹¹Whoever has ears to hear, let him hear."

沃案 이 장의 해석은 세부적으로 검토해보면 풀리지 않는 구석이 많다. 그리고 대체적으로 (Ⅰ)1~4절, (Ⅱ)5~9절, (Ⅲ)10절, (Ⅳ)11절은 각기 독립된 파편인데, 하나의 주제를 전달하기 위하여 합성되었다는 느낌을 준다.

Ⅰ에서는 주어가 모두 복수로 되어 있는데(아해들, 주인들), Ⅱ에서는 주어가 단수로 되어 있는 것도(주인, 도적), 그 나름대로 합당한 해석의 여지는 있을 수 있겠지만 일차적으로 텍스트의 전승이 다른 데서 오는 문제일 수도 있다. 해석에 있어서도 Ⅱ의 내용을 예수 메시지의 주간(主幹)으로 간주하는 데 모든 주석가들이 일치하고 있지만, Ⅰ의 내용을 긍정적인 맥락에서 볼 것인가, 부정적인 맥락에서 볼 것인가에 대해서는 의견이 엇갈린다.

첫머리에 나오는 "마리아"는 콥트어로 "마리함"(Mariham)인데, 마리함은 막달라 마리아(Mary Magdalene)를 지칭하는 것으로 보아야 한다는 데 주석가들의 견해가 일치한다. 막달라 마리아는 후대에 터무니없는 추론에 의하여 창녀와 같은, 죄가 많은 여인으로 인상 지워졌지만, 그녀는 초대교회의 일반적 관념 속에서 예수운동의 핵심세력이었으며, 예수와 거의 동등한 지위를 확보했던 이너 서클의 한 사람이었다. 예수운동을 재정적으로 지원한 예수의 반려(Jesus's companion)였으며 예수가 계시하는 오의(奧義)를 전수받는 특수한 존재였다(『빌립보복음서』 59). 이 장에서도 예수와 마리아의 유대감은 시종 전제되어 있다. 마리아의 질문은, 예수의 도반됨의 아이덴티티에 관한 것이다. 예수와 마리아의 유대감 속에서 따르는 자들(도반들)은 객화되어 있고 소외되어 있다.

Ⅰ의 내용을 부정적인 맥락에서 해석하면 "아해들"은 자기의 것이 아닌 곳에서 살고 있는, 즉 비본래적 자아 속에서 살고 있는 거짓 도반들이다. "아해들 children"이란 번역은 콥트어 "셰레 셈 šēre šēm"에서 왔는데, 이 말은 희랍어의 "파이스 pais"에 해당된다. 파이스는 아이, 아들, 또는 종, 노예, 하인(눅 7:7, 15:26, 마 14:2)의 뜻이다. "그들은 그들의 것이 아닌 밭을 위탁받은 종들과도 같도다"의 뜻으로 해석될 수도 있다. 그들이 입고있는 옷조차도 그들 자신의 것이 아니다. 그래서 주인들이 오면 옷과 밭을 다 빼앗기고 만다.

그러나 Ⅰ의 내용을 긍정적인 맥락에서 해석할 수도 있다. "옷을 벗는다"는

예루살렘 옛 성문 중의 하나인 스테판 문. 스테판은 이 근처에서 돌에 쳐죽임을 당했다: "주 예수여 내 영혼을 받으시옵소서. 주여! 이 죄를 저들에게 돌리지 마옵소서"(행 7:60). 스테판은 박해자 사울의 발 아래서 죽어갔다. 같은 배경을 지닌 지식인이었던 사울의 양심은 동요되지 않을 수 없었다. 사울이 바울로 회심하게 되는 결정적 계기가 된 것이다. 스테판의 순교가 오늘의 보편기독교를 만들었다 해도 과언이 아니다.

표현은 도마복음 37장에도 매우 긍정적인 의미로 나타나고 있다. 부끄럼없이 옷을 벗을 때만이 진정으로 예수를 만나게 된다는 것이다. 불교의 "해탈"과 거의 같은 의미로 쓰여지고 있는 것이다. 바울이 고린도후서 5장에서 말하고 있는 "육신의 집 위에 하늘의 집을 덧입는다"(고후 5:4)는 메타포와는 대비되는 "발가벗음"이다(Th.37). 그렇다면 "그들의 것이 아닌 밭"은 "육신의 집"으로 이해될 수 있고, 그 육신의 주인이 왔을 때, 그들에게 옷을 벗어던진다는 의미는 "해탈"을 의미할 수 있는 것이다. 본래적 자아의 회복이라 말할 수 있다. "밭의 주인들"이야말로 이 세상 혹은 육신의 지배자들로서 부정적 의미를 지닌다.

5~9절의 내용은 예수를 따르는 자들(진실한 도반들)의 세상과의 대적적 관계가 암시되고 있다. 예수의 제자됨은 필연적으로 세속적 가치로부터의 소외를 동반한다. 코스모스는 방비되어야 할 위협으로 나타난다. 그만큼 예수운동이 실제로도 험난했었다는 것을 방증한다. 동시에 세속적 가치로 함몰되지 않도록 자신을 지키는 자기수양이 요구되고 있는 것이다. 도마의 5~9절 내용은 마 24:43과 눅 12:39에도 나타나고 있다(Q55). 그러나 도마자료와 비교해보면 큐자료는 이미 내면적 수양에 관한 도마의 맥락을 철저히 인자담론의 종말론적 협박으로 변형시켰다는 것을 알 수 있다: "이러므로 너희도 예비하고 있으라. 생각지 않은 때에 인자가 오리라"(눅 12:40). 도마에는 그런 종말론적 맥락이 배제되고 있다.

10절은 또다시 마가복음 4:29에로 변형되었다는 것을 알 수 있다. 마가의 전후 맥락을 살펴보면 도마나 도마와 유사한 텍스트를 놓고 마가의 편집이 이루어졌다는 것을 알 수 있다. 도마에는 앞에 있는 겨자씨 비유가 마가에서는 뒤로 붙어있다. 그 내용도 마가에는 하늘나라의 성숙과 임재에 관한 종말론적 맥락이 암시되어 있으나 도마에는 그런 암시가 없다.

10절의 과거형도 좀 어색하나 강조형일 수도 있다. 이해하는 한 사람은 반드시 곡식이 익었을 때를 아는 사람이요, 또 추수를 행하는 사람이다. 이해는 반드시 실천과 연결된다. 이해자는 예수운동써클의 핵심을 형성하며 많은 사람들을 끌어들이는 역할을 한다. "낫을 들고 와서 추수한다"는 이미지는 마가에서는 종말의 도래를 암시하고 있는데 반하여, 도마에서는 진정한 제자그룹으로 편입된다는 것을 상징한다. 내면이 성숙한 인간들의 유대감 속에서 예수운동이 확산되는 계기를 표현한 말일 것이다. 11절은 정구(定句)이지만, 제자됨의 비의성(秘儀性)이 암시되고 있다.

> 막달라 마리아의 질문은 예수도반됨의 아이덴티티에 관한 것이다. 이에 대한 예수의 대답은 다양한 전승이 복합되어 있다. 옷을 벗어라, 그리고 이 세상을 경계하라, 익은 곡식을 추수하라, 이러한 메시지들은 평면적 논리로써는 잘 연결되지 않는다.

국민의 사랑을 받던 한 빛줄기의 선종(善終. 2009. 2. 16. 18:12). 그의 삶은 하늘의 나라가 이 땅에 임하옵시는 과정 그 자체였다. 김수환 추기경의 세례명인 스테파노는 사도행전 6~7장에 나오는 최초의 기독교 순교자의 이름에서 왔다. 스테판은 초기 예루살렘교회에 있어서 헬라화된 개명한 그룹을 대변한다. 죽음을 앞둔 그의 연설은 당시의 초기헬라기독교(early Hellenistic Christianity)의 메니페스토라 할 수 있다. 스테판은 예루살렘성전의 권위를 인정하지 않았다(행 7:44~53). 하나님은 인간이 지은 집에 거하지 않으시기 때문에 모든 성전은 애초로부터 잘못된 것이라는 그의 주장은 신약 어느 곳에도 없는 래디칼한 주장이다. 김수환 추기경께서는 2001년 KBS I 「도올의 논어이야기」에 출연하셔서 당신의 해박한 유교경전 지식을 말씀하시었다. 그리고 모든 종교의 화합과 상통을 피력하시고 교회 밖에서도 인간의 구원이 있을 수 있다고 명료하게 말씀하시었다. 이 땅의 기독교인들이여! 김수환 추기경님의 너그러움을 배우라!

안티옥의 외항으로서 바울이 최초의 전도여행을 떠난 곳인 실루기아 항구(Seleucia Pieria)의 뒷산, 모세산 중턱에 있는 무덤군. 이렇게 바위를 깎아 붙박이 식 석관을 촘촘히 만들어 놓은 집단 무덤을 베시클리(Besikli)라고 부른다. 영어로는 요람석굴(Cradle Cave)이라고 한다. 이 베시클리 안에 93기의 시신이 들어가 있었다고 한다. 내가 서 있는 곳 발밑으로 석관의 구덩이들이 보인다. 실루기아 항구도시는 원래 BC 305년에 셀레우코스왕조의 수도로서 개발된 도시였다. 이 무덤군은 AD 1세기부터 개발되어 7세기까지 지속되었는데, 526년과 528년, 두차례의 지진에 무너지기도 하였다. 근세에 발견되었을 때는 완벽하게 도굴된 후였다.

96. 아기와 천국

네 속에서 남자와 여자가 하나될 때
너는 나라에 들리라

제22장

¹예수께서 몇 아기들이 젖을 빨고 있는 것을 보시었다. ²예수께서 그의 따르는 자들에게 이르시되, "이 젖을 빨고 있는 아기들이야말로 나라에 들어가는 자들과 같나니라." ³그들이 예수께 가로되, "그리하면 우리는 아기로서만 나라에 들어갈 수 있겠삽나이까?" ⁴예수께서 그들에게 일러 가라사대, "너희들이 둘을 하나로 만들 때, 그리고 너희들이 속을 겉과 같이 만들고, 또 겉을 속과 같이 만들고, 또 위를 아래와 같이 만들 때, ⁵그리고 너희가 남자와 여자를 하나된 자로 만들어 남자가 남자 되지 아니 하고 여자가 여자 되지 아니할 때, ⁶그리고 너희가 눈 있는 자리에 눈을 만들고, 손 있는 자리에 손을 만들고, 발 있는 자리에 발을 만들고, 모습 있는 자리에 모습을 만들 때, ⁷비로소 너희는 나라에 들어가게 되리라."

¹Jesus saw some babies being suckled. ²He said to his followers, "These babies being suckled are like those who enter the kingdom." ³They said to him, "Shall we then, as babies, enter the kingdom?" ⁴Jesus said to them, "When you make the two into

one, and when you make the inner like the outer and the outer like the inner, and the upper like the lower, ⁵and when you make male and female into a single one, so that the male will not be male nor the female be female, ⁶and when you make eyes in place of an eye, a hand in place of a hand, a foot in place of a foot, and an image in place of an image, ⁷then you will enter the kingdom."

沃案 천국과 아기들의 관계를 논한 구절은 공관복음서에도 있다. 마가복음 10:13~16을 보라.

> 사람들이 예수의 만져주심을 바라고 어린 아이들을 데리고 오매 제자들이 꾸짖거늘, 예수께서 보시고 분히 여겨 이르시되, "어린아이들이 내게 오는 것을 용납하고 금하지 말라. 하나님의 나라가 이런 자의 것이니라. 내가 진실로 너희에게 이르노니, 누구든지 하나님의 나라를 어린아이와 같이 받아들이지 않는 자는 결단코 들어가지 못하리라" 하시고, 그 어린 아이들을 안고 저희 위에 안수하시고 축복하시니라.

이 마가의 기사는 마태 19:13~15, 누가 18:15~17에도 나오고 있다. 누가는 마가를 보다 충실히 베꼈고, 마태는 간결하게 축약하였다. 마가자료 중 15절은 원자료에 없는 것을 첨가한 것으로 보인다. 누가에는 마지막 안수와 축복의 기술이 없다. 그리고 이 기사의 병행구가 마가 9:36~37(마 18:2~5, 눅 9:47~48)에 나오고 있다.

이 기사들이 안수와 축복을 말하고 있는 것은 이미 제식화된 그리스도론의 윤색이 전제되어 있다. 어린이들의 접근을 막지 못하게 하는 것은 초대교회라는 커뮤니티에 누구든지 초대될 수 있다고 하는 개방성을 선전하는 것일 수도 있다. 이러한 기술에 전제되어 있는 어린이의 이미지는 어디까지나 천진무구한 순진한 마음이다. 그러나 도마의 "아기들"은 그러한 도덕적 순결의 대명사라기보다는 원초적 합일의 상징이다. 물론 예수의 그리스도적 권위도 배제되어 있다. 분별되기 이전의 무분별한 혼융(混融)의 상태로의 복귀를 곧 "아기와 같음"이라 말한다. 그리고 "아기와 같음"이 곧 "천국에 들어감"이다.

제3절의 질문은 요한복음 3:4에 나오는 니고데모(Nicodemus)의 질문, 거듭나라고 하는 말에 대하여 엄마자궁 속에 다시 들어갔다 나와야 되냐고 묻는 그러한 순진한 질문을 연상시킨다. 추상적 함의를 어리석은 듯, 문자 그대로 해석함으로써 그 추상적 함의의 본면(本面)을 더욱 강조시키는 효과를 자아내고 있는 것이다. 복음서 작가들의 문학적 기법이다.

"젖을 빤다"는 것도 단순히 어린아기의 생존상태의 기술이 아니라, 새로운 몸을 획득하는 변화(transformation)의 과정일 수도 있다. 그것은 단순한 변화가 아니라 몸의 재건(reconstruction)이며 궁극적으로 해탈(解脫)의 과정이다.

이 "새로운 몸"은 모든 둘을 하나로 만드는 몸이어야 한다. 양은 양으로서 실체화될 수 없으며, 음은 음으로서 실체화될 수 없다. 도(道)의 경지에서는, 음과 양은 끊임없이 분화와 융합의 과정을 거친다. 음이 곧 양이며, 양이 곧 음이다. 아니마와 아니무스는 항상 일체(一體) 속에 혼재(混在)한다. 일음(一陰), 일양(一陽)하는 순환의 과정이 곧 도일 뿐이다(一陰一陽之謂道). 왕필(王弼, 226~249)에 의하면 도(道)란 무(無)의 다른 이름이다. 무불통(無不通), 무불유(無不由)의 무차별 경지인 것이다. 주렴계(周濂溪, 1017~1073)가 음과 양을 말하기 이전에 태극(太極)을 말하고, 무극(無極)을 말하는 것도 음과 양으로 분화되기 이전의 무(無)를 가치의 지향점으로 삼기 때문이다.

도마도 "속과 겉이 하나되고, 위와 아래가 하나되고, 남자와 여자가 하나됨"을 말한다. "남자와 여자를 하나된 자로 만들어"라는 표현에 있어서 "하나된 자 a single one"는 자웅동체의 신화적 아담을 말한다기보다는, 남자와 여자의 분별이 사라진 새로운 주체(subjectivity)의 탄생을 지칭한다고 보아야 한다.

남자가 남자로서만 대상화되고, 여자가 여자로서만 대상화될 때, 그 남자와 여자 사이에서는 끊임없는 욕망이 분출하게 마련이다. "하나된 자"라는 표현은 여자도 아니고, 남자도 아닌 새로운 성(a new gender), 새로운 몸, 새로운 인격의 탄생을 의미한다. 그러나 그것은 물리적으로 제3의 성을 말하는 것이 아니라, 결국 남·여의 욕정이 극복되는 금욕과 고행의 수련과정을 암시하고 있다. 음식남녀(飮食男女)에 사람의 대욕(大欲)이 존(存)한다는 『예기』「예운」편의 명언을

현재 터키에 속해있는 이 실루기아 항구를 한 여인이 당나귀를 몰고 지나가고 있다. 당나귀는 먹는 것에 비해 힘이 좋아 지역 민중들의 사랑을 받는 동물이다. 바울도 이러한 모습으로 이곳을 지나갔을 것이다. 뒤의 산이 모세산, 길가의 석축이 동서문명을 융합시켜 찬란한 헬레니즘문명을 만든 셀레우코스왕조 최초의 수도성곽의 유일한 잔해이다. 문명의 영고성쇠를 실감케 한다.

상기시킨다.

"눈 있는 자리에 눈을 만들고"라는 표현은 "눈 대신에 눈을 만들고"라고도 번역할 수 있다. 눈 대신에 눈을 만든다는 이야기는, 금욕적 수행의 과정을 통하여 기존의 눈이 사라지고 새로운 눈이 생겨나는 신체의 혁신을 상징하는 것이다. 새로운 눈, 새로운 손, 새로운 발을 거쳐, 최후에는 "새로운 모습"에 이르게 된다. 즉 나의 내면적 세계가 혁명된 새로운 자아상을 확립하게 되는 것이다. 그때 바로 우리는 "나라"에 들어가게 되는 것이다.

본 장의 내용은 제4장과 긴밀하게 연결되어 있다. 제6절의 "모습"은 83·84장에도 나온다. 남·여의 하나됨에 관하여 갈라디아서 3:28과 비교하기도 하지만 그 의미맥락은 다르다. 갈라디아서는 그리스도 안에서 남·여의 차등이 없다는 것을 말했을 뿐, 남·여의 원초적 융합을 말하지는 않았다. 여기서 "하나된 자"는 노자가 말하는 "무명無名"이나 "박樸"을 연상하는 것이 가장 그 원의에 접근할 것이다.

> "남자와 여자가 하나가 된다는 것은 자웅동체의 제3의 성의 출현을 의미하지 않는다. 그것은 음식남녀(飮食男女)의 대욕(大欲)이 극복된 새로운 주체의 탄생이다."

초기기독교의 역사에서 중요한 것 중 하나가 고행승들의 행적에 관한 것이다. 여러 방식의 고행이 있는데, 뾰족한 꼭대기 위에서 고행하는 특이한 방식이 있다. 세속을 멀리하고 무한자에게로 가까이 간다는 뜻이 있다. 이들을 스타일라이트(stylite)라고 하는데 희랍어 스틸로스(stylos, 기둥)에서 왔다. 우리말로 주행승(柱行僧)이라고 번역한다. 안티옥에서 18km 멀어진, 사만다그(Samandağ)로 가는 도중, 높은 산에 위치하고 있는 이 교회는 그 정가운데에 주행승이 앉았던 높은 기둥의 그루터기가 남아있다. 이 주행승의 이름은 어린 성 시므온(St. Simeon the Younger, 521~592)인데 안티옥 태생이다. 5살 때 대지진(526년)으로 아버지를 여의고 7살 때부터 놀라운 고행과 이적과 치유의 능력을 발휘하였다. 이 산 속에서 541년부터 고행하였는데 그의 이름이 전파되어 많은 추앙자들이 몰리자 551년 그를 위한 성전이 건축되었다. 그는 돌기둥 꼭대기에서 설교를 하였고 592년 죽을 때까지 41년 동안 그 꼭대기에 머물렀다. 종교사적으로 이슬람 모스크의 첨탑 미나렛(minaret)은 이 주행승의 전통이 변형된 것이다. 마호메트가 시리아로 왔을 때 주행승들을 만나 많은 영감을 얻었다고 한다. 이슬람에서도 초기기독교의 영향을 엿볼 수 있다.

97. 천 명과 한 명

천 명 중 하나뿐인 자여! 단독자로 서라

> 많은 사람들 가운데 극히 소수만이 선택되어 구원에 이르게 된다는 사상은 비의적 종교의 필수조건이다. 선종(禪宗)의 각(覺)이나 유교의 인(仁)은 그런 비의성을 타파한다. 도마의 하나된 자도 그런 비의성 속에 갇혀있는 단독자로서 해석되어서는 안될 것이다.

제23장

¹예수께서 가라사대, "내가 너희를 택하리라. 천 명 가운데서 하나를, 만 명 가운데서 둘을. ²그리고 그들은 하나된 자로서 서있게 되리라."

¹Jesus said, "I shall choose you, one out of a thousand, and two out of ten thousand, ²and they will stand as a single one."

沃案 도마복음서에서 나타나는 각자(覺者)들의 모습은 기본적으로 고독한 실존이다. 깨달음이란 내면적 사태이기 때문에 집단적일 수 없다. 도마복음 속의 살아있는 예수의 말씀은 해석의 대상이며 발견의 대상이며 추구의 대상이다. 그것은 개인의 고독한 주체(the solitary subjectivity of an individual)를 전제로 하는 것이다.

그리고 많은 사람들 가운데 극히 소수만이 선택되어 구원에 이르게 된다는 사상은 모든 종교에 기본적으로 깔려있는 정서이다. 지극한 경지를 말하면 필연적으로 비의성(秘儀性)을 배제할 수 없고, 비의성을 강조하는 것은 오의(奧義)를 깨닫는 자가 소수라는 전제가 있다. 마태복음 22:14를 보라.

청함을 받은 자는 많되 택함을 입은 자는 적으니라.

플라톤의 『파에도』에는 다음과 같은 구절이 있다.

> 사실상, 용기와 자기절제와 정직함, 그러니까 진실한 도덕성을 확립하게 만드는 것은 지혜이다. 쾌락이나 공포와 같은, 그따위 느낌이 있고 없고는 도덕과는 별 상관이 없다. 상대적인 감정적 가치에 기초한 도덕성의 체계라는 것은 단순히 환영에 불과한 것이다. 그 자체로서 진실성이나 건전성이라고는 아무 것도 없는 철저히 세속적인 관념일 뿐이다. 진실한 도덕적 이상이라고 하는 것은 그것이 자기절제이든 정직이든 용기이든, 결국은 모든 세속적 감정으로부터의 정화를 의미한다. 그러니까 지혜라는 것 자체가 결국은 정화(purification)인 것이다.
>
> 대부분의 종교적 수행을 하는 자들은 이러한 경지로부터 멀리 떨어져 있지 않다. 그들의 이론의 배후에 깔린 은유적 의미는, 수행하지 아니하고 깨닫지 못한 채 다음 세상으로 들어간다는 것은 고통의 수렁에서 헤매게 된다는 것이며, 정화되고 해탈된 상태로 다음 세상에 도달한다는 것은 신들 사이에서 아름답게 산다는 것이다. 종교적 이니시에이션을 실천하는 자들은 다음과 같이 외친다: "바카스의 지팡이를 휘두르는 자는 많으나 진정으로 바카스신에게 헌신하는 자는 적다." 내 생각에는 신에게 헌신하는 자들이란 결국 정도(正道) 속에서 철학적 삶을 실천해 온 자들이다. 나는 내 인생을 통하여 이들과 같이 하려고 나의 최선을

다했으며, 이 목표를 달성하기 위하여 하지 않은 일이 없다. 이러한 나의 포부가 정당했는지, 내가 과연 무엇인가를 성취했는지에 관하여서는 우리가 저 세상에 도달했을 때 신의 도움으로 매우 확연하게 알 수 있을 것이다(Phaedo, 69b~d).

소크라테스의 입을 빌린 이러한 플라톤의 기술 속에서 우리는 헬레니즘시대의 종교적 성향의 일반적 분위기를 감지할 수 있다. 감정과 도덕의 대립, 정화와 해탈, 철학적 삶과 저승의 관계, 이 모든 주제들이 매우 일목요연하게 정리되어 있다. "바카스의 지팡이(나르테코스 νάρθηκος)를 휘두르는 자는 많으나 진정으로 바카스신에게 헌신하는 자는 소수이다"라는 말은, 곧 본 장의 주제를 말해주는 동시에 도마복음서의 예수운동가들의 삶의 목표나 양태에 관해 많은 구체적 내용을

이 어린 성 시므온 교회는 세 개의 교회로 구성되어 있다. 사람들은 이곳을 "기적의 언덕"(Hill of Wonders)이라고 불렀는데 주행승의 기둥꼭대기를 쳐다보기만 해도 치유능력이 있었다고 한다. 건축양식도 독특한데 주두(柱頭)가 당시 보편적이었던 코린트양식이 아니고 대바구니 모양으로 되어 있다. 시므온이 죽은 후에도 이곳에는 계속 사람들이 몰려들었다. 636년 이슬람정복으로 쇠퇴하여 13세기에 폐허가 되었다.

전해주고 있는 것이다.

"천 명 가운데서 하나를, 만 명 가운데서 둘을"이라는 표현은 구약의 언어에도 나타나는데 다자와 소수의 대비를 강조하는데 쓰이는 일종의 정형구일 것이다. 신명기 32:30에 "어떻게 혼자서 천 명을 몰아내고, 둘이서 만 명을 쫓아낼 수 있었으랴"라는 표현이 있고, 전도서 7:28~29에는 "일천 남자 중에서 하나를 얻었거니와 일천 여인 중에서는 하나도 얻지 못하였느니라. 나의 깨달은 것이 이것이라. 곧 하나님이 사람을 정직하게 지으셨으나 사람은 많은 꾀를 낸 것이니라."

1785년에 영국박물관에 의하여 구매된 아스큐 코우덱스(The Askew Codex) 콥틱문헌인 『피스티스 소피아 *Pistis Sophia*』에도 막달라 마리아와 예수 사이에서 이루어지고 있는 대화 속에 비슷한 표현이 나온다.

> 마리아가 가로되, "주여! 누가 과연 이 세상에서 살면서 죄를 안 지을 수 있겠나이까? 모든 죄악으로부터 완벽하게 순결할 수 있겠나이까? 한 가지에 순결해도 다른 것에 순결치 못할 수 있지 않겠사옵나이까?"
> 구세주께서 대답하여 마리아에게 가로되, "내가 너에게 이르노니, 제1의 신비의 신비를 달성한 자로서, 천 명 가운데서 하나를, 만 명 가운데서 둘을 발견할 수 있으리라"(Ch.134).

『피스티스 소피아』는 여성명사로 의인화된 "피스티스 소피아"(믿음의 지혜)의 타락과 구원을 이야기하면서 인간의 회개와 구원을 이야기하는 경전이다. 2세기에 알렉산드리아에서 활약한 초기기독교 사상가 발렌티누스(Valentinus)학파계열의 작품으로 간주되고 있다. 매우 체계적인 우주론이 전제되어 있고 빛의 세계로 진입하는 열쇠인 그노시스가 설파되며, 예수 이전에는 빛으로 진입한 인간의 영혼이 존재하지 않았다는 것이 선포된다. 도마복음서의 출현은 이러한 문헌에 관해서도 새롭게 연구할 수 있는 시각을 제공하고 있다.

본 장에서 가장 문제가 되는 것은 "그들은 하나된 자로서 서있게 되리라"라는 제2절의 표현인데, 발란타시스(Richard Valantasis)와 같은 주석가는 선택받은 소수들이 하나의 동일한 집단적 아이덴티티(unity to the corporate subjectivity)를 갖게 된다는 뜻으로 풀이했는데, 그것은 과도한 해석이다. "그들-하나"의 관계를 복수적 집단의 단수화로서 해석할 필요는 없다. 그들이 공통의 지향점을 가질 수는 있겠으나, 역시 "하나된 자"는 모든 대립이 초월된 무분별심의 원융한 존재(4·22·106장)이며, 이 세상의 가치와 타협하지 않는 고독한 실존(16·49·75장)으로서 "그들" 개인 모두에게 적용되는 독립개념적 술어로서 풀어야 마땅하다. 도마복음은 역시 집단보다는 개체의 내면에 강조점이 있다. 그리고 "서다"(to stand)는 16·18·28장에서도 예시(例示)되고 있듯이 어떤 "신적인 당당함"을 나타내는 "섬"이다. 세속에 흔들리지 않는 확고한 실존의 자세를 나타내고 있다.

기적의 언덕을 향해 동리사람들 달구지를 타고 가고 있는 필자. 필자의 머리 뒤로 바울의 고향 다소로부터 뻗쳐 내려오는 타우루스 산맥의 웅장한 모습이 보인다.

앞 편에서 안티옥 주행승의 고행(stylism)을 소개했지만 그 원조에 해당되는 인물은 같은 안티옥 부근이지만 현재 시리아 지역에 속해 있는 대형교회에 모셔져 있는 성 시므온(Saint Simeon)이다. 앞 편에서 소개된, 안티옥근교 사만다그에서 수행한 사람은 후대의 인물이므로 "어린 성 시므온"이라고 불리운다. 원조 시므온은 AD 392년 시골 양치기의 아들로 태어나 어려서 수도원에 들어갔는데, 수도원의 생활이 고행이 부족하다고 느껴 자꾸 고독한 동굴로 숲속으로 들어갔다가, 결국 산꼭대기에 3m정도의 바위기둥을 세우고 그곳에서 쇠사슬을 감고 고행을 시작했다. 사람들이 그가 용한 것을 알고 자꾸 모여 드니까 방해받는 것이 싫어 점점 기둥을 높였는데 결국 18m정도로 높아졌다. 40년 고행 끝에 그 기둥꼭대기에서 티베트승려가 좌탈하듯이 숨을 거두었다(459년 7월 24일). 죽었을 때 시므온은 전 로마제국의 가장 유명한 사람이었다. 로마의 황제 제노(Zeno, AD 474-91재위)는 그가 죽은 바로 그 기둥을 중심으로 십자가형의 대 성당을 지었는데 그 규모가 콘스탄티노플의 소피아성당보다도 크다. 십자가형의 사방에 네 개의 바실리카(교회)가 있다. 우리나라의 대형교회의 원조에 해당되는 모습을 여기서 본다. 대형교회의 창립목사처럼 시므온은 "용하다"고 소문났고 매일 기둥꼭대기위에서 영적 설교를 하였다고 한다. 사람들이 먼 섬나라 영국에서까지 몰려들었다고 한다. 이곳은 지금 시리아 알렙포 부근이지만 크게 보면 안티옥 근교이다. 시므온의 기둥은 전세계 광신도들이 부처님 코갉아먹듯이 쪼아가서 그루터기만 남았다.

98. 빛과 어둠

평범한 너 자신 속의 빛이야말로
길이요 진리요 생명이다

제24장

¹그의 따르는 자들이 가로되, "당신이 계신 곳을 우리에게 보여주소서. 우리가 그곳을 찾아야 하겠나이다." ²예수께서 저희에게 가라사대, "귀가 있는 자들이여! 누구든지 들어라. ³빛의 사람 속에는 반드시 빛이 있나니, 그 빛은 온 세상을 비추나니라. 그것이 빛나지 아니하면 그것은 곧 어둠이니라."

¹His followers said, "Show us the place where you are, for we must seek it." ²He said to them, "Whoever has ears, let him hear. ³There is light within a person of light, and it shines on the whole world. If it does not shine, it is dark."

沃案 제1절의 제자질문과 제2~3절의 예수대답 사이에 표면적으로는 정확한 논리적 연결이 없는 듯이 보인다. 제자들은 예수가 있는 장소, 즉 물리적 공간을 물었고, 예수의 대답은 그러한 로칼리티(locality)와 무관하게 인간의 내면에 존재하는 빛과 그 기능에 관하여 언급하고 있기 때문이다. 그러나 심층적으로 분석해 보면, 제자의 질문과 예수의 대답 사이에는 참으로 절묘한 인과성이 성립하고 있다.

제자들의 추구는 예수가 있는 곳으로의 여행이다. 이것은 곧 그들 자신의 본래적 정체성을 찾아나서는 영적 여행인 것이다. 이러한 여행에 대한 예수의 화두는 곧 너 자신의 내면에 존재하는 빛 속에 곧 내가 있다고 하는 선포이다. 나의 존재의 자리는 곧 너희들 인간 속에 내재하는 빛이라는 것이다.

많은 사람들이 별 생각없이 기독교는 성악설을 주장하고 있는 것처럼 이야기한다. 기독교가 원죄론(Original Sin)을 전제하고 있는 것처럼 생각한다. 예수는 원죄를 말한 적이 없다. 예수는 인간의 본성을 도덕적으로 규정하려는 생각이 근원적으로 없다. 기독교를 원죄론과 관련시키는 것은 대체적으로 바울의 신학적 틀에서 유래한 것이며, 예수의 원래사상과는 아무런 관련이 없는 것이다. 바울은 아담의 원죄와 그 죄의 삯으로서의 사망을 예수의 죽음과 부활을 정당화 하는 논리적 전제로 사용하고 있다. 아담 한 사람의 죄로 인하여 인류 전체가 죄인이 되었다는 것이다. 우리는 아담의 죄에 대하여 죽음으로써 그리스도 예수 안에서 영생을 획득한다는 것이다(로마서 5~7장 참조).

여기 "빛의 사람"이라는 예수의 말은 인간 그 자체를 빛으로 규정하는 표현이다. 맹자(孟子)가 인간의 본래적 성품이 선(善)하다는 것을 입증하려고 노력하였다면, 예수 또한 인간의 본래적 모습이 빛(포스, φῶς)이라는 것을 서술하고 있는 것이다. "포스"라는 희랍어는 빛과 사람을 동시에 의미할 수 있다. 이제 마태복음 5:14~16의 말씀이 새롭게 읽힐 수 있을 것이다.

> **너희는 세상의 빛이라. 산 위에 있는 동네가 숨기우지 못할 것이요, 사람이 등불을 켜서 됫박으로 덮어두지 아니하고 등경 위에 얹어 두나니, 이러므로 집안 모든 사람에게 비취느니라. 이같이 너희 빛을 사람 앞에 비취게 하여 저희로 너희 착한 행실을 보고 하늘에 계신 너희 아버지께 영광을 돌리게 하라.**

현행 공관복음서에도 인간 존재가 빛으로 규정되고 있는 것이다. 그러나 요한복음 제1장은 예수를 태초부터 존재한 말씀(로고스)으로 규정하고, 그 말씀을 다시 빛으로 규정한다. 그리고 그 빛을 어둠인 세상(코스모스)과 대비시킨다: "참빛, 곧 세상에 와서 각 사람에게 비춰는 빛이 있었나니 …"(요 1:9). 이러한 논리의 문제점은 빛을 빛으로서만, 어둠을 어둠으로써만 실체화시키고 있다는 데 있다. 빛은 빛일 뿐이며, 어둠은 어둠일 뿐이다. 예수는 전적으로 빛이며, 세상은 전적으로 어둠이다. 이 어두운 세상에 갇혀 사는 인간은 오직 자그마한 빛의 파편을 가지고 있을 뿐이다. 그 작은 빛의 파편을 어둠의 세계로부터 해방시킬 수 있는 자는 오직 전적인 빛인 예수일 뿐이다.

　그러나 여기 도마의 예수는 자기만을 빛이라고 말하지 않는다. 예수 자기와 주변의 예수말을 듣는 모든 사람들이 다 같이 빛일 뿐이다. 그런데 빛이란 반드시 이 세상을 비추어야 한다. 온 세상을 다 비추어야 한다. 어둠이란 세상에 대한 고

성 시므온 교회 본당 정문의 거대한 모습.

정적 규정이 아니라, 바로 나의 내면으로부터 발하는 빛이 빛나기를 멈추는 상태일 뿐이다. 마지막 문장, "그것은 곧 어둠이니라"의 주어인 "그것"은 "빛의 사람"이다. 세상이 어두운 것이 아니라, 사람이 어두운 것이다. 빛나는 사람들이 모여 사는 세상은 곧 빛나는 세상이고, 어두운 사람들이 모여 사는 세상은 곧 어두운 세상이다. 신약에 쓰인 죄에 해당되는 단어는 "하마르티아"(*hamartia*, ἁμαρτία)인데 그것은 궁술에서 쓰이는 스포츠용어이며, 과녁을 빗나간다는 뜻이다. 죄는 고정된 실체가 아니라 우리가 신의 영광을 찬양하기 위하여 스스로 세운 도덕적 목적에 미달하거나 어긋나는 상태일 뿐이다.

이제 마태복음 6:22~23의 언어가 새롭게 들릴 수 있을 것이다.

눈은 몸의 등불이니, 그러므로 네 눈이 성하면 온 몸이 밝을 것이요. 눈이 나쁘면 온 몸이 어두울 것이니, 그러므로 네 안에 있는 빛이 어두우면 그 어두움이 얼마나 심하겠느뇨!

상기의 마태 두 자료는 누가 11:33~36과 함께 큐복음서에 속한다. 큐와 도마의 밀접한 상관관계를 우리는 여기서 재인식하게 된다.

제1절의 제자질문은 요한복음 14장의 도마의 질문을 연상시킨다. 예수는 자기 아버지 집에 거할 곳이 많다고 말한다. 아버지 집에 너희를 위하여 처소를 마련해놓고 다시 와서 너희를 영접하겠다고 말한다. 그리고 "내가 어디로 가는지 그 길을 너희가 알고 있다"라고 말한다. 그

기둥이 코린트양식인데 이 지역의 특성대로 대추야자잎(acanthus leaf)이 바람방향으로 휘어져 있다. 현재 이 지역의 가로수는 이런 모습으로 휘어 있다. 지중해에서 내륙 쪽으로 항상 같은 방향으로 바람이 분다.

러자 도마가 질문한다: "주여! 어디로 가시는지 우리가 알지 못하거늘, 그 길을 어찌 우리가 알겠삽나이까?" 예수가 가라사대, "내가 곧 길이요 진리요 생명이니, 나로 말미암지 않고는 아버지께로 올 자가 없느니라." 빌립이 또 아버지를 직접 보여달라고 요청한다. 예수가 말한다: "내가 이렇게 오래 너희와 함께 있으되, 네가 나를 알지 못하느냐? 나를 본 자는 아버지를 보았거늘 어찌하여 아버지를 보이라 하느냐? 나는 아버지 안에 있고 아버지는 내 안에 계신 것을 네가 믿지 아니하느냐?"

제노황제의 금화. "우리의 주 제노 황제시여 영원하시라"(DN ZENO PERP AVC)라고 써있다. 서로마의 몰락을 지켜보면서도 산꼭대기에 무지막지한 대형교회를 짓고 있었으니 참 한심한 인물이라 말할 수밖에. 필자의 소장품이다.

『피스티스 소피아』는 요한복음의 상호내주(相互內住)와 같은 애매한 언어를 사용하지 않는다. 예수는 말한다: "내가 곧 너희 사람이며, 너희가 곧 나다. 너희가 곧 천사며, 대천사며, 신이며, 주이며, 왕이다."

예수의 원래 사상은 예수 자신만을 인간의 길, 진리, 생명으로서 소외시켜 제시하는 것이 아니라, 길, 진리, 생명이 바로 우리 인간 개개인에게 내재하는 빛이라는 것을 선포하는 것이었다. 그 선포가 로고스기독론적으로 왜곡된 것이 요한복음의 언어다. 그 원형은 이러한 것이다: "너 자신에 말미암지 않고는 아버지께로 올 수 없나니라." 다석 유영모 선생(1890~1981)은 말씀하신다: "예수의 '나'는 개별적 나일 수 없다. 하나님의 '나'이며 온 인류의 '나'이다. 그러므로 우리 모두의 '참 나'야말로 길이요 진리요 생명이다."

> "예수는 성악(性惡)을 말하지 않는다. 인간은 빛의 존재임을 말할 뿐이다. 빛과 어둠의 실체적 대비도 없다. 빛이 빛을 잃어가면 어둠이 찾아올 뿐이다. 예수의 원래적 사상의 내면에는 예수와 인간과 하나님의 동일성이 자리잡고 있다."

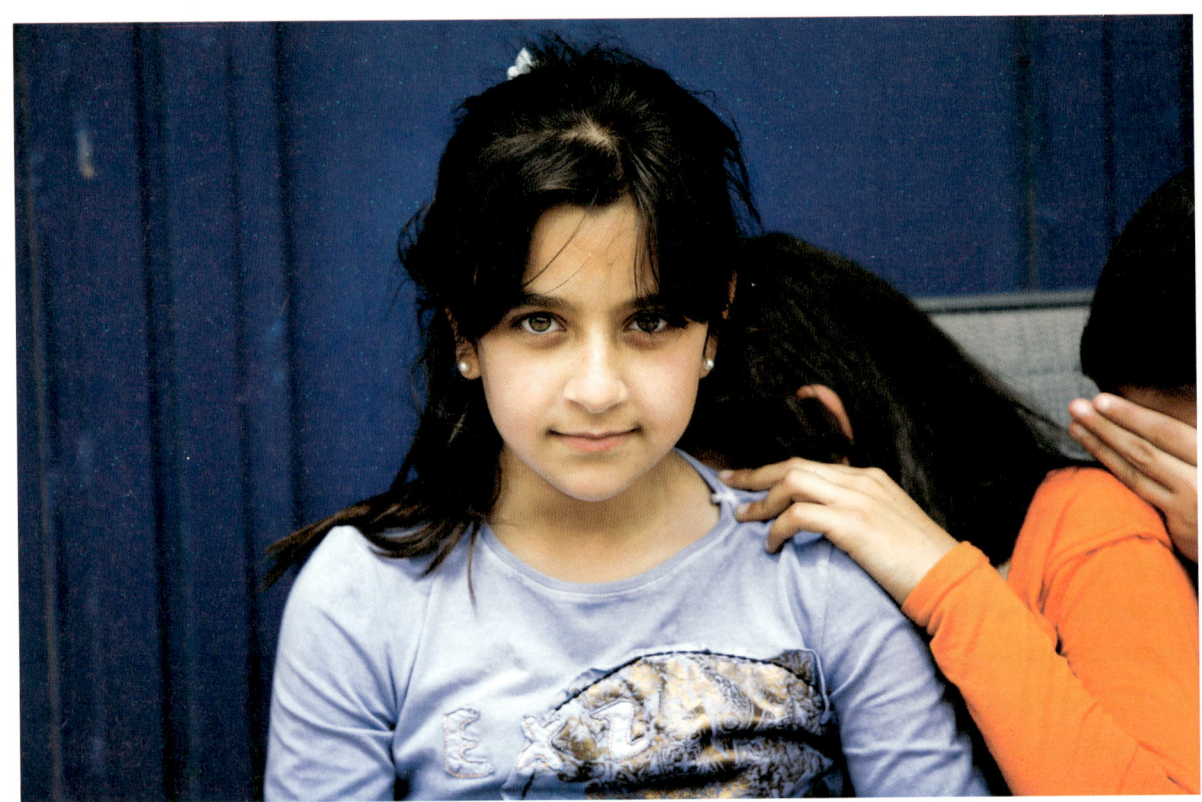

현재 사마리아인은 700여 명밖에 남아있지 않다. 그들은 대부분 그리심산(Mt. Gerizim, 881m) 주변의 피난촌에 모여살고 있다. 사마리아인이 과연 유대인이냐 하는 것도 개념에 따라 복잡한 논의가 될 수 있다. 사마리아인은 좁은 개념의 유대교 속에는 들어갈 수가 없다. 이들은 우선 예루살렘성전의 권위를 전혀 인정하지 않는다. 그리고 모세5경 이외로는 구약성경도 인정하지 않는다. 모세5경에 야훼가 성소로서 "택하신 곳"이라는 구절이 21번이나 나오지만 예루살렘이라는 지명은 나오지 않는다. 출애굽 후 약속의 땅에 들어와 최초로 증거돌을 세운 곳이 바로 그리심산이므로, 성소는 그리심산일 수밖에 없다고 주장한다. 아브라함이 이삭을 번제로 바친 곳이며, 요셉의 유골이 유언대로(창 50:24) 묻힌 곳이며, 신명기 11:29에 나오는 "축복의 산"이다. 기드온의 아들 요담이 복수의 저주를 외친 곳도 그리심산이다(사사기 9:7). 예루살렘은 이스라엘역사에서 다윗 이후에나 등장하는 것이다. 나는 분쟁지역이래서 접근이 용이하지 않은 그리심산을 어렵게 찾아갔다. 그들은 고대히브리어로 기도를 하지만 아랍어를 쓴다. 혈통이 섞이는 것을 거부하기 때문에 한번 유전병이 생기면 종족이 멸망할 수도 있다. 그들은 사진 찍기를 완강히 거부했다. 그런데 한 사마리아 소녀가 내 요청에 응해주었다. 야곱의 우물(Jacob's Well)곁에서 예수가 만난 저돌적인 사마리아 여인이 바로 이런 모습이었을 것이다. 참으로 강렬한 빛을 발했다. 요한복음4장의 일화는 예수시대에 이미 유대교를 거부하는 사마리아인들의 고립촌락이 존재했다는 것을 증언한다. 예수가 사마리아인을 사랑스러운 이웃으로 대한 것은 유대인들에게는 공포스러운 파격이었다.

99. 형제와 이웃

네 이웃을 네 몸과 같이 사랑하라, 그 이웃은 누구일까?

> 이웃사랑이라는 기독교의 큰 계명은 인간에 대한 신적 사랑의 실천이라는 보편주의적 명제로서 해석된다. 그러나 그 원래적 성격에는 유대민족의 종족주의나 예수운동의 당파성이 깔려있었다.

제25장

¹예수께서 가라사대, "네 형제를 네 영혼과 같이 사랑하라. ²그 사람을 네 눈의 동자처럼 보호하라."

¹Jesus said, "Love your(sg.) brother like your soul, ²guard that person like the pupil of your eye."

沃案 어려서부터 기독교신앙 속에서 자라난 우리의 뇌리에 박힌 많은 성구 중에서 가장 강렬하게 믿음의 정당성을 유지시켜 주는 말씀이 있다면 이러한 것이다: "네 이웃을 네 몸과 같이 사랑하라." 만약 이러한 명제가 기독교의 가장 큰 계명으로써 자리잡고 있지 않다면, 많은 사람들이 기독교에 대한 종국적인 신앙심을 견지하는 데 어려움을 감지할 것이다. 신이라는 추상명사와의 관계 속에서 아무리 절대적 복종의 계율을 성실하게 지킨다 하더라도 인간과의 관계가 배제된다면, 즉 인간과의 관계를 통해서 신의 역사(役事)가 실증되는 고통스러운 계기들이

배제된다면, 그것은 공허한 신앙일 뿐이요 무서운 독선의 강요일 뿐이다. 많은 예수의 말씀 중에서도 이토록 가장 핵심적인 파편을 도마복음서에서 발견한다는 것은 하나의 감격이 아닐 수 없다. 다시 한 번 도마복음의 원초적 성격을 확인하게 되는 것이다. 그러나 이 도마복음의 말씀은 외면적으로는 공관복음의 말씀과 매우 유사하게 들리지만 실제로 원시 기독교사상의 발전과정과 관련하여 매우 엄중한 문제를 제기하고 있다.

먼저 공관복음서 중 제일 먼저 성립한 마가자료 전체를 훑어볼 필요가 있다.

[28]서기관 중 한 사람이 저희의 변론하는 것을 듣고, 예수께서 대답 잘 하시는 것을 보고 나아와 묻되, "모든 계명 중에 첫째가 무엇이니이까?"
[29]예수께서 대답하시되, "첫째는 이것이니, 이스라엘아, 들으라! 주 곧 우리 하나님은 유일한 주시라. [30]네 마음을 다하고 목숨을 다하고 뜻을 다하고 힘을 다하여 주 너의 하나님을 사랑하라 하신 것이오. [31]둘째는 이것이니, 네 이웃을 네 몸과 같이 사랑하라 하신 것이라. 이에서 더 큰 계명이 없느니라."
[32]서기관이 가로되, "선생님이여, 옳소이다. 하나님은 한 분이시오, 그 외에 다른 이가 없다 하신 말씀이 참이니이다. [33]또 마음을 다하고 지혜를 다하고 힘을 다하여 하나님을 사랑하는 것과 또 이웃을 제 몸과 같이 사랑하는 것이 통째로 드리는 모든 번제물과 기타 제물보다 나으니이다."
[34]예수께서 그 지혜있게 대답함을 보시고 이르시되, "네가 하나님의 나라로부터 멀지 않도다"하시니, 그 후에 감히 묻는 자가 없더라(막 12:28~34, 마 22:34~40, 눅 10:25~37).

유대교의 율법주의자들과 예수와의 변론적 마당이 설정되어 있는 이 단화(短話)는 기존의 신학계에서도 어떤 핵심적 예수의 로기온자료가 선행하였고, 그것이 확대되어 나간 것으로 분석되어왔다. 우리는 도마복음서의 출현으로 그 프로

토자료의 성격을 규탄할 수 있게 된 것이다.

우선 첫째·둘째 계명이 다 예수 본인의 말씀이 아니고 구약의 인용이라는 사실이 묵과될 수 없다. 첫째는 신명기 6:4~5에서 왔다: "이스라엘아 들으라. 우리 하나님 야훼는 오직 하나인 야훼이시니, 너는 마음을 다하고 성품을 다하고 힘을 다하여 네 하나님 야훼를 사랑하라." 둘째는 레위기 19:18에서 왔다: "원수를 갚지 말며 동포를 원망하지 말며 네 이웃을 사랑하기를 네 몸과 같이 하라. 나는 야훼니라."

이 단화를 구약의 율법에 대한 유대교 율법사와 예수와의 이성적 합의로 해석한다면 기독교는 설 자리가 없다. 신약이 결국 구약화되어버리고 말 것이기 때문이다. 신명기는 야훼의 유일신임을 강조하고 율법의 근본정신이 하나님에 대한 사랑에 있다는 것을 강조한다. 레위기의 자료는 바빌론유치 이후에 예루살렘의 권위를 확립하고 이스라엘민족의 단합을 과시하기 위하여 편찬한 사제문서(P)에 속하는 것이다. 따라서 레위기에서 말하는 "이웃"은 유대인 동포에 한정된 말이다. 야훼의 유일성도 궁극적으로 유대인의 종족신앙의 합리화일 뿐이다. "이웃사랑"이 이스라엘 동족만을 보호하고 팔레스타인 사람들은 개나 쥐새끼보다도 더 무자비하게 살상하는 사랑이라고 한다면 그것을 기독교정신이라 말할 수는 없을 것이다. 유대교의 문제는 보편주의의 결여에 있다. 따라서 예수의 가르침을 구약의 출전과 무관한 단절적인 맥락에서 해석할 수도 있으나 율법사와의 논쟁적 성격이 깔려있으므로(마태자료), 구약의 출전을 배제하기는 어렵다. 누가는 아예 이 두 계명을 예수가 말하는 것이 아니라, 율법사가 스스로 토라를 인용하여 토로하고 그것에 대해 예수가 인정하는 것으로 드라마의 구성을 바꾸어 놓았다. 그리고 "이웃"이 과연 무엇을 뜻하는가에 대한 율법사의 반문이 이어진다. 여기에 "선한 사마리아인"의 이야기가 예수의 대답으로서 진술된다. 이 단화에서 "이웃"의 개념을 종족적 한계로부터 탈출시켜야 한다는 누가복음서 저자의 신념이 그 편집에 드러나있다.

그런데 재미있는 사실은 도마에는 이웃의 사랑에 앞선 신에 대한 사랑의 전제가 없다는 것이다. 그리고 "이웃"도 "형제"라는 말로 그 외연이 더 축소되어 있다. 즉 예수운동에 참가하는 "형제"들간의 단합을 호소하는 당파적 성격(sectarian unity)이 강조되어 있는 것이다. 2세기 전반에 성립한 희랍어문화권의 유대인들의 복음서인 『히브리인복음서 The Gospel of the Hebrews』에도 이런 예수의 말씀이 있다: "너의 형제를 사랑으로 돌볼 때만이 너는 기뻐할 자격이 있다."

"네 영혼과 같이"라는 표현은 "네 몸과 같이"와 크게 차이가 없다. 아람어나 시리아어에서는 "자기자신"을 "영혼"이라는 말로 표현하기 때문이다.

도마복음은 예수 말씀의 소박한 원형을 담지하고 있다. 누구를 내 몸과 같이, 내 눈동자처럼 사랑하고 보호한다는 것은 논리적인 판단이 개재되지 않는다. 눈동자에 위험물이 닥칠 때 본능적으로, 자동적으로 눈꺼풀은 닫힌다. 형제에 대한 사랑

그리심산의 꼭대기 전경. 뒤로 보이는 산은 "저주의 산" 에발(Mt. Ebal, 940m)이다. 그 사이 골짜기에 세겜(Shechem)지역의 수가(Sychar) 동네가 있다.

은 이와 같이 절대적일 때만이 의미를 갖는다. 논리적 판단에 의한 감정의 축적이 아니다.

그러나 예수운동의 당파적 성격을 초대교회의 유대인 커뮤니티의 공동체적 성격으로 확대하기 위하여 신명기와 레위기의 율법적 명제의 도입이 이루어졌고, 또다시 유대인 커뮤니티의 당파적 성격을 타파하기 위하여 사마리아인의 무조건적 베풂이 이웃사랑의 전범으로 제시되었다. 그리고 이 계명이 이방선교의 보편주의적 명제로 해석되면서, 이웃사랑이 신에 대한 사랑과 동일한 정언명령으로서 재해석된 것이다. 사랑은 용서이며 베풂이다. 그것은 이기적인 형량이나 특수한 감정적 사태가 아니다. 그리고 이웃은 이 사람 저 사람이 아니라 인간 그 자체로서 보편주의적 함의를 지니게 되었다. 이러한 확대과정은 기독교발전사의 가장 긍정적인 한 흐름이라고 말할 수 있다. 그러나 인간에 대한 신적인 사랑을 실천하기 위하여서는 인간 그 자체에 신성을 부여해야 한다. 그렇지 않으면 결국 수신 - 제가 - 치국 - 평천하의 점진적 확대가 그 유일한 대안이 될 수밖에 없다. 공관복음서의 한 원형인 도마의 명제는 뜻을 같이 하는 가까운 형제에 대한 소박한 사랑을 말했다는 의미에서 오히려 유가적일 수도 있다.

이스라엘민족 최초의 제사장, 아론의 135대 직손인 아세르(Asher) 제사장이 사마리아 오경의 신명기 부분(6:4~9)을 나에게 보여주고 있다. 사마리아 5경은 유대인 토라와도 다른 또 하나의 판본이다. 최초의 판본은 고대 페니키아어로 쓰여졌다.

나는 어려서부터 사도 바울을 흠모했다. 그리스도의 사도로서 이방선교를 감행한 용기, 그의 편지에 나타나는 치열한 헬라적 논리, 목회자로서 일체 신도들의 헌금에 자신의 삶을 의존치 않고 텐트-메이커로서 살았던 멋멋한 양심, 여타 제자들과는 구별되는 학문 실력과 국제적 감각, 그리고 투병의 역정, 이 모든 것이 나의 실존적 삶의 자세와 철학에 스며들었다. 그가 태어난 고향, 다소(Tarsus)를 가보는 것이 어린 나에게는 아득한 동경이었다. 그런데 나는 지금 바로 바울이 걸었던 그 길을 걷고 있다. 다소의 중심부에 있는 이 길은 바울뿐 아니라, 키케로, 줄리어스 시저, 클레오파트라와 마크 안토니우스, 옥타비아누스, 하드리아누스가 걸었다. 이 유적지는 입장이 불가한 곳이었으나 특별허가를 얻어 걷는 영예를 얻을 수 있었다. 이 여로는 나의 사상역정의 한 혁명이었다. 나는 앞으로도 도마복음 속의 "살아있는 예수"가 제시한 길을 묵묵히 타협 없이 걸어갈 것이다. 그리고 나를 "길 잃은 양"이라고 생각하는 많은 사람들이 길을 잃지 않도록 꾸준히 살아있는 예수(The Living Jesus)의 말씀을 전할 것이다.

100. 지로역정(地路歷程)

한국의 교회여! 끊임없이 새롭게 울려퍼지는 예수의 복음을 들으라!

> 종교는 권유이며 강요가 아니다. 과도한 전도주의는 죄악이다. 종교가 우리사회의 합리적 소통을 방해하는 이념이 될 수는 없다. 모든 성서는 인문학적 분석의 대상이다.

100회로써 중앙SUNDAY에 연재되었던 "도올의 도마복음 이야기"는 막을 내린다. 나는 본시 중앙일보에서 2년 동안만 사회적 글쓰기의 책무를 수행하기로 약속했다. 2년이라는 세월이 짧을 수도 있겠지만, 나에게는 몹시 기나긴 인생의 시간이었다. 중앙일보 본지에 쓴 도올고함과 중앙SUNDAY에 쓴 도마복음서 주석은 모두 비슷한 분량인데, 2년 동안 무사히 연재하고 약속대로 마무리할 수 있게 되었다는 이 사실이 기적 같게만 느껴진다. 도마복음서 주석은 신약성서에 대한 기존의 통념을 뒤엎는 매우 파격적인 내용을 많이 담고있기 때문에 맹목적 신앙과 보수적 교단의 이해만을 고집하는 사람들에게는 하나의 충격이었을 것이다. 물론 중앙일보에 보이지 않는 압력도 있었을 것이고, 또 이 순간 이 연재가 종료된다는 사실을 "복음의 소식"처럼 기뻐할 사람들도 있겠지만, 도마복음 이야기가 2년이나 사회적 공론으로서 지속될 수 있었다는 것은 한국교계의 성숙한 모습을 입증하는 것이다. 그만큼 성서에 대한 합리적, 지적 이해의 갈망이 우리사회에 하나의 거대한 사상적 흐름을 형성하고 있다는 사실에 대한 반증이기도 하다. 여론의 줄타기를 하면서 버겁게 나의 연재를 지속시켜온 중앙일보 관계자들에게 우리는 모두 감사의 마음을 전해야 할 것이다.

나는 어려서부터 혹독한 신앙의 굴레 속에서 성장하였다. 나의 아버지는 일제시대 때 쿄오토제국대학(京都帝國大學) 의학부까지 다닌 양의였으니까 돈을 많이 벌었다. 그런데 그렇게 많이 번 돈의 거의 전부를 교회에 바쳤다. 그러기 때문에 나 또한 내 삶을 가계에 의존하지 않고 운영해야만 했다. 대학시절부터 유학시절에 이르기까지 나는 장학금으로 나의 학업을 지탱하였다. 내가 유족한 집에 태어나 유족하게 공부한 사람으로 아는데 실상 나는 자력으로 산 사람이다. 우리 누나도 미국유학 갔을 때 미국대학 장학금으로 공부했다. 그런데 그 박약한 장학금을

사도 바울의 집 트락에 있었던 우물. 바울 그는 신화 아닌 역사였다. 지금도 바울이 먹었던 그 샘물을 퍼먹을 수 있다. 내가 방문했을 때 다소는 "바울의 해" 축제로 들떠 있었다. 다소를 둘러치며 내륙과 해안으로 뻗은 타우루스 산맥에서 유프라테스·티그리스강이 발원한다는 것은 상징적이다.

아껴 부모님 쓰시라고 송금하면, 우리 부모는 그 피땀어린 돈조차 몽땅 교회 성전 헌금으로 바쳤다. 이렇게 해서 성장을 거듭해온 우리나라의 교회들이 과연 이 민족, 이 사회에 어떠한 빛을 발하고 있는지 나는 알 바가 없다. 단지 내가 우리 부모님께서 믿으신 하나님께 감사하는 것은, 돈을 버는 족족 다 교회에 바쳤기 때문에 우리 6남매가 싸울 일이 아무 것도 없다는 사실 하나뿐이다. 우리 부모는 남긴 것이 아무 것도 없다. 그들의 삶에서 내가 배운 것은 초월자에게로의 헌신이 아니라 자기부정(self-negation)이다. 나의 부모의 헌신적 자세야말로 곧 축복이라고 할렐루야를 외칠 광신도들이 많겠지만, 나는 그러한 축복은 영원히 사양한다.

나는 도마복음을 공적인 자리에 연재하면서, 다음과 같은 사명감 속에서 주석했다. 첫째, 기독교신자가 이토록 많은 나라, 그리고 신학자들이 이토록 많은 나라에서 세계적으로 가장 첨단에 서있는 성서관련 정보가 차단되고 있는 것은 좀 부끄러운 현실이라는 생각이 들었다. 신학자들이 교권에 눌려 소신껏 자기 목소리를 낼 수가 없게 되면 신학은 생명력을 잃는다. 신학이 자유로운 상상력을 상실하면 교권이 타락하고 결국은 교회 자체도 몰락하게 마련이다. 현재 도마복음서의 연구는 구미신학의 주류를 형성하는 첨단사조이다. 이 시대 이 땅에도 구미신학의 한계를 초월하는 자유로운 신학적 논의가 있었다는 이정표를 나는 세계사에 남기고 싶었다. 그것은 비단 신학만의 문제가 아니라 한국사상사의 개방성에 관한 문제였다.

둘째, 모든 경전은 성서이며 성경이다. 성경(聖經)이라는 말 자체가 유교경전에 대해 썼던 말을 기독교가 차용한 것이다. 성인의 가르침을 담은 경전을 모두 성경이라고 불렀던 것이다. 그런데 우리나라에서는 "성경"이라는 말에 특수한 의미를 부여한다. 그것은 성령에 의하여 쓰여진 특수한 문헌이며 인간의 지혜에 속하지 않는다고 말한다. 이제 이러한 황당한 거짓말로부터 우리는 해방되어야 한다. 모든 성경은, 지구상의 문명의 문자의 산물인 이상 철저히 인간의 창작물에 속하는 것이다. 비록 신의 영광을 드러내기 위하여 쓰여진 것이라 할지라도 인간의 손을 빌린 이상, 그것은 인간의 창작물에 속하는 것이다. 성경을 집필한 손의 신성을 이야기한다면 그것은 바로 인간의 신성(holiness)을 말하고 있을 뿐이다. 따라서 모든 성경은 인간의 지혜의 소산으로서 철저히 분석되어야 한다. 그 통시적·공시적 측면이 언어학·역사학·신화학·철학·문학 등 제반 학문의 성과 위에서 유감없이 분석되어야 한다. 이러한 분석으로써 깨져나가는 신앙은 신앙의 자격이 없다.

셋째, 신을 믿는 것은 자유이다. 그러나 신을 믿지 않는 것도 자유이다. 인간이 신을 믿어야 한다면, 신 또한 인간을 믿어야 할 것이다. 신과 인간은 호상적으로 형성되어가는 과정일 수밖에 없다. 이러한 나의 생각과 무관하게, 혹자가 어떠한 형태의 신관이나 신앙형태를 유지하든지간에 그것은 개인의 자율에 속하는 문제이다. 그러나 그것이 개인의 자율권을 벗어나 사회적·집단적 행위로 표출될 때 최소한의 합리적 규제의 제약을 벗어날 수는 없다. 사람들이 곤히 잠들고 있는 새벽 주택가에서 무지막지하게 거대한 소리로 범종이나 차임벨을 울리는 것은 인권의 침해에 속하는 일이다. 정적한 산사에서 돼지 먹따는 듯한 염불소리를 확성기로 틀어놓는 것도 분명한 폭력이다. 이런 사소한 문제를 포함하여 인간의 내면세계에까지 마구 간섭하면서 배타적 권력을 휘두르는 종교적 폭력은 사람들이 지적하기를 두려워한다. 광신도들의 광란이나 정치적 세력화의 협박 때문에. 나는 종교가 우리사회의 합리적 소통을 방해하는 광신의 형태가 되는 것을 용납해서는 아니 된다고 생각한다. 한때 가톨릭 신부들이 자기들도 세금을 내야한다고 주장한 적도 있었는데, 종교적 단체의 재정이 투명하게 공개될 수 있는 새로운 세제(稅制)를 입법화하는 것은 너무도 정당한 일이다. 왜 기독교인이면 무조건 빨갱이를 증오해야 하는가? 도대체 기독교와 반공이 무슨 상관인가? 왜 기독교인이라면 정치적으로 보수적인 입장에 서야만 하는가? 이 모든 것이 종교 자체를 도그마로서만 규정하는 사유에서 유래되는 것이다. 종교는 더 이상 도그마가 되어서는 아니 된다.

넷째, 도마복음서에 대하여 나는 고전주석의 일반적 논리를 따랐다. 도마복음은 분명 예수가 그리스도나 묵시론적 메시아로 둔갑하기 이전의 살아있는 역사적 인간의 모습을 담고있다. 그리고 이 문헌의 핵심적 층대는 4복음서의 성립보다 빠르다. 나는 AD 50년경으로까지 소급시킬 수 있다고 확신한다. 물론 어느 로기온 파편은 그보다 후대에 성립한 것이 삽입되었을 수도 있다. 도마복음은 영지주의와도 무관하다. 영지주의 문헌이 보여주는 신화적 세계관으로부터 탈피되어 있다. 도마복음의 문헌적 정밀함은 그것을 외경으로 몰아붙이려는 어떠한 시도도 무색하게 만든다. 이미 도마복음은 외경으로서 소외될 수 있는 문헌이 아니며, 4복음서의 전승의 갈래를 파악케 만드는 원자료로서 큐복음서와 함께 이미 4복음서에 내재하는 문헌으로 융합되어가고 있다. 도마복음서의 이해가 없이 4복음서를 이해하는 것이 이미 문헌비평학적으로 불가능하다. 즉 도마복음서는 4복음서와 병립되는 제5복음서가 되어가고 있다. 미국 신학계에서는 이미 5복음서운동이 일어나고 있다.

앞으로 새로운 종교혁명이 일어난다면 신약성서의 재편집도 얼마든지 가능하다. 제5복음서로서 도마복음서가 들어가고 요한계시록이 탈락되는 27서를 구상할 수도 있다. 인도불교가 선불교에로의 격의(格義) 과정을 거쳤다면 로마중심의 서구기독교가 동방의 선기독교에로 트랜스포메이션 과정을 거칠 수 밖에 없다는 것은 하나의 역사적 필연이다. 이러한 생각들이 나의 신념이요 사명이다. 종교는 권유이지 강요가 아니다. 제25장까지 주석을 마쳤다. 나머지 26장부터 114장까지의 부분은 보다 학구적인 주석으로서 단행본(제3권)으로 상재될 것이다

이상 1·2권에 실린 100편의 글은 2007년 5월 6일부터 2009년 3월 29일에 걸쳐 약 2년간 매주 일요일 중앙SUNDAY에 연재되었던 것이다. 그 연재 양식을 그대로 존중하여 실었다. 중앙SUNDAY에서 디자인을 담당했던 방진환 팀장, 교정을 담당했던 최성우, 김승욱 부장에게 감사한다. 사진은 중앙일보 임진권 기자가 찍은 것이고 자료정리는 당시 기자였던 김인혜 부장이 담당하였다. 그리고 중앙SUNDAY 제1대 편집국장 오병상, 제2대 편집국장 전영기, 이 두 사람은 이 글이 연재되는 과정에서 일어나는 모든 문제들을 온 몸으로 막아주고 필자를 격려하였다. 이 두 사람에게 이 자리를 빌어 특별한 감사를 표한다. 우리 문명의 케릭스[전령관]들이었다고 말해야 할 것이다.

다소 한가운데 있는 바울과 관계있는 초기교회. 축성 연대는 AD 300년에까지 소급될 수 있다. 1415년 모스크로 전환되어 지금에 이르는데 전형적 바실리카 양식이 남아있다. 나는 여기서 바울을 생각하면서 기도를 드렸다. 그동안 나의 글을 읽어준 여러분을 위하여 경건한 마음으로 기도한다.

찾아보기

【가】

가나(Cana) 132, 135, 248
가나안(Canaanites) 35, 72
가나안·페니키아 문명 14
가나 혼인 잔치 13
가다라(Gadara) 198, 203
가버나움 30, 33, 38, 101, 339
가비족 28
가이사랴 99
가이사랴 빌립보(Caesarea Philippi) 72, 78, 80, 87, 276, 279, 281
가장 큰 한 마리의 양 237
가주기(Gṛhasthāna) 310
가치의 전도 47
가톨릭 25, 48, 68
가현설(假現說) 124
각자(覺者) 361
갈대아 우르 20
갈등 310
갈리에누스(Galienus) 258
갈릴리(Galilee) 18, 19, 21, 26, 33, 39, 47, 88, 106, 135, 136, 203, 248, 256, 279, 285, 300, 313, 318, 336
갈릴리바다 30, 33, 198, 228
갈릴리사역 86
갈릴리전투 204
갈릴리호수 38, 72, 279, 339
갈매기 218
감람산(The Mount of Olives) 48, 272, 320, 324, 327
敢問死 323
감정 363
갓난 아이 200, 202
강직증성 황홀경(cataleptic trances) 165
개벽(開闢) 152, 164
개새끼(kynarioi) 41
개성석경 192
개인의 고독한 주체
　(the solitary subjectivity of an individual) 361
개장(芥醬) 336
거라사(Gerasa) 216
거라사인의 땅 198

건중 2년(781) 192
게걸스러운 탐식가(pharos) 233
게네사렛(Gennesaret) 38
게벨 알 타리프 17, 64
겟세마네 동산 324, 327
겨자 336
겨자씨 340, 345
겨자씨의 비유 337
격리 310
격의(格義) 383
견유학파(Cynicism) 45, 46, 101, 165, 285
겸손(humility) 201
경교 192
경이 143, 145, 154, 224, 260
경작(horticulture) 338
경전 381
계시(啓示, revelation) 208, 221, 251
고(苦, duḥkha) 142
『고대문명교류사』 23, 46
고대히브리어 372
고독 66, 69
고독한 구원(solitary salvation) 69
고딕(양식) 312, 343
고라신(Chorazin) 30, 33
고린도전서 170
고린도후서 144
고문헌 107
고자(告子) 231
고전시대(Hellenic Age) 45
고통 141, 143, 145, 260, 263
고행(stylism) 358, 366
고행승 360
곤(鯤) 345
곤다포루스(Gondaphorus)왕 28
곤충 218
골란고원 24, 38, 198
골리앗 75
공관복음 76, 86, 116, 125, 137, 211, 218, 241, 279, 280, 283, 290, 296, 302, 303, 320, 332, 337, 344, 347, 356, 369, 374

공관복음서의 계시록 321
『공관복음서전승사』 39
공관자료(synoptic materials) 242
공동식사(common eating, open commensality) 101, 298
공서화(公西華) 278
「공야장」27 262
공자 137, 191, 220, 262, 292, 323, 329
공작새 27
공짜 치료(free healing) 101
과두정체 226
과두정체적 인간 226
과학(science) 74
관목(灌木) 340
관세음보살
　(觀世音菩薩, Avalokiteśvara) 335
광야시험 334
광천샘(광천수) 276, 279
괴팅겐대학 86
교감(intercourse) 83, 105, 107
교단조직 140, 152
교목(喬木) 340
교황 216
교회 74, 89, 108, 159, 215, 244, 276, 381
교회론 68
교회사 68
『교회사』 22, 180, 273
교회운동 73, 75, 77
구브로(Cyprus) 222
구세주 326
구속사건(saving event) 167
구약 130, 318, 321, 327, 340, 364, 372, 375
구유간 303
구제(Alms) 212, 290, 295
구찌터널 15
구함 145, 262
국립중앙박물관 231, 329
국제통용어(lingua franca) 106
굽 218
귀뚜라미 218
그노스티시즘(Gnosticism) 69

그노시스(gnosis) 70, 116, 171, 200, 364
그노티(gnōthi) 208
그레코·로만 21, 146, 167, 342
그리스 40
그리스도 72, 74, 78, 88, 142, 165, 166, 280, 359, 368, 378, 383
그리스도론 356
그리스도운동 304
그리스도인 330
그리스철학 24
그리심산(Mt. Gerizim) 372, 376
그발 14
극장 214
금강산 318
금식(Fasting) 290, 295
금욕 358
기다림의 언덕 106
기도(Prayer) 212, 290, 295
기독교(Christianity) 24, 70, 84, 146, 157, 174, 176, 182, 222, 234, 237, 291, 296, 309, 316, 326, 368, 373, 375
기독교공인 140
기독교국가(the earliest Christian state) 23
『기독교성서의 이해』 128
기독론(Christology) 72, 152, 201, 206, 280, 283, 301, 311, 322, 326, 332
기독론적인 해석
　　(Christological interpretation) 244
기둥 360
기드론 골짜기 324
기드온 372
기록자(recorder) 82, 103, 109
기름 부음을 받은 자(the anointed) 75, 166
「기묘한 과일Strange Fruit」 99
기번 166, 171
己所不欲, 勿施於人。 220
기손 시내(the Kishon Valley) 34
기자(Giza) 35, 264
기적의 언덕(Hill of Wonders) 363, 365
기혼 335
길 371
길리기아 14
길 잃은 양 67, 378
김수환 추기경 353
김좌진 246
까마귀 90, 95, 96
깨달음 361
끊임없는 추구 134, 154

【나】

나그함마디 17
나그함마디 라이브러리 133, 286
나그함마디 문서 60, 62, 64, 83, 98, 177
나그함마디 성서 159
나는 … 이다(egō eimi) 124
나라 136, 148, 151, 154, 163, 359
나레이터 110, 123, 133, 136, 236, 278, 286
나르테코스(νάρθηκος) 363
나물 340
나바태안(나밭)왕국(Nabataean Kingdom) 15, 144, 150, 153, 162, 216
나사렛 101, 300
나이 먹은 어른(the man old in days) 188
나족의(裸足醫) 298
나폴레옹 57, 269
낙타 218, 274
남(男) 183
남부 갈릴리(Lower Galilee) 101
남산(南山) 253
남산타워 312
남성성 179, 311
남·여의 하나됨 359
낫세르 대통령 60
내가 나의 왕이 된다 224
내러티브 가스펠(복음서) 140, 176
내면 365, 368, 370
내면적 사태 361
내면화 152
너 자신을 알라!(gnōthi seauton) 165, 167
네로 황제 120, 234
네메시스재판소 78
네스토리우스(Nestorius)일파 192
네오플라토니즘(네오플라톤주의) 24, 140
노자(老子) 191, 196, 254, 268, 285, 314, 316, 328, 359
『노자도덕경老子道德經』 163, 188, 195, 285
노화(Aging) 194
놀람 143
농경사회 310
농부 340
누가(복음) 32, 158, 185, 198, 199, 218, 255, 256, 296, 311, 338
눈동자 376
느보산 15
느부갓네살 340

니고데모(Nicodemus) 357
니까야(nikāya) 141
니므롯(Nimrod) 왕 180, 186
니므롯성 186, 190
니체 47, 329
니케 150

【다】

다곤 신전 14
다니엘 340
다니엘묵시록 94
다대오(Thaddaeus) 23, 51
다리우스 3세 14
다마스쿠스(다메섹) 15, 21, 76, 144
다석 유영모 371
다소(Tarsus) 14, 330, 365, 378, 384
다윗(왕) 15, 75, 114, 300, 302, 326, 372
다윗의 별 303
단독자 311
단식(Fasting) 212, 219
당나귀 358
당나라 192
당태종 192
당파적 성격(sectarian unity) 376
당현종 192
대만대학 26
대붕(大鵬) 345
대속 166, 171
대속자신화(the Gnostic redeemer myth) 140
대속적 죽음 171
대승(大乘) 68, 139
대승기독교 137, 140
대승불교 141
대욕(大欲) 358
대전차경기장(Roman Hippodrome) 13, 120
대중성(popularity) 68
대진경교유행중국비 192, 197
대피라미드(이집트 기자) 35, 264, 322
대회랑(Grand Gallery, 대피라미드) 264, 269
던지다(bállō) 308
데가볼리(Decapolis) 15, 20, 38, 72, 198, 210, 216, 279
데린쿠유 15
데시우스황제 84
데이비드 로버트(David Roberts) 148
데카폴리스 20, 198

델피 아폴로신전 165, 208
도(道) 357
도그마(dogma) 69, 382
도덕 363
도마 196, 273, 274, 278, 285, 370
도마공동체 104, 126, 129, 289
도마기독교(Thomas Christianity) 15, 35, 49, 52, 124, 174, 178, 182, 186, 294, 306
『도마복음한글역주』(3) 245
도마서(The Book of Thomas) 133, 169
도마(유다) 23, 27, 35, 50, 51, 59, 61, 67, 73, 79, 81, 91, 96, 103, 106, 110, 122, 126, 133, 141, 169, 174, 186
도마자료 344, 352
도마전승 50
『도마행전Acts of Thomas』 53, 170
道生一, 一生二 268
『도올의 논어이야기』 353
『도올의 도마복음한글역주』(1) 81
도케티스무스(Doketismus) 124
독생자 326
독수리 218
독일 308
독자(Reader) 103, 109
동굴교회 14, 332, 347
동로마제국 300
『동방견문록』 27
동방박사 300, 329
동병상련 222
동정녀 마리아의 신화 302
동체의 아담(andropgynous Adam) 328
동학 220
돼지 198, 218
두로(Tyre) 13, 32, 33, 35, 36, 37, 38, 72, 88, 108, 114, 120, 126, 279, 318
두바이 16
두샤라(Dushara) 150
드라마 210
드루즈(Druze) 24, 27, 45
득어망전(得魚忘筌) 238
『디다케』 219
디두모유다도마(Didymos Judas Thomas) 81
디모틱문자(Demotic) 55
디아메리스몬(διαμερισμόν) 255
『디아테사론Diatessaron』 29
디오게네스(Diogenes of Sinope) 46
디오니소스 99
따르는 자들(the followers) 50, 271, 319

【라】

라마단 291
『라이마루스로부터 브레데까지 Von Reimarus zu Wrede』 92
라틴 벌게이트 성서 84
라틴 웨스트(Latin West) 25
랍비 197, 244, 346
램브딘(Thomas O. Lambdin) 62
러브밸리(Love Valley) 12
레바논 27, 33, 39, 45, 102, 114, 132, 138, 234, 282, 292, 318, 322, 336, 341, 344, 346
레바논산맥 14, 228, 284, 288
레방트(Levant) 138
레이톤(Bentley Layton) 62
로고스(logos) 140, 369
로고스기독론 117, 123, 164, 333, 371
로기온 33, 49, 62, 65, 77, 122, 137, 152, 218, 233, 236, 243, 257, 311, 320, 331, 344, 374, 383
로댕 292
로마 40, 78, 102, 140, 171, 330
로마군단 94
로마와 전세계에(Urbi et orbi) 216
로마의 빵바구니 228, 249
로마정통기독교 53
로마제국 25, 98, 101, 162, 203, 216, 234, 342, 366
『로마제국쇠망사』 166
로빈슨(James M. Robinson) 62, 64, 315
로제타 스톤(Rosetta Stone) 56, 57
룩소르 54
르네상스 138
리비오페니키아인(the Libyo-Phoenicians) 40
리오폴리스 14
리차드 스트라우스 204
리학(理學) 260

【마】

마가 72, 88, 89, 99, 198, 200, 279, 290, 299, 338, 374
마가기독교 88
마가복음 38, 86, 91, 100, 140, 242, 244, 250, 321, 332
마가복음 우위설(Markan priority) 86
마가자료 344
마기(magi) 329
마니교(Manichaeism) 29, 53
마다바 15
마당(temenos) 216
마론파(기독교) 45, 282, 284, 294, 306
마르시온(Marcion) 29, 52
마르시온교회(Marcionism) 29
마르코 폴로(Marco Polo) 27
마리아(막달라) 350, 364
마리아상 347
마리아(어머니) 50, 102, 108, 132, 300
마리함(Mariham) 350
마사다요새 207
마약(pharmakōn) 50
마오 쩌뚱 257
마우리아왕조 46
마이달 샴스(Majdal Shams) 24
마이크로 코스모스 345
마지막 아담 333
마카이라(μάχαιρα) 255
마캐루스 성채 15, 204, 207, 252, 255
마케도니아 186
마크 안토니우스 378
마타이아스 170
마태 50, 72, 185, 198, 199, 279, 280, 290, 296, 298, 299, 311, 321, 338
마태기독교 49
마태복음 211, 217, 238
마태자료 92
마호메트 360
막두쉐(Maghdouche) 13, 106
막센티우스(Maxentius) 140
莫見乎隱, 莫顯乎微 221
만복(萬福) 237
만(卍)자 문양 231
만타라(mantara)의 언덕 102
말구유간 300
말라바르지방(the Malabar Coast) 27
말씀(로기온) 77, 136, 263, 290, 334, 361, 374, 378
맘룩크왕조 138
맘몬(Mammon) 142
매케인 258
맨(man) 184
맹자(孟子) 231, 368
메뚜기 218
「메리 크리스마스 Joyeux Noël」 308
메소포타미아 19, 32, 162, 260
메시아(māšiah) 24, 75, 88, 93, 302, 383
메시아됨의 종말론적 의미 (the Messianic eschatological significance) 93

메시아비밀(the Messianic Secret) 78, 89,
　　91, 94, 112, 206, 245, 284
메시아사상(Messianism) 326
메시아숨김 88
메시아왕국 344
메시아운동 75
메이어(Marvin Meyer) 63, 286
메인로드(cardo maximus, 팔미라) 168
메일 쇼비니즘(male chauvinism) 184
멜카르트(Melkart) 138
멜카르트 신전(the temple of Melkart) 126
멸집(滅執) 268
명예지상정체 226
명예지상정체적 인간 226
모세 24, 153, 158
모세5경 372
모세산(Mose's Mountain) 348, 354, 358
모세의 샘(Ain Musa) 153
모스크 360, 384
모자이크 335
목욕탕 20, 22
몽고 197
무(無) 357
무구(purity) 201
무극(無極) 357
무명(無名) 163, 316, 357, 359
무명(無明, avidyā) 165
무분별 357
무소유 297
무아(無我, anātman) 124
무욕(無欲) 163, 316
무위(無爲) 254
무위진인(無位眞人) 233
무조건적 신앙(unconditioned faith) 201
무주상(無住相) 293
무지의 자각 165
무화(無化) 66
묵시 221, 251
묵시록 100
묵시록적 사상가 100
묵시론 98, 256, 383
묵시문학 334
묵시문학적 나무
　　(the great apocalyptic tree) 344
문헌비평 86, 97, 290
뮈토스 146
뮤렉스(murex) 106
미국 156
미나렛(minaret) 360
미디안족 24

미술아카데미(Academy of Fine Arts) 292
『미쉬나』 346
미인송 318
未知生, 焉知死。 323
미켈란제로 313
민들레 340
민용문자(demotic) 54, 59
민주정체 226
민주정체적 인간 226
밀교(密敎) 179, 205, 206
밀라노 칙령(the Edict of Milan) 140
밀비우스다리(Milvian Bridge) 140

【바】

바나바(Barnabas) 222, 330
바니야스(Banyas) 72, 279, 280
『바돌로매복음서』 287
바라밀(pāramitā) 124
바로크시대 216
바루트(Barut) 28
바룩묵시록 94
바룩서 159
바르데산(Bardesane) 28
바리새인 207, 219, 221
바바라 알란드(Barbara Aland) 53
바빌로니아 35, 102, 180, 183
바빌론 20, 340
바빌론문명 33
바빌론유치 327, 375
바스라 20
바시르 알 아사드(Bashir al-Assad) 156
바실레이아(βασιλεία) 148
바실리카(교회) 366, 384
바알(Baal) 34, 42
바알베크(Baalbek) 14, 228, 240, 249
바알신 228
바알신앙 33
바알신전 15, 228, 236
바울 14, 18, 27, 41, 74, 76, 98, 111, 140,
　　144, 150, 158, 170, 172, 173, 184,
　　196, 200, 222, 225, 258, 260, 270,
　　273, 302, 315, 332, 333, 342, 346,
　　347, 348, 351, 352, 354, 358, 365,
　　368, 378, 380, 384
바울서한 170
바위 부조 132
바자르(시장) 120, 122
바카스 362

바카스신전 228, 240
바티칸 216, 221
박(樸) 359
박쥐 218
박트리아(Bactria) 28
박해자 사울 351
반고(班固) 14
반문명적인 전복(subversion) 254
반석 276
반초(班超) 14
발가벗음 352
발견 154, 176, 191, 200, 212, 224, 238,
　　245, 273, 291, 361
발견의 희열 176
발란타시스(Richard Valantasis) 275, 365
발레리아누스 258
발렌티누스(Valentinus)학파 364
발해 246
방랑자 129, 179, 310
방랑자의 래디칼리즘(Wanderradikalismus) 50
방랑하는 카리스마(wandering charismatics,
　　itinerants) 50, 101, 203, 296
방아깨비 218
배우 210, 213
백개자(白芥子, Sinapis alba) 336, 346
백부장 39, 99
백향목(柏香木, Cedrus libani) 318, 321,
　　322, 336, 341, 343, 344, 346
백화노방(百花怒放) 83
버림 237
버크하르트(J. L. Burckhardt) 144, 148
번문욕례 298
번민 154, 224
번제 167, 372
베니스 27
베다니 324
베드로 18, 27, 50, 72, 78, 88, 98, 238,
　　273, 276, 278, 280, 284, 320, 332
베드로기독교 49
베드로성당 216, 221
베들레헴 300, 303, 329
베르니니(Gian Lorenzo Bernini) 216
베를린대학 64
베스파시아누스황제 348
베시클리(Besikli) 354
베옷 34
베이루트(Beirut) 32
베카밸리(al-Biqāʿ Valley, The Bekaa Valley)
　　14, 228, 249
베트콩 15

「벤허」 120
벨엘 20
벳새다(Bethsaida) 30, 33, 72, 279
변모산 88
변영태 162
변자도마서
    (The Book of Thomas the Contender) 170
변형(Transfiguration) 88
보시(布施) 293
보편기독교 351
보편적 인간(Universal Man) 188
보편주의 375, 377
복귀어무물(復歸於無物) 328
복락원 334
복음서 97, 336
복음서작가 167, 326
복음서 저자 271
복음(유앙겔리온) 31
본체 333
부시정권 156
부여 용정리 231
부카라(Bukhara) 28
부활 76, 88, 93, 99, 145, 171, 258, 262,
    302, 333, 346, 347, 368
부활사상 140
부활신화 184
부활체험(resurrection experience) 93
북만주 246
북이스라엘 33
북한 156
분쟁(division) 255
불교 24, 260, 268, 293, 316, 352
不多食 292
不使勝食氣 292
불트만(Rudolf Karl Bultmann) 32, 39, 76,
    85, 89, 273, 326
불패의 태양신(soli invictus) 142
뷔켄(Bücken) 85
브라씨카 니그라(Brassica nigra) 336, 346
브라씨카 준케아(Brassica juncea) 346
브레데(William Wrede) 85, 88, 91, 100,
    206, 245
브레스라우(Breslau)대학 86
브샤레(Bsharrī) 45, 282, 288, 292, 294,
    306, 312, 315
브엘세바(Beer-sheba) 20
비너스신전 228
비늘 218
비림(碑林) 192
비밀스러운 말씀들(the secret sayings) 89

비블로스(Byblos or Jbail) 14, 32
비손 335
비식(鼻識) 310
비역사적(unhistorical) 88
비옥한 초승달(Fertile Crescent) 33, 183
비유 88, 251
비의성(秘儀性) 353, 362
비의적 205
비잔틴제국 234
비탄의 길(Via Dolorosa) 270
빌라도 총독 18, 99
빌리 할러데이(Billy Holiday) 99
빌립 371
빌립보(Philip) 78
『빌립보복음서』59 351
빌헬름2세 240
빛(포스) 118, 264, 267, 327, 367, 368,
    371
빛의 세계 364

【사】

사강사(Privatdozent) 86
사도 28, 48, 238, 274, 378, 380
사도신경 73
사도행전 98, 144
사랑 171, 172
사르캐즘(sarcasm) 262
사마리아 18, 21, 34
사마리아 여인 372
사마리아 오경 377
사마리아인 372, 377
사막 66
사막문명 310
사만다그(Samandağ) 360, 366
사망 368
사복음서 111, 158, 176, 206, 239, 270,
    278, 315, 326, 383
사산조 페르시아 258
사울 75, 330
사자(leōn) 95, 96, 227, 230, 231, 266
사자를 먹는다 224
사제문서(P) 375
사제문자(hieratic) 54, 59
사탄(Satan) 244, 250, 328, 334
사해 204, 207, 252
사해문서 159
사회적 지위에 대한 무관심
    (unconcern for social status) 201

산상수훈 30, 120
산상수훈교회(Church of the Beatitudes) 30,
    34
산시(山市) 246
살로메(Salome) 50, 204
살아있는 예수 71, 79, 91, 110, 113,
    122, 133, 142, 164, 265, 278, 378
살아있는 자 262
삶의 무리(生之徒) 195
삶의 완성(consummation) 328
삶의 자리 191
삶의 환희 131
삼손 231
三正道 329
삼천대천세계(三千大千世界) 260
상(像, eikōn) 230
상록교목 318
상향(上向, upward) 194, 202
상형문자 57, 59
상호내재(mutual indwelling) 173
상호내주(相互內住) 371
새김질 218
새로운 자아의 건설(the construction of an
    alternative subjectivity) 142
생명 371
생명의 무리 202
샤푸르 258
샹폴리옹(Jean-François Champollion) 56,
    58
서구기독교 383
서기관 197
서로마 371
서방정통교회(Western orthodoxy) 53
서안(西安) 192
서양(the West) 25
서양의학 205
서양철학 176
서울역사박물관 192
서유럽 25
서한(바울) 76, 111
석관(sarcophagus) 106, 258, 261, 269
석관(시돈) 40
석굴교회 332
석주회랑 40
선(禪) 316
선기독교 383
선민의식 74, 94
선불교 383
선의 이데아 226
선지자 72, 280, 306, 315

「선진」편 278
선한 사마리아인 375
『설문』 345
설식(舌識) 310
성각문자(聖刻文字) 54, 59
성경(聖經) 381
성공회 308
성교 178, 181
성립연대 117
성 베드로광장(Piazza San Pietro, 바티칸 베드로성당) 216, 221
성 분묘교회(the Christian shrine of the Holy Sepulchre) 138
성서 107
星星之火, 可以燎原 257
성소(야훼) 372
성 시므온(Saint Simeon) 299, 366
성 시므온 교회 369
성악설 368
성 엘리사 수도원(the Monastery of Saint Elisha the Prophet) 306
성전 320
성지순례 300
성화 93
세겜(Shechem) 20, 376
세계수(世界樹) 344
세레 셈(šēre šēm) 351
세례 255, 304
세례요한 15, 72, 93, 204, 207, 218, 233, 252, 255, 280, 303, 304
세례운동 304
세 번째 하늘(the Third Heaven) 260
세인트 폴(St. Paul of Thebes) 84
섹스 178
셀레우코스 102
셀레우코스1세(Seleucus I Nicator) 225, 342
셀레우코스왕조 35, 162, 203, 279, 342, 354
셈족 146
셉츄아진트 334
셰누테(Shenute) 57
소 218
소기천 23
소나무과(family Pinaceae) 318
少年春夢海涯帆, 人世興衰足下霧 222
소리개 218
소승 139
소승기독교 137
소승불교 141

소아과학(pediatrics) 190
소아시아 20, 27
소크라테스 165, 166, 167, 225, 229, 363
소테리아(sōtēria) 335
소피스트 21
소피아(sophia) 146
소피아성당 234, 366
속죄일(the Day of Atonement) 219
솔로몬 114, 318, 344
솔로몬성전 327
솔로몬시편 94
송유(宋儒) 260
수가(Sychar) 376
수난 98
수난설화(Passion Narrative) 19
수도원운동 57
수로보니게(Syrophoenician) 37, 39, 45
수신-제가-치국-평천하 310, 377
수육(受肉, Incarnation) 304
수행승 84, 90, 311
순결(innocence) 201
순교 351
순교자 353
술주정뱅이(oinopotēs) 233
쉐히타(shehita) 218
슈바이처 95, 100
스닐(헤르몬산) 42
스리랑카 141
스코틀랜드 308
스킬라(Skylla) 230
스타디움 경기장 20
스타일라이트(stylite) 360
스테반 데이비스(Stevan Davies) 65
스테파노 353
스테판 351
스테판 문 351
스토아학파(Stoicism) 45
스틱스강(the Rivers Styx) 347
스틸로스(stylos) 360
스프링크 308
승천 76
시간의 종료 328
시내광야 24
시돈(Sidon) 13, 32, 35, 36, 38, 40, 42, 72, 102, 106, 108, 138, 143, 279
시룐(헤르몬산) 42
시리아 19, 20, 23, 24, 27, 28, 33, 39, 49, 81, 156, 166, 225, 342, 360, 366
시리아령 203

시리아사막 162
시리아속주 216, 228
시리아어 53, 197, 376
시몬 237
식민지 300
식색지성(食色之性) 231
식탁교제(the table fellowship) 224, 233
식탁교제운동 161
신동엽(申東曄) 253
신비적 205
신비주의(mysticism) 313
신비체험 260
신성(the divinity, holiness) 301, 302, 382
신식(身識) 310
신앙 382
신약 159, 204, 324, 334, 370, 379
『신약성서신학
  Theology of the New Testament』 76
신약학 86
신에 대한 사랑 377
신의 온전함(divine perfection) 226
신의 자기구원(the self-saving of God) 140
신적인 경지(divine realm) 285
신적인 당당함 365
신학 381
신학화(theologising) 86
신화(myth) 74
신화적 아담 358
신화적 코스몰로지 332
실락원 334
실루기아(Seleucia) 222, 348
실루기아 항구(Seleucia Pieria) 225, 354, 358
실재(리얼리티) 210
실존 365
실존주의 311
실증사학 86
실크로드 15, 192
심신이원론 299
심층의식 177
심파티(sympathy) 83
심판 238, 256, 258
십자가 93, 98, 99, 197, 270, 284, 334
십자군 126, 332
십자군 성채 138, 143
십자군 원정 138
싯달타 165, 335
쌍둥이 81
씨 뿌리는 자의 비유
  (The Parable of the Sower) 206, 241, 247

씨알농장 44
씨주머니(seedpods) 336

【아】

아가페 137
아고라 20
아구스도 300
아기 356
아기와 같음 357
아나니아스(Ananias) 50
아나톨리아(Anatolia) 21
아니마(anima) 177, 181~189, 357
아니무스(animus) 177, 181~189, 357
아다나(Adana) 14
아담 183, 185, 268, 368
아담아('adamah) 183
아도니스 300
아라비아사막 15, 66, 84, 144
아라코시아(Arachosia) 28
아람어(Aramaic) 35, 106, 171, 197, 218, 376
아랍어 372
아레타스왕 3세 150
아레타왕(King Aretas) 144
아론 377
아루노비우스 23
아르메니아정교회 48
아리스토텔레스 45, 184
아리안족 231
아리우스 192
아마조네스 150
아메리카대 박물관 13
아모리 42
아문신 54
아미메토비온
 (아무도 흉내낼 수 없는 특별한 삶) 342
아버지 214, 226, 282, 301, 304
아버지의 나라 154, 250, 305, 310, 344
아브가르왕 29, 35, 50
아브가르왕의 편지 50, 51
아브가르 우카마 21, 180, 186
아브달로니모스(Abdalonymos) 36
아브라함 15, 20, 123, 156, 174, 180, 186, 333, 372
아브라함의 탄생동굴 174
아브메나 69
아상(我相) 293
아셰르(Asher) 377

아쇼카왕(King Ashoka) 46
아쉬라마 310
아스큐 코우덱스(The Askew Codex) 364
아시아 26, 29, 45, 313
아우구스투스신전 78, 280, 281
아우구스투스황제 78, 280
아우구스티누스 68
아이 194, 196
아잔타석굴 284
아카디아 35
아키타입 177, 184, 322
아타나시우스 96
아타락시아(ataraxia) 46
아테네 240
아포칼리피스 208
아포크리포스(apokryphos) 111
아포프테그마(Apophthegma) 39
아폴로 261
아하리트 야밈(aḥarit yamim) 327
아합(King Ahab) 33
아해들(children) 351
아후라 마즈다(Ahura Mazdā) 327, 329
악의 축 156
안드레 320
안수 356
안식(眼識) 310
안식(Rest) 46
안식일 142, 159
안식일의 아이(a child of the sabbath) 190
「안연」2 220
안토니(Anthony) 66, 90, 93, 96
안토니수도원 90
안토니오 발루치 34
안토니우스 243, 342
안토니지성소 90, 93
안티레바논산맥 14, 42, 228, 234
안티오쿠스(Antiochus) 94, 342
안티오쿠스3세 279
안티옥(Antioch) 14, 222, 258, 273, 299, 332, 335, 342, 345, 348, 354, 360, 366
안티옥 고고학박물관 345
안티옥항구 342
안회(顔回) 191, 323
알레고리 41, 244
알레고리화(allegorization) 245
알렉산더대왕(대제) 14, 20, 35, 45, 102, 114, 146, 186, 203, 216, 228, 269, 279, 342
알렉산더석관(Alexander Sarcophagus) 36

알렉산드리아 57, 84, 140, 330, 364
알렙포(Aleppo) 15, 171, 366
알베르트 슈바이처(Albert Schweitzer) 91
알 비카(al Biqa) 27
알파벳 35, 59
알프스산맥 40
암만 16
암몬성(Amman) 16
압바네스(Abbanes) 28
앗시리아 20, 35, 102, 162
앙가쥬망 125
앙그라 마이뉴(Angra Mainyu) 327
앙드레 김 228
야고보 48, 50, 270, 272, 273, 274, 320
야고보기독교 49
야고보서 270
야곱 210
야곱의 우물(Jacob's Well) 372
야생 338, 344
야훼 167, 183, 190, 228, 372, 375
야훼의 유일성 375
약초(botanōn) 50
얍복강 210
양(陽) 179, 181, 357
양식비평(form criticism) 85
양식사학 89
양피지(parchment) 128
어둠 264, 267, 327
어른 194, 196, 202
어린 성 시므온 360, 366
어린 성 시므온 교회 363
어린 아이 199, 356
어부 236, 237
魚子未生者曰鯤。鯤卽魚卵 345
에너지 194
에데사(Edessa) 21, 23, 27, 49, 50, 52, 186, 258
에데사(오스로외네)왕국 15, 35, 174, 180, 182, 192
에데사전승 53
에덴 334
에돔(이두메) 144
에돔 광야 15
에로스 261
에로테스 261
에발(Mt. Ebal) 376
에베소 공회 192
에스겔(Ezekiel) 341
에스라4서 94
에클레시아(ekklēsia) 73, 76

에피큐로스학파(Epicurianism) 45
엔태블러쳐(entablature) 240
엔트로피의 감소 194
엔트로피의 증가 194
엘레인 페이겔즈(Elaine Pagels) 119, 159
엘리사 306
엘리야 34, 72, 280, 306
엠파티(emphathy) 82
여(女) 183
여리고 324
여성성 179, 311
역동적 상응성(dynamic equivalence) 105, 106
역사적 예수 47, 49, 75, 86, 91, 92, 95, 101, 152, 159, 214, 244, 255, 268, 290, 293, 298, 304, 305, 309, 320, 326, 328
『역사적 예수의 탐구』 92
『역사』(헤로도토스) 126
역학(易學) 152
열두(12)제자 32, 94, 271, 297
12지파 32, 271
열반 268
열반적정(涅槃寂靜, śāntaṃ nirvāṇam) 149
염유(冉有) 278
영국박물관 57, 364
영국학술원(British Academy) 64
영생 130, 368
영성 282
영·육이원론 333
영적 소요(a spiritual journey) 13
영적 여행 368
영지(gnosis) 70, 111, 130
영지주의(靈知主義) 69, 70, 98, 111, 116, 130, 140, 159, 187, 200, 267, 332, 383
영풍무우(詠風舞雩) 279
『예기』 336
『예기』「예운」편 358
예레미야 72, 280
예루살렘 18, 19, 26, 28, 33, 48, 49, 50, 138, 228, 270, 272, 318, 324, 351, 372, 375
예루살렘 공의회 273
예루살렘교단(교회) 270, 273, 353
예루살렘멸망 204, 326, 327
예루살렘성전 15, 20, 100, 108, 114, 274, 318, 320, 348, 353, 372
예루살렘성전 멸망 94, 321
예루살렘성전터 272

예수 18, 19, 28, 30, 47, 72, 74, 78, 81, 88, 98, 101, 102, 103, 106, 108, 114, 120, 132, 140, 152, 165, 171, 172, 173, 174, 180, 196, 198, 203, 204, 212, 216, 222, 223, 226, 233, 236, 237, 248, 252, 255, 270, 279, 281, 291, 293, 297, 300, 301, 304, 313, 316, 319, 324, 327, 329, 334, 344, 356, 364, 368, 372, 383
예수 그리스도 172, 300
예수께서 가라사대 135
예수세미나운동 159
『예수말씀복음서 Q개론』 23
예수운동(Jesus Movement) 20, 39, 73, 83, 215, 222, 224, 251, 272, 290, 296, 297, 298, 302, 310, 326, 332, 351, 352, 363, 376
예수의 비유 242, 243, 251, 340
『예수의 비유』 248
예수탄생교회(Basilica of the Nativity) 300, 303
예수 탄생자리 303
예언자 327
『예언자』 45, 282
예정론 94
오관(五官) 335
오다이나트(Odainat) 162
오론테스(Orontes) 강 330, 342, 345
오론테스강의 신 345
오론테스 안티옥 (Antioch on the Orontes) 342
오므리왕조 33
오바마 258
오블리아스 274
오순절사건 28
오스로외네왕국(Osrhoëne) 21, 49
오스만제국 138, 174
오시리스 99
오의(奧義) 362
오케스트라(orkhestra) 210
오페라「살로메」 204
옥시린쿠스 155
옥시린쿠스사본 55, 79, 148, 202, 221
옥타비아누스 14, 203, 234, 243, 378
온전한 시작(a perfect beginning) 185
올리브나무 327
올빼미 218
올페우스교 165
완벽한 일치(complete identity) 124
왕필(王弼) 192, 238, 357

외경 159, 176, 383
외식 207, 210, 213, 221, 290
요단강 42, 279, 339
요담 372
요람석굴(Cradle Cave) 354
요르단 39, 144, 198, 207, 216
요세푸스(Flavius Josephus) 204, 255
요셉(아버지) 300
요셉(창세기) 372
요아브 아리엘(Yoav Ariel) 26
요아킴 예레미아스 (Joachim Jeremias) 245, 248
요한 320
요한계시록 244, 328, 383
요한복음 20, 86, 116, 123, 124, 126, 132, 140, 164, 173, 267, 371
욕정(欲情) 266
욥기(Job) 146, 158
욥바 99, 318
우가리트(Ugarit) 14
우르 15
우르파(Urfa) 15, 21, 174, 180, 182, 186
우르파박물관(Sanliurfa Museum) 174, 178
우리야 15
우리의 종말(our end) 319
우맨(woman) 184
우물(바울) 380
우주론 260, 364
움 케이스(Umm Qais, 가다라) 198
원격치유(Fernheilung) 39
원시기독교(proto-Christianity) 182, 374
원시불교 298
원예 344
원죄론(Original Sin) 368
원초성 200
원형광장(Oval Piazza) 220
원형극장 214, 216
월계관 335
위계 298
위선(hypocrisy) 207, 291
위선자(hypocrite) 213
유가(유교) 310, 377, 381
유금와당박물관 231
유네스코 60
유다(도마) 51, 53
유대광야 207
유대교 24, 26, 94, 101, 130, 140, 142, 159, 167, 177, 212, 244, 372, 374, 375

유대(남 이스라엘) 21, 33
유대민족 218
유대인 74, 146, 154, 184, 189, 219, 275, 291, 293, 298, 303, 327, 330, 340, 343, 372, 375
유대인 정통주의 273
유대전쟁 50
유대지역 281
유대화파(Judaizers) 32, 173
유랑기(Sanyāsa) 310
유랑하는 전도자들
 (The wandering missionaries) 297
유명(有名) 163, 316
유목사회 310
유세비우스(Eusebius of Caesarea) 18, 22, 50, 132, 140, 180, 272, 273
유스티니아누스대제(황제) 234, 300
유앙겔리온 332
유욕(有欲) 163, 316
유월절 18
유일신 27, 180, 375
유채꽃 336
유출설 24, 140
유프라테스(Euphrates) 19, 162, 174, 335, 380
6일전쟁 24
율리아누스황제 234
율법 132, 298
율법주의자 374
융(C. G. Jung) 60, 177, 179, 189, 322
융합(融合) 176, 357, 359
은밀한 말씀 111, 116, 123, 133, 134
음(陰) 179, 181, 357
음식금기(Diet) 218, 290, 296
음식남녀(飮食男女) 358
『의례』 336
의로운 자(야고보) 274
의로운 천사(a righteous angel) 284
의로움의 행동(acts of righteousness) 212
의인 315
의인화(personification) 146
이니시에이션(initiation) 113
이단(heretic) 68, 70, 83, 98
이드로(Jethro) 24
이라크 19, 33
이라크전쟁 20
이레나에우스(Irenaeus) 98
「이매진 Imagine」 209
이방기독교 332
『이방민족지 Adversus Gentes』 23, 28

이방선교 41, 258, 342, 377, 378
이브 268
이삭(구약) 167, 372
『이상국가론 Republic』 224
이상국가(플라톤) 210
『이성의 기능 The Function of Reason』 194
이세벨 여왕(Queen Jezebel) 33
이스라엘 24, 32, 39, 72, 132, 150, 210, 264
이스라엘전통 167
이스켄데룬(Iskenderun) 14
이스탄불 고고학박물관 36, 40
이슬람 56, 174, 360
이슬람성지 174
이시스 150
이식(耳識) 310
27서 68, 73, 159, 192, 383
『이아』 345
이오니아 40
이웃 375
이웃사랑 377
이원론 119, 164, 238, 251
이원적 264
이적 145
이집트 20, 35, 55, 56, 102, 138, 150, 162, 264, 279, 322, 343, 344
이집트18왕조 114
이집트 제4왕조(BC 2613~2494) 35
이집트인 74
이집트학 57
인(仁) 220
인간의 심층적 무의식의 인격화
 (a personification of the unconscious) 177
인간적인 온전함(human perfection) 226
인격신 140
인격주체의 근원적인 변화(the transformation of one's subjectivity) 142
인도 28, 126, 284, 310
인도불교 383
인성 302
인자(the Son of man) 88, 280
인자담론 352
인조석굴 108
일곱 망사의 춤(오페라 살로메) 204
일요일 142
一陰一陽之謂道 357
일자(the One) 314
일체개고(一切皆苦) 142, 268
임서기(Vanaprasthā) 310
임제(臨濟) 233

잇수스전투(the battle of Issus) 14, 36
잉어 182

【자】

자기부정(self-negation) 381
자기에 대한 앎(Self-Knowledge) 170
자로(子路) 278, 323
자아의 발견(Discovery of the Self) 167
자연석굴 108
자웅동체(androgyne) 183, 194, 358
자웅동체의 원초성
 (androgynous primordiality) 203
잠언(Proverbs) 146
『장자』 345
재 34
재건(reconstruction) 357
재림 76, 130, 201, 202, 321
재림사상(the imminent Second Coming) 76
저승 363
저주의 산 376
적성국가교역법 156
전관(全觀) 161, 164, 176
전기자료 97
전도서(Ecclesiasticus) 146
전도여행 332, 354
전륜성왕 46
전차경기장 122
정경 159, 176
정기의 지극함(精之至) 190
정수일 23, 46
정신분석학 229
정언명령 377
정원 334
정죄(condemnation) 293
정치권력 140
정통 70, 83
정통성(orthodoxy) 68
정화(purification) 362
제1기층(The First Stratum) 70
제1차 전도여행 222
제1코우덱스 177
제2차 포에니전쟁(BC 218~201) 40
제5복음서 383
『제8천과 제9천에 관한 담론』 286
제노(Zeno) 황제 366, 371
제노비아(Zenobia) 162, 166, 171
제라시(Jerash) 55, 210, 216, 220
제롬(St. Jerome) 84

제물리인(濟物利人) 192
제사장 197, 377
제식에 합당하다 218
제우스 150
제우스신전 78, 80, 216, 220, 228
제임스 헨리 브레스티드
　　　(James Henry Breasted) 33
제자됨 352, 353
제자들(the disciples) 50
제주도 336
조로아스터교(Zoroastrianism) 264, 327,
　　　329
조선족 246
조직 68
조화의 지극함(和之至) 190
존 레논 96, 209
존재 333
존재-전-존재 333
존재하기 이전에 존재한 자
　　　(a pre-existent existence) 332
종교 205, 382
종교사학(Religionsgeschichte) 87
종교적 광인(a religious fanatic) 98
종교적이기(being religious) 214
종말 94, 321, 328, 352
종말론(Eschatology) 76, 79, 92, 98, 152,
　　　201, 206, 238, 239, 244, 255, 257,
　　　272, 280, 283, 302, 320, 324, 326,
　　　332, 347, 352
종말론적 기독론
　　　(eschatological Christology) 182
종말론적 회중
　　　(the Eschatological Congregation) 89, 326
종족신앙 375
죄 370
죄의 삯 368
죄인 368
주기도문(The Lord's Prayer) 217
주렴계(周濂溪) 357
『주역』 179, 192, 238
주 울음 교회(Church of Dominus Flevit) 324
주일 159
주체의 개벽 154
주행승(柱行僧) 299, 360, 363, 366
죽은 자 262
죽음 125, 130, 131, 134
죽음을 맛보지 아니 하다 130, 335
죽음의 무리(死之徒) 195, 202
줄리어스 시저 228, 234, 378
중국 192

중국철학 26
중궁(仲弓) 220
중동 327
중동문명권 260
『중용』 88, 137, 221
쥬피터신전 234, 236, 240
증석(曾晳) 278
지느러미 218
지배(Reign) 154
지브란박물관 282, 292
지성소(바카스신전) 240
지성소(예루살렘) 100, 274
지식(Knowledge) 46, 172
지중해 106, 162, 222, 225, 336, 348, 370
지혜(Wisdom) 46, 362
지혜론적 스승 100
지혜문학(Wisdom Literature) 146, 152,
　　　158, 167, 244, 275
직유(Vergleich) 41
진리복음서 177
진리(알레테이아) 221, 371
진리의 계시자(Revealer of Truth) 136
진리의 방편(a provisional measure) 98
진리의 현현(the emergence of truth) 207
질경이 340
집단적(collective) 177
집현전 197

【차】

차라투스트라 329
차별 298
차전자(車前子, *Semen plantaginis*) 340
참 나 371
참주(tyrant) 227
참주정체 226
참주정체적 인간 227, 229
참회 34
창세기 183, 186
창조의 여명으로(the dawn of creation) 185
처녀 마리아 300
천(天) 220
천국 94, 136, 142, 151, 154, 157, 161,
　　　164, 167, 188, 201, 202, 206, 226,
　　　263, 276, 298, 356
천국에 들어감 357
천국운동 100, 161, 164, 166, 207, 256,
　　　257, 297, 345, 347
천국의 임재성 251

천국의 지복(Beatitudes) 31
천년왕국 328
천당(天堂) 154
철인 226
철학적 삶 363
첫 사람 아담 333
청자 109
청자(Listener) 103
초기(교회)공동체 86, 93, 244
초기교회 76, 384
초기기독교 16, 23, 25, 28, 48, 69, 83,
　　　90, 91, 173, 174, 177, 184, 264, 282,
　　　303, 347, 360, 364
초기헬라기독교
　　　(early Hellenistic Christianity) 353
초대교인 14, 15
초대교회 27, 102, 108, 130, 132, 152,
　　　200, 201, 239, 270, 320, 321, 325,
　　　326, 328, 351, 356, 377
초대기독교(primitive Christianity) 182, 219
최상급 대비(superlative contrast) 344
최상급적 표현 339
최선자(最善者)정체 226
최선자정체적 인간 226
최후의 심판 202
추구 141, 154, 176, 191, 200, 212, 224,
　　　263, 301, 361, 368
추수 352
축복 356
축복의 산 372
축어적 일치성(verbal consistency) 105
출가 310
출애굽 372
충돌 310
충신(忠信) 262
칠일 갓난 작은 아이
　　　(a small child seven days old) 188, 194

【카】

카나(Qana) 132
카디샤 318
카디샤계곡(the Qadisha Valley) 14, 282,
　　　284, 299, 306, 309
카라반루트 162, 225, 279
카렌 킹(Karen L. King) 70
카론(Charon)상 347
카르낙신전 54
카르도 막시무스(중심대로) 216

카르타고(Carthage) 40
카리스마 297
카발라 미스티시즘(Kabbala mysticism) 26
카셰르(kāshēr) 218
카스토르(Castor) 150
카오스(Chaos) 328
카이로 60
카이사레아 18, 22
카이사르 아우구스투스 18
카이세리 15
카즈네트알파라운(Khaznet al-Faraoun) 150
카톨리코스(katholikos) 68
카파도키아(Cappadocia) 12, 14
카프르 카나(Kafr Kana) 132
칸누빈 성모 수도원
　　(Our Lady of Qannoubin Monastery) 299
칼(sword) 255
칼릴 지브란(Kahlil Gibran) 14, 44, 282, 284, 288, 292, 312, 317, 318
컨스트럭션과디컨스트럭션의긴장감 134
케르베로스(Kerberos) 230
케리그마 152, 167, 173, 311, 326
케룩스(전령관) 384
코르네트 아스 사우다 284, 288
코린트양식 80, 186, 300, 363, 370
코셔(kosher) 218, 296, 298
코스모스(Cosmos) 266, 328, 333, 345, 352, 369
코스모폴리스(cosmopolis) 146
코엘레 시리아(Coele Syria) 27
코우덱스 60, 128
코이노니아이(koinoniai) 21
콘스탄티노플 234, 366
콘스탄티누스대제 22, 140, 142, 300
콥톨로지(Coptology) 64
콥트어(Coptic) 55, 56, 59, 62, 69, 107, 195, 202, 232, 350
『콥트어 어원사전』 64
『콥틱 그노스틱 라이브러리』 62
콥틱기독교 90
콥틱 박물관 60
쾨스터(Helmut Koester) 52, 62, 273, 274
쿠푸왕(Khufu) 264, 269, 322
쿠푸왕 현실(King's Chamber) 269
쿰란 159
쿰란공동체 129, 264, 327
퀴온(kuōn) 46
큐복음서 116, 137, 176, 185, 199, 218, 256, 290, 303, 307, 325, 338, 370, 383

『큐복음서』 62, 113, 137, 296
큐(복음)자료 242, 255, 334, 338, 344, 352
크럼(W. E. Crum) 63
크로쌍(John Dominic Crossan) 47, 70, 101, 185, 273, 298, 338, 344
크리스챤 159, 166, 330
크리스티앙 카리옹(Christian Carion) 308
클레오파트라 166, 171, 243, 342, 378
클리네(kline) 258
클리쉐(cliché) 267
키로(XP) 142
키마이라(Chimaira) 230
키에르케고르 311
키케로(Marcus Tullius Cicero) 80, 378

【타】

타부(taboo) 219
타브가(Tabga) 31
타우루스(Taurus) 산맥 330, 365, 380
타우마(thauma) 143
타우마제인 143
타조 218
타티안(Tatian) 28
탈무드 26
태극(太極) 357
태양의 배 322
터키 160, 174, 358
테레파(terefa) 218
테베레강 140
테오도시우스 299
텐트-메이커 378
토끼 218
토라 375, 377
토마스 영(Thomas Young) 56, 58
토비아스(Tobias) 51
토포스(topos) 136, 154
통곡하는 여인들 270
퇴계 260
트랜스아랍 송유관 106
트랜스요르단 21, 38
트랜스포메이션 346, 383
트로이 231
트루이즘(truism) 262
트리폴리 14
티그리스(Tigris)강 19, 335, 380
티베트승려 366
티투스(황제) 321, 348

티투스-베스파시아누스 터널
　　(Titus and Vespasian Tunnel) 348

【파】

파네인(Panein) 279
파니야스(Paneas) 280
파라다이스 334
파라오 150, 344
파루시아(parousia, παρουσίας) 76, 321
파르테논신전 240
파르티아(Parthia) 28
파리 292
파머 신부 308
파문수막새 백제와당 231
파술(pasul) 218
파스파문자 197
『파에도』 362
파이스(pais) 351
파코미우스 57
파피루스 54, 128
판(Pan) 42, 72, 279
판과 님프의 광장 78
판신전 78, 280
판의 자연동굴 지성소 78
팔각정(八角亭) 253
팔레스타인 26, 32, 33, 128, 146, 180, 248, 260, 279, 297, 346
팔루트(Palut) 53
팔리어장경 141
팔미라(Palmyra) 15, 162, 168, 171
패터슨(Stephen J. Patterson) 129, 290
페니키아 20, 40, 114, 138, 183, 313
페니키아문명 31, 35, 37, 39, 45, 102, 228
페니키아어 377
페니키아함대(Phoenician fleet) 36
페르세폴리스 329
페르시아 35, 102, 162, 192, 231, 327, 334
페르시아문명 260, 264
페트라(Petra) 15, 144, 148, 150, 216
펠라 15
偏祖右肩 335
편집비평(redaction criticism) 85
평등주의 101
포공영(蒲公英, Herba taraxaci) 340
포도주 248
폴룩스(Pollux) 150

폴리스(polis) 146, 167, 210, 297
폴 수도원(Monastery of St. Paul) 84, 87, 96
폴(수행승) 90, 93, 95, 96, 99
폼페이우스 35, 94, 216, 234, 342
표어문자(表語文字, logogram) 58
표음문자(phonogram) 58
표의문자(ideogram) 58
퓌에쉬(Peuch) 53
프레스코 성화 299
프로메테우스 47
프로스케니온(proskenion) 210
프로이드 229
프로테스탄티즘 48
프린스턴 대학(Princeton University) 119, 159
프톨레마이오스 102
프톨레미3세 279
프톨레미5세 57
프톨레미왕조 35, 56, 203
플라토니즘 140
플라톤 210, 213, 224, 229, 362
플루타르크(Plutarch) 80
피라미드 322, 343
피시디아 안티옥(Antioch of Psidia) 342
필로(Philo Judaeus) 80, 140
필리스틴 35
핍박 244, 250

【하】

하나님(theos) 51, 123
하나님(의)나라 101, 154, 293, 344
하나님 아버지(God the Father) 117
하나님의 아들(Son of God) 51, 72, 75, 173, 280, 301, 326
하나님의 자녀 298
하나님의 지배(basileia) 226
하나된 자(a single one) 177, 185, 187, 358
하나의 동일한 집단적 아이덴티티
 (unity to the corporate subjectivity) 365
하늘 220
하늘나라 296
하늘님 220
하데스 52
하드리아누스(황제) 162, 378
하란(Haran) 20, 156, 161
하란 평야 15
하마르티아(hamartia) 370
하버드 (신학)대학 70, 273

하스몬왕조(the Hasmonian kings) 327
하인리히 슐리만(Heinrich Schliemann) 231
하타이고고학박물관 258
하페즈 알 아사드 156
하향(下向, downward) 194, 202
학문 382
학생기(Brahmacarya) 310
한국사상사 381
한글 197
한니발 장군(Hannibal) 40
한대(漢代) 152
한의학 205
한정사(determinatives) 58
할례 189
할성(喝聲) 233
함석헌 44
함·셈어족 55
합리적 규제 382
합리적 소통 382
합체불(合體佛) 179, 181, 185
해석 123, 125, 134, 236, 238, 245, 260, 273, 291, 334, 361
해석의 발견 129
해석학적 과정(hermeneutical process) 82
해탈(mokṣa) 46, 149, 268, 352, 357, 363
행위나 의지의 일치
 (oneness of will or action) 124
「향당」편 292
『향연』 165
허례허식 298
허혁 39
헌금 378, 381
헤라클레스 138
헤라클레스 신전 126
헤라클레이토스 266
헤로도토스 126
헤롯 18, 21, 78, 102, 180, 203, 280
헤롯궁전 204
헤롯 안티파스 144, 255
헤르메스 72
헤르몬강 279
헤르몬산 24, 42, 45, 72, 228, 279, 339
헤즈볼라 132
헤파이스티온(Hephaistion) 36
헬라어 75
헬라인 37, 39, 74, 166, 167, 330
헬라화 165, 353
헬레나(Helena Augusta) 300
헬레니즘 20, 45, 46, 146, 165, 216, 222, 266, 285, 299, 313, 335, 358, 363

헬레니즘양식 150
헬리오폴리스(Heliopolis) 228
현교(顯敎) 206
현명한 철학자(a wise philosopher) 285
현묘무위(玄妙無爲) 192
현무암 248
현상 333
현시(顯示) 221
현존(現存, Da-Sein) 79
혈거 14
협곡(The Siq, 페트라) 144, 150
형식적 대응성(formal correspondence) 105
형이상학 45
형제(예수운동) 376
호적조사 300
호크마(hokmâ) 146
호학(好學) 262
혼돈(混沌, Chaos) 176, 203
혼융(混融) 328, 357
혼인잔치 132, 248
홀황(惚恍) 314, 328
화이트헤드(A. N. Whitehead) 194, 209
화자(Speaker) 82, 103, 109
화전민 248
환난 244, 250
황홀 314, 316
회심 351
회의학파(Skepticism) 45
『효경』비 192
후리안 왕조(a Hurrian state) 21
『후한서』 14
휴식(Rest) 149, 154
흑겨자 336, 346
흑룡강 246
흑룡강성 246
희랍가톨릭 교회(막두쉐) 112
희랍고전철학 146
희랍문명 35
희랍신화 347
희랍어 50, 53, 55, 56, 62, 107, 208, 210, 224, 351, 360, 368, 376
희랍정교회 48
희랍철학적 사유 346
희생양 78
히람왕 1세 114
히람왕(Hiram) 13
히마티온 261, 345
히브리대학 48, 52
히브리말(어) 106, 183, 218
히브리 바이블 26

히브리인복음서 149, 376
히에로글립스(hieroglyphs) 59
히타이트 21, 35
히틀러 231
히포드롬(Roman hippodrome) 34
히포크라테스 336
히포크리테스(hypokritēs) 210, 213

【A】
A Coptic Dictionary 63
a drunkard 233
a glutton 233
Antakya 14
āśrama 310

【B】
Banias 72
Bekaa Valley 14
Bentley Layton 63
Berot 32
Berytos 32
Beyond Belief: the Secret Gospel of Jesus 119
Burton L. Mack 21, 167

【C】
Coptic Etymological Dictionary 64

【D】
Das Messiasgeheimnis in den Evangelien 86
Decapolis 38

【E】
Ego 229, 266
end of days 327
Elaine Pagels 98, 119

【F】
Formgeschichte 85
Fr.6(헤라클레이토스) 266
Fr.30(헤라클레이토스) 266

【G】
Gebal 32

【H】
Hans-Gebhard Bethge 63
Hatay 14

【I】
Id 229, 266
In Parables 338, 344
Introduction to the New Testament II 273

【J】
J. C. G. Greig 86
James M. Robinson 106, 134
Jaroslav Černy 64
John Dart 63
John S. Kloppenborg 63

【K】
Kirbet Keraze 33

【M】
Maghdouche 112
Michael G. Steinhauser 63

【N】
NIGTC Luke 257
NIGTC Mark 255

【P】
Phaedo 363

【Q】
Q-Thomas Reader 63

【R】
Ras Shamra 14
Ray Riegert 63
Republic 230
Richard Valantasis 63, 224
Robert M. Grant 310

【S】
salvation 335
Şanlıurfa 15
Semen sinapis 336
Sidon 112
Stephen J. Patterson 63
Stevan Davies 63, 232

【T】
The Fifth Gospel 63, 315
The Gnostic Gospels 98, 160
The Gnostic Scriptures 63
The Gospel of Jesus 106
The Gospel of Thomas and Jesus 129, 290
The Gospel of Thomas(Davies) 63, 232
The Gospel of Thomas(Valantasis) 63, 224
The Historical Jesus 101, 298
The Lost Gospel 21, 167
The Messianic Secret 86
The Sanctuary of Our Lady of Mantara 112
The Treasury of Pharaoh 150
Three Steles of Seth 311
transformation 357

【U】
Unearthing the Lost Words of Jesus 63, 185

【W】
William Wrede 86

성구 찾아보기

【창세기】
창 1:1~2:4a 332
창 1:28~30 334
창 2:4b~3:24 332
창 2:9 334
창 2:18 183
창 2:21~22 183
창 2:21~24 268
창 2장 334
창 10:8~12 186
창 17:12 189
창 50:24 372

【출애굽기】
출 23:19 219

【레위기】
레 11장 218
레 16:29~31 219
레 19:18 375
레 23:27~32 219

【민수기】
민 29:7 219

【신명기】
신 6:4~5 375
신 6:4~9 377
신 11:29 372
신 14:21 219
신 14장 218
신 21:22 99
신 30:11~14 158
신 32:30 364

【사사기】
삿 9:7 372
삿 14:5~6 231

【사무엘상·하】
삼상 10:1 75
삼상 16:1~13 75
삼하 5:11 114
삼하 15:30 324

【열왕기상·하】
왕상 4:33 318
왕상 5:1 114
왕하 14:9 318
왕하 19:23 318

【욥기】
욥 28:9~14 158

【시편】
시 2:7 75
시 29:5 318
시 89:26 75

【잠언】
잠 7:4 146

【전도서】
전도서 7:28~29 364

【이사야】
이사야 35:2 318
이사야 58:3~5 219
이사야 60:13 318
이사야 64:3 315

【에스겔】
겔 17:22~23 341
겔 31:2~3 344

【다니엘】
단 4:20~22 341

【요나】
욘 3:5~6 34

【스가랴】
슥 14:4 324

【마태복음】
마 3:9 334
마 4:3 334
마 5:2 221
마 5:14~16 368
마 5:15 206
마 5:20 212
마 6:1 212, 290, 291
마 6:1~18 218, 290, 297
마 6:2 214
마 6:5~6 221
마 6:5~7 215, 293
마 6:5~8 213
마 6:16 215
마 6:22~23 370
마 6:24 142
마 7:7~8 137
마 7:9 334
마 8:28~34 198
마 10:8 298
마 10:8~12 297
마 10:26 206
마 10:26~27 221
마 10:34~36 308
마 10:34~39 255
마 11:5 332
마 11:11 303
마 11:13 304
마 11:19 233
마 11:21~22 33
마 12:42 147
마 13:3~8 241
마 13:16~17 315
마 13:17 315
마 13:31~32 338
마 13:47~50 238
마 13:49~50 239
마 14:2 351
마 15:11 233
마 15:11~20 297
마 16:13 72
마 16:13~28 279
마 16:18~19 276
마 18:1~5 201
마 18:2~5 356
마 19:13~15 356
마 19:30 202
마 19:28 32
마 20:16 202
마 21:9 324
마 22:14 362
마 22:34~40 374
마 24:3 76, 320, 324, 327
마 24:35 260
마 24:43 352
마 26:30 324

【마가복음】
막 1:23~25 87
막 1:34 87
막 1:43~45 87
막 1:44 87
막 3:11~12 87
막 4:2 242
막 4:3~8 241
막 4:5~6 242
막 4:10~13 88
막 4:11~12 242
막 4:22 206
막 4:29 352
막 4:30~32 339
막 4:33~34 88
막 5:2~19 87
막 5:43 87
막 7:15 233
막 7:15~23 297
막 7:24~31 38
막 7:26 88
막 7:36 87
막 8:26 87
막 8:27 72
막 8:27~38 279
막 8:30 88
막 9:9 88
막 9:20 87
막 9:30 88
막 9:33~37 201
막 9:34 270
막 9:35 202
막 9:36~3

【누가복음】
눅 3:8 334
눅 4:3 334
눅 5:1~7 237
눅 6:17 32, 120
눅 7:7 351
눅 7:28 303, 305
눅 7:34 233
눅 8:5~8 241
눅 8:17 206
눅 8:26 198
눅 9:3 47
눅 9:18~27 279
눅 9:46~48 201
눅 9:47~48 356
눅 10:5~9 297
눅 10:13~14 33
눅 10:21~22 200
눅 10:23~24 315
눅 10:24 316
눅 10:25~37 374
눅 11:9~10 137
눅 11:31 147
눅 11:33 206
눅 11:33~36 370
눅 12:1~2 221
눅 12:2 206
눅 12:2~3 221
눅 12:33 260
눅 12:39 352
눅 12:40 352
눅 12:49 254, 257
눅 12:49~53 255, 308
눅 13:18~19 338
눅 13:30 202
눅 15:26 351
눅 16:13 142
눅 17:20~21 158
눅 18:15~17 356
눅 21:7 320
눅 21:37 324
눅 22:30 32
눅 23:28 270
눅 23:43 334

【요한복음】
요 1:1 123
요 1:9 369
요 1:14 124, 304, 333
요 1장 333, 369

요 3:4 357
요 4장 372
요 6:35 124
요 8:1 324
요 8:7 116
요 8:12 124
요 8:24 123
요 8:28 123
요 8:32 116
요 8:51 116
요 8:52 116, 335
요 8:58 123
요 9:58 333
요 10:7 124
요 10:9 124
요 10:11 124
요 10:14 124
요 10:14~15 173
요 10:30 123
요 11:25 124
요 14:5~6 126
요 14:6 124
요 14:20 173
요 14장 370
요 15:1 124
요 15:5 124
요 21장 237

【사도행전】
행 5:30 99
행 6~7 353
행 7:44~53 353
행 7:60 351
행 11:25~26 330
행 13:4 222
행 13:14 342
행 15:13 273

【로마서】
롬 5~7장 368
롬 10:6~7 159

【고린도전·후서】
고전 1:24 147
고전 15:44~49 333
고전 2:9 314
고전 3:1 200
고전 8:1 172
고전 8:3 170

고전 11:3~9 184
고전 13:8 172
고전 13:11 196
고전 13:11~12 200
고전 13:12 171
고전 15:35~44 346
고후 11:32~33
고후 12:2 260
고후 12장 222

【갈라디아서】
갈 1:16 144
갈 3:13 98
갈 4:4 302
갈 4:6 172
갈 4:7~9 170

【에베소서】
엡 1:22 74
엡 5:23 74

【골로새서】
골 1:18 74

【데살로니카전서】
살전 4:15 76

【야고보서】
약 5:7 76

【도마복음】
Th.1 223, 245, 260, 291, 309, 320, 334
Th.2 224, 260, 291, 309
Th.3 262
Th.4 359, 365
Th.6 290, 296
Th.10 256
Th.12 273
Th.13 273
Th.14 233, 297
Th.16 365
Th.18 365
Th.22 161, 185, 311, 329, 365
Th.24 164
Th.28 365
Th.37 352, 365
Th.42 310
Th.46 303

Th.52 130
Th.58 191
Th.61 164
Th.75 365
Th.83 359
Th.84 359
Th.107 237
Th.113 131
Th.114 310, 329

【큐복음서】
Q24 303
Q26 233
Q29 297
Q30 296, 297
Q31 33
Q32 200
Q33 315
Q35 137
Q41 147
Q42 206
Q45 206, 221
Q55 352
Q57 307
Q61 338
Q65 202
Q74 142

【바돌로매복음】
바돌로매복음서 2:5 287

【바룩서】
바룩서 3:29~32 159
바룩서 3:35~37 159

【세트】
Three Steles of Seth 119, 17-18 311

【솔로몬의 지혜서】
솔로몬의 지혜서 6:12~20 147

【시라크서】
시라크서 1:1~3 159

【피스티스 소피아】
Pistis Sophia Ch.134 364, 371

도올의 **도마복음한글역주 2**

2010년 4월 15일 초판발행
2019년 12월 25일 1판 4쇄

지은이   도올 김용옥
펴낸이   남호섭
펴낸곳   통나무

서울특별시 종로구 동숭동 199-27
전화: 02) 744-7992
출판등록 1989. 11. 3. 제1-970호

© Kim Young-Oak, 2010   값 27,000원
ISBN 978-89-8264-115-2 (03230)
ISBN 978-89-8264-117-6 (전3권)